超越生命的流光

——教师阅读随笔获奖作品精选

主编　徐建敏　管锡基

副主编　车言勇　田文

教育科学出版社

·北京·

出 版 人　　所广一
责任编辑　　樊慧英　张　羽
责任校对　　曲凤玲
责任印制　　曲凤玲

图书在版编目（CIP）数据

穿越生命的流光：教师阅读随笔获奖作品精选／徐
建敏，管锡基主编 . —北京：教育科学出版社，2011.12
　　ISBN 978-7-5041-6143-7

　　Ⅰ.①穿…　Ⅱ.①徐…　②管…　Ⅲ.①教育—文集
Ⅳ.①G4-53

中国版本图书馆 CIP 数据核字（2011）第 243190 号

穿越生命的流光——教师阅读随笔获奖作品精选
CHUANYUE SHENGMING DE LIUGUANG——JIAOSHI YUEDU SUIBI HUOJIANG ZUOPIN JINGXUAN

出版发行	教育科学出版社			
社　址	北京·朝阳区安慧北里安园甲9号	市场部电话	010－64989009	
邮　编	100101	编辑部电话	010－64989449	
传　真	010－64891796	网　址	http://www.esph.com.cn	
经　销	各地新华书店			
印　刷	莱芜市东方彩印有限公司	版　次	2011年12月第1版	
开　本	177毫米×240毫米　16开	印　次	2011年12月第1次印刷	
印　张	21.5	印　数	1—6000册	
字　数	275千	定　价	39.00元	

如有印装质量问题，请到所购图书销售部门联系调换。

前　言

　　随着教师专业化运动的持续推进，教师阅读的深刻意义已经成为我们的共识。早在 2005 年 7 月，我们以市教育局红头文件的形式出台了《关于在全市实施"构建学习型组织，促进教师专业成长"读书工程的意见》。之后，我们和《中国教育报》合作，每年为全市学校和教师确定专业素养阅读书目供教师研读学习。为了保证教师专业阅读的质量，我们不仅在《烟台教育》开辟"阅读现场"专栏，而且还通过举办读书演讲比赛、读书随笔征文评选等多种活动形式来激发教师的阅读热情。

　　在过去的五年里，这些措施从无到有，从少到多，为提升教师综合素质作出了不可磨灭的贡献。在这个过程中，我们也发现了教师阅读存在的较为普遍的问题，主要表现在阅读范围狭窄和阅读深度肤浅两个方面。就整体阅读范围而言，相对集中于专业素养类图书，而忽视人文素养类和反映儿童生活世界类的书目；就专业素养类图书而言，又局限于教学方法技巧类的书籍，教育理论书籍更是集中在苏霍姆林斯基的《给教师的建议》《陶行知教育名篇》等几部经典作品之上；就阅读深度而言，不少教师还停留在名句摘抄的水平，而没有形成对文本的整体感知和深刻把握，或者基于教育家的某一句话来诉说自己的教育实践，或者为自己的教育实践找到理论依据，存在着头重脚轻的现象，即使提笔成文也只是集中谈几本书对自己的影响和阅读体会，或挂一漏万，或蜻蜓点水，不能深入透彻，不能使读者留下整体而深刻的印象。

　　因此，在总结多年工作的基础上，我们首先邀请区域内专家拟定了一个包括童心童趣、专业素养、人文素养三类作品在内的经典书目，共 130 部。然后广泛征求一线教师和各县市区教科所所长的意见，最终确定了全市首批中小学教师经典阅读书目，共 100 部，具体分为童心童趣类 30 部、专业素养类 30 部、人文素养类 40 部。2009 年 6 月，我们将"教师首批经典阅读书目"印发至各县市区，通过任务驱动和项目招标的方式，发动各个县市区喜欢阅读、善于阅读的教师承担经典作品的阅读与写作任务。市县两级教科研工作者亲自撰写文章，探讨阅读随笔的写作角度、思路和技巧。这些文章起到了很好的示范引领作用。截至2010年6月，在全市范围内共征集了千余篇教师经典作品阅读随笔。

从选稿到编辑的过程漫长而艰巨。首先由招远市教科室的郝经春、莱州市教研室教科所的彭慧、海阳市教研室的车言勇三位老师分别从立意和结构等方面对三类阅读随笔进行了筛选和斧正。2011年2月，车言勇又和海阳区域内的姜俊丽、邢陈强、邢晓波三位老师，根据编委会确定的兼顾全面、宁缺毋滥的原则，最终确定入选文稿80篇，接着又对入选文稿从段落到文字进行了更为精细的打磨与推敲。市教育局副局长、市教科院院长徐建敏先生不仅是全市中小学教师专业素养阅读工程的发起人和践行者，而且自始至终关注本书的编写工作，对全书框架设计提出了具体指导意见，并完成了书稿的最终审定工作。

本书的书名来自侯维玲老师阅读《庄子》之后的心灵感悟，原文发表于《烟台教育》2010年第6期，标题为《和你一起穿越生命的流光》。在该文的编者按里，有这样一段文字："穿越经典感悟人生实现成长也许是人生的一种重要方式，乡村女教师侯维玲用心、用情、用命去阅读《庄子》的过程，同时也水乳交融如影随形地成为她慰藉心灵、练达人情和专业成长的过程，这个过程不仅是全市广大教师专业阅读、经典阅读的范本，而且也是专业成长、心灵成长的范本。教师的职业价值何在？教师的专业尊严何在？教师的个人幸福何在？这三个问题应该是每一个教育者在暗夜里、在清醒时分深深自问的本质性问题。在我们看来，追问和获得解答的过程就是我们理解教育、理解学生、理解自我的过程，也是我们宁静内心、享受人生的过程。也许年轻的小侯老师依然没有获得个人认为的圆满解答，但在我们看来，她和她内心世界里的《庄子》已经为我们每一个人提供了一种可行的参照。"

我们编辑本书，除了记录区域内教师专业素养阅读工程的点滴进步，更重要的是基于以下两个方面的考虑：一是所有入选的阅读随笔，不仅反映着教师个人的阅读体验，而且可以为区域内其他教师的教育阅读提供真真切切的路径导引；二是我们把教育经典作品按照童心童趣、专业素养和人文素养三个部分来规划架构全书，其深意就在于期望区域内的中小学教师能够按照理解儿童世界、提升专业智慧和感悟人文情怀这样一条基本路径，使自己的教育实践更加睿智、精神生命更加完整、心灵世界更加丰富。有人说，阅读是一生的心灵修炼，愿每一位教师都在这样的心灵修炼中找寻到职业的尊严与幸福，感悟到生命的愉悦与价值！

编　者

目　录

儿 童 世 界

专 业 智 慧

人 文 情 怀

儿 童 世 界

　　童年已离我们越来越远，但每次回首总会有一些异样的感觉，或有暖流自心底涌起，或有酸楚如雾弥漫，甚至还会有因为成人的误解所造成的难以忘怀的伤痛。我们珍惜自己的童年，常为自己童年中的缺憾而扼腕长叹，可我们真的理解学生的童心吗？我们能全身心地捍卫学生的童年，让孩子像孩子，让学生的童年少一些缺憾吗？

　　其实，孩子有着丰富的情感，有着无穷的想象力，有着千奇百怪的问题。这是一个人成长的必然阶段，也是喜欢阅读童书的原因所在。童书以优美的语言、纯真的情感，展示出人性真善美的光辉，对于儿童的成长起着不可估量的作用。正如美国诗人惠特曼有一首诗中所说的那样，"有一个孩子每天向前走去/他看见最初的东西，他就变成了那东西/那东西就变成了他的一部分……"

　　让我们和学生一起阅读童书吧！跟随着安徒生、郑渊洁看"丑小鸭"，看舒克、贝塔历险记，用儿童的情感去热爱人世间一切美好的东西；跟随着海蒂、哈利·波特畅游"海底两万里"，用儿童的兴趣去探寻孩子们心中的"十万个为什么"；跟随着曹文轩、黑柳彻子寻找"青铜葵花"和"窗边的小豆豆"，用儿童的耳朵去倾听孩子们心弦上跳动的音符；跟随着三毛和汤姆·索亚漂流到鲁滨孙居住过的荒岛，用儿童的眼睛去观察大自然中千奇百怪的昆虫和植物；随着林海音、秦文君踏上小英子、男生贾里的"绿野仙踪"，用儿童的思维去把握孩子们最细微的情感变化……

　　亲爱的老师，让我们伴随着童书，走进儿童的心灵世界吧！不必在意学生考试分数的高低，更不要用标准答案去浇灭他们奇思妙想的火花；不必在意学生课间尽情的喧嚷，更不要用规范动作去剥夺他们游戏玩耍的权利；不必追究学生偶尔犯下的错误，更不要用校规校纪去熄灭他们好学上进的愿望……让我们对学生多一些和颜悦色，多一些宽容理解，多一些赏识激励，就像对待荷叶上的露珠儿一样，用心呵护他们幼小的心灵。

让每个学生都充满自信地学习生活，相信他们会从一个成功走向更多更大的成功。

给孩子自信比什么都重要

——读《我要做好孩子》

霍 华

很久没有静下心来读这样一本厚书了，如果不是为了要写点什么，实在惭愧得很。

《我要做好孩子》起先被儿子买来，他看过后，便摆在书柜闲置起来。接到征文的通知，一眼便看到了这本书，而且被列在童趣类的首位。那几天的课余饭后，我捧着它，身心完全投入其中……

黄蓓佳，一个1955年出生的女子，比我大了整整20岁，这样的年龄写儿童作品竟全然没有一点点居高临下的说教与过时的絮絮叨叨！打开《我要做好孩子》，真实的孩子的生活气息扑面而来，一个天真活泼、开朗大方的胖女孩金铃几乎是跳着向我走来。她既是一个乐天派，也是一个中等生，颇具文学才华却害怕学习数学，她挨批评的时候多，受表扬的时候少，始终被排斥于"好学生"的行列之外，而且面临着不能升入好中学的危险，成天战战兢兢，如履薄冰，一不小心，就会掉进"差生"的泥坑……

读着此书，我的心情也跟着起起伏伏，特别是看到金铃的数学成绩一直提不上去，她不是抄错了数，就是看错了符号，数学成绩一直是八十几分，一不留神就进了七十多分的行列，我的心一直是揪着的。是啊，我是数学老师，遇到这样的学生又何止一个？"金铃"就在我的课堂上，过去有，现在有，将来也会有，我应该怎样做才能把那么多个"金铃"教好呢？读着书，我一直在想，一直在追寻答案。幸运的金铃最后巧遇了全国特级教师孙淑云老师，并和她做了"忘年交"。孙老师每天要金铃到她家去讲班里的事情给她听，并辅导金铃学习数学，甚至和金铃一起浇花锄草。书中并没有具体地描述孙老师是怎样教金铃学习数学的，直到金铃的妈妈发现了这一秘密并跟踪金铃到了"老太太"的家里，固执的孙老师忌讳成年人介入她和孩子的世界，终止了对孩子的辅导。面对懊悔的金

— 3 —

铃妈妈，老人说了这样一段话："我什么也没有帮她，我只是让她对自己有了信心，让她明白她可以做得不错。她做作业，我坐在旁边看着，如此而已……"

是啊，"我只是让她对自己有了信心"，多么简单而又深刻的一句话啊！我苦苦探究、追寻的答案不就在这里吗？

几年前我教的一个孩子的身影又一次跃进了我的脑海……

那年的六一是我们五年级学生的最后一个儿童节，学校决定要开一个别开生面的家长会——"师生才艺展示会"。

一听到这个消息，班级里那些才男才女们个个神采飞扬，摩拳擦掌。经过课余时间的精心准备，孩子们决定在家长会上亮出最炫的自己。

到了彩排的那一天，他们有的带来了古筝，有的带来了二胡，有的带来了手风琴，令人惊讶的是孙一岑的爸爸给她送来了一把大提琴！当快嘴的课代表告诉我这个消息时，我嘴上没有说什么，可是脑子里却浮现出这样的情景：孙一岑拉着大提琴，那个大大的提琴发出吱吱呀呀的锯木头的声音，全班同学用手捂着耳朵，脸上露出痛苦的表情……

就是这个数学总是考不及格的孙一岑，却能把买卖做到班里。她把家里的课外书带到学校里，以每本每天2角的价格租给同学；街上流行那种5分钱一支的薄薄的糖片，她会买上几元钱的，以每支2角5分的价格卖给馋嘴的同学；上美术课，有些粗心的同学经常忘记带大白纸，她也能看出门道，买来好几十张，卖给同学，从中获利。

她以她独特的方式表现着自己：那次我讲全校公开课，很多老师坐在教室里听课，在同学们进行小组讨论的时候，孙一岑神秘地从座位上跑下来，交给我一幅画：上面画着一个叼着烟卷、烫着卷发的男人，她说："老师，这是我给你老公画的像，怎么样？"……

有时候我对她的行为实在是忍无可忍，就拉着她去找校长。她就会挣脱我的手，使出她的"杀手锏"——双膝跪在讲台上，嚎啕大哭起来，让人一看就像是上演一出《窦娥冤》。就是这样一个学生，可能批评她的次数多了，学生对她是"敬而远之"，她任性的时候，打哪个同学一拳，踢哪个同学一脚，也没有人跟她计较。她依然每天下课时站在讲台上又扭又叫，依然次次考试不及格。

……

早就听说有三个女生是我们五年级五班的 S. H. E（一个女子流行演唱团体），她们的一曲《Super Star》唱得有滋有味；上次在市里表演双簧获奖的李奥居然嗓音也那么好，他的一曲《曹操》让同学们对他越发崇拜起来；上课从不敢举手发言的孟萌手风琴拉得那个好。终于轮到孙一岑了，在我看来，她的那把大提琴的体积可比她要大多了，她吃力地把它挪到讲台上，手持琴弓，主持人陈帅双手给她举着琴谱，她动作有些生硬地拉了起来，教室里安静得很，出人意料的是我所担心的事情并没有发生，那把大提琴并没有发出锯木头的声音。其实我对音乐是外行，孙一岑拉的是什么曲子我也听不出来，但我敢肯定地说那不是噪音，而是悦耳的音乐，同学们的掌声告诉我，孙一岑获得了成功。掌声中，孙一岑憨憨地笑着，从讲台上抱着大提琴退到了她的座位旁。也许是太激动了，她忘记凳子还在讲台上，一屁股坐下去，差一点坐到了地上，大家都善意地笑起来。班主任李老师对大家说："孙一岑同学出色的表演给大家带来了快乐，我们用掌声对她表示感谢。"全班同学又一次响起了热烈的掌声，我分明看见她的眼里涌出了泪花。那一刻，我感觉到孙一岑体验到了成功，找到了久违的自信……

每一个孩子都想做老师和家长心中的好孩子，可有很多的孩子像《我要做好孩子》中的金铃、像我几年以前的那个学生孙一岑一样，她们多年来不被看重，不被称赞，过着平淡无奇没有自信心的生活，这深深地刺伤了孩子的心灵。也许他（她）努力过，却因为年龄、性格、能力等原因而无法比别人做得更好。他（她）常常用快乐把自己掩盖起来，而实际上，他（她）的心里很在乎别人的看法和态度，盼望得到父母、老师的宠爱和赞美。

读罢此书，我深深地体会到：没有什么比自信心对孩子的成长更重要的了。金铃文笔好，应变能力强，她有自信，所以能够昂首去参加电视台的节目主持人的竞选；我的学生孙一岑对拉大提琴有自信，所以她想证明给同学看她也不是什么都不行。好孩子的内涵太丰富，所有的光圈不全是由100分组成的。你能说将来长大的金铃不会是一个出色的作家吗？你能说孙一岑将来不会成为一名精明的商人？或是一位优秀的动漫设计者？无论她们在哪一方面成功了，只要对社会是有用的，只要给社会创造了价值，我们都应该肯定地说她们成长的过程是有意义的，她也是一个好孩子。金铃很幸运地遇到了孙老师，金铃给了孙老师快乐，孙老师给了金铃学习数学的信心。在孙老师的鼓励下，金铃开始一天天进步，遇到数学计算题不再心慌意乱，甚至在面对妈妈的怀疑与困惑时能自信乖巧地安慰她："妈妈，我再也不那样了，以后我都会考得很好。"有人说，自信源于成功的暗示，恐惧源于失败的暗示。积极的暗示一旦形成，就如同风帆会助你成功。相反，消极的心理一旦形成，就会影响一生的成功。想起当年，孙一岑在儿童节后的一个多月时间里，也变得像一个正常的孩子了。读了《我要做好孩子》，我一下子明朗起来：正是由于那次成功的表演，给了孙一岑前所未有的自信，她觉得自己也是一个被欣赏的人，她也能像其他同学一样获得大家的掌声。孩子在成长的过程中特别需要发现，尤其是对自我还不甚了解的孩子，格外需要有人去欣赏。

有人说，把大多数孩子排斥在好孩子的行列之外，把好孩子的花环套在某几个宠儿身上，甚至机械、粗暴、不负责任地把孩子分为好孩子和坏孩子，分为三六九等，实在是荒谬和无知。父母、老师在乎孩子的分数，孩子就要去追求分数；父母、老师在乎孩子的名次，孩子就会去追逐名次；而父母、老师在乎孩子品质的发展，孩子就会成为一个有理想而自信的人。我想真的是这样。

只要我们教育者诚心诚意地相信每一个学生都渴望做一个好孩子，努力地给每个学生提供获取成功的机会，建立一个展示自我的平台，让每个学生都充满自信地学习生活，相信他们会从一个成功走向更多更大的成功。

感谢征文，让我"被动"地读了这样一本好书，我将带着我的收获以及新的教育理念重新走上三尺讲台，开始我新的教育生活：学生要做好孩子，我，要做好老师……

【作者小传】霍华，女，1975 年生，龙口市实验小学教师，毕业于烟台师范学院数学系。16 年来，积极投身教育教学实践，具备了扎实的基础理论和专业知识，积累了丰富的教学经验。虽然所学专业为理科，但热爱文学，愿读书得来的光芒照亮生命的每一天。工作之余始终笔耕不辍，有十余篇教学论文或教育随笔在报刊发表。

这些方方正正的文字，把我的思绪牵到那似乎久远的年代。那尘封的、让我自己都以为早已不存在的记忆和情感，就在这些方正的文字间荡漾开来。我仿佛也回到了童年……

我们都曾年轻

——《漂来的狗儿》读后感

秦桂芹

很幸运，忙碌于柴米油盐、批批改改，竟也读了一本书——《漂来的狗儿》。读后掩卷，沉思良久……

这是著名女作家黄蓓佳写的一部讲述成长的小说。在"梧桐院"的小天地里，一群中学教师的孩子和一个邻家女孩儿"狗儿"（后改名为"鸽儿"）结成玩伴，玩得上天入地，花样百出，趣味无穷。这里有聪明善良的小爱，有被遗弃在一只木盆里顺水漂来的、做了豁嘴婶婶的养女的狗儿，有博学迂腐的方明亮，有心比天高命比纸薄的小妹，有高贵的小兔子，有调皮的小山和小水……

这些方方正正的文字，把我的思绪牵到那似乎久远的年代。那尘封的、让我自己都以为早已不存在的记忆和情感，就在这些方正的文字间荡漾开来。我仿佛也回到了童年……

读着他们一起送垃圾的故事，我就会想起自己上小学时，寒假里学雷锋做好事，到村里的五保户家里抬水、扫地、擦玻璃；读着他们为了弄明白鬼是否存在而一起到村边的树林里去的故事，我就想起自己和小伙伴一起到山上摘山枣误入人家的果园而被狗咬人追狂奔不已的情景；读着他们看连环画、用玻璃丝编喇叭花的故事，我就想起自己边吃馒头边看小人书，和伙伴们一起跳绳、打"懒懒婆"（陀螺）的情景。童年的一幕幕竟然就在夜深人静之时，就在这一张张充满文字的书页上，像放电影一样，清晰而又交错重叠地出现。这不能不感谢作家黄蓓佳老师，是她流畅而细腻的文字唤醒了我沉睡已久的记忆。重温儿时的点点滴滴，心头有一种淡淡的感伤，又有一种淡淡的幸福。

狗儿无疑是这篇小说里的一个重要角色。她是一个充满灵气并且不服输的女孩儿，坚信自己正像是林家爷爷说的那样"有贵妃娘娘的命"，所以她会执著地寻找自己的亲生母亲，因为她坚信她的妈妈一定是一个比豁嘴婶婶强百倍的女人；她会执著地学习舞蹈，哪怕是在宣传队里坐冷板凳，哪怕在树林里练舞而被别人误以为是鬼，因为她也要像燕子姐姐那样"像天鹅一样翱翔"。虽然二十年来，她连扮演一次小天鹅的机会也没有，年长色衰时在舞台上亮相，也只能是一个冷酷而妖艳的王后。狗儿的这种气质和精神深深打动着我，少年的我不也是一个做着"白天鹅"梦的女孩吗？在那个多梦的年龄，又有谁没有做过美丽的梦呢？也许我最终也将和狗儿一样，一生也不能舞出一段"白天鹅"的旋律，但在回忆起自己"曾经年少爱追梦"时，除了自我解嘲的一笑之外，我想还会在心灵的一角存有一丝的庆幸与自豪：啊，毕竟我曾年少过，我还做过属于那个年龄的事情。

可狗儿周围的大人们却并不这样认为，他们对于狗儿的舞蹈，要么是"像看一个逗人发乐的小狗小猫的杂耍一样"，当做消闲，要么是"十分不屑，极不耐烦"。我忽而觉得现在的自己似乎就是这样的"大人"。不知什么时候，我已经习惯于"告诉"和"要求"那些十三四岁、十五六岁的孩子们"应该这样"，"不准那样"。我会嘲笑他们不想着好好学习，却胡思乱想着参加各种艺术培训班，压根忘了自己15岁时暑假里拼命学英语，想去某政府部门做翻译；我会厌烦一个发型稍作改变的女生，对她说凡是注重打扮了，学习就完了，完全没有想起上初一的自己为了能穿上一条"紧绷屁股"的裤子饿了三天来减肥——好不容易穿上了，结果却因为激动和紧张再加上裤子太窄，走路时狠狠摔了一跤，膝盖破了一个大洞；我会严肃地揪出一对暗传纸条的"早恋"生，通知他们的家长，说他们小小年纪却不正经，全然忘却自己当年看到年轻帅气的语文老师就忍不住脸红心跳，上语文课故意迟到以引起老师的注意……什么时候，是什么时候呢，我成了"大人"，成了"师长"，知道了"对"与"错"，不仅自己知道了，还要"好心好意""循循善诱"地告诉给自己的每一个学生。我们都曾年少，都曾青涩过，为何允许、宽容自己的年少无知，却不肯给这些正年少着的孩子们一点属于他们的成长空间，不肯留给他们更多的宽容、理解与爱呢？

不禁想起读过的一篇伤感的散文《闲花落地听无声》。一个美丽无比但却不爱学习的女孩，就在女生的嫉妒、男生的"追求"、老师和家长的鄙视中被孤立，最后学业未完就跟一个流浪歌手私奔了。十来年后的一次同学聚会上，谈起这个叫"郑如萍"的女孩，一个同学不无感慨地说了一句："其实，当年我们都不懂郑如萍。她的青春，很寂寞。"是啊，窗外碧绿的梧桐树，聒噪的麻雀，天空碧蓝碧蓝，阳光一泻千里，在那些时光中，青春有烂漫的色彩，有懵懂的悸动，也有不为人知不为人解的忧郁感伤，有些被误会的青春，就这样成了生命中难以磨灭的痛楚。

　　在成长的季节，如果花儿开得太过明艳，是否能用清风和雨露温润她的心田，不要让狂风与暴雨肆虐这些尚未茁壮的花朵。当岁月的步履日渐蹒跚，当那青葱的年轮开始布满沟壑，再回首旧日如歌的青春，如果能够多一分温暖与呵护，世界便能少一分误解与不幸吧！

　　低头看看早已熟睡的 10 岁的女儿，恍惚间我就如同她这般大小。是啊，我也早已熟悉了"妈妈"这个角色，不经意间就丢失了孩童的纯洁与幼稚，丢失了孩童的幻想与热情。女儿的很多想法、很多举动不也是我曾有过的吗，可我现在却经常批评她的"无知"，批评她的"懵懂"。唉！

　　《漂来的狗儿》用几个小孩子的故事，就把我的童年往事像钓鱼一样一个个钩出记忆的海洋，让我回味着、思索着，渐渐就多了一些生活的滋味，多了一些对生活的思考……

　　谢谢你，《漂来的狗儿》！

　　【作者小传】秦桂芹，女，1975 年生，蓬莱实验中学教师，毕业于陕西师范大学中文系。自任教以来，一直敬业爱岗，连续多年教学成绩优异。喜欢读书，多次代表学校参加各种演讲比赛。愿和学生分享更多的读书感悟，愿人生因读书而精彩！

金波先生一直认为儿童文学要让孩子的心灵变得纯净、善良、美好……儿童文学作品的要义是表现童心，赞美童心，呵护童心。

永恒的童心　永远的快乐

——读《乌丢丢的奇遇》有感

汪　敏

　　知道金波是在2005年的春天，当时听一位一年级的老师执讲公开课——金波先生所写的《春的消息》。吸引我的是诗歌清新的言语，明快的节奏，每一个字都像清晨的露珠儿那样鲜亮耀眼，给人以美好、开朗、向上的感觉。文字中充满了音乐感和色彩感，正好对应孩子们那充满新鲜感的好奇而信赖的心灵。

　　听着、读着、体味着，心里总有一个无法抑制的想法：什么样的人能如此亲近自然、亲近春天、亲近孩子，拨动人的心弦？于是带着好奇开始寻找金波，一下子走进了他的文学世界：《绿房子》《白城堡》《红树林》《蓝帆船》《和树谈心》……单是看看这些五彩缤纷的名字就颇有诱惑力。翻开其中的一本，扉页上是金波先生的照片，慈祥的笑容在脸上荡漾开去，看上去就让人心生温暖。再咀嚼他的文字，竟是如此的灵动，似小溪潺潺，轻快温润；似冬日暖阳，温柔惬意。透过飞扬而有温度的文字，感觉到他的每一首诗、每一篇童话和散文的诞生，都是他不朽的金色童年的一次再生。有童心的生命没有老朽，有诗意的人生没有冬天。正像他对自己的评价："睁开眼睛看自己，已进入了老年；闭上眼睛看自己，还是那个孩子。从孩子变成老人，从老人回到童年……为孩子们写作是非常快乐的事情，不会有黄昏的伤感和灰色的心态。"（诗《老人和孩子》）

　　在长达50年的儿童文学创作生涯中，金波先生出版了70多部诗歌、歌词、童话、散文、评论作品集，许多名篇佳作被收入中小学语文和音乐课本，并因其成就辉煌而获得国际安徒生奖提名，成为中国文学界"最接近安徒生的人"。在今天这个轻飘飘的时代，还有这样的人写这样的儿童文学作品来浸润孩子们的心灵，何幸！

　　金波先生的童话《乌丢丢的奇遇》是一段关于生命和爱的祈祷，是一个优美而忧伤的童话故事。木头小脚丫乌丢丢偶然丢失了他的木偶身体。在不断的寻找中，小脚丫经历了许多的奇遇。他因为能给孩子们带来快乐而获得了生命，他珍惜生命的可贵，并懂得用爱滋养生命，用爱回报生命……爱，让乌丢丢的生命变得更加鲜活、有趣；爱，让乌丢丢和老诗人的友情变得神圣。

书很好读，富有幻想的文字就像长了翅膀，带你一路飞翔。跟随乌丢丢和吟痴老诗人走过乡村，走过田野，走过城镇，走过森林。当蓦然停下，心还浸润在无边的感动中，幸福在升腾，忧伤在荡漾。合上书，金波先生精心编制的"十四行诗花环"就像无形的丝线串联起书中的细节。在这些美丽的诗句中，一个又一个的故事和往事幻化成灵动的意象，飘舞在心中。对十四行诗只拜读过莎士比亚这位伟大的天才诗人的作品，知道由于它对韵律的要求极高，也被诗人们称为"带着镣铐的舞蹈"，在世人心目中享有崇高的地位。而今，金波老师将他的"十四行诗花环"用在了他的童话里，竟是如此的契合，如此的富有诗性。这诗照亮了他的童话，令其更加灿烂辉煌。

金波先生一直认为儿童文学要让孩子的心灵变得纯净、善良、美好。中国古代哲人老子就指出人的生命的极致便是"复归于婴孩"，有一颗纯洁朴素的童心。明代李贽也认为："夫童心者，真心也。"儿童文学作品的要义是表现童心，赞美童心，呵护童心。而《乌丢丢的奇遇》几乎每一个字都洋溢着童心，都体现着金波先生对儿童精神生命的重视。书中写吟痴老诗人带着乌丢丢走在去寻找布袋爷爷和珍儿的路上时，遇到一个叫芸儿的小女孩。她种下了一个鸡蛋，想让鸡蛋发芽、开花。为此而被大家笑话，说她是傻丫头。只有吟老蹲下来和她一起铲土，一起想象鸡蛋花开后应该是什么样子的，一起想办法，一起在长夜里静静地祈祷。"人们因为成长而失去了多少美丽的想象啊！心灵变得苍白而僵滞。那想象好像潺潺流水，怎么会渐渐干涸了呢？心灵不再柔软，不再温暖，甚至不再快乐。"这哪里是在写吟老，分明是来自作者内心的伤感。"芸儿还有这一份快乐。我们该好好呵护她这一份与生俱来的快乐啊！"这份对童心的呵护与理解，对儿童生命的珍视，体现得淋漓尽致，无与伦比。

金波先生在书的扉页写道："人生的财富是什么？生命的意义是什么？是爱。我想用童话中吟痴老诗人和乌丢丢的故事告诉你：有爱滋养的生命，才是鲜活、美丽和不朽的生命。"我想，带着这样的启示去读，更能深刻地感受到金波先生那深沉的爱、博大的爱、富含哲理的爱！

这份爱来自对亲情的依恋。在深夜里，在月光下，在箫声中，吟痴老诗人想起母亲，看到她的裙袂、她的秀发、她的纱巾。看到她一步步走近自己，看到她赞赏的微笑而泪眼蒙眬。尽管吟老已不再年轻，可几十年一直将这份爱深藏心中，她温暖着老人的心，同样也温暖着读书人的心。乌丢丢只是一个小木偶，当他学会了爱，就毫不犹豫地踏上了寻找布袋爷爷和珍儿的漫漫路途，因为是他们给了他生命。站在布袋爷爷的墓前，他泪流满面，恭恭敬敬地鞠躬致意，并为了爷爷而为他人再次表演；找到珍儿后他热烈地期盼和珍儿一起上学，当故事的最后为了使珍儿拥有一双健康的脚，乌丢丢毫不犹豫地贴近了珍儿，把自己的体温、生命和力量一点一点地融入珍儿的生命之中时，他已经与自己的亲人融为一体，再不分离。

这份爱来自对生活的热爱。一只蝴蝶为要按时去赴蔷薇花的约坚持自己在大风中飞行而被狂风卷走，就像深秋的一片叶子；雕塑家因为不能使恋人的雕像完美起来而砸碎雕像，不能完美地存在，就完美地消失。这些读来让人几乎落泪的故事，虽然凄婉，但却向我们昭示着作者对生活的热爱，对生活中真爱的呼唤。

这份爱来自对孩子的真爱。当吟老鼓励乌丢丢去寻找给过自己两次生命的布袋爷爷和珍儿时；当吟老蹲下来和芸儿一起种鸡蛋时；当吟老诗人浑身战栗着看着蝴蝶被风卷走时；当吟老毫不犹豫地让蘑菇人留下来看好自己的家园时；当吟老不断地对雕塑家说他准备的补塑的脚很美，真的很美时；当吟老听到快救珍儿，就抢过水桶冲向火海时；当吟老感受到乌丢丢的即将离去而从梦中惊醒时，每一刻都饱含着诗人对孩子深深的爱，更是来自金波先生内心深处的真爱。这些爱的糅合，也使得《乌丢丢的奇遇》不仅仅是一个幻想的文本，还是一个具有厚重生命力量的路标——它标示着生活方向，展示着人性的力量。

用成人的眼光来阅读写给孩子的童话，更能感受到书中主人公老诗人吟痴就是金波先生自我的一种写照。他以诗人独特的眼光审视着这个世界，也以极大的善良和慈祥理解并体贴着这个世界。同时还是老诗人整个生命里的一个爱情童话：他对一个名叫"可人"的青梅竹马的小恋人的终生不渝的怀念与依恋，读来让人荡气回肠。

"我能为儿童写作，这是最自然的事情。我不必变成孩子，再去写孩子，我写的就是我自己，我自己鲜活的童年体验。"这就是金波先生用童年的梦想去创造的永恒的童年，永远的快乐！

喜欢让这本孩子的童话来温润自己、启示自己，学会爱每一个孩子、珍视每一个生命，让每一个孩子的童年成为人生最美丽的回忆。

【作者小传】汪敏，女，1969年生，海阳市育才小学政教主任，文登师范学校毕业。多年来，一直潜心探究语文课堂教学艺术，初步形成了"朴实简约"的教学风格。多次执讲省、市级优质课，曾被评为山东省小学语文教研先进个人。读书是最大的爱好，希望自己成为一个真正的"点灯人"，让更多的学生在光亮中一路前行。

曹文轩先生的作品饱含着人文情感。那纯的、美的也是久久不能释怀的，俯拾即是。单纯而诚挚的东西其实最能打动人的心灵，因为每个人心中都有一处软软的领地。

淳朴在左　感动在右

——读曹文轩先生《草房子》之心灵触动

杨晟钰

总是相信，世上万事万物都出自一个冥冥中的"缘"字！即使与书也要讲求这种缘分。

遇到曹文轩先生的作品就是一个偶然。2007年夏的一个周日，本想到书店买一本《小说月报》。却在书店内的闲转中，与置于角落一个书架上的曹文轩先生的作品不经意地相遇。当时目光所及的仅仅是一排书脊，却在瞬间被那淳朴色彩中隐约而出的质朴气质吸引了去。迅速拿到手中，感觉到了封皮上洋溢着的那种浓浓的乡村之气。再次抬起目光，那一个个个性十足的书名依次映入眼帘，《草房子》《青铜葵花》《细米》《野风车》《红瓦黑瓦》《根鸟》，目光一本本地掠过，心中开始狂喜，如遇知音一般。翻开《草房子》的第一页找到作者，看到"曹文轩"三个字，却是一个陌生的名字。于是迅速翻看作者简介，便简单地了解到：曹文轩，1954年1月生于江苏盐城，现任中国作家协会全国委员会委员，北京大学教授，博士生导师，他的作品获省部级以上奖项30余次，被翻译成英、法、日、韩等文字，是很受孩子们喜爱的知名作家。

曹文轩先生说他是一个土生土长的农村人，二十年乡村的风、乡村的云、乡村的雷雨，还有那艾艾的苦菜、香香的稻米，早已铸就了他的乡村情结。即便是二十年后进入了城市，且是大城市，也没有丝毫的改变。所以他的大部分作品是在写往事，是乡村题材，因为这种乡村情结随着时间的推移而渐深渐牢固，成为亘古不变的一种情怀。

读曹文轩的作品，心中就会不自觉地想到当今社会！现如今繁华尘世中，人与人之间的关系日趋疏远，情感更是日渐淡漠，真实纯朴的感情已是凤毛麟角般的珍贵。曹文轩作品中的人性美在一篇篇看似平常的故事中一览无余。走进去，就会泪流满面，就会洁净自己的心灵空间。如江南之雨，有着润物细无声的魔力。更可贵的是作品中呈现的那种强烈的坚持、坚强与坚韧，这些品格是现在孩子所匮乏的，是弥足珍贵的。所以让孩子们多多地走进来吧，这被誉为现代版的《爱的教育》，让苦难都成为一种美。爱书的朋友们，来吧，捧着干干净净的心灵，敞开坦坦荡荡的心境，安安静静地去领略那独具魅力的在字里行间闪烁的返璞归真的虔诚的光芒！

可能最先拿到手的是《草房子》吧，因而最为喜欢。《草房子》展现的是20世纪60年代苏北农村的一幅淳朴的水乡生活画卷。在乡野纯净的天空下，油麻地小学里那似规则又不规则的草房子是那么的美丽，房顶上因阳光照耀而泛出灿灿之光的草，使得那一排排草房子古朴而华贵。

《草房子》中每个人物都个性鲜明，淳朴至真，即使有让人生厌的一面，最终还是把人性善良的另一面展现给我们。如残疾男孩"秃鹤"的尊严；"纸月"的善良柔弱及扑朔迷离的身世；曾被所有人看做是恶婆婆的"秦大奶奶"，于人生最后时刻散发出的人性光芒……一个个朴实、真实的人物形象让我们在平凡中感动，在清洌中激情，如饮一杯原汁原味的乡野甘露，洁净了思想，润泽了心灵，更让我回到了珍贵的童年。

草房子的主人公桑桑，调皮、善良、淳朴、异想天开，小小年龄的他就能把碗柜改成鸽笼，把蚊帐变成渔网，大夏天头戴棉帽、身穿棉衣棉裤，在校园里招摇，吸引了所有人的目光，引来了哄然大笑。曹文轩先生诙谐的文字中，透着的童年是顽皮而美好的！

当那个夏天身穿棉衣棉裤、头戴棉帽子的桑桑第一次出现在眼前时，我想起了小时候的哥哥。我们母亲因为地主成分，不得已去了北方，在那儿认识了我的父亲，便有了我们这一家人。于是每年山东的姥姥都会邮寄一些花生之类的山东特产给我们。那是一个烈日炎炎的夏日，妈妈刚刚从外面回来，就看到我哥头顶大棉帽，走到门口，看着她，满眼怯怯的光，妈妈没觉出异样，说了一句："干什么！大热天的，戴个棉帽子干什么！"顺手一把把哥哥头顶的帽子抓了下来，没想到，哗啦啦，从里面掉出许多的带皮花生。哥哥撒丫子就跑，妈妈瞬时难过得要命，迅速捡起花生，追了出去。哥哥却越跑越快，越跑越远，他小小的心灵哪里知道妈妈是要把花生给他吃啊。当妈妈把这些事讲给成年的我们听时，眼里仍旧会含着闪闪的泪光！我们的童年懵懵懂懂却珍贵无比！

曹文轩先生的作品饱含着人文情感。那纯的、美的也是久久不能释怀的，俯拾即是。单纯而诚挚的东西其实最能打动人的心灵，因为每个人心中都有一处软软的领地。当温度湿度适宜的时候，那极具感染力的温情之花便会盛开，一如雨后春笋，生机盎然。读曹文轩的作品，在感动之余更多的会去思考人性的顺应，期待人性的纯真和人心的绚烂。

因为深爱，我把这些美丽的文字传给了身边的孩子们。2008 年 9 月，我在级部开展了"走近曹文轩先生的纯美文学"的读书活动。每当看到我的孩子们手捧曹文轩的作品专注地读时，心里的愉悦是不可言喻的。我觉得那是一点星星之火正向四周燎原！这是多么令人激动的事情！孩子们也用自己感悟的情感演绎平凡而高尚的爱的教育。一本书改变一个孩子，可能是一种心灵的寄望，但孩子们在读书过程中，品格和情操得到了一点点的提升，我们就该满足。听，孩子们交流的语言文明而有耐性了；看，孩子们遇事大度而谦逊了，课间争执的少了，交流读书的多了。书在孩子们的手里借来借去，短短的半年时间，他们所读的曹文轩先生的作品，远远多于我规定的《草房子》《青铜葵花》这两本了。我惬意而欣慰的笑容里满是绚烂的鲜花！

我已经拥有十几本曹文轩的作品，即使不能时时翻看，也要放在身边，放在触手可及的位置。守着，看着，心里就踏实，仿佛那是一块可以随时安慰人心灵的净土。当浮华的尘世让你心烦意乱，当烦琐的事务让你心力交瘁，那么就走进曹文轩的文字中去吧，它永远都会在你最需要的时候，安抚你支离破碎的心灵，静静的，默默的，不离不弃！

朋友们，如果你还没有看过曹文轩的作品，而且也有了想看的心情和时间的话，那么先看看《草房子》吧，相信你一定能找回自己心灵深处那最珍贵的东西。

真的很珍惜与曹文轩先生作品的这份相遇、相知、相守的缘分！修改这些文字时，心中蓦然间响起了清纯的《左手右手》的旋律，于是把《草房子》给予我的心灵触动，题为"淳朴在左，感动在右"吧，让这种左右息息相通的真纯与美丽留在我鲜活的心底，更希望留在许多人的心里！

【作者小传】杨晟钰，女，1971 年生，莱州市莱州中心小学教师，2006 年毕业于曲阜师范大学历史教育专业。在人生的路上，用自己的双脚，踏实本分地丈量着教育这片沃土。生命的质量需要锻铸，阅读是锻铸的重要一环。在推广儿童阅读的今天，愿和孩子们一起在阅读的芬芳浸润中，共同提升生命的质量。

读着，想着，我的心中也涌动起涟漪般的爱，这爱仿佛是深夜的幽谷里闪烁着的蓝色荧光，晶莹、深幽，仿佛能够穿越时空的隧道……追随着青铜和葵花，那用青铜铸就的葵花，暖暖地加倍，将我的心融化！

心 中 有 爱

——读《青铜葵花》有感

段爱萍

夜晚，我坐在洁净的书桌前，打开台灯，"青铜葵花"四个娟秀的汉字映入眼帘。这是儿童文学作家曹文轩在 2005 年激情奉献、心爱备至的力作。我再一次捧起这本书，轻轻地翻开，一行行熟悉的文字跳进我的眼帘。在这寂静的夜晚，我的思维被一点点地占据，我的心绪被一丝丝地渲染，我的心弦被一根根地拨动，心里荡起层层涟漪……

作品中的小主人公叫"葵花"。可爱的葵花！可怜的葵花！妈妈早早去世，与爸爸相依为命；而爸爸去世又使她成了孤儿。不幸一次次地打击着这个柔弱却又坚强的小女孩！好心的青铜一家领养了她，使她有了一个贫困却很温暖的家。虽然贫穷，但他们没有放弃生活，他们幸福、乐观、恩爱地生活着。

青铜心中装着葵花妹妹：为了让葵花上学，他放弃了自己的学业；为了让葵花照一张相，他在寒冷的冬天卖掉了穿在自己脚上的芦花鞋；为了让葵花报幕成功，心灵手巧的他穿出了一串美丽的冰项链；为了让葵花在夜晚能看一场马戏，他顶着她站了一个晚上；为了要回那个石碾，他跟那群比他力气大的孩子打架；为了不让葵花挨训，他帮妹妹解释、受过……

青铜所表现出来的不仅是一个小哥哥对小妹妹的关爱，更是一个男子汉应有的气概。在饥饿的岁月，他为葵花挖芦根吃，自己饿得眼冒金星，却舍不得吃一口……

青铜的心中装着葵花，青铜的心中装着奶奶，青铜的心中装着整个家……青铜的心中装着满满的爱……

青铜心中有爱，葵花的心中也有爱：为了哥哥不在别人面前出丑，葵花教青铜哥哥认字写字；为了整个家庭，小小的她偷偷地跑到江南去采银杏；为了留下钱给爱她的奶奶治病，她故意不考好成绩……

小小的葵花，孤独的葵花；城市的葵花，大麦田的葵花；善良的葵花，可人的葵花……不幸，锤炼了她坚强的性格；不幸，丰实了她内心的情感！让她能够在苦难的生活中坚强起来，乐观起来，成长起来……

苦难的岁月里，两个寂寞、幼稚、充满着"爱"的心紧紧地靠在一起。他们在无声的世界里，相依为命。两颗幼小孤独的心灵沟通、包容、默契！他们的命运就像葵花爸爸那些最满意的作品——用青铜制作成的葵花。青铜制作成的葵花闪烁着永恒的清冷而古朴的光泽，给人无限的暖意和力量。暖调的葵花与冷调的青铜为我们展示了生命的意义，诠释了"爱"的价值。这种人间最真挚的"爱"，意味无穷：这是一种生死之约，这是一种不解之缘。

心中有爱，也只有心中有爱，才会将这份人间真情渲染得如此淋漓尽致……

心中有爱，也只有心中有爱，在这困苦的环境下，兄妹俩的心才能够始终充满满足和幸福。我深深地为他们感动，我真诚地为他们喝彩！他们在生命的极限中所表现出来的爱是如此的动人、感人，他们——两个年幼的生命在痛苦中盛开的花朵是如此绚丽多彩！

读着，想着，我的心中也涌动起涟漪般的爱，这爱仿佛是深夜的幽谷里闪烁着的蓝色荧光，晶莹、深幽，仿佛能够穿越时空的隧道……追随着青铜和葵花，那用青铜铸就的葵花，暖暖地加倍，将我的心融化！

我深深地感到，心中有多大的爱，力量就会有多大，甚至可以无穷无尽……

带着爱面对社会，面对人生，面对家人，生活就会处处充满和谐、幸福、快乐！记得汶川地震中的一幕幕：妈妈舍身护孩子，老师奋勇救学生，党员舍生助群众……这是哪里来的力量？我想，是爱，是蕴藏在每一个有良知的中国人心中的爱，给了他们巨大的力量，让他们在巨大的灾难面前毫无畏惧、舍生忘死！还有，在地震发生以后，那一身红色的消防队员、那一身绿色的解放军，还有那身着各色服装的党员、群众，他们都把自己心中的爱毫无保留地尽情释放，这点点滴滴的爱熔铸成了无穷无尽的大爱！这大爱在党的温暖的阳光下被无数次复制、粘贴。灾难面前，我们不再孤独、不再徘徊、不再害怕——因为有爱，因为我们心中有爱！爱给苦难的人们带来了新生的曙光，爱给劫后重生的人们注入了幸福的源泉！

蓦地，我想起一首歌："这是心的呼唤，这是爱的奉献，这是人间的春风，这是生命的源泉……只要人人都献出一点爱，世界将变成美好的人间……"

心中有爱，灾难不可怕，可怕的是心中无爱；心中有爱，痛苦并不苦，真正苦的是心的孤独。

　　青铜和葵花给我们诠释的就是人生应如何用爱去面对苦和难。苦和难能够锻炼人的意志和精神，爱能战胜任何苦和难。只有能体味爱的真谛的人，方能懂得人生的价值。

　　【作者小传】段爱萍，女，1977年生，小学高级教师，招远市英里完全小学大队辅导员，毕业于烟台师范学院美术系。名字中有"爱"，心中也有"爱"，带着"爱"走进学生的心灵，逐渐形成了自己的课堂教学风格。多篇文章在省市报刊发表，多次执教县市级优质课。最大的愿望就是带领学生"多读书，读好书，好读书"。执子之手，与爱同行。让学生在"书"的沃土里，在"爱"的阳光中，收获成长的快乐！

从孩子身上，我们可以看到父母的影子。贾里的热情、侠义、善良、幽默、真诚、宽容……哪一样在他父母的身上找不到？父母是孩子的第一任老师，也是终生的老师。父母的言行对孩子的影响是潜移默化的，也是深远的。

学做父母

——《男生贾里》读后感

韩韶萍

《男生贾里》的作者秦文君，是著名的儿童文学家。她的很多作品被改编成影视作品，并多次获"飞天奖"，还被译成英文、荷兰文、日文等，在海外出版。《男生贾里》是她的代表作之一，曾荣获中宣部第七届精神文明建设"五个一工程"奖，还荣获"共和国五十年优秀长篇小说"称号。秦文君的小说风靡校园，被誉为"新时期少年儿童的心灵之作"。

男生贾里可不是个平平常常的人物，他的故事可真不少。这个大男孩聪颖机智、热情侠义，他周围的伙伴们也都不同凡响，经常会做出点令人意想不到的举动，干出点令人刮目相看的事情。于是，我们看到了丰富多彩的少年生活，看到了他们有滋有味的成长历程。作者以生动有趣的故事展现出一幅幅当代中学生的生活画面，情节引人入胜，语言风趣幽默，人物个性鲜明，富有时代气息和艺术魅力。

但在这里，我们避开光彩夺目的贾里，向耀眼光环背后辛苦养育他的父母学怎样做父母。

首先，要培养孩子的责任心。孩子是家庭中的一员，家中有事就应该让孩子知道，让他参与进来，共同承担家庭的责任，别一句"你还小，家里的事不用你管"就把孩子拒于家庭责任之外。等孩子长大了，我们需要他帮助的时候，才发现他不孝敬父母，不分担家务，不承担家庭重担，甚至连学习都要父母看着，没有一点责任心。其实，这都是父母的不当教育造成的。而贾里的妈妈要去业余表演学校讲课，因而很多原本属于她的家务就要赠送给大家了。家庭会议的最终表决同意贾里当家里的领导，承担起倒垃圾、洗碗、擦桌子等家务活。虽然贾里不那么情愿，但还是接受了任务。最终的结局是：总指挥基本称职。贾里从中体会到了责任的重大和劳动的艰辛，他的人生又多了一笔财富。

一个有责任心的孩子，不仅会对自己负责，更会对父母、亲人，对他人、对社会负责。有了责任心，他就会勤奋进取，他就会孝敬父母，他就会爱护兄弟姐妹，他就会乐于助人，他就会热爱自己的团队……看看贾里，学习不用父母操心，照顾妹妹细心又周到，帮助同学总是充满热情，对班级工作也很热心，做事一直有条不紊。古往今来，对社会有贡献的人都是有责任心的人。滕子京被贬巴陵郡仍能以造福一方百姓为己任，若不是有"先天下之忧而忧，后天下之乐而乐"的责任感又怎会心系苍生？我们的周恩来总理在中学时就发出了"为中华之崛起而读书"的心声，若不是心中有一份责任又怎会有这种使命感？鲁迅先生在日本求学期间，若不是抱着救国救民的责任感又怎会弃医从文？正如托尔斯泰所说："一个人若是没有热情，他将一事无成，而热情的基点正是责任心。"

其次，要给孩子说话的权利。贾里的爸爸是个儿童文学作家，他认为事业是第一位的。他的新书《上海少年》不讨人喜欢，伤心之余就让自己的孩子给提意见。贾里"狠狠心"说了句真话"我觉得写得不太像真实的人"。这段插曲虽是一波三折，但贾里深刻的分析帮爸爸走出了困境。试想贾里这样的孩子就在我们家，我们能像贾里的父母那样给孩子说话的权利吗？生活中的我们往往不给孩子说话的机会，就连家里的事孩子想参与意见，也常会一句"大人说话，小孩别插嘴"，就把孩子心中的热情给浇灭了。跟孩子说话也常常是命令的语气，训斥的态度，吓得孩子是有话不敢说，有理不敢争，有了烦恼也不敢向父母诉。久而久之，就造成了孩子有话不告诉父母，以至于我们根本不知道孩子的喜怒哀乐，搞不清他们的小脑瓜里到底有些什么念头，由此产生了很多误解。西方的教育提倡父母跟小孩子说话时要蹲下来，是为了不让孩子仰视，达到平等交流的目的。这也就是要我们尊重孩子，因为他们跟我们享有同等的说话的权利。

我曾经跟学生私下交谈过：当你有了苦恼忧愁的时候，你最想找谁诉说？当你有了高兴的事情，你会跟谁一起分享？当你对一个异性同学有了好感，你会告诉父母吗？得到的答案里竟然很难见到父母的影子。教育专家建议父母每天要花一定的时间跟孩子交流，多听听孩子的心声，用爱心、耐心、喜悦心来听，因为心是长眼睛的。或许我们小时候有过父母不许我们说话的经历，那就不要让历史重演了。给孩子说话的机会吧，哪怕他们的想法是错误的，甚至是荒谬的，也让他们有说出来的机会。只有这样，我们才能及时了解他们，知道他们在想什么，哪些是对的，哪些是错的，才能有的放矢地给孩子以指导，使他们少走弯路。

最后，还要给予孩子更多的自由和理解。因为理解，贾里的父母给了孩子自己安排时间的自由，决定自己事情的自由，交朋友的自由，言论的自由……更给了孩子独立思考的自由。因为理解，家庭会议的气氛融洽，每个人都能畅所欲言，还经常民主投票决定大事。因为理解，孩子自己办生日聚会时没有邀请父母，在外流浪的父母却没有责备孩子的意思，一句"这是必然规律，只是打击来得过早些罢了"，尽显父母对孩子的理解。若是我们会怎样？我想大多数父母会生气，会训斥他们的。因为我们忽略了孩子也该有自己的生活圈子和交往圈子，也该有不要父母干涉的事情。反思一下，就会发现我们平日管得太多了，一直把孩子视为我们的私有财产。总以为只要孩子在我们的眼皮底下就是安全的、放心的。其实，孩子们跟同龄人在一起，就会性格开朗，能学会如何跟人相处、交流，能学到很多书本上学不到的知识……贾里的父母看到孩子们玩得那么开心，那么痛快，心里抱怨并快乐着。试想，若我们在场，孩子们能玩得那么尽兴，那么尽情吗？相信这个生日，孩子们一定会回味无穷的。多理解孩子们吧，经常换位思考，我们就会多体谅他们，多原谅他们了，毕竟我们也曾经年少过。长大是需要时间的，我们要耐心等待，要给他们慢慢体味人生的时间。相信，孩子们的每一次经历都会让他们更成熟一点。

从孩子身上，我们可以看到父母的影子。贾里的热情、侠义、善良、幽默、真诚、宽容……哪一样在他父母的身上找不到？父母是孩子的第一任老师，也是终生的老师。父母的言行对孩子的影响是潜移默化的，也是深远的。"多年父子成兄弟"，我们既是孩子的父母也该是孩子的朋友，既是孩子的老师也该是孩子的伙伴，既是孩子的领路人也该是孩子的同行者。我们要学着做称职的父母，给孩子以有益的影响。

【作者小传】韩韶萍，女，1972 年生，蓬莱市大辛店镇中学教师，毕业于蓬莱师范学校。一直工作在教学第一线，追求朴素简约的课堂风格。闲暇时喜欢读读书，丰富自己的生活，充实自己的头脑，更希望能尽自己的微薄之力，点亮学生的"心灯"，让他们成为大写的"人"。

其实，性是上天对男人女人的恩赐，男人女人因为性而区别，因为性征而美丽。我们的教育应该彻底扭转性是丑的、恶的、害羞的、不可言传的传统观念，用一种科学的眼光看待性，看待性的教育，用一种欣赏的眼光去看待少男少女们性征的发育。

让孩子美丽地成长

——读《女生日记》有感

黄　芳

不知从何时起，我读书喜欢从序读起，然后一直读到后记。读这本杨红樱的《女生日记》也一样，我一直读到最后的那篇《美丽地成长和成长的美丽——我写〈女生日记〉》。杨红樱在这篇文章里说："再过几天一开学，女儿就是小学六年级女生了，她即将告别童年，即将从一个小女孩成长为少女。作为女性，这是生命中多么重要、多么美丽的阶段啊！我要用全部身心来关注女儿的成长，用我的笔真实地记录下她一生中这个美丽的过程，记录下她长大的每一天。"

做杨红樱的女儿是幸福的，因为有一个母亲如此倾心守望她的成长，分享她成长的美丽。不过做我的女儿和学生也算是幸运的，幸运的是她的母亲、他们的老师碰巧也读到这本书，也很关注怎样帮助孩子自然度过这段人生敏感而重要的时光。

我很欣赏书中的罗老师，她能够十分大气而又坦然地给全班上了一堂生理卫生课。当着全班男女生的面，罗老师讲女孩子月经来潮的时间、月经的周期以及经期里会出现的各种各样不舒服的症状。罗老师讲女生的秘密并不让男生回避，其用意在于男生知道女生的秘密后能够更加尊重女性，更加爱护自己的妈妈，更加关心和体贴女同学。我想，能像罗老师那样关注学生生理发展、堂而皇之地在课堂上谈女孩子秘密的老师很少很少。杨红樱曾做过小学教师，清楚地知道我们中国性教育的严重缺失，我想，罗老师的教育也是杨红樱自己的教育理想吧。我也有着与杨红樱相同的教育理想，不避讳孩子们在成长的过程中出现的生理、心理问题。我曾经给班里的男生专门召开过男生会议。那是一群三年级的孩子们，他们在一起玩耍经常动手动脚，也就经常有孩子来告状：老师，他踢到我的小鸡鸡了！几次下来，我感到问题的严重性，我必须给男生专门召开一个会议！我把男孩子召集在一起问："我们男孩子身上有一处秘密堡垒，是非常重要的一个器官，如果损伤会有非常严重的后果，谁知道这是你身体的哪一部分？"孩子们面面相觑，短暂的沉默后一个平日十分调皮的男孩说："老师，我知道，我知道！是小鸡鸡！"男孩的话音刚落，其他人便哄堂大笑。我用眼神制止了大家的哄笑，很认真地说："这个同学说得非常正确，准确地说这部分器官叫睾丸，它担负着传宗接代的重要使命，也关系到一个男孩子长大后能否成为一个标准的男子汉。但是它也非常脆弱，不小心踢一脚会揪心地疼，严重的话还会影响你长大以后的生命质量。所以你们在一起玩耍时，一定要小心，避开这个危险地带。"孩子们听了，都点了点头，不再哄闹。我很自豪，我能够在会上跟孩子们这样郑重地谈论他们的生殖系统的问题。我想，这不是所有老师都能关注到的问题，即使关注到也不是所有的老师都能专门召开会议来解决的问题。不过比起罗老师敢于在男女同学面前共同讲这些问题，我还是有差距的。

让我觉得不如罗老师的还有另一件事情。当南柯梦初潮来临，凳子上裤子上都沾上血的时候，罗老师一边找裤子给南柯梦换，一边讲外国的相关习俗缓解她紧张的情绪，而且拿出一片卫生巾教南柯梦怎么用——罗老师还是个没结婚的小姑娘，可是她对学生却有着慈母般的情怀。我的女儿正读小学，也面临着青春期发育的问题，所以身为母亲的我确信自己能够像对待女儿一样对待班里的孩子。在我的办公桌的抽屉里总有一包卫生巾，那是准备给那些措手不及的女孩子的，我也会手把手教给她们怎么使用。可是，读了罗老师的故事，我也在想，十年前未做母亲的我，为什么没有能如此亲切平和地做好这些事呢？我觉得根本还是爱心的差距，当然也有传统观念的影响。

在中国传统的思想观念里，性是只可意会不可言传的事情。老师和家长觉得孩子大了以后自然就知道这些事了，即使学校有生理卫生课，老师也是让孩子们自学性的知识这一部分，不敢公开讲授，以致让孩子们在自己摸索中走了许多弯路，也闹出了许多荒唐的事情，严重损害了孩子们的健康。其实，性是上天对男人和女人的恩赐，男人和女人因为性而区别，因为性征而美丽。我们的教育应该彻底扭转性是丑的、恶的、害羞的、不可言传的传统观念，用一种科学的眼光看待性，看待性的教育，用一种欣赏的眼光去看待少男少女们性征的发育。

作为一名老师，也许能否手把手地教女孩子做好成为少女后的第一课并不重要，重要的是要给正在发育的少女传递一种观念——月经来潮是一件值得庆贺的高兴事，而不是什么倒霉事，它是从女孩到少女的转折，标志着一个女孩子的成长，所以应该以一种积极乐观的心态对待；还要给这些孩子讲授必要的知识，当一个女孩子的个头猛蹿、乳房开始胀痛，这都是月经来潮的征兆，应该做好迎接它的心理准备,并传授一些方法。当然,对待男孩子也一样,应该让他们知道自己的性器官是多么重要,应该如何保护;遗精是怎么回事;为什么不要拔胡子……

作为老师,我们除了应该关注孩子们生理的成长,还应该关注孩子们品德的成长,正像《女生日记》里说的那样:"对一个女生来说,聪明、漂亮并不是最重要的,温柔善良才是女孩子最宝贵的品质。不聪明不漂亮的女孩子,会因为温柔善良的品质变得可爱起来啊!"我们应该把这句话告诉成长中的女孩们,让她们成长为因温柔善良而美丽的人。

我想,这些才是一位老师对孩子、对学生真正的爱的表现,是对多彩生命的珍视和尊重。做好这些,我们就可以静静地期待着孩子们美丽地成长了。

【作者小传】黄芳,1973 年生,蓬莱市第二实验小学语文学科的带头人,兼任班主任及教研组长,毕业于蓬莱师范学校。曾多次参加市地级语文优质课及教学观摩课,以清丽洒脱的风格赢得老师与学生的喜爱。日常教学中,引领学生课外阅读,定期开展读书交流,以书籍滋养学生的心灵。曾荣获"蓬莱市教学能手""烟台市青年岗位能手"等称号。

看《城南旧事》，小英子的纯真与善良、快乐与悲伤感染着我，我的心灵之门被轻轻叩响，记忆的长线拉到了很久很久以前……

感 怀 童 年

——读《城南旧事》有感

王彩芝

坐在靠椅上，一杯清茶在侧，一缕茶香袅袅，静静的茶，静静的黄昏，我静静地拾起了记忆的碎片。读林海音的《城南旧事》，就像在冬日的黄昏品一杯清茶，感受着茶的韵味，感受着茶的浓浓淡淡、冷冷暖暖。

《城南旧事》中，林海音以回忆的形式描写了老北京的人情风物，就如泛黄的古老胶片轻轻地在眼前掠过，使人感怀于它的悠久与永恒。

书中惠安馆的秀贞，是大家眼里的疯女子。可小英子却不怕疯女人秀贞，跟秀贞结下了友情。后来她发现秀贞苦苦寻找的女儿就是她的好朋友妞儿时，还帮助她们母女相认，并从母亲的首饰盒里拿走了金手镯，送给秀贞和妞儿做盘缠。藏在草丛里的小偷被英子发现了，当英子知道他是因为家中生活贫困才去当小偷时，她并没有像大人一样鄙视小偷，甚至跟小偷有了交情。当小偷被抓住时，英子是难过的。美丽的兰姨娘，遇到了进步青年德先，在小英子的牵线搭桥下，兰姨娘跟德先叔走了，虽然英子不舍，但却很高兴。一直照顾英子家生活的宋妈，当她发现儿子早已经夭折，女儿又被狠心的丈夫给卖了，她的精神支柱倒塌了。最终宋妈也离开了英子，被乡下的丈夫用小毛驴驮走了。当爸爸的石榴花落了，英子的爸爸也因重病离英子而去。爸爸的花落了，而英子也告别了童年。

惠安馆门前的疯女子秀贞、遍体伤痕的小伙伴妞儿、出没在荒草丛中的厚嘴唇小偷、斜着嘴笑的兰姨娘、朝夕相伴的宋妈、得肺病而终眠地下的慈父……他们都是英子世界里可亲可爱的人，他们都曾和英子玩过、谈笑过、一同生活过。他们的音容笑貌犹在，却又都一一悄然离去。林海音质朴纯真的文笔无不透露着她的留恋、哀怨和惆怅。

其实，每个人的童年都是一本书，每个人的童年都有着不一样的故事，但几乎每个人的童年都有着和英子一样的纯真与快乐。看《城南旧事》，小英子的纯真与善良、快乐与悲伤感染着我，我的心灵之门被轻轻叩响，记忆的长线拉到了很久很久以前……

小时候，我经常出洋相。上一年级时，我被乡里派来的领导问话，那人问我班里有没有学生落课，他把"落课"说成家乡话"落 kuò"，我理解成小孩大便拉在裤子里，就叫"落 kuò"，便回答那位领导："班里有'落 kuò'的学生。"那位领导问我："学生'落 kuò'了怎么办？"我回答："回家换裤子。"后来班主任问我上面领导都问什么了，我告诉老师"拉裤"一事，所有老师听后都笑得直不起腰，而我却是丈二和尚摸不着头脑，在一旁一个劲地拧衣角。直到老师跟我解释"落 kuò"的意思，我才恍然大悟，不禁也哑然失笑。从此，那人，那事，便永久地留在了心里。

小时候，我做过许多幼稚的事情。小朋友不跟我玩，我生气地蹲在大树下，不理睬他们。我看着树上的蚂蚁，突然有一个伟大的发现，我发现去掉蚂蚁的头，剩下的蚂蚁身子跟鸡冠花的种子极其相似，我有了发现新大陆的快感。我从家里找来刀片，捉到蚂蚁，就把蚂蚁的头给切去，我把这些切掉蚂蚁头的"花种子"分给那些跟我玩的小朋友。玩法虽残酷，行为虽卑劣，可那只是成人的眼光。在孩子的世界里，玩法是花样百出的，一条绳，一根稻草，一个小动物，都会成为孩子们玩的道具，都会给孩子们带来无限的快乐。一旦孩子长大，这一切也就告别了。

小时候，我因为头上长虱子，痒得难受，父母索性给我把头发剃了，把我当男孩养，我便有了"假小子"的绰号。小时候，我带着表妹、表弟去河里游泳，结果河水太深，如果不是路人相救，我和表弟差点送了小命。小时候，我爱臭美，鼻子上长了一颗痣，很是烦恼，听奶奶说，用针把它挑破，抹上白石灰，可以把它消掉。我忍着疼痛照做了，结果无济于事。小时候，我跟小朋友玩捉迷藏，自己藏在玉米秸堆成的草堆里，结果在里边待的时间长了，竟然睡着了。醒来后，我拨开玉米秸，发现月亮当头，便撒开脚丫子往家跑。

小时候的事，五彩斑斓，是一个个彩色的梦；小时候的事，天真烂漫，想起来，忍俊不禁；小时候的事，道不尽，也说不完，只能成为回忆；小时候的事，像烟，像雾，渐渐地淡了，散了，留下的是无限的惆怅。

如今，河依旧是那条河，历经岁月沧桑，如同一位老人，被堆积的淤泥埋到了咽喉。站在桥上，再也看不到孩子们光着屁股在水里尽情嬉戏；再也看不到河水流经夹道撞击岩石喷溅的白色水花；再也听不到笑声、水声融为一体的天籁。那美好快乐的情景永远不会再来了。

如今，树还是那棵树。当年，父辈们种下的树，已经长成参天大树了，我需抬头仰视，才能见它整个面容。岁岁年年，年年岁岁，几多花开花落见证了岁月的轮回。树下，再也不会看到那个捉蚂蚁的女孩了。

如今，家还是那个家。这个家里，曾经到处充满着孩子们童稚的笑声和玩闹声，年轻的父母忙里忙外，不亦乐乎。可现在这个家的三个小姑娘都已长大出嫁了。冷冷清清的家里只有两个老主人，他们双鬓斑白，行动不便，已然不见当年之美、之勇，剩下的只是风烛残年了。

童年走远了，一切都已经物是人非。冬日的黄昏，我手捧林海音的《城南旧事》，便不由得沉浸在对童年往事的回忆中。正如林海音那样，成年后的她，学骆驼咀嚼的事情再也不会发生了，给骆驼剪驼毛的傻事再也不会干了。我呢，又何尝不是这样？当一件件童年往事像河水一样缓缓地淌过心灵，永远地成为过去，我的心里便留下一抹深深的怀念、淡淡的哀伤。

或许人的童年都是相通的，读《城南旧事》，我总能被英子的纯真善良所打动，也总能从英子身上找到自己的影子。如今，我身为人母，又为人师，我的生活世界总离不开那些纯真可爱的孩子们，他们的童年在我的眼里同样精彩纷呈。他们有着这样那样的特长，还有我们当年想都不敢想的各式各样的芭比娃娃、遥控汽车、奥特曼、变形金刚。可有时候，当我看到孩子一个人一遍又一遍摩挲着他的遥控汽车自言自语时，我不免又感觉当代儿童的童年是那么的苍白。在爷爷奶奶、姥姥姥爷、爸爸妈妈等众多亲人的呵护下，在众多玩具的簇拥下，在各种各样特长的支撑下，他们看似幸福无比，其实正是这种过分的呵护，使他们失去了许多原本属于自己的东西；正是这各种各样的玩具，使他们失去了与最有灵气的人交流的机会；正是这各种各样的特长班，剥夺了他们自由嬉戏的空间。我也常常想，如果当他们到了做爸爸妈妈的年龄时，回忆起自己童年的点点滴滴，记忆中依然鲜活的会是什么？会不会有童年似乎不曾来过的恍惚？还有没有小英子那样的纯真记忆？我们的家长，我们的老师，是不是应该保卫孩子的童年，把童年还给孩子？

我想让我的孩子、我的学生读读《城南旧事》，读读英子的童年，让童年的纯真与快乐轻轻淌过他们的心灵。

【作者小传】王彩芝，女，1975年7月出生在农民家庭。从小学习刻苦，立志将来能有所作为。1995年毕业于牟平师范学校，现任教于蓬莱市第二实验小学。喜欢读书，善于积累，一直坚信：阅读可以改变人的命运，阅读会成就完美的人生。

到底是什么原因导致了"王子"沦为"乞丐"？到底是怎样的原因致使野骆驼的种群由浩大劫难之后的繁旺兴盛转入太平盛世之中的没落衰亡？

今天，我们怎样教养孩子

——读《骆驼王子》有感

初清娟

儿子最近迷上了沈石溪的动物小说系列。一般情况下，我力求与儿子同步读书，以期在思想、情感、爱好和交流沟通上能够与之同步、取得和谐。接二连三地读下来，感触颇深。特别是读《骆驼王子》的时候，我总觉得心好像被什么压着，沉甸甸的；我总会读读停停，停停读读，不断地反观自己；我总觉得作者不止是在写野骆驼，更是在为我们这些为人父母、为人师长者敲警钟、鸣警笛。

明末巴颜喀拉山发生大地震，该地区大批动物集体向滇西北日曲卡雪山长途迁徙。途中大部分动物所剩无几，只有野骆驼们因采取"爱幼护幼"这一战术，不仅成功到达而且种群繁盛。斗转星移，几百年过去了，野骆驼们的后代诞生了这么一匹小骆驼：它生活在一个由两雄两雌四匹骆驼组成的群体中，受到了父母百般的溺爱和家族小心的呵护。从来不需要动脑，只管服从；从来不需要吃苦，只管享受。它是名副其实的王子，但同时也是胆小懦弱的低能儿、毫无主见的弱智儿、冷漠狭隘的自私儿。长大后，当家族遭遇强敌时，它选择了逃跑，葬送了爱它胜过爱自己的两匹雄骆驼的生命；当弱者需要保护时，它表现出冷漠和拒绝，致使自己众叛亲离、孑然一身。最终，它竟然为贪图安逸、舒适而自轻自贱，心甘情愿地出卖了比生命还宝贵的自由，沦落成一匹拉货卖脚力的牲口。这不仅是骆驼王子个人的小悲剧，更是整个野骆驼种群的大悲剧。因为骆驼王子生命的衰微就是野骆驼种群走向衰亡的缩影和预兆。

看到这里，我们不禁要问：这是为什么？到底是什么原因导致"王子"沦为"乞丐"？到底是怎样的原因致使野骆驼的种群由浩大劫难之后的繁旺兴盛转入太平盛世之中的没落衰亡？我的答案是：过分的爱。也许你会惊呼：怎么会是爱？爱只会创造奇迹，怎么会有这样大的摧残力和破坏力？我们不妨从骆驼王子的成长历程来窥一斑而见全豹。

童幼时期的骆驼王子完全是在香软的家庭氛围里、在一片浓得化不开的脉脉温情中成长的。享用最好的食物，享受两位骆驼妈妈的最亲昵、最温柔的爱抚、舐舐、嗅吻和两位骆驼爸爸最牢靠、最忠心的护卫、庇护甚至是拼死救护、舍命搏杀。它承受了过多的关爱、过分的呵护、过于甜腻的温情和过于严密的笼罩，以至于独自外出时竟不知该吃哪种植物；一只突然窜出的野兔就能把它吓得魂飞魄散；身上有一个枯枝草叶，也得让骆驼妈妈舐摘掉；遇上结冰的小河，更是得要四匹骆驼踏进水中用身体挡住冰碴后它再通过……如此种种，不一而足。换句话说，过分的爱把一匹原本活泼、聪慧、颖悟、充满好奇心的小野骆驼变成了"瞎子""聋子""痴呆儿""弱智儿""低能儿"。诚然，在艰难困苦的迁徙途中，为了保存种群的血脉，对小骆驼们施以悉心的照料、严密的保护、无微不至的关怀，这不但是完全必要的，更是明智之举。但到了鸟语花香的和平环境，仍然这么个爱法，显然是害了这些后代啊。太多的爱只能成为成长的精神枷锁，太腻的情只能成为生命的精神牢狱。

更可怕的是这种过分的爱在骆驼王子的青少年时期更加变本加厉，更加不可理喻。

进入青春期的骆驼王子也曾像其他动物那样表现出这个成长期应有的行为特征、心理特征和独立意识。随着个头的蹿高、四肢的强健，它的独立意识开始觉醒，开始萌生出想要摆脱束缚的念头，不愿再顺从听话，讨厌妈妈们小儿科的爱抚、亲昵，甚至动辄乱发脾气，乃至倔强、叛逆和乖戾。正如人类社会中那些迈进青春期门槛的少年，总显得与父母格格不入，常与父母顶撞，不再愿意随父母上街，动辄要摆脱父母的监护和唠叨，甚至刻意地搞破坏，肆意地挥霍他们无处安放的青春，惹父母心烦，惹别人生厌。这种青春期叛逆行为，听起来好像挺残酷、挺不近人情的，有违伦理道德。其实不然，从心理学的角度讲，它是生命历程中不可或缺的一环，是生命由幼稚走向成熟的必修课程。也就是在这种时候，父母往往会感到失落感急速降临，家庭的温馨被赶跑，家庭的欢乐让沉默代替。但如果长辈们稍稍懂点这样的常识，就应该稍稍克制住因子女远离自己而产生的那份伤感，隐忍住因子女拒绝亲近自己而产生的那份失落，或顺其自然，或因势利导，或循循善诱，放飞一个渴望成熟也正走向成熟的自由的生命。因为只有经过青春期叛逆这个阶段，生命才会成熟，才能独自撑起一片天。可是骆驼王子的长辈们对其表现出的精神独立、成长的潜能和愿望却视为洪水猛兽，以至于忧心忡忡、长吁短叹、坐卧不安、惶惶不可终日，继而他们果断地采取措施：耐心细致、百折不挠、全力以赴地对其进行爱的感化，用爱的蜂蜜、奶油、巧克力加固其看似极力想挣脱掉的亲情链条。所以，在骆驼王子青春期的独立、叛逆初露端倪之时，它们就一齐对着它离去的背影哀哀切切、绵绵柔柔地又是呼唤，又是劝告，又是央求，甚至不惜自虐以感其心，好比甩出了一根在爱汁里浸泡过的软绳，最终将其追求独立的离心力转化成了继续依赖的向心力。它们不仅没有表现出作为长辈应有的丝毫的理智，更没有像老鹰、狐狸、金猫、狮子、雪豹等食肉动物一样，将进入青春期的孩子毫不留情地逐出家门，把它们从自己身边赶走，成全它们的独立意识和反叛精神，让它们在生命最可塑的年龄段，独立面对世界，不失时机地铸造其健全的品格。很显然，骆驼王子个体主动要求的"第二次断乳"以失败而告终，独立意识刚刚萌芽就被爱的潮水淹死了。而据动物行为学家野外观察统计数据表明，越早进行"第二次断乳"的动物，成年后抵御疾病和适应环境的能力越强，在群体中的地位越高，其后代也较易存活。这也印证了人类某些有识之士所倡导的"推出去的爱是真爱""对子女越早放手越好"等观点。

这样之后的骆驼王子虽然体格高大健硕，外表看上去不乏雄性风采，但因其精神还未断乳，故而性格软弱、胆小如鼠、非常幼稚，在精神上永远是个长不大的幼童，或者说是精神侏儒。面对这样一个被过分的爱害惨了的受害者，我们又怎能强求它在家族遭遇雪豹一家五口袭击时抬蹄蹬踏雄雪豹，救下光脖子首领的命，即使是在零风险的情况下；我们又岂能奢望它在家破人亡之后，重铸灵魂、重塑形象，有能力有愿望去组建和管理一个新的族群，即使是秋草母骆驼妈妈再急切、再全力以赴。骆驼家长们由希望转而失望，而气恼，而怨怒，而恨铁不成钢，而愤然离去，就是必然了。

哀哉，不懂事的骆驼家长啊！正是你们一手抟捏出这么个禁不起风雨的稀泥骆驼，又能埋怨谁呢？悲哉，不明智的骆驼家长们啊！正是你们过分的爱致使种群衰微，生命质量一代不如一代，越来越孱弱。在这个竞争激烈而残酷的世界上，最致命的不是没有强大的实力，而是不能发现并改正自己的错误，得过且过愚蠢地混日子，从而为未来埋下巨大的隐患。在这一点上，无论是无情地将小企鹅踢下海的企鹅父母，还是狠心将幼鹰抛下山崖的老鹰，都为我们人类和野骆驼们在教育子女方面上了宝贵的一课。

今天，我们身边众多的家庭中，有多少这样的骆驼王子啊！四个老人，两个大人，一大群亲戚朋友，养育和簇拥着一个孩子。孩子被高举在作为家庭的金字塔的塔尖，优越无限、风光无限。然而孩子终究要长大，要离开家庭的金字塔而走进社会的金字塔。而一旦进入社会的金字塔，每个孩子都是要从塔基做起的，优越全无、风光不再。从王子到布衣，角色转变了，但心态、技能、自立等也会如影随形或者从天而降吗？繁复的世界，让我们在教养孩子时也倍感繁复、无力甚至迷惘。

在这个世界上，有多少父母是用整个生命来铺垫儿女的前途，唯独忽略了自己；又有多少父母椎心泣血般地感叹：为什么自己含辛茹苦养大的儿女将自己拒之门外乃至拒之心外？为什么现在的孩子不能忍受一言半语的批评指责，不能经受一点点的挫折坎坷，甚至会为了一点鸡毛蒜皮的事而做出骇人听闻的过激行为呢？却不知正是自己在孩子一生的成长中给他打了一个严严实实的精神的"蜡烛包"，致使孩子终生生活在襁褓中。除了过度的呵护，又有多少家长在过分地要求孩子。他们总在以成人世界的标准要求孩子：你以后要想出名，必须从三岁开始学美术，从四岁开始学钢琴，从五岁开始跳芭蕾，六岁上学后要比别人多报一个奥赛培训班……如此种种，不一而足。好像为了让孩子立足社会，就得夜以继日的学习、学习再学习，快乐不重要，身心健康不重要，只有学习最重要，乃至于从一个极端走到了另一个极端。杜威认为，教育即生长，生长就是目的，在生长之外别无目的。一个天性得到健康发展的人难道不是既优秀又幸福的吗？这样的人在社会上不是更有希望获得真正意义的成功吗？正如李开复所说："严管中长大的孩子，无法独立；施压中长大的孩子，常常忧虑；信赖中长大的孩子，信人信己；放权中长大的孩子，深具责任。"可惜的是，生活中有太多的父母还是习惯了对孩子严管和施压，却很少做到信赖和放权——无怪乎我们的孩子看上去永远都长不大。

警惕啊，人类的家长们！卢梭说："教育错了的儿童比未受教育的儿童离智慧更远。"人生的各个阶段皆有其自身不可取代的价值，没有一个阶段仅仅是另一个阶段的准备。尤其儿童期，原是身心生长最重要的阶段，也应是人生中最幸福的时光，教育所能成就的最大功德是给孩子一个幸福而又有意义的童年，以此为他们幸福而有意义的一生创造良好的基础。沈石溪说："对儿女失望的父母，都恨铁不成钢。其实做父母的应当扪心自问，在儿女成长过程中，是否科学合理、坚持不懈地督促他们锻炼成钢。"诚哉斯言！

【作者小传】初清娟，烟台经济技术开发区第五初级中学语文教师，1995年毕业于上海师范大学管理系汉语言文学专业。性格文静内敛，待人自然宽容，"敏于行而讷于言"；工作认真扎实，教学尽心执著，"以责人之心责己，以爱子之心爱生"。崇尚简单自由、无拘束的生活。工作之余，喜欢读书、旅游、听音乐，喜爱亲近大自然，与天地为伴。

依稀看到广袤深邃的夜空中，闪啊闪啊，跳动着美丽的光芒。那是童话中闪耀的人性的光芒吧！让我们从童话中找回自己的童年时光，感悟人生百味，创造美好未来吧！

让童话走进我们的心灵

——《安徒生童话》读后感

郝艳丽

星星眨着亮晶晶的大眼睛，顽皮地在夜空中蹦来跳去，好像永远不知疲倦；月亮却像一个贪睡的小姑娘，懒洋洋地靠在云朵软床上，慢慢地摇啊，摇啊，就要进入梦乡。将尘世的喧嚣挡在门外，信手拈来一本《安徒生童话》，便沉醉在安徒生创设的如诗如画般的童话意境中。

看！夜空中驾着驯鹿而至的——那不是圣诞老人吗？看他的鼻子冻得红红的，然而却掩不住一脸的笑意。他是来给孩子们送礼物的吗？只见他把手一挥，五彩缤纷的礼物纷纷飘落。是啊！圣诞老人给孩子们带来了多少美好的期盼哪！瞧，那不是头上戴着百合花编织的花环，尾上镶嵌着象征尊贵地位的大牡蛎的可爱善良的小美人鱼吗？她为了得到一个不灭的灵魂，宁愿放弃自己三百年的生命，这种执著的精神真是可歌可泣呀！那边优雅地昂着头，挺着高傲的胸脯，迈着坚定的步子走来的，是一只美丽的白天鹅吧？啊！对，它曾经是受尽磨难、孤苦伶仃的丑小鸭！不经历风雨，又怎能见彩虹呢？玲珑小巧的拇指姑娘也来了，她身着大红的玫瑰花礼服，在百花的簇拥下款款走来，一阵阵清香沁人心脾……卖火柴的小女孩，你的金黄的头发真美啊……安徒生为我们描绘了一个个鲜活的形象，再现了世间百态，勾起我对童年的美好回忆。我的童年生活在脑海中逐渐清晰起来：在夏日骄阳炙烤的午后，赤着脚走在寂静的山间小路上，随手采一朵野花在手中玩耍，走过溪流，把脚伸进凉爽的、柔柔的水中，任调皮的小金鱼在我的趾间游戏；走过了无数的田地，捡了大把大把的麦穗，正为这小小的丰收沾沾自喜时，却发现妈妈刚给我买的翠绿的有着玉石一样润滑质地的发卡不翼而飞，又无从寻找，于是懊恼充斥了整个心田；为了勤工俭学，搭几个伙伴，带一点干粮，走进莽莽苍苍的大山，耳听松涛阵阵，眼观杜鹃映红，在腰酸背痛之时躺在宽阔的青石板上,任头顶白云悠悠,任脚下流水潺潺,任枝头声声雀啼,任空中微风习习,稍作小憩,真是优哉游哉……而今童年一去不复返了,而童趣依然留在心头。

记得童年时曾为《皇帝的新装》中那位愚蠢的皇帝而发笑,笑他不辨忠奸,竟然赤身裸体上街游行。今日再看《皇帝的新装》,却引起我对生活、对社会的深思:虚荣的皇帝,虚荣的大臣,虚荣的新衣,然而儿童一语点破虚荣,使大家眼中根本不存在的那件虚伪的新衣化为乌有。顷刻之间,新衣展示游行变成了闹剧。然而,皇帝摆出一副更骄傲的神气,继续他的游行大典,他的内臣们跟在他后面走,手中托着一个并不存在的后裾。多么深刻的讽刺!直到今天,我们在生活中听到的真实的声音也太少了,有的人奉承,有的人迎合,有的人视而不见,有的人我行我素。这个世界需要童真,我们的生活需要童真!作为一名教师,难道我们不需要珍惜儿童的天真与纯洁吗?

海公主是一条美丽善良的小美人鱼,她居住在像明亮的玻璃一样清澈又像矢车菊的花瓣一样湛蓝的海洋的深处,她是那么渴望长大,那么渴望拥有人类的不灭的灵魂,她坚强、努力、勇敢、善良,并且具有舍己为人的品质。年少时初读《海的女儿》,曾为海公主化为泡沫而哭泣。如今看到的是海公主在一个接一个严峻的考验之后,在肉体和精神的磨砺煎熬之后,不再依靠别人,而是紧紧依赖着自己的精神,踏上了寻找不朽灵魂的漫漫旅途。这个悲壮而又凄美的故事,是那么扣人心弦,令人回味。我被海公主深深地感动了!作为一名教师,难道我们不应该让学生学习这种勇敢、善良、舍己为人的美好品质吗?

丑小鸭也是我十分钟爱的一个形象。年少时,我是一个自卑感很重的女孩,因为入学早,我的同学至少比我大一岁,大两三岁的也比比皆是。他们活泼大方,学习上从从容容,毫不费力;玩起游戏花样迭出,让人眩目;在当时体育课上流行的三人追跑的比赛中,往往还没等我起步就已经被别人逮了个正着……曾经羡慕地看着同学们玩得兴高采烈,我却手捧《安徒生童话》,沉浸在自己编织的美好想象之中。偶然看到《丑小鸭》,看到哥哥姐姐欺负他,猎狗咬他,连养鸭的小姑娘也不喜欢他,无奈,可怜的丑小鸭只好离开了家,孤苦伶仃的一个人……我委屈的泪水夺眶而出,我不就是生活中的那只丑小鸭吗?而今,昨日的委屈已然不再,生活中的我努力上进,早已走出了"丑小鸭"的阴影,蜕变成了一只漂亮自信的天鹅!但昔日的经历,使得已为人师的我格外关注班级中的"丑小鸭"。

因为先天的发育不全,紫浩这个本该无忧无虑的小男孩似乎过早地远离了童年。课堂上老师诗意的述说丝毫不能引起他的兴趣。调皮的数字、善变的字母似乎都在有意地捉弄他,使他筋疲力尽;课下,无论是男孩子的游戏还是女孩子的舞蹈，都吸引不了他的注意。他就像是一只离群的孤雁，又像是一株在静静的夜里默默开放的小花，生活在属于他自己的世界里，远离同学，远离老师，远离这个繁杂的世界，只守着自己的那份孤独。很多次我默默地注视着他，心想，这就是他的童年吗？他不该得到和别人一样五彩的花样童年吗？在很多次的尝试失败后，我更加坚定了打开他心灵的窗户、给他一个快乐童年的信心。我把他带到办公室，轻轻地为他洗去脸上的孤独，我发现，他的眼神变得灵动起来；在体育课上，创造一个让大家都欣赏他的机会，我发现，他的眼中闪着激动的光芒；当我娓娓地为他讲述《丑小鸭》的故事时，从不为课文内容吸引的他竟然听得津津有味。随着我的讲述，紫浩的心被故事情节紧紧地抓住了，他时而伤心，时而着急，时而气愤，时而高兴……最后，他完全沉浸在丑小鸭变成白天鹅的美好的故事情境中，竟然手舞足蹈起来。这不是最好的教育时机吗？我轻轻拉起紫浩的手，看着他的眼睛，认真地说："紫浩，虽然你现在是一只丑小鸭，但老师相信，你只要有理想，有追求，就一定会成为白天鹅的！你会努力吗？"紫浩使劲点了点头。

现在，紫浩早已小学毕业了，虽然他仍然不具备智慧的头脑，但他早已从自卑的阴影中走了出来，就像是刚刚经历过一场风雨的小树，又像是曾经在风中折翅的鸟儿，最困难的时候已经过去，只要坚守着变成白天鹅的这个信念，相信他一定会把自己的人生渲染出缤纷的色彩！

夜空渐渐迷蒙，月亮耐不住夜的清凉与寂寞，早已睡去。依稀看到广袤深邃的夜空中，闪啊闪啊，跳动着美丽的光芒。那是童话中闪耀的人性的光芒吧！让我们从童话中找回自己的童年时光，感悟人生百味，创造美好未来吧！

【作者小传】郝艳丽，女，1974年生，招远市魁星路小学教师，毕业于聊城大学中文系。潜心小学语文教学研究，教学风格鲜明，坚信言传身教是最好的教学方法，努力以自己的热情点燃学生学习语文的兴趣。在省、市级报刊发表文章多篇。曾获得"烟台师德标兵""金都名师"等荣誉称号。

书的结尾是舒克和贝塔与森林的动物们和谐相处，过着幸福的生活，真正体现了地球是一个大家庭的社会主题。读完这本书，我一直在问自己：人与自然界的动物为什么不能和谐相处？

平等　关爱　和谐

——读《舒克和贝塔历险记》有感

门丽萍

俗语说："老鼠过街，人人喊打。"但偶然间翻了孩子的一本书《舒克和贝塔历险记》，我却被书中的两只聪明、勇敢、善良的小老鼠——舒克和贝塔吸引住了。舒克和贝塔是童话大王郑渊洁笔下最著名的童话形象，伴随了几代人的成长。郑渊洁花费十几年时间写作长达一百多万字的《舒克和贝塔全传》，悬念迭起，扣人心弦，故事精彩，想象奇特。

小老鼠舒克出生在一个名声非常不好的老鼠家庭，一生下来就注定背上了"小偷"的罪名。舒克不愿意当小偷，于是它决定离开家，开着直升机到外面去闯闯，用自己的劳动来换取食物。在外面，舒克帮助了小蜜蜂和受伤的麻雀，和它们成了好朋友，朋友也接受了它老鼠的身份。

贝塔也是一只小老鼠。从它降生的那天开始，就有一个可怕的影子始终跟踪着它。那影子就是小花猫咪丽。贝塔不愿饿死，它得想办法活下去。后来，贝塔当上了坦克兵，击败了咪丽。它决心寻找属于自己的生活，去一个没有猫的地方。机缘巧合，贝塔认识了舒克，两只小老鼠不打不相识，很快成为了好朋友！它们又认识了一个小男孩——皮皮鲁。在皮皮鲁的帮助下，舒克和贝塔创立了舒克贝塔航空公司，为更多的小动物服务。航空公司的运行也不是一帆风顺的，海盗总是三番五次地来给他们捣乱，机智勇敢的舒克和贝塔最终战胜了海盗，让小动物们都过上了快乐平静的生活……

书的结尾是舒克和贝塔与森林的动物们和谐相处，过着幸福的生活，真正体现了地球是一个大家庭的社会主题。读完这本书，我一直在问自己：人与自然界的动物为什么不能和谐相处？地球上的物种除了我们人类之外，还有千千万万个，每个物种都有存在的道理，即使是一只人人喊打的老鼠。曾几何时，我们把自己看成地球的主宰，打着"改造自然"的口号，毁林开荒，填海造田，人类活动的空间是越来越大，可是动物们活动的场所却在锐减。这样做的后果就是每天有成千上万个物种消失，野生动物有的已经灭绝，有的濒临灭绝，从而成为珍稀保护动物，大熊猫、金丝猴、东北虎的悲剧不是已经向我们发出了警告吗？反过来再看一下我们人类在这场运动中得到的惩罚吧：土地沙漠化、海洋泛赤潮、水资源枯竭、温室效应、地球变暖、酸雨面积扩大、沙尘暴步步紧逼、森林资源锐减、洪涝灾害、干旱灾难、大气污染、人口爆炸、生态失衡等正在威胁人类。

我们讨厌苍蝇、蚊子、老鼠，认为它们传播疾病。其实，如果它们真的在地球上灭绝了，那么我们人类可能早在它们之前就灭绝了。它们传播疾病是不假，但如果我们能让我们生活的环境不再脏乱差，不让细菌滋生，那么它们又能传播什么呢？曾看过《苍蝇与奶酪》这篇文章，作者在法国梵·高的故里吃饭，苍蝇满天飞，食物餐具上落得到处都是，可顾客却吃得津津有味。作者很不理解，老板告诉作者，这里的苍蝇没有病菌，因为这里的厕所、垃圾是全封闭的，苍蝇落脚的地方是鲜花和树木，没有细菌，所以也就不怕苍蝇传播疾病了。由此可见，怎么与动物相处关键还是看人类自身。它们只是一种介质，本身不生长细菌，而是我们乱扔乱倒不注意环境卫生，才引得细菌滋生。而我们却把传播疾病的帽子扣给它们。其实所谓的有害生物并不是一无是处，想一想，这些生物为什么不怕细菌的侵害呢？它们又是如何抵制细菌的？这可以成为我们研究的课题，以此来提高人类的免疫力。我们为什么不取动物之长补人类之短呢？

现在，我们已经认识到不与自然和谐相处的危害了，也采取了很多有效的保护措施，退耕还林，建立动物保护机构，制定相关法律法规，以立法的形式让我们与环境和平相处。当然，关键还是我们每个人都应该怀有一颗平等关爱之心，不再把我们看成地球的主宰，和谐地与动植物相处在这颗星球上，把地球当成我们共同的家，好好地保护，把它变成一个世外桃源似的大家园。

这本书给我的另一种感触是：人要有爱心，人与人之间要和平共处，创造一个和谐的社会大环境。书中舒克是大家的朋友，舒克开着直升机看见许多蜜蜂在采蜜。"今天的蜜真多，都运不回去了，怎么办呢？"一只蜜蜂对大家说。"就是，怎么办呢？"大家都很着急。舒克把头探出窗外："我来帮你们运吧！"它来来回回帮助蜜蜂空运了十几次，蜜蜂们都很感谢它，给它搬来了一大盆蜂蜜。

"砰！"舒克往下一看，一只麻雀的翅膀被打伤了，在地上一蹦一蹦地跳着。它打开舱门，喊："快！快上来！"小麻雀也来不及细想，上了直升机。"你真好，谢谢你，飞行员舒克！"渐渐地，谁都知道有位飞行员舒克开着米黄色的直升机，最爱帮助别人。

当小花猫想要处决舒克时，蜜蜂和麻雀坚决制止，并和舒克在一起聚餐。从那以后，舒克再也不怕别人知道它是老鼠了，它每天驾驶着米黄色飞机帮朋友做事。

贝塔呢，不但没有惩罚它曾经的对手咪丽，反而以德报怨，在咪丽被主人赶出家时想方设法帮助咪丽。后来在舒克和贝塔遇到困难时，咪丽也帮助了它俩，猫和老鼠最后也成了朋友。

授人玫瑰，手有余香。书中两只小老鼠的故事教育孩子要有爱心，要乐于助人。"人之初，性本善。"人之所以会变，是因为在成长的过程中，听得多了，见得多了，有时难免会随波逐流，所以教育是必不可少的。孩子有一本好的课外读物是很重要的，它对孩子有潜移默化的影响，有时甚至可以影响孩子的一生。《舒克和贝塔历险记》就起到了这样的作用，它教育我们在别人遇到困难时，要挺身而出，尽自己的所能来帮助别人。乐于助人是一种美好的品德，你在帮助别人的同时也会有自己的收获，那不仅仅是感激。其实我们不必做很大的事情，只要做一些举手之劳的事情就可以了。比如，随手捡起废纸果皮，扶着盲人过马路，帮体弱的人拿东西，把捡到的东西交给警察。只要我们每个人都奉献出爱心，这个社会就会变得更加温暖，更加富有人情味。那时，社会上就不会出现公交车上无人让座，歹徒伤人时也不会只有麻木的围观者，不会再有饥饿和战争，整个社会就是一个和平共处的大家庭。这不是我们所希望的吗？

你看，一座座希望小学拔地而起；楼上楼下的邻居不再是陌生的面孔，而是一张张笑脸；群众与不法分子英勇搏斗；汶川地震中那一队队志愿者的身影，在废墟上忙忙碌碌；长江大学文理学院的三位大学生为救落水儿童勇于献身……这就是爱心，这就是和谐。

当然，在这本书中郑渊洁还让我们懂得很多，比如说勤劳是美德，友谊最珍贵，坚强、勇敢、笑对人生，在这里就不一一展开了。

《舒克和贝塔历险记》是适合 9～99 岁的人读的书，郑渊洁说的一点不错。事实上，一百多万字的《舒克与贝塔历险记》有太多童话承载不了的东西——人类、动物、生命、尊严、罪恶、仇恨、公平、正义、教育、丑陋、光明、地球、宇宙。其实这本书，特别是后面的部分，一个天真的孩子不一定能读懂，一些隐晦的含义不一定能理解。看懂了很多隐晦的字句后，才明白它完全可以作为哲学读本出现。遗憾的是，它那太大的童话名声妨碍了人们的思考，家喻户晓的只是前面低龄化的部分。这本书，告诉你人生的哲学，告诉你善恶的真谛，也告诉你一些社会现实。如果用心去看，肯定会有不一样的感受。

其实，这是一本成年人也值得一读的书。

穿越生命的流光

【作者小传】门丽萍，女，1973年生，蓬莱市第二中学语文教师，山东教育学院汉语言文学专业毕业。工作勤恳，精于业务，力求创新。喜欢读书，一直主张学生应多读书，读好书，把"读万卷书，行万里路"当做自己的人生信条，并身体力行引导学生"喜读书，好读书，读好书"。希望与书为友，与生为友，结伴前行在求知路上。

我不再迷茫，不再倦怠……不再仅仅把工作看做一种职业，而是与生命的意义和自我价值实现相关联，这是无愧于只有一次生命的人生的最好行动，这是提升自身生命价值的最好途径……

生命的价值

——读《夏洛的网》有感

王志华

E. B. 怀特，美国著名散文家，1899 年出生在美国纽约州的芒特弗农市，1921 年毕业于康奈尔大学，1926 年起和《纽约人》杂志长期合作，担任特约编辑和作者。后来他兴之所至，写起了儿童文学作品。结果，在国际上，他作为儿童文学作家的名声反而更大，因为他的儿童文学作品被介绍到了许多国家。怀特在世界儿童文学领域如此有名，其实他一共只写了三部童话，《夏洛的网》便是其中一部。《夏洛的网》是一首关于生命、友情、爱与忠诚的赞歌，一部傲居"美国最伟大的十部儿童文学名著"首位的童话，风行世界五十年，发行千万册。这其中到底讲述了一个怎样的故事呢？

在朱克曼家的谷仓里，一群动物快乐地生活着，小猪威尔伯和蜘蛛夏洛建立了最真挚的友谊。然而，一个最丑恶的消息打破了谷仓的平静：威尔伯未来的命运竟是成为熏肉火腿。作为一头猪，悲痛绝望的威尔伯似乎只能接受任人宰割的命运了，然而，看似渺小的夏洛却说："我救你。"于是，夏洛用自己的丝在猪栏上织出了被人类视为奇迹的网上文字，彻底逆转了威尔伯的命运，终于让它在集市的大赛中赢得特别奖和一个安享天年的未来。但这时，蜘蛛夏洛的生命却走到了尽头……

读完这个关于生命的爱的童话，心中充满了无尽的爱与温情，同时也让我深深感受到了生命的价值高于一切。"爱"这个永恒的主题，可以穿越任何现实的障碍，直达对方心灵的深处。所以当小猪威尔伯遇上蜘蛛夏洛，它们的友谊就能超越蜘蛛与猪之间的物种差异。在这里，生命是平等的，没有高低贵贱之分，没有生死由命的悲观，没有人类逻辑中弱肉强食的现实。它可以抛开任何世俗的观念，让生命的价值在蜘蛛网上蔓延。

印象最深刻的，是当威尔伯在集市的大赛中获得特别奖而夏洛的生命即将走到尽头时，夏洛与威尔伯的一段对话：

"你为什么为我做这一切呢？"它（威尔伯）问道，"我不配。我没有为你做过任何事情。"

"你一直是我的朋友，"夏洛回答说，"这件事本身就是一件了不起的事。我为你结网，因为我喜欢你。再说，生命到底是什么啊？我们出生，我们活上一阵子，我们死去。一只蜘蛛，一生只忙着捕捉和吃苍蝇是毫无意义的，通过帮助你，也许可以提升一点我生命的价值。谁都知道人活着该做一点有意义的事情。"

夏洛缓慢而又安静地死去，但是在死以前，它说出了这样深刻的话语，"人活着该做一点有意义的事情"，这就是夏洛生命价值的体现。它喜欢威尔伯，它用自己生命的最后一根丝告诉大家威尔伯"谦卑"，从而使小猪威尔伯赢得了生存的机会，它的内心得到了无限慰藉。它认为，救了自己的朋友，对于自己这个渺小的蜘蛛而言，就是"有意义的事情"，就是生命最大的回报。

想想我自己的工作与生活，身为一名小学教师，我生命的意义到底是什么？跟着夏洛的思维，我思索着，回想着自己走过的或坎坷或平坦的教育之路，我内心得到了些什么慰藉？我苦苦追寻着自己生命的真谛……"师者，传道授业解惑也。"它诠释了教师的责任和义务。教师是人类灵魂的工程师，它标榜着教师的高尚与伟大。教师是一个很特殊的职业——在如今繁华而浮躁的经济社会里，选择教师也就选择了守候精神的天堂。要甘于平凡，而绝不平庸，不能只满足于当个教书匠。在教育中享受生命，和学生一起成长，采摘一路的幸福体验，这才是我最理想的生命体现。

我本是个与世无争顺其自然的人，在三尺讲台上默默耕耘，自以为做事还比较认真，不求有多大的成就，只求能圆满地完成学校交给的任务就行。就这样，平静的日子在悄无声息地流逝。前几年，我校开始走内涵发展之路，并坚持"走出去和请进来"的工作思路。就在那时，我有幸聆听了支玉恒、于永正、窦桂梅、王崧舟等名师的课，完全被他们的生命课堂所吸引，原来名师的魅力来源于他们自身的文化底蕴。同时，学校多次创造机会让我们外出学习培训，我先后去过省内的大多地市参观学习。不断地学习，让我感受到外面世界的精彩，认识到再不学习再不提高就要被时代淘汰。于是，我开始认真地读起教育教学书籍，先是《给教师的一百条建议》《教学中的心理效应》，到后来的《做一个幸福的教师》等。许多优秀的教育教学专著也进入了我的视线，其中给我震撼最大的是朱永新教授的《新教育》，它在一个更高的层面上来审视教育，唤醒了我的教育理想；而在学校这个大家庭里，骨干教师队伍的建设、网络教研的兴起，点燃了我的教育激情，让我有了发展的空间。在享受成长喜悦的同时，我感受到了生命的价值。

"教给学生一生有用的东西""只要行动就有收获，只有坚持才有奇迹""无限相信学生的潜力"这些教育理念不断地冲击着我的思想，我开始迷恋于课堂设计：丰富的生活背景、探索挑战的情境、和谐民主的氛围，学生学得兴味盎然，我教得也异常轻松。每个学期学校都进行课堂教学研究，"同研一堂课""教研组磨课""课堂观察点研究"等，激发了我上进的信心。渴望提升自身价值的我如鱼得水，成长得更快了。

是的，"人活着该做一点有意义的事情"。珍惜生命，热爱生命，了解生命而热爱生命的人是幸福的。教育不是牺牲，而是享受；教育不是重复，而是创造；教育不是谋生的手段，而是生活本身。我不再迷茫，不再倦怠，不管未来怎样变迁，坐定目前的这把叫做教育的椅子，用心地去做，投入地去做，不再仅仅把工作看做一种职业，而是与生命的意义和自我价值实现相关联，这是无愧于只有一次生命的人生的最好行动，这是提升自身生命价值的最好途径……

再次翻开《夏洛的网》，蜘蛛夏洛走到了生命的尽头。威尔伯嘴里含着夏洛的卵袋——那是夏洛生命的延续啊！

作者怀特让夏洛编织了一张爱的大网，这网挽救了威尔伯的生命，更激起你我心中无尽的爱与温情。《夏洛的网》让我找到了童年的感动，获得了生命的启迪，我想这同样是怀特这位伟大的作家生命价值的体现。

【作者小传】王志华，女，1975年生，海阳市育才小学教师，1993年毕业于烟台牟平师范。长期从事小学中高年级语文教学，积极投身教育科研，并关注学生语文素养的培养，逐渐形成了自己独特的教学风格，成长为学科带头人。喜欢读书、写作，有多篇文章在市级报刊发表。

我在阅读时，也随之掉入了一个魔法的时空，在整本书中，我得到最多的便是跟学生的相处之道——教育的"魔法"。

教育的"魔法"

——《哈利·波特》读后感

位媛媛

棕色头发，鼻梁上架一副宽边大眼镜，手持一根神奇魔法棒，轻轻一挥便能让你体验神奇的魔法世界，时刻都为他的神力所惊喜。他是谁？他便是神奇的小魔法师——哈利·波特。

在哈利·波特的世界里，虚幻变为真实。有巫师，有怪兽，有精灵，也有恶魔，更有惊险刺激的魔幻旅程，同样充斥着人世间的善与恶。这个多难而又异常幸运的男孩——哈利·波特，却以自己的毅力和勇气捍卫了魔法世界的和平与宁静，赢得了魔法界的尊重，成为人人称颂的"救世主"。从整本书来看，作者是以哈利·波特的神奇经历为线索，记述了这个小魔法师和他的朋友们，在神秘的魔法学校一起战斗、共享快乐、一起分担困扰的点点滴滴。面对困难时，孩子们坚持不退缩，机智斗恶，用他们有限的力量，一次又一次共渡难关。坚定不移的友情、永不退缩的意念、勇敢面对的精神、对老师的尊敬……无不感动着我。

福楼拜曾说过，对不幸的命运越是抱怨，越是觉得痛苦；越是想逃避，越是觉得恐惧，不如去面对它、迎战它、克服它，使一切痛苦俯首称臣，使灿烂的花朵盛开在艰苦耕耘过的土地上。哈利·波特正是这样，当面对邪恶势力时，他跟朋友们始终坚定一个信念："这是一个不寻常的国度，危险时刻都存在，但只要相信自己，勇敢地去面对困难，甚至是恶魔，没有什么好怕的，就算会陷于危及生命的困境，只要适当地使用在学校里所学到的魔法，一定可以胜利。"这需要多大的勇气和毅力啊！每次一看到这种惊险的关头，都会被他们这种精神感动。作为比他们年长的老师，我觉得自惭形秽，不要说面对那种险境，就是现在面对班里那几十个不同性格的学生，我都感觉无从下手，有时候甚至想放弃。然而哈利·波特面对困难时的镇定和勇敢，启示我在平时的教学中应该勇敢地去面对困难。只有从精神上藐视困难，从内心里正视困难，不人为地将困难复杂化，才能在遇到困难的时候，认真分析，解决根本问题。我相信在以后的教学中，我能够勇敢地去面对遇到的各种情况，将学生的困难当成自己的困难，尽心尽力地、富有责任心地去完成一个教师的使命。

哈利·波特与老师之间的那种和谐而真挚的情感扣动了我的心弦。真挚的情感来自于内心深处价值观的融合，源于内心自我认知的高度统一。作为一部善与恶的争斗史，毫无疑问，哈利·波特和他的老师的内在价值观是善，是内心对公平公正的追求，对恶的深恶痛绝。哈利·波特刚进学校时，仅仅是一个单纯的男孩，对事物的认识也是生活中简单积累的模糊观念。老师作为他前进道路上的指明灯，教导他的绝不是善与恶的区别这么简单。老师是哈利·波特内心深处的模板，在他的心目中，必然明白老师的所作所为就是自己行动的标尺。而老师对哈利·波特的期望，也不是通过照本宣科实现的，更多的是身体力行。现今社会中，学生所要面对的不仅仅是善与恶的较量，更不是简单的学习、考试与做事，而是如何更好地生存与发展。为此，教师需要培育学生的学习能力，培养学生适应社会的品行与技能。只有这种价值观深入教师与学生的内心，在彼此之间完美地融合和统一，学校才能够完成自己作为一个育人之地的历史使命。

我更感佩于哈利·波特的老师们对于他这个并非最优学生的钟爱。在魔法学校，哈利·波特跟他的老师们就像朋友一样相处着，慈祥的邓布利多校长、严格的麦格教授、知识渊博的弗立韦教授、神奇的宾斯教授、能预知未来的费伦泽教授，还有哈利·波特讨厌的斯内普教授……所有的一切，在哈利·波特眼里都是那么的神奇和温暖，因此无父无母的哈利·波特就把学校当成自己的家，不论任何时候，他都努力学习，绝不离开自己的学校，自己的"家人"！这一切的一切都是因为学校里有关心他的朋友和爱护他的老师！难道哈利·波特就真的那么优秀，值得所有的老师称赞吗？不，最聪明的学生莫过于哈利·波特的朋友赫敏，她被黑魔法防御术教授卢平称为"魔法史上最聪明的女巫"，学习努力，遵守校规，门门考试第一……可是老师仍然没有只钟情于这个最符合校规的小姑娘，为什么呢？因为每个学生都有自己的优点，我们不能只看学生的学习成绩和是否遵守校规校纪。哈利·波特虽然没有赫敏学习优秀，但是他够机智、有勇气。

我教的四个班级都是学习中游的学生，但在这些学生中，仍然有学习的好坏之分，对于学习优秀的学生，我给予了过多的关爱和信任，甚至有时候太过偏爱他们；对那些平时以"沉默是金"为准则的学生而言，我对他们的关注少之又少，几乎都不记得他们的名字，甚至平时上课从来不提问他们，心想只要他们上课不捣乱即可。可是，一次春季运动会却让我认识到了不一样的他们，原来他们也有自己多彩的一面，他们的脸上也有那么自信和胜利的笑容。当一名我眼中的后进生纵身跃起跳入沙坑的那一刻，我看到了他眼里的坚毅；当这些学生在跑道上欢呼时，我看到了他们的团结……他们真的很可爱，很美丽。我想，每个人都有自己的闪光点，在倡导素质教育的今天，我们更应该正确地对待每一个学生。运动会过后，我在课堂上对那个沙坑跳远第一的运动员说了句"老师真的很佩服你"，他竟然脸红了。自那以后，他上课的态度、作业的认真，都让我看到了他的潜力。我开始相信，这个世界上真的没有笨学生。

总之，这本书给我的感觉就是"神奇"。在这个世界的另一个角落里，有一个神奇的国度。在那里，有一个拥有不可思议力量的男孩——哈利·波特。《哈利·波特》虽然是一本儿童小说，但其中也包含了深刻的哲理，就如同神奇的厄里斯魔镜和冥想盆，只要认真品味，就能体会到其中的感人之处。而我在阅读时，也随之掉入了一个魔法的时空，在整本书中，我得到最多的便是跟学生的相处之道——教育的"魔法"。

【作者小传】位媛媛，女，1984年生，山东省牟平第一中学高中生物教师，2007年毕业于山东师范大学生命科学学院。教育之路虽艰辛，却无怨无悔，深信"世上无难事，只怕有心人"。经过长时间的学习和努力，初步形成了自己的教学风格，将自己的满腔热情播撒在教育天地中，用心去感受，让生活充满阳光。

在我们每天面对的学生中，总有几个"汤姆"式的孩子，他们身上尽管有着这样或那样让老师和同学讨厌的缺点，但是，我们不应该歧视他们，不能让他们"边缘化"，否则有些学生就会破罐子破摔……

善待我们的"汤姆"们

——《汤姆·索亚历险记》读后感

宋仁玲

《汤姆·索亚历险记》是美国著名的小说家马克·吐温的四大名著之一。小说描写的是以汤姆·索亚为首的一群孩子们天真烂漫的生活，展示的是他们为了摆脱枯燥无味的功课、虚伪的教义和呆板的生活环境所做出的种种冒险。

小说中的汤姆是一个不被大家看好的孩子，他经常搞恶作剧，而且每次的花样都不一样；经常逃课，却有各种各样的理由；经常欺负同伴，却又经常成为他们的领头人和他们所羡慕甚至敬仰的对象；经常惹姨妈生气，却每次都能让姨妈软下心肠，不舍得下手，而且还经常被感动得热泪盈眶；经常遇到危险，却总能化险为夷；经常闯祸，却并不违背自己的良心和道德规范；经常不务正业，却能在关键时候显示出不一般的才华；经常在十字路口迷失方向，却能在最后关头走上正途……

小说中的汤姆虽然有的时候做事有些过分，在跟女友贝基交往的时候，却显得很孩子气，当然他本来就只是个孩子。但当已经跟他分手的女友因担心受到杜宾斯先生的鞭挞而吓得脸色苍白时，他却把他们之间的不愉快忘得一干二净，果断地在关键时刻承认杜宾斯先生的书是自己撕坏的。结果他遭受到有史以来最严厉的鞭挞和罚站两个小时的惩罚。当汤姆和伙伴哈克在坟地目睹印第安·乔杀害了年轻的医生，却嫁祸给了莫夫·波特的一幕时，担心将秘密说出来可能会因此而送命，两个小伙伴发誓将誓死保守秘密。但在之后的一段时间，汤姆经常做噩梦，在去看望波特时，听到他不止一次地感谢和赞扬自己，汤姆更加感到不安。经过激烈的心理斗争之后，他最终按捺不住良心的谴责，冒着很大的危险，将事情的真相说了出来，使莫夫·波特洗脱了冤屈，免受刑罚。

　　这就是汤姆，一个极富个性的孩子，一个淘气、顽皮、富有心计，但又敢于冒险、讲义气、颇具领导才能、勇敢、正义、善良、富有爱心的孩子。

　　其实，顽皮淘气是孩子的天性，我们每个人年少时都曾经做过一些荒唐的事情。就像我这样的女孩子，在我的童年生活里，爬树掏鸟窝、下河捉鱼捉虾也是家常便饭，以至于经常把裤子划破，鞋子弄丢。虽然回家经常挨骂，但我却乐在其中，不思悔改。还记得我小的时候，跟小伙伴玩累了回到家里，正好碰到姥姥在烧火做饭。看到姥姥不时地用手往灶口深处添柴火，我心想，姥姥家怎么连一根烧火棍都没有呢？烧了手可怎么办呀？我急急忙忙地跑了出去，正好看到门口有一根烧火棍长在那里，我使劲把它折断了，兴冲冲地拿给姥姥，弄得姥姥哭笑不得，打我不是，夸我也不是，后来我才知道那是一棵杏树苗。

　　在我们每天面对的学生中，总有几个"汤姆"式的孩子，他们身上尽管有着这样或那样让老师和同学讨厌的缺点，但是，我们不应该歧视他们，不能让他们"边缘化"，否则有些学生就会破罐子破摔。其实，只要我们用辩证唯物主义的观点去看待他们，就会发现他们身上也有许多闪光点。只要教育得法，这些孩子同样能够成为祖国建设的栋梁之才。

　　在我所教过的学生当中，有一个叫高烨的男生，从小失去了母爱，父亲忙于生计无暇顾及他的感受和日常起居，他平常一直跟爷爷奶奶生活在一起，不讲卫生，不爱学习，满嘴脏话，偷东西，而且还沾染了社会上的一些坏习气，在一二年级就是一个问题学生，考试成绩一直没有突破两位数。升入三年级后，由我接手管理这个孩子。刚接触这个孩子，我见他两只眼睛特别有神，很健谈，不陌生，就让他帮我印卷子，在帮我翻印了一份卷子之后，我去拿第二份卷子样本的时候，他竟然一切准备就绪，只等我把卷子样本放上去。惊讶之余，留给我更多的是思考，多么懂事、聪明的孩子呀，怎么会……从那以后，我经常找他谈心，了解他家里的情况，倾听他的想法，在生活上对他多一些关爱和照顾，帮他买一些学习用品。后来我发现他劳动很积极，而且很有技巧，不蛮干，我又适时地找一些他能干好且又喜欢干的事情让他做，并不时地表扬他。我发现，在受到表扬之后，他竟然害羞地笑了，害羞之余还颇有点儿得意的味道。后来，我组织了一个互助小组，由其他同学辅导他学习，高烨则在锄草、手工制作等方面指导、帮助其他同学，这样使他既不自卑，又乐于助人，而且自身的价值得到体现。另外，我在学习目标上给他降低了要求，其他同学达到80分有奖品，他开始只要达到18分就有奖品。这样一来，原本就很聪明的他，轻轻松松地就达到了要求。之后，我让他自己制定了一个奋斗目标。在短短的一个学期之后，他有了翻天覆地的变化，各科成绩均达到了及格，衣服比以前干净了，脸白了，脏话明显少了，嘴角也翘起来了，连走路姿势都不一样了。他奶奶还亲自跑到学校，拿着瓜子和花生，对高烨有这样好的转变表示感谢。到五年级毕业的时候，他已经成了一名优等生，顺利地考上了初中，到现在我们还经常联系。

这件事对我的影响很大。世界上没有两片完全一样的树叶，也没有两个完全一样的孩子，即使是同一个老师教出来的学生他们也是完全不同的，因为他们都有自己独有的一面，每个人都是独一无二的，有优点同时也有缺点，但这并不影响什么。世界正因为有了这些差异，才显得更加多姿多彩，也正因为有了这些差异，才更需要我们这些人类灵魂的工程师去付出，去奉献。教育家布鲁纳说过："只要提供适当的条件，几乎每个人都能学会一个人在世界上所能学会的东西。"只要我们教师拿出足够的爱心、责任心，相信每个孩子都将是一颗耀眼的星星。事实上，走出校门在社会上成大器的老板、企业家、将军甚至科学家并非都是我们老师眼中的好学生，有许多是在校时的"汤姆"式的人物。我国教育家陶行知也曾说过："在你的皮鞭下有瓦特，在你的冷眼里有牛顿，在你的讥笑中有爱迪生。"任何一只"丑小鸭"在不远的将来都有可能成为一只"白天鹅"。

写到这里，我想起了《少年儿童研究》杂志的办刊格言："调皮的男孩是好的，调皮的女孩是巧的。"老师们，善待我们的"汤姆"们吧，他们也是多姿多彩的生命，他们也是我们祖国建设的未来的接班人和栋梁。

【作者小传】宋仁玲，女，1978年生，招远市玲珑镇台上完小教师，毕业于烟台师范学院。热爱教育事业，注重学生综合素质的全面提高，辅导学生多次在省市获奖。近年来，认真钻研"和谐高效思维对话"课堂教学模式，在省、市级报刊发表文章多篇。

整本书结构完整，首尾呼应，让我们随着故事中一个个个性鲜明的小伙伴在梦幻中游历，漫步于心灵的绿野，在感受那份光怪陆离的幻想和惊险的同时，加入他们的行列，一起去寻觅成长的仙踪。

漫步心灵绿野　寻觅成长仙踪

——读《绿野仙踪》有感

王瑞玲

　　《绿野仙踪》，是"语文新课标必读丛书"之一。我被书的名字所吸引，怀着好奇心翻开了书的扉页，结果这一翻就再也舍不得合上，直到看完最后一页。原来，一本优秀童书真的会使人心灵澄澈！

　　这本书的作者是美国老一代"童话之父"莱曼·弗兰克·鲍姆，其内容主要讲述了美国堪萨斯州的小姑娘多萝西，被龙卷风吹到了一个叫孟奇金的地方，经过女巫的指点，多萝西去找奥兹大王帮忙送她回家。在路上，多萝西先后遇上了渴望得到脑子的稻草人，渴望得到爱心的铁樵夫和渴望得到勇气的胆小狮。他们为了实现各自的愿望结伴而行，途中遇到了许多稀奇古怪的麻烦，但是，他们凭借自己非凡的智慧、顽强的毅力和团结协作的精神，最终都如愿以偿。整本书结构完整，首尾呼应，让我们随着故事中一个个个性鲜明的小伙伴在梦幻中游历，漫步于心灵的绿野，在感受那份光怪陆离的幻想和惊险的同时，加入他们的行列，一起去寻觅成长的仙踪。

漫步心灵绿野，接受情感洗礼

　　作者在书中对孩子们的思想教育非常巧妙，随时随处，又浅显易懂。真诚的友谊、团结的精神是战胜困难的基础，在多萝西和她的小伙伴一起去找能帮他们实现各自愿望的奥兹大王的路途中，是友谊和团结给了他们力量，给了他们战胜困难的勇气。多萝西救了稻草人、铁樵夫、胆小狮，而当面包吃完的时候，稻草人为她拾来了坚果；在没有路时，铁樵夫为她砍荆棘、守夜；胆小狮为他们领路。当稻草人、铁樵夫、胆小狮都实现了各自的愿望后，又一同帮多萝西回到她的家乡——堪萨斯大草原。

当体形和力量都弱小的田鼠动用群体的力量把"森林大王"胆小狮拖出罂粟花田时，铁樵夫开心地说："不可以用体形大小来衡量某一事物的力量嘛！"稻草人也说过一句很经典的话："天下没有办不成的事情，就看你肯不肯努力去做。"当他们历经磨难，终于见到奥兹大王时，发现奥兹大王不过是一个和他们一样的普通人，于是他们懂得了：做任何事情都不能靠走捷径，要对自己充满信心，要靠自己的不懈努力，把身上的潜能激发出来。而曾经在他们眼中法力无边的奥兹大王的一番话，也让孩子们明白了人是不能撒谎的："我每天都靠欺骗打发时光，一天到晚都担心事情败露，这样的日子和做囚犯有什么不同？"

这些清澈的话语，如缕缕春风拂过孩子们的心灵，带走了一切尘埃，注入了无穷的力量。尤其现在的孩子都是家里的中心，他们个性鲜明，却又常常过于自我。然而我们每一个人都不是生活在真空中，都不可避免地要与人相处，因此，拥有健康向上的人生观、价值观，亲和力强，能与人友好相处是非常必要的。这会使人生趋于美好，使成长之路更加宽广。人与人友好相处是一件很愉快、很重要的事情，正如胆小狮所说："有许多朋友是件多么令人开心的事啊，我从来没有感受到像今天这样快乐过。"

走进人物内心，感受成长力量

在本书中，多萝西给人留下了很深刻的印象。她的乐观、她的善良、她的勇敢，无声无息地引导着孩子们的成长方向。多萝西在困难面前就像一个永不疲惫的圣斗士，勇往直前。堪萨斯的灰色生活让亨利叔叔和艾姆婶婶这样的大人都整天面无喜色，可多萝西却整天笑个不停，生活充满着阳光，即使被突如其来的龙卷风卷到了一个陌生的地方，她依然镇定而乐观。在奥兹国遇到各种各样的困难时，她也从不泄气，而是积极想办法。阴险毒辣又会巫术的西方魔女并没让她退却，相反更坚定了她的信心。即使在最后奥兹大王没办法帮助她回家的时候，她仍乐观地想着：总会有办法的……

在多萝西的带领和影响下，在经历了各种艰难险阻后，她的小伙伴们也都不知不觉地成长了。胆小狮不再胆小，它抓住一切可以锻炼自己胆量的机会，越过了以前看着都会腿颤的壕沟，它的勇气让人刮目相看；稻草人如愿以偿地拥有了大脑，当面对波涛汹涌的大河时，他想到了伐木做成一个木筏渡河的好办法；铁樵夫不知不觉成了有"心"人，他会想到砍树做四轮车救胆小狮，智斗野狼，会为了伙伴而高兴、而哭泣。在他们的患难与共中，在不可思议的奇特经历后，他们懂得了困难并不是不可战胜的，相反它可以锻炼人的意志，增强人的信心。他们去奥兹国本是想让奥兹大王帮他们实现自己的愿望，可最终达成他们心愿的不是别人，正是他们自己。

现在的孩子从小生活在父母爱的羽翼下，不少孩子像温室里的花朵，缺少风雨的考验，常常遇到一点困难挫折就会畏缩不前。《绿野仙踪》一书在光怪陆离的幻想中，在目不暇接的魔力中，在乐观和浪漫的氛围中，把深刻的道理通俗化、简单化，把艰辛、危难变得不再让人望而生畏。同时，该书在简单的人性模式里，把团结协作的精神、乐观向上的品质、持之以恒实现理想的毅力教给了孩子。相信孩子们在阅读该书时，会跟随着书中的小主人公寻觅到成长的仙踪，感受到成长的力量！

感恩童话老人，收获别样人生

我也读过一些儿童文学作品，可《绿野仙踪》最让我爱不释卷。许多历险中稀奇古怪的事情考验着你的想象力，让你的思绪自由驰骋；很多的伏笔又让人觉得那么的合情合理，它弥补了不少儿童作品要么是单纯的一个个小故事的乏味说教，要么偏重历险、思想教育不足的缺憾。

再次合上书页，我的眼前浮现了这样一幅画面：一位头发花白的老人，时而伏案疾书，时而陷入深思，他那记录了时光沧桑的脸是那样的慈爱，在他的妙笔下，一个个鲜活可爱的形象跃然纸上，一次次的神奇历险让小读者的心起伏跌宕，一个个原本枯燥乏味的道理隐藏其中，小朋友们是那么的爱看，那么的感同身受。这是怎样的一位老人，他的心中充满了对全世界孩子们的爱，充满了社会教育的责任感，充满了童心童趣。他是一位童话天才，是一位可敬的爱心老人。

作为教育第一线的工作者，我们要向莱曼·弗兰克·鲍姆老人学习，要把孩子的成长教育时刻放在心上，不仅要关心他们的学习成绩，更要关注他们的思想品质，在孩子烦恼时，给他们送去一束阳光；在孩子彷徨时，及时地给他们力量；在孩子迷茫困惑时，给他们以思想和方向，使孩子德、智、体、美全面发展，长大后能够对社会作出更大的贡献。我建议每一个孩子都能读读它，在不知不觉中你会随着书中的小伙伴一起成熟成长；建议每一位家长都能读读它，你会在亲子教育中少走很多的弯路；建议每一位教育工作者都能读读它，你会发现原来思想教育可以这么的充满乐趣。

　　【作者小传】王瑞玲，女，1977 年生，海阳市实验小学教师，毕业于烟台师范学院中文系。长期从事语文教学和班主任工作，潜心研究教书育人之道，指引学生健康快乐成长是自己最大的幸福。教学之余，享受读书之乐，希望能够用自己的真情与智慧，滋润每一个孩子的心田。

比目标更重要的是态度，比态度更重要的是毅力！因为态度和毅力是我们到达理想彼岸的船与桨，态度决定着我们前进的节律，毅力考验着我们在挑战自我的过程中究竟能走多远。

目标　态度　毅力

——读《格兰特船长的儿女》有感

于宝娥　于　强

《格兰特船长的儿女》是法国科幻小说家儒勒·凡尔纳的力作，读它，就是在享受一曲用爱和智慧谱写的乐章。它为我们打开了一扇了解世界的窗户，让我们看到了人类所向往的自由美好生活的蓝图，感受到了人类为实现理想目标而奋斗的态度和毅力。

书中的故事发生在 19 世纪 60 年代的欧洲。为让苏格兰人过上自由幸福的生活，航海家格兰特与他的伙伴驾驶不列颠尼亚号航船毅然出海，去寻找建立苏格兰移民地的新大陆。不幸船在途中遭遇暴风雨沉没，格兰特船长和两名水手被困在了西经 153 度、南纬 37 度 11 分的太平洋中一个荒凉的小岛上。为增加获救的机会，聪明的格兰特船长分别用英文、法文和德文写了同样内容的求救信，把信装在酒瓶中投入了大海，希望获救的奇迹发生。

两年后的 1864 年 8 月，苏格兰贵族格里那凡爵士的豪华游轮"邓肯号"在试航中捕获了一条鲨鱼，细心的大副奥斯丁竟然从鱼腹中发现了这只外表已经腐蚀得难以辨认的漂流瓶。爵士和他的朋友们对瓶中那些几乎全被海水浸湿掉的文字进行了耐心的整理和推敲，他们发现，这是一起海难的求救信，但只能初步确定"不列颠尼亚号船沉没于巴塔戈尼亚附近的南半球海面，两名水手和船长格兰特登上了陆地，被野蛮的印第安人所俘，在南纬 37 度 11 分抛信求救、生命危险"的主要信息，而经度是多少、具体在哪个陆地，三个文件都无法辨认。爵士便向英国海军部多方求助，并通过《泰晤士报》等渠道联系格兰特船长的家人。但他的努力并没有得到英国政府的支持。为了苏格兰人民的英雄——格兰特船长，也为了格兰特船长一双儿女的救父深情，一个"邓肯号"环南纬 37 度线寻救格兰特船长的伟大目标在这个勇敢的人心中确立了。

1864年8月25日，一支由格里那凡爵士和他的夫人海伦、表兄麦克那布斯少校，格兰特船长16岁的女儿格兰特小姐、12岁的儿子罗伯尔，"邓肯号"的船长孟格尔，以及事务长、十几名水手等共25人组成的营救队伍，外加"6号房间的神秘客"——上错了船的法国地理学家巴加内尔，他们一起乘"邓肯号"由克莱德湾出发了。"邓肯号"沿大西洋南下，穿过赤道到达南纬37度线，过合恩角进入太平洋，他们沿途遍寻了所有的大小岛屿；同时格里那凡爵士还带领一部分主力队员寻访了阿根廷、智利、新西兰以及澳大利亚等国家37度纬线上的高山、平原、丛林与部落。1865年3月，他们终于梦想成真，在南太平洋的达抱岛上找到了被困的格兰特船长和两名水手，并于同年5月胜利回到了自己的故乡。

在整个搜救过程中，无论是安达斯山脉的"地震快车"，还是瓜米尼河畔的红狼围攻，抑或是潘波斯草原的洪水雷电袭击，以及被吃人的新西兰土著人抓获、被海盗劫持等一次次惊心动魄的经历，无数的危险、疲乏与困窘，都没有改变这些探险者为目标而奋斗的信心与决心。无论是正直宽厚的格里那凡爵士、谨慎稳重的麦克那布斯少校，还是勇敢机智的孟格尔、临危不惧的小罗伯尔，包括见识广博、马虎而真诚的地理学家巴加内尔，以及独立坚忍的玛丽小姐、慈爱柔情的海伦夫人，也包括船上的每一名水手，以及真诚的陆地向导，在整个搜救过程中，在无数的艰难险阻面前，他们不计小我，没有怨言，所表现出的只有精诚团结、勇敢机智、博爱正义和乐观自信！

读《格兰特船长的儿女》，我们不仅跟随书中的人们一起畅游了神奇的南半球部分海域和大陆，领略了那里美妙的自然风光，欣赏了千奇百怪的动植物，还和他们一起分享了一次次的惊险、惊奇与惊喜，让我时而揪心，时而流泪，时而开怀，时而振奋。我们被书中一个个妙趣横生的故事所吸引，被书中简约和谐、生动幽默的语言所折服，更被那贯穿全书的为实现目标而乐观奋进的态度和坚韧不拔的毅力所鼓舞。

《格兰特船长的儿女》给我们最大的启示是：比目标更重要的是态度，比态度更重要的是毅力！因为态度和毅力是我们到达理想彼岸的船与桨，态度决定着我们前进的节律，毅力考验着我们在挑战自我的过程中究竟能走多远。

就我们每个人而言，一生中都确立过几个美好的目标，制订过好多计划，如"我想考上重点大学""我想说一口漂亮的普通话""我想改变一个后进生""我想探究一种高效的作文批改方法""我想写一本书"……应该说，这些目标无论大小，都是很有意义的。但是，最终实现的又有多少呢？"没有时间啊""得不到支持啊""疲劳啊""太难啊"……一个个理由、一次次叹息，犹如"红狼""海盗""地震""洪水"，审视着我们的态度，考验着我们的毅力。

就一所学校来说，要进行教育教学改革，实现教育教学的高效，作为一名负责任的校长，首先要发挥好自己的价值领导力，为学校、教师和学生的长远发展确立一个伟大的目标。在如何面对社会多元思潮、多元文化、多元价值观给师生教育管理带来的难题，在如何处理家长、社会对学校质量要求的眼前功利性与时代、民族要求的未来长远性关系上，必须作出正确的判断和选择，必须有明确的办学理念，要解答和解决好学校要培养什么人，怎样培养人的问题。其次就是组建好一支精诚团结、积极上进、乐于改革创新的教育科研骨干队伍。在改革的实践过程中，也一定会遇到许多阻力，听到一些风言风语，遭到某些人的反对、反抗，甚至也会出现类似地理学家巴加内尔一样的失误，引偏了方向，走弯了路。但只要目标是正确的，那么，就不要气馁，只需及时调整努力的步伐。团队中的每个人也都要拿出积极的负责任的态度，对目标坚定不移，对自己以及自己团队的每一个伙伴报以宽厚的谅解和鼓励。只要我们以真诚的努力想方设法及时解决遇到的每一个问题，就一定会一步一步收获希望，直至实现自己的教育理想。

以"成功教育"的航空母舰——上海市闸北八中为例。闸北八中原本是上海市出名的"垫底"学校。刘京海校长上任后，苦苦思索如何摆脱困境。他首先组织教师参加了上海师范大学"非智力因素"和"'差生'心理"两项课题的研究，认真探究非智力因素对学生的影响及培养，探究"差生"的教育及转化，并把这两方面结合起来。同时积极进行实践，不断总结经验，逐步形成了"成功教育"的改革思路和理论，使学校教育质量和办学水平产生了质的飞跃。可以说，没有教育科研，就没有今天的"成功教育"理论和实践，就没有成功的闸北八中。但更应该说，是以刘京海校长为首的闸北八中人十几年对"成功教育"目标的执著，是他们十几年对"成功教育"真诚细致的付出，是他们百折不回的顽强蜕变求新，才成就了今天的闸北八中！

再以改革奋进的莱阳市第四中学为例。这是一所农村普通高中，近几年，由于初中毕业生人数的锐减和招生政策等因素的影响，无论生源数量和质量，还是社会和上级主管部门对学校的期望都给四中人带来了很大的考验。四中的发展出路在哪里？四中教师和学生的希望又在哪里？2007年10月，新上任的校领导集体提出了"科研引领发展，创新打造特色"的五年奋斗目标。目标催生激情，行动创造奇迹。两年多来，我们四中人围绕"提高教师队伍整体素质""课堂教学改革与创新"和"学生特长发展"三个主题扎实开展工作，"四个一"读书工程、"捆绑式"研课评课、社团建设与校本课程资源开发，已经在改革的实践中对全校教师和学生的发展产生了积极的作用，虽然还没有创造出奇迹，但已初见成效。当然，改革的苦与累、焦虑与浮躁、偏颇与分歧也在一路伴随着四中人。我们相信，只要师生执著于奋斗目标，只要师生始终保持像《格兰特船长的儿女》中的人们那种和谐进取的心态，只要师生勇于解决一个个实际困难，四中人一定会打造出自己的理想品牌！

目标、态度与毅力，无论对个人还是团队，都意味着希望、爱心与故事，有了它们，天空才更蓝，大地才更美，生活更有趣，人生更幸福！希望《格兰特船长的儿女》所折射出的人性光辉，永远激励着我们前进！

【作者小传】于宝娥，女，1962年生，1986年毕业于烟台师范学院物理系，一直从事高中物理教学工作，担任班主任多年，现为莱阳市第四中学教师、教科室主任。曾被评为"烟台市高中教学先进个人"和"烟台市教育科研先进个人"。多年来，耕耘在教书育人这片田野上，研教研学研育人，种桃种李种春风，享受艰辛，幸福其中。

于强，男，1972年生，1991年毕业于山东省莱阳师范学校，现执教于海阳市小纪镇第四初级中学，语文学科骨干教师。虚心好学，勇于创新，曾多次执教市级优质课。爱好阅读文学作品，不仅能从中享受语言的精妙，也会从中得到思想的启迪和情感的陶冶。阅读是自己保持心灵敏感的重要方式，也为课堂教学增添了无穷的魅力。

18 世纪欧洲最杰出的思想家卢梭曾建议每个成长中的青少年，尤其是男孩子都应该读一读《鲁滨孙漂流记》这本书。

学 会 生 存

——《鲁滨孙漂流记》读后感

傅洁梅

　　德国大诗人歌德说过："读一本好书，就等于和一位高尚的人对话。"纵贯古今，横跨中外，很多名著都是我们全人类共同的宝贵财富。18 世纪欧洲最杰出的思想家卢梭曾建议每个成长中的青少年，尤其是男孩子都应该读一读《鲁滨孙漂流记》这本书。

　　我第一次读这本书，是在 18 年前。当时我拿到书，只读了一两页，就被深深地吸引住了。我废寝忘食，用了一天多的时间读完全书。今天，经历了 18 年教育教学的磨炼，感受应该是不一样的，可是当我再次捧起这本书时，还是有爱不释手的感觉。这究竟是一本怎样的书呢？

　　《鲁滨孙漂流记》又译作《鲁滨逊漂流记》，是由英国小说家丹尼尔·笛福 1719 年发表的，这是他 59 岁时所著的第一部小说，由此奠定了他在英国现实主义小说中的鼻祖地位。这部小说一问世就风靡英国，在短短的几个月内就四次再版，到 19 世纪末已经出现了上百种不同的版本、译作。该书故事情节引人入胜，虽然不是真人真事，却给人真实具体、亲切自然的感觉，仿佛身临其境。该书叙事语言通俗易懂，是一部雅俗共赏的好作品，是世界文学宝库中一部不朽的名著。

　　《鲁滨孙漂流记》讲述的是英国人鲁滨孙出海冒险的故事。鲁滨孙为了实现自己的梦想，毅然放弃了安逸舒适的生活，当上了一名航行于波涛汹涌、危机四伏的大海上的水手。他四次出海，经历过生死考验，最后一次所乘商船触礁沉没，只有他一人幸存，被巨浪送到了一座荒岛上，从此开始了近三十年漫长而艰辛的孤岛生涯。但他勇于与大自然顽强斗争，充分利用自然条件与自身能力，在荒岛上建设自己的家园。后来因一个意外的机会，鲁滨孙回到了祖国。

　　我读过很多书，但从来没有一本书能像《鲁滨孙漂流记》一样让我痴迷，它给我的震撼太大了。

自理能力是生存的基础

鲁滨孙所乘坐的那艘船被海浪冲到了离岸边仅一海里的地方，鲁滨孙喜出望外，他想尽一切办法，把可以利用的东西全部弄到岸上：面包、三块荷兰酪干、五块羊肉干以及一些剩下来的欧洲麦子；木匠箱子、两只鸟枪和手枪、几只装火药的角筒、两桶火药、一小包子弹和两把生锈的旧刀等生活用品。但是在荒无人烟的孤岛上，黑暗恐惧、饥饿孤独、寒冷炎热、蚊虫叮咬、居无定所，这样的环境如何生存呢？靠船上仅存的一丁点儿食物、枪支、弹药和其他并无多大用处的东西，如何能生存，而且长达 28 年之久？这在常人是无法想象的，因为在我们现实生活中，似乎是根本不可能的。但是这不可能的一切，鲁滨孙却都一一实现了。他靠的是什么呢？就是他的自理能力。自理能力才是生存的基础。

这些能力是从哪儿来的呢？深陷绝境，现学是不可能的，也没有人可以教啊！他不就是从平时的自理逐步形成了独立生存的能力吗？作为一名教师，面对现在孩子缺失的自理能力我感到痛心。在家里，洗衣服、做饭、洗碗这样简单的劳动，有些孩子还没接触过呢！拿破仑将军说过："人多不足以依赖，要生存只有靠自己。"如果我们事事都过多地依赖自己的朋友、父母，当我们要独立生存时，就无法适应这一切。一旦深陷绝境，只能自生自灭。有的大学生学习非常优秀，是大家眼中的"神童"。然而神童也要吃饭，也要穿衣，也要生活。在家里，一切由父母包办，可是到了大学，父母不能陪读，自己又什么都不会，最终因为生活不能自理而被学校劝退。多么可悲啊！

仔细一想，我的孩子不也一样吗？每天除了吃饭、看电视、上学、看书、玩耍、睡觉，其他的什么都不做，也不会做，整天过着饭来张口、衣来伸手的生活。一旦他离开我自己生活，真不知道会是什么后果。我连自己的孩子都没有教育好，想想真是不该。

所以，我们要注重对孩子生活自理能力的培养，不要总把他们保护在自己的翅膀底下。让他们自己的事情要学会自己做。这样，在遇到一些突发事情时就能够独立面对，并以冷静沉着的态度去解决它。

解决问题是生存的关键

我们日常生活中看起来非常简单的问题，在孤岛上都成了难题，俗话说："巧妇难为无米之炊。"在荒无人烟、缺乏最基本的生活条件的小岛上，鲁滨孙却凭借自己的力量，建帐篷、围篱笆、制器具、种粮食、养牲畜、做陶器、做面包，在荒岛上建设起了自己的家园。为了记住日子和一些事情，他写日记，刻画记号，完全和我们的日常生活一样。这些虽然说起来容易，可是做起来却要经历千辛万苦。在岛上的第24年，他搭救了一个野人，取名为"星期五"。野人成了他的忠实奴仆，从此结束了孤单的生活。面对人生困境，鲁滨孙靠着自己解决问题的能力，在荒岛上建立了自己的物质和精神王国。

我不由得想起孩子小时候的一件事。他那时个子很矮，矮到摸不到门上的把手，自己没有办法打开门，他就天天踮起脚尖去摸。终于有一天，刚好摸到，他开始想法开门，可是把手需要转动才行，他一开始不知道，我也不去教他，他就一遍又一遍地开。不知多少次，终于有一次把门打开了，我记得他当时高兴得连蹦了三个高。接着他就一直关门、开门，整整一下午没有停止，我照样不管他。我想孩子虽小，不懂得什么道理，但他却能通过自己的努力去解决问题，并从中获得乐趣，这就是我们现在的孩子需要具备的能力呀。

现在孩子大了，前些日子买了个魔方，自己很快就对出了一面，但是他想对出六面，就自己看说明书，不懂的地方问我，我说我也看不懂，他就自己研究，终于弄明白了，但还是没成功。他于是上网去查找方法，用了一个星期的时间，终于对出了六个面，当时那个高兴劲儿就甭提了。可是他还不满足，开始提高速度，看电视时练，上厕所时练，上学放学的路上练，车上练，走路练，给这个表演，给那个表演，让这个给他看时间，让那个给他看时间，我们都烦了，他却兴致正浓。

作为一名教师，我为学生解决问题的能力而担忧。"老师，我的鞋带开了，你帮我系上吧！""老师，我的瓶盖打不开了。""老师，我不知道办公室在哪儿。"……现在的学生，有的一遇到问题马上想到的是老师、父母等，原本很简单的问题，自己不动脑筋想办法，却要找人帮忙。解决问题是生存的关键。试想，如果每个孩子遇到问题，都能像鲁滨孙那样去解决，还有什么困难能难住他们呢？作为一名教师，在教学中重要的不是告诉学生知识，而是教会学生自己去探究解决问题的方法，养成自己设法解决问题的习惯。教是为了不教，这才是教育的真谛。

优秀品质是生存的法宝

看到野人要杀害自己的同类时，鲁滨孙冒着生命危险，勇敢地站出来，与至少30个野人搏斗，这得需要多大的胆量啊！弄不好，人救不下，自己的性命还得搭上。书中有一句名言："害怕危险的心理往往比危险本身还要可怕一万倍。"

事实也是如此。鲁滨孙凭借胆大心细，发现了岛上的世外桃源；凭借勇敢机智，解救了那位被水手们背叛了的船长。他们齐心协力，共同夺回船只，终于重新回到文明世界。

一个聪明机智的人，一个勇敢无畏的人，当他面对危险时，能从容不迫、沉着应对，即使是在困境中，甚至绝境中，都会求得一线生机。鲁滨孙就是一个有勇有谋的人，或者说他堪称一位英雄。

我们祖国的新一代过着优裕的生活，有不少孩子安于现状。他们没有需要运用智慧才能存活的经历。小孩子遭人绑架，有的成功逃脱，有的就不幸丢了性命。成功逃脱的孩子有一个共同的特点：勇敢机智。他们用"缓兵之计"，假装胆小听话，趁罪犯放松警惕，扔纸条求救，或自救，找机会逃脱。如果你一味地害怕，哭闹不止，是不会获救的，所以说勇敢机智是生存的武器。这也告诉老师一个道理，培养学生的勇敢机智等非智力因素比培养智力因素更重要。

当然，鲁滨孙之所以能生存下来，还离不开他的信心、毅力和坚强！如果没有信心和毅力，他一定不会在岛上坚持 28 年，而且生活得有滋有味。这 28 年，是奋斗的 28 年，是拼搏的 28 年，是坚持的 28 年，是乐观的 28 年。

人的一生不会一帆风顺，无论是谁，都难免遇到困难，就看怎样去对待。有的人选择退缩，甚至对自己宝贵的生命都轻言放弃；而有的人，不管遇到什么困难，都信心百倍、精神乐观、毅力顽强地去克服困难，去战胜困难！信念与毅力才是生存的法宝。在现实生活中，这样的例子不胜枚举。

一个小孩掉入山洞内，处于绝境，但他靠着石壁上渗出的水硬是坚持了 8 天，直到被大人发现，将其救出。

汶川大地震中，有多少人被埋在废墟下。有的人靠着坚定的信念与顽强的毅力，最终获得了新生。

是啊，不放弃希望，坚定的信念、顽强的毅力，让身陷绝境的人们没有倒下，反而重新站了起来。他们敢于面对生活，迎难而上，创造了一个又一个生命的奇迹。

当我们遇到困难、挫折等不幸时，只要有勇气、有毅力并充分调动自己的智慧，就可能会出现超乎自己想象的奇迹。现在，我们并不一定会像鲁滨孙一样漂流到某个荒岛上，但是生活不会一帆风顺，遇到困难时，只要我们像鲁滨孙一样，在困境面前毫不退缩，有他那种不畏困难的精神，有他那种在绝境中求生的信念，那么有什么事情我们不会成功呢？又有什么事情能比鲁滨孙所遭受到的更糟呢？

流传越久的东西，总能带你走得更高、更远。作为一名新时代的教师，读了这本书后，我对教育的理解更加深刻。教育既是一项充满激情、充满梦想的使命，又是一个殚精竭虑、煞费心思的苦旅。我们要把对教育的执著与追求演绎升华为一种教育的艺术和魅力，要像鲁滨孙那样，要把我们的爱与责任凝练为一种朴素博大的情怀、一种上下求索的精神、一种百折不挠的意志。只有这样，我们才能在理性的探索中收获一种快乐，在蓦然回首的追忆中领略一番惊喜，在思索与阵痛中成长一份深刻。

【作者小传】傅洁梅，女，1973 年生，招远市金城小学教师，毕业于曲阜师范大学汉语言文学系。参与烟台市规划办"十一五"两个实验课题的研究，并担任主要研究工作。教学上勇于改革，不断探索语文课堂教学模式，注重培养学生的创新意识和创新能力。在省、市级报刊发表文章多篇，并有多篇文章获奖。读书是一大爱好，"活到老，学到老，做学生的榜样，做学生读书的引导者"是人生追求。

身处不同的环境，心境也会有所不同。能够在优越的环境里保持高风亮节、信念追求固然可喜，但在困难的环境下依然能够拥有纯净的心灵和执著的信念就更难能可贵。

心灵的追求

——读《汤姆叔叔的小屋》有感

单春莉

小说《汤姆叔叔的小屋》是美国斯托夫人在美国南北战争之前创作的黑人题材的现实主义作品。此书一问世即引起整个美国社会的轰动，拉开了以"废除蓄奴制"为口号的美国南北战争序幕，曾被美国总统林肯戏称为"用一本书发动了一场战争"。此书有两条主线：一条主线是汤姆叔叔因为主人破产而被迫卖给黑奴贩子黑利，几经磨难、辗转经手几个主人，最后为了保护逃走的女奴凯茜和埃米琳而惨死在庄园主勒格里的皮鞭下；另一条主线是乔治、伊利莎夫妇为了不被贩卖，而萌生了逃到加拿大追求自由的想法，经过与奴隶贩子的艰苦斗争，最终获得自由。

汤姆叔叔与乔治、伊丽莎夫妇强烈的追求自由与理想的行动扣人心弦，令我不忍释手。眼前赫然是斯托夫人那颗愤怒而又急切的心，一个个鲜明的人物形象凸显：忠诚、善良、能干、勇敢的汤姆叔叔；机智、勇敢的乔治、伊利莎夫妇；可爱、美好的伊娃小姐；正义、有爱心的乔治少爷；贪婪、无耻的黑奴贩子黑利；阴险、粗暴的庄园主勒格里……

从最初的对肉体自由的追求到最后对心灵自由的追求，汤姆叔叔这种对自由的强烈追求被刻画得淋漓尽致。最初，在知道要被主人卖给黑奴贩子时，他的内心经过了反复交战，最后忧伤而镇静地说："我不能走，要是不卖我，就得卖掉庄园上所有的人，老爷就得倾家荡产。那么，就把我卖掉吧！"虽然汤姆叔叔渴望自由，但为他人着想的善良驱使他放弃了逃跑的机会。在经历了人生的跌宕起伏，经历了善良的谢尔比先生、年轻的圣·克莱尔先生和粗暴的勒格里庄园主三个主人后，汤姆叔叔也丝毫没有动摇自己的追求。尽管遭到了庄园主勒格里的野蛮毒打，他也不肯杀死勒格里而获取自由。那种舍肉体自由而追求心灵自由的精神放射出耀眼的光芒，穿越时空击中了我的内心深处。身处不同的环境，心境也会有所不同。能够在优越的环境里保持高风亮节、信念追求固然可喜，但在困难的环境下依然能够拥有纯净的心灵和执著的信念就更难能可贵。

斯托夫人将汤姆叔叔对理想的追求和对孩子的爱心刻画得淋漓尽致，即使在被谢尔比先生卖给黑奴贩子要离开庄园的时候，见到谢尔比的儿子乔治少爷，还不忘叮嘱乔治要做一个有追求的好人："你要做个好孩子，有多少人把希望寄托在你身上啊。我看到你所有的一切，什么也不缺——读书、写字，长大了一定会成为一个学识渊博的了不起的人。做一个像你父亲那样的好东家，做一个像你母亲那样的基督教徒。"汤姆叔叔在顽强意志的支撑下，即使身陷囹圄也要帮助别人走出困境。在勒格里的庄园里，即使自己处处遭受勒格里的欺压，依然要帮助凯茜和埃米琳隐瞒逃跑计划，最后惨死在勒格里的皮鞭下。正因为汤姆叔叔有着崇高的理想追求，他才能在艰难的环境中依然保持高尚的情操，依然保持一颗关爱他人的心，而关爱他人所获得的内心幸福更坚定了汤姆叔叔的追求。

苏霍姆林斯基说："要想自己成为幸福的人，就应当对别人关怀备至，体贴入微，赤诚相见。"教师总是被比喻成蜡烛，燃烧自己，照亮别人；又总是被称为"人类灵魂的工程师"。教师所从事的职业是太阳底下最光辉的事业，要通过人与人的相濡以沫、心与心的碰撞交融，实现教师与学生都能过上幸福完整的教育生活的追求。当积累的经验传递给饥渴的心灵，当积蓄的力量传承出新生的力量，当积淀的理念塑造出健全的人格，那种生命得以延续的愉悦不正是教师至高无上的追求吗？只有爱心与责任感才是坚持的支撑力量，只有以学生的幸福成长为自己的追求才是不竭的动力源泉。

黑奴贩子黑利与庄园主勒格里其实也是有追求的，他们追求的是膨胀的金钱欲、对奴隶的占有欲与统治欲。这种错误的价值观与当时的社会背景是不相符的，可以说是黎明前的黑暗挣扎，难以获得最终的胜利。可见，人的追求是有善恶之分的，善的追求可以促使人获得最终的幸福，恶的追求必会将人送入魔窟。

露西在书中只是一闪而过，她因为丈夫、孩子被卖导致的家庭破碎而投河自尽。凯茜也是同样的命运，但她能够在庄园主勒格里的粗暴对待下顽强地生活，通过与勒格里斗智斗勇，不仅争取到了自己所追求的自由，而且与被卖的女儿伊丽莎一家团聚。作者塑造这两个人物形象不仅是为了揭露奴隶社会的黑暗，更为了向读者揭示一个真理：无信念，万事空。

新东方教育科技集团董事长俞敏洪告诉我们："人生最重要的价值是心灵的幸福。"理想与现实的矛盾并不绝对，重要的是心态。幸福需要的是心灵的力量！人的追求可大可小，即使是普通人，只要有自己的人生追求，也可以获得心灵的幸福。曾经在《人民教育》上读过一篇文章，文章报道了在青藏高原追寻教育幸福的汤炎老师的事迹：20 世纪 80 年代，汤老师是一名受人追捧的新闻记者，然而他却在风华正茂的时候毅然舍弃记者身份，从家乡无锡远赴青海，只为了内心悸动的青春理想。即使在追名逐利的今天，依然保持着一颗淡泊名利、甘于奉献的心，宛如一只麋鹿奔跑在青藏高原。青藏高原，有多少人只是待一两年就恨不得"孔雀东南飞"了，但在汤老师的眼里，"24 年仅是弹指一挥间"。是什么支撑着这种高尚的精神、保持着那颗自始至终纯净的心呢？汤老师用行动证明是源于追求幸福的恒心。这是一种什么样的幸福啊？一种甘于奉献的幸福，一种蓬勃向上的幸福，一种令人敬佩的幸福！

汤姆叔叔能实现从肉体自由的追求到心灵自由的追求，缘于他持之以恒的学习。他从《圣经》中获得了自己需要的心灵支持，并遵循《圣经》的教导成为圣徒。汤姆叔叔虽然并不识得几个字，但他能坚持在内心产生动摇时从《圣经》中寻找心灵的慰藉，寻求生命的正义，他的这种不畏艰难、坚持不懈的信念足以鼓舞每个人。这种精神昭示着：只有不断地学习才能始终沿着自己追求的方向前进。作为一名教育工作者，每天要从事繁杂的教育教学工作，如果不加强学习，心灵的家园就会荒芜，就会迷失人生的方向。只有不断加强理论与专业的学习，才可做到"要给学生一桶水，教师要有长流水"。纵观古今的教育家，陶行知的行动、苏霍姆林斯基的爱心、魏书生的实干、李镇西的睿智……哪一个不是长期坚持学习，长期坚持追求呢？榜样的力量是无穷的。通过多读名师的教育书籍，感悟名师的教育情怀，借鉴名师的教育智慧，就可以使自己的心跟随着名师一起踌躇满志地行走在教育路上。当我们沐浴着踏踏实实地辛勤付出的光芒，感悟着平平淡淡地悉心呵护孩子的爱心，相伴着永不知足的奋进的激情，还有什么理由不奋斗、不思变、不创新、不追求呢？

作为教师，只有真诚地认同自己的职业，心无旁骛地致力于自己的事业，努力寻求心灵力量的支撑，以豁达之心面对一切教育现象，淡定从容、脚踏实地地在教育征途上前行，发现并收藏工作中快乐的火花，才能让累积的光明照亮教育前进之路，从而点燃我们的职业幸福感。当我们平静一下躁动的心，笃定地坚持一份美好的追求，在教育路上探索着、付出着，用满腔的爱浇灌着成长的学生时，我们就可以在平凡中创造精彩，就可以收获属于教师的幸福！

【作者小传】单春莉，女，1973 年生，招远市金晖学校教师，1993 年毕业于蓬莱师范学校。工作多年，一直是学校的教学骨干，课堂教学扎实有效。先后执教过招远市、烟台市的公开课。经常被孩子们纯真稚嫩的心灵所感染；再忙再累，读书的爱好也不曾丢弃，希望自己的爱好能影响学生，使他们养成爱读书的好习惯。

叛逆期的孩子如此敏感而脆弱，一点点的厌恶情绪就足以将引领自己成长的教师推离他们的世界。所以，当我们面对这样一些处于叛逆期的孩子时，我们的教育该有多么困难！我们教师该何去何从？

做一名叛逆学生的"守望者"

——《麦田里的守望者》读后感

鹿冰洁

美国作家塞林格所写的《麦田里的守望者》以第一人称的口吻讲述了一个16岁少年霍尔顿·考尔菲德在暑假前因为5门功课有4门不及格被学校开除，在极度压抑、颓废、矛盾中度过的几天的经历。早熟但幼稚的霍尔顿发现现实世界的丑恶跟他理想的童年世界的"纯真"形成巨大的反差，在看到了成人世界的种种丑恶、虚伪后沉湎于理想、纯真的童年世界里不能自拔，一直幻想能做个"纯真"保护神，最后精神几乎崩溃，被送去疗养。

1951年，这部小说一问世，立即引起轰动。主人公的经历和思想在青少年中引起强烈共鸣，受到读者，特别是大学生、中学生的热烈欢迎。他们纷纷模仿主人公霍尔顿的装束打扮，讲"霍尔顿式"的语言，因为这部小说道出了他们的心声，反映了他们的理想、苦闷和愿望。50多年后的今天，《麦田里的守望者》仍然畅销世界，霍尔顿依然以他独有的魅力生活在青少年的精神世界中。众多的文学评论家对霍尔顿的时代特色、心理、精神等层面进行了深入的解读和剖析。这里我仅仅从一个教师的角度谈谈"问题少年"霍尔顿引起的对于教育的思考。

霍尔顿不同于简单层面上的问题少年，他厌学、酗酒、抽烟、打架、和姑娘谈情说爱，反映了苦闷彷徨、孤独愤世的内心世界。愤世嫉俗的思想引起他的消极反抗，还有那敏感、好奇、焦躁、不安，想发泄、易冲动的青春期心理，又使得他不肯读书，不求上进，追求刺激，玩世不恭。他觉得老师、父母要他读书上进，无非是要他"出人头地……以便将来可以买辆混账的凯迪拉克"。他认为成人社会里没有一个人可信，全是"假仁假义的伪君子"，连他唯一敬佩的老师，还用"一个不成熟男子的标志是他愿意为某种事业英勇地死去，一个成熟男子的标志是他愿意为某种事业卑贱地活着"那一套来教导他。他看不惯现实社会中的那种世态人情，又无力改变这种现状，只好苦闷、彷徨、放纵，最后甚至想逃离这个现实世界，到穷乡僻壤去装成一个又聋又哑的人。这就是一个叛逆期少年复杂而又矛盾百出的典型心理特征。然而，霍尔顿有一颗纯洁善良、追求美好生活和崇高理想的童心。他对那些热衷于谈女人和酒的人十分反感，对校长的虚伪势利非常厌恶，看到墙上的下流字眼便愤愤地擦去，遇到修女为受难者募捐就慷慨解囊。他深爱着妹妹菲芯，对她百般照顾。为了保护孩子，不让他们掉下悬崖，他还渴望终生做一个"麦田里的守望者"，发出"救救孩子"般的呼声。他说："不管怎样，我老是在想象，有那么一群小孩子在一大块麦田里做游戏。几千几万个小孩子，附近没有一个人——没有一个大人，我是说——除了我。我呢，就站在那混账的悬崖边。我的职务是在那儿守望，要是有哪个孩子往悬崖边奔来，我就把他捉住——我是说孩子们都在狂奔，也不知道自己是在往哪儿跑，我得从什么地方出来，把他们捉住。我整天就干这样的事。我只想当个麦田里的守望者。我知道这有点异想天开，可我真正喜欢干的就是这个。"作为一名教师，我自始至终看到的就是一个叛逆期的孩子揣着一颗怀疑一切、批判一切的敏感而又脆弱的心在这个"虚伪"的世界绝望呐喊，寻找人生的意义和方向。我的脑海中反复回荡着一个问题：我们教师该怎样对待这些孩子？

霍尔顿的身边也不乏各种类型的教师，但在他的世界中都是些具有讽刺意义的反面形象。如道貌岸然而又虚伪谄媚的哈斯校长和绥摩校长，关心学生但却迂腐唠叨的斯宾塞老师，和霍尔顿如朋友般相处却又因为自己的不当言行引起霍尔顿反感的安多里尼先生……叛逆期的孩子如此敏感而脆弱，一点点的厌恶情绪就足以将引领自己成长的教师推离他们的世界。所以，当我们面对这样一些处于叛逆期的孩子时，我们的教育该有多么困难！我们教师该何去何从？是放任自流，任由"霍尔顿"们彷徨绝望、自我毁灭，甚至仇视一切，成为真正的社会问题？还是努力承担起教育职责，陪着这些烦恼中的孩子走过人生的"第二断乳期"？答案当然是后者。因为守望着这些成长中的孩子，守望着他们纯真的灵魂，为他们拂去心灵的阴云，就是我们最崇高最神圣的工作。教书育人，其实"育人"往往比"教书"更为迫切而重要！

教师如何成为这些叛逆期孩子的良师益友？我认为，首先是要严于律己，以身作则。霍尔顿之所以对他的老师和校长产生厌恶和反感情绪，根源在于师长的言行不符合道德的标准。我们的学生在成长和受教育的过程中已经形成了一定的价值观和道德观念，如果教师言行不一，不能用道德的标准严格要求自己，比如现实中老师收受家长贿赂的行为等，就会受到学生的鄙视。在这种情况下，教师的任何说教都是苍白无力的。其次是要走进学生的内心世界，理解接纳他们。教师要吸取哈斯校长等人的教训，从分析青少年的心理入手，了解他们的性格特点、心理问题，尝试着去理解和接纳他们，把他们的叛逆视为孩子逐渐成熟的过程。无论他们的想法有多幼稚，毕竟是来自自身独立的思考，在这一点上一定要予以尊重。青春期的孩子是很渴望被成人社会所接纳的，接纳是教育引导的基础。最后是采用"顺性而为"、引导而非强制的教育方法。要给他们创造一个释放童心、张扬个性的精神家园——"麦田"，使他们能够无拘无束地成长。针对孩子那些不成熟的或有害于成长的想法和选择给予耐心地指导，也就是说，要让他们思考和尝试，又要不断地从长远的利益来分析他们判断思考的局限性，扩大他们看问题的视野，教会他们把眼光放远，把心胸放宽。孩子发现和理解了自己想法中不成熟的地方，会主动调整并按照教师的指导去做。指导逆反期的孩子，教师的态度是很重要的，一定要用平等和尊重的态度对待他们的想法。当然，这样做教师要付出更多的时间和耐心。

对于叛逆期孩子的教育，很多教师都有自己行之有效的方法。只要我们怀着一颗爱心，走进他们的精神世界，以真诚、善良的态度去接近他们，以平等的眼光去看待他们，就能帮助他们走出青春的迷茫。有了这样的教育，相信霍尔顿的悲剧就不会重演。

【作者小传】鹿冰洁，女，1971年生，芝罘区建昌街小学教师。1989年从烟台师范学院毕业后，一直从事小学语文教学工作。二十多年教学生涯甘于平淡，享受工作，忙碌并快乐着。教学中倡导大量阅读，鼓励学生每天写日记，有效提高读写能力。工作之余，唯愿与书卷相伴，阅历春秋，品读人生。

这一切的教育都是那么自然妥帖，都是那样悄无声息，如同春风化雨滋润着安利柯的心田，还有正在读书的我。

爱无声　教无痕

——读《爱的教育》的启示

辛世红

一日阅读时，我看到夏丏尊先生有这样一段话"我在四年前始得此书（《爱的教育》）的日译本，记得曾流了泪三日夜读毕，就是后来在翻译或随便阅读时，还深深地感到刺激，不觉眼睛润湿，这不是悲哀的眼泪，乃是惭愧和感激的眼泪。"《爱的教育》果真能让人如此感动？因疑惑好奇，我立即想法找来阅读。

当我手捧《爱的教育》读完序，便已爱不释手了。《爱的教育》是意大利作家亚米契斯的一部著作。有意思的是，这本书的作者以一个小学生的名义，通过日记本的形式，讲述了一些很小的育人故事。文章语言简洁朴素，尽管它只是将孩子在学习、生活过程中他眼中父母、先生的教育方法……如实地简单记叙，但却将"爱的教育"悄然融入这些故事，让读书人反思深省。

读着《爱的教育》，我仿佛走入了安利柯的生活，目睹了他在学习、生活中受到的"爱的教育"。这里关于"如何对待残疾人、如何帮助同学、如何看待学习、怎么使孩子对他人具有悲悯之心、如何对待孩子的缺点等"的教育案例都让我敬佩不已。因为这里没有叱责，没有责怪，他们在友爱与信任中循循善诱，让孩子接受教育。阅读中，我用心灵体会到：与人方便，与己方便；善待别人，等于善待自己；给别人幸福，就是给自己幸福。同时，我也深深地明白了，甘愿对社会付出真情和爱的人，是最幸福的人，因为幸福总是偏爱那些热爱生活而乐于奉献的善良的人……

阅读中，我能深刻地感受到父母、先生对孩子们"爱的教育"无处不在。感动中，我发现"爱"的方式有很多种，教育的方法也有很多，但哪一种更能让孩子们接受，才是我们做老师、家长的需要思考的问题。

苏霍姆林斯基说过："没有爱就没有教育。"读完《爱的教育》，我对此更加深信不疑。我也是一个孩子的母亲，相比之下我对孩子的教育相形见绌。就说对儿子的书写姿势的教育吧：刚开始我发现他的执笔姿势不正确，我就火了："谁叫你这样拿笔的？快改过来！"可还是不见改正。后来我把着手教他纠正，每次见到他执笔错误我都会说："这样不对，应该握笔高一点！"……可是孩子还是我行我素，直到今天他的执笔姿势还是没有改变！

于永正老师告诉我们："当学生意识到你是在教育、训斥他时，这种教育是低效的，甚至是无效的，所以教育要无痕。"的确是这样，我从自己孩子的身上已经深深地体会到训斥、只讲道理的教育是低效或无效的。

教育无痕？怎样的教育才能无痕？我曾苦苦地思索、探寻。

当我再次细细品读《爱的教育》时，忽然眼前一亮：我发现这部书本身就是无痕的教育。在这里没有高深的教育理论，也没有条条框框的理论说教，更没有类似教科书的一章一节，而是以一个小学生的名义，通过日记本的形式，讲述了一个个很小的极其普通的故事，然后将"爱的教育"融入这些故事。它包含了同学之间的爱，姐弟之间的爱，子女与父母间的爱，师生之间的爱，对祖国的爱，让你读了犹如浸在爱的怀抱里。这里没有乏味的说教，也没有豪言壮语，更没有轰轰烈烈的英雄事迹。它所写的只是一些平凡而善良的人物，像卖炭人、小石匠、铁匠的儿子、少年鼓手、带病上课的教师……以及他们的平凡的日常生活。"所有的我们都曾是孩子，孩子的天真让我们感动。"正是这些看似平凡、实则真实可信的记叙，把我们带入一个爱的世界，让我们在爱中感受教育，接受教育，此乃无教胜有教也。

我细品书中的字句，咀嚼故事中的每个细节，我发现安利柯的父母对孩子爱无声，教无痕。譬如在《小石匠》里有这样一个细节："到了两点钟，我们坐下来吃午饭，吃面包和山羊奶酪。吃晚饭站起来的时候，我看见小石匠坐的那把椅子靠背给他衣服上的石灰弄脏了，我刚要伸手去擦，不知为什么，父亲却止住了我，后来他自己悄悄地拭去了。我们玩的时候，小石匠的上衣纽扣忽然掉了一个，我母亲给他缝上去，他红着脸，不知怎么才好，屏着气站在旁边看着。"我想：伙伴弄脏了椅子，"我"把灰尘掸去，在我看来这是多么正常的行为，可是父亲却细心地考虑到了"当着同学的面这样做，就等于责备他把椅子弄脏了。这样做不好，原因是他并不是故意弄脏的，再则他穿的是父亲的衣服，上面的灰尘是他父亲在劳动的时候沾上的。"父亲告诉"我"，凡是劳动所带来的，不论是尘土、石灰、油漆，还是别的什么东西，都不是肮脏的。当你看到一个劳动者归来时，千万不要说："这个人真肮脏！"你应该说："他身上带着劳动的痕迹！"……看吧，在这个小小的生活细节里，父亲用自己的言行对孩子进行了尊重他人、时刻维护他人自尊心的教育，对孩子进行了热爱劳动的教育，尊重劳动人民和劳动最光荣的教育。母亲则用细小的行动悄悄地告诉孩子，我们要帮助需要帮助的人。这一切的教育都是那么自然妥帖，都是那样悄无声息，如同春风化雨滋润着安利柯的心田，还有正在读书的我。

诸如此类的教育行为还有很多，书中的小主人公安利柯完全是在父母的爱无声中感受教育，在教无痕中接受教育。

苏霍姆林斯基说过："任何一种教育现象，孩子们在其中越少感觉到教育者的意图，它的教育效果越大。"

看着日渐长大的儿子，我内心有太多的愧疚。因为平日里我教育孩子的方法教育性太强了，讲的尽是大道理，而缺少具体的示范与细微的引导，儿子身上的不少缺点都是我只有教育没有"爱"的结果。

在书里，我也深刻感受到教师对学生悄然无痕的"爱的教育"。在《我们的老师》一文里，作者用一种非常口语化的语言描写了老师在回应学生的问候时的神态，关心孩子时手的动作，批评孩子时的语调等，给我们勾勒出一个慈祥感性的、亲切中不失威严的优秀教师形象。他们用爱的眼神，用爱的行动与孩子交流，让孩子感悟教育的真谛。《弟弟的女老师》一文所描写的那些情景仿佛就是我现在正经历的：一年级的女教师怎样教换牙的孩子学拼音，怎样处理孩子们带到教室来的东西，怎样应付上课时突发的事件，怎样克制自己的情绪，怎样在发火后后悔，等等。教师对学生的问候、抚摸、提醒、嘱托，关爱无处不在，教育无处不在。教师教育孩子的语调宛如春风柔柔，沁人心脾；孩子们在无声的师爱中享受教育，茁壮成长。

读着这些熟悉而又感人的画面，我惭愧万分，因为一百多年前我的同行们做得到的小事，今天我却没有做到，他们懂得的教育理念，我却不懂不知……

"爱"源于高尚的师德，"爱"意味着无私的奉献。夏丏尊先生在译这本书时曾说："教育之没有情感，没有爱，如同池塘没有水一样。没有水，就不成其池塘，没有爱就没有教育。"现实告诉我，事实就是这样。在我们学校，谁都知道李志梅老师教的学生个个喜欢她，并且个个成绩好，因此有些人嫉妒她。刚开始我也弄不懂其中的道理，更不晓得她使用了啥魔法。但我发现了她和其他的老师不一样：她关心孩子的成绩，更关心孩子的日常生活，她和孩子有说不完的悄悄话。我常看见她为班级的贫困学生带来一件件衣服、一双双鞋子、一包包食物；我常看见她为生病的孩子揉肚子，喂他们吃药，背他们去医院；我常看见她不厌其烦地给后进学生讲解习题；我常看见她给学生梳理凌乱的头发，整理卷曲的衣领；我听见她跟孩子们拉着家常，畅谈趣事……那些不听话的孩子经她一引导，一说教，也明显乖巧多了……"亲其师，则信其道。"今天我终于明白，这是爱的教育，这是无痕的教育。

还记得陶行知先生批评一个男生时奖励糖果的故事，单纯的我起初以为他不讲究原则，读了《爱的教育》我终于明白，他并非不讲原则，而是在原则规定的范围内实施了爱的教育，暗含了一种人文关怀，使男生感受到了糖果教育的"甘甜"。这就是一种无痕的教育！这才是真正的教育，这才是有效的教育！

哪里有爱，哪里就有教育！高尔基曾说过："谁爱孩子，孩子就爱他，只有爱孩子的人，他才能教育孩子。"今天，《爱的教育》引领我走出了低效教育的阴霾，它为我今后的有效、高效教育点亮了灯盏。愿我们都能牢记：有效的教育是爱的教育，是无痕的教育！

【作者小传】辛世红，女，1970年生，海阳市徐家店镇中心小学语文教师，1990年毕业于文登师范学校。自工作以来，一直热爱教育事业，工作中积极肯干，任劳任怨。工作之余，热爱读书，勤于钻研，在省、市级以上报刊发表文章10余篇。

小林校长的话一次次冲击着我的大脑，他提醒我不要随意呵斥孩子，孩子有自己的内心世界，我们要学会用"赏识"改变孩子！

用赏识改变孩子

——《窗边的小豆豆》读后感

崔远红

在学校举办的读书节活动中，我有幸拜读了日本著名作家黑柳彻子的代表作《窗边的小豆豆》。这不是一部杜撰的小说，而是作者小学生活的亲身经历。书中没有华丽的辞藻，没有跌宕的情节，没有刻意的遮掩，作者以平实朴素的文风，让我们看到了小豆豆随心所欲的流露，巴学园里亲切、随和的教学方式，这里的孩子们度过的人生最美好的时光。

小豆豆不能遵守课堂纪律，喜欢在教室的窗边看街头艺人们的表演，然后对他们大叫"宣传艺人"，引得班里的小同学都拥挤到窗边；她把带有抽屉的课桌拉出来又推进去，不停地弄出声响来，以至于老师要不停地告诫她……总之，小豆豆随性地满足着自己的好奇心，全然不在乎学校的相关规定。所有任课的老师都不能忍受小豆豆如此这般的行为，因此她被开除了。

小豆豆转到了一所新学校——巴学园。妈妈带她去的第一天她和校长聊天，一刻不停地聊了4个小时。说4个小时的话，一个一年级的孩子，还是和校长先生，这是多么不可思议的事啊。就是这样一个校长，一生致力于教育方法的研究，他认为，无论哪个孩子，在他出世的时候，都具有优良的品质。在他成长的过程中，会受到很多影响，有来自周围环境的，也有来自成年人的影响，孩子出生时的优良品质可能会受到损害。所以我们要早早地发现这些"优良的品质"，并让它们得以发扬光大，把孩子们培养成富有个性的人。

小林校长经常对小豆豆说的一句话是"你真是一个好孩子！"这句话对小豆豆来说是那么的珍贵，一直鼓舞着她，支持着她。最让我感动的是，当小豆豆最心爱的钱包掉进厕所里的时候，小豆豆想尽了种种办法找到钱包的过程，这样的行为多难以让人理解呀！如果是我碰到这样的孩子，我准会二话不说将孩子的行为批成是愚蠢的行为，并劝其停止行动。可当巴学园的小林校长知道这件事后，他的处理方式出乎了我的意料："弄完之后，要把这些全都放回去的。"正是因为有这样的一个校长对这个行为怪异的孩子的引导，小豆豆才能健康成长。诸如此类的句子还有很多："没关系，你能跳过去的，你一定能跳过去的！""不要硬把孩子塞进老师设计好的模式中，要让他们在自然环境中无拘无束。因为孩子的梦想比老师的计划还要远。"

读完这本书，我被小林校长的"赏识教育"深深震撼了。小豆豆正是有了小林校长的赏识，才最终成长为日本著名作家和著名电视节目主持人。我决心也要做一位像小林校长那样的老师。我们班里有个叫晓晨的孩子，他是四年级时转到我班的。课堂上，晓晨经常望着窗外发呆，对学习毫无兴趣；课间常常因为一点小事就与同学发生争执，动不动就打架斗殴。经过细心观察，我发现晓晨经常给班级抬水，于是我就以此为契机大力表扬他。一节班会课上，我组织了"猜一猜"的游戏。在同学们猜出几个优秀同学之后，我神秘地对大家说："接下来我要说的这个同学，你们不一定能猜到。"听我这么一说，大家都不服输，直嚷着让我快点讲。此时，只有晓晨低头不语，一副事不关己的样子。我故意抬高了声调说："他长着圆圆的脸蛋，力气很大，经常给我们班级抬水……"没等我的话说完，大家都把目光转向了晓晨，并异口同声地说："赵晓晨！"这一喊，晓晨立即抬起了头，似乎不敢相信自己的耳朵，随即目光中流露出激动和意外。我补充道："晓晨为大家做好事，可以算是我们班级的小公仆。"随后我大胆地委任他做我们班的"劳动委员"。

几天后，我的桌子上放着晓晨给我的一封信，信中说："老师，我有个秘密，可一直没有勇气对您说。我爸爸原来在公司里是做技术保密工作的，因为那天我在爸爸公司玩电脑，旁边的一位叔叔看到了开机密码才有机会偷资料，于是与爸爸发生搏斗，将爸爸捅死。我才是杀害爸爸的凶手啊！"读完信，我的心为之一颤，为孩子的真诚，也为孩子的不幸处境。这样一个心事重重的孩子多么需要老师给他阳光和勇气啊？对晓晨这样的孩子，尤其需要尊重他、相信他、鼓励他，才能真正挖掘出他的潜力。如果我也像小林校长那样不停地赏识晓晨，相信他可能也会成为第二个"小豆豆"！

于是在以后的日子里，我经常有意识地和晓晨谈心。他进步了，我向他竖起大拇指；他气馁了，我会给他勇气。我有意多让他参加班级活动，细心地捕捉着他的一点点进步，并着力表扬。

有一次课间，他和同学打架，狂风暴雨般地把桌子、凳子和柜子全移了位，同学们全被晓晨的行为惊呆了。当我赶来时，晓晨高高地站在桌子上，一副天不怕地不怕的表情。我顿时怒火中烧，可眼前又浮现出一个画面：小豆豆心爱的钱包掉到厕所里了，她为了捞钱包，把厕所里的东西弄得满地都是。看到这一切，小林校长并没有呵斥她，而是和蔼地说："找到钱包后，要把这些东西放回去的。"小林校长的话一次次冲击着我的大脑，他提醒我不要随意呵斥孩子，孩子有自己的内心世界，我们要学会用"赏识"改变孩子！

于是，我学着小林校长那样不动声色，用柔和的声音对学生们说："晓晨发脾气肯定有他的理由，我相信他会把东西归位的。现在我们出去玩一会儿，让晓晨同学冷静一下。"10分钟后，我们发现一切都复归原位，我心中窃喜。

三天以后，晓晨旧"病"复发，而我却再一次表扬了他，说："晓晨有进步，上次移动了桌、椅、书架，这次却只推倒了桌子，大家是不是该给他掌声呢？"同学们热烈地鼓掌。晓晨很不好意思，立即把桌子扶好了。我暗中赞叹，小林校长的教育艺术的确是灵丹妙药。

晓晨第三次发脾气，恰好是在阳台上，我继续表扬了他："晓晨怕影响大家学习，跑到阳台上发脾气，这真是一大进步！"在我一次次润物无声的感化中，晓晨渐渐找到了好孩子的感觉，找回了自尊和自信，再也没见他和同学闹矛盾。五年级毕业时，他以第三名的票数当选为班级的"文明少年"。

晓晨的改变，使我深切地体会到赏识的魅力。于是，只要班上孩子有问题，我都会从侧面表扬他的优点，间接地促使他改正错误。面对孩子一篇字迹潦草的作业，我不直面抨击，而是细心地找一找这篇作业中哪几个字写得最好然后圈出来，相信他明天的作业会出现更多的漂亮字；课堂上不敢读课文的孩子，我把她请到办公室，并亲口告诉她："你的声音真动听，老师希望你每天都能给我读一段课文。"我的赏识让学生们找到了成功的自我，班级风气日益好转，同学们的心和我贴得更紧了。一个学生在日记中写道："老师的表扬使我如沐春风，老师的赞美使我童心飞扬。"

这学期，我教一年级。我依然用赏识的目光去看待每一个孩子，因为我感到用赏识去爱孩子，孩子就会有很大的转变。小成是个很有个性的孩子，但他经常成为课堂上的"边缘人"，课间的"扣分大王"。几经批评教育，效果并不明显。新学期开始了，他依然在课堂上"玩得兴致勃勃"，我却对他"黔驴技穷"。

课间，又有人来告他的状了："老师，小成推我！"哎，这样"鸡毛蒜皮"的事情处理不是，不处理也不是。尤其听到"小成"的名字，我的心中不由地有点反感："怎么又是他呢？"一会儿，小成进来了。他的眼直瞅我的电脑，丝毫没有接受批评的恐惧感，可能因为是办公室里的常客，因此办公室对他来说并不能造成一定的威慑力。我把他从上到下打量个遍，脑子里飞速地旋转着："我该从哪里说起呢？如果还是老一套，什么教育效果都不会有。非得找到一个合适的切入口，换一种教育方式，也许会对他起点作用吧！"

我避开他刚才推人的问题，把他的两只手握在自己的手里，呀，是冰凉的。

我给他搓了搓，然后拿过办公桌上的暖宝放在他的手上，说："来，孩子，暖暖手吧！"他疑惑地把眼神从电脑上转移到我的脸上，一脸的茫然，紧接着局促不安地把手抽了回去说："老师，不用了。"我笑着把他的手再次握起来，把暖宝塞在他的手里："看，你的手冰凉冰凉的，这样上课怎么能写出漂亮的字呢？还是暖暖手吧，我相信你的手暖和了，下节课一定会认真听讲，而且一定能写出最漂亮的字。你说，是吗？"我的话音一落，小成的眼睛红了。

我知道此时，他的心已经变得软软的，我说的每一句话都会印在他心里的。因此我接着说道："小成，你知道吗？老师很欣赏你，欣赏你小小年纪却读了那么多的课外书；欣赏你能写出那么高水平的日记；欣赏你站在同学们面前演讲毫不畏惧。你身上有这么多的优点，这说明你是个很棒的孩子啊！这么优秀的孩子你说能下课打架吗？"听了我的话，他一边摇头一边哭着说："不能。"

"丁零零"上课了，他把暖宝还给我："谢谢你，老师。"

第二节的语文课上，小成表现得特别好，不仅坐姿端正，而且一改从前作业拖拉的习惯，成为全班第一个完成课堂作业的孩子。更可喜的是接连几天，再也没听到任何人来告他的状，班级日志上再也没见他一次名字。

教育家陶行知先生曾经指出："教育孩子的全部秘密在于相信孩子和理解孩子。"而相信孩子、理解孩子首先要赏识孩子。尊重孩子、欣赏孩子，不仅是因为他们年龄小，需要关心和爱护，更重要的原因是他们从出生起就是一个独立的个体，有自己独立的意志和个性。

感谢《窗边的小豆豆》，感谢小林校长，是他让我明白了：当我关注了学生的长处时，便能与孩子心灵相融，童年，便会成为幸福而快乐的诗篇。赏识具有伟大的力量，用赏识去爱每一个孩子，足以改变人的一生！

【作者小传】崔远红，女，1980 年生，牟平区新牟小学语文教师，毕业于烟台师范学院。有多篇文章在省、市级刊物上发表，曾多次执教省、市级优质课。最难忘的事是和孩子们一起举行"奖品拍卖会"；最惬意的事是和孩子们一起静静地畅游书海；最感动的事是孩子们为自己过生日；最喜欢做的事是写博文，网名"幸福一生"，希望自己能成为孩子们一生幸福的引航人。

《海蒂》中自幼体弱失去行动能力的富家女克拉拉能够离开赖以行动的轮椅，站起来健康生活，爷爷和海蒂的付出无疑是最灵验的良方。而他们的付出只有一个字：爱！万世沧桑，唯有爱是永恒不变的神话。

爱，永恒的追寻

——《海蒂》读后感

卢　岩

我喜欢读书，尤其喜欢读一些充满童心童趣的作品。记得上师范学校时，我将《世界童话文库》一系列13本书悉数读了一遍，A4纸大小页面，每部书一千多页。虽然那些书不知从何而来，扉页已经泛黄，四角已经磨损毛边，但却是那样地吸引着我畅读于其间。不去逛街，不去购物，也不去化妆打扮，我最爱斜倚床榻或席地而坐于花前树下，寻一方隅，不必书案雅洁，也不必清幽无声，都可以很快融入其中。任人声鼎沸，任世事浮华，我心有独钟。

等到工作了，读书之热情未减，学校里的图书很快就被我一阅而空。于是加入贝塔斯曼书友会，自己买书来看，这期间《小王子》便是我最大的收获了。再后来，渐渐的，我已经没有时间和心情去读书了。因为太多的人和事，越来越烦琐的工作，我逐渐远离了精神的乐土。

直到学校开展了"书香盈卷，浸润人生"语文课题实验，作为一名语文教师，作为此项课题实验的倡导者，为了给学生起到带头作用，我利用班级里的图书角，和学生们相约读书。他们将自己喜欢的书从家里带到班级，充实到图书角，向同学们推荐自己所钟爱的书目。

有一天，我班的李洁仪非常诚挚地用双手捧着一本书送到我面前，对我说："老师，我有一本好书，借给你看吧！"此时，我正忙于迎接市教体局评估检查，所负责的工作项目繁杂，每天晚上还要熬夜批作业呢，哪里有闲心看书啊！于是，我委婉地说："谢谢你，等忙过这一阵子再借我看，好吗？"可她却不依不饶地说："没关系，老师，你先拿着吧，等你有时间就看，真的很好看！"面对着这样一双执拗又真诚的眸子，我只好接过那本书，并报以微笑感谢。回到办公室，我将书放于桌子左上角，那是最不易弄乱，多放置不急办文件之处，就又全力以赴地投入工作中去了。

每隔两三天，李洁仪就会问我："老师，书读了吗?"我只是微笑着摇头。如是几次，她也就不再问了，但我知道她仍是在等待，等我对她说……

生活总不会顺心如意的，尤其是涉及人际关系，在工作中难免遇到坚冰，极大影响工作进程，我倍感无奈与沮丧。为了逃避现实，我翻开了那本书，它已静静地躺在桌子上有些时日了，落上一层薄尘。我喟叹着，吹去那层浮尘，却吹不去内心的忧伤与失意。书名是《海蒂》，瑞士约翰娜·施比里著，封面上方写着"世界畅销儿童文学名著"，正中偏下一些是一幅图，一个金黄鬈发的小姑娘身穿淡绿色裙子，坐在一小块空地上，在她四周盛开着朵朵不知名的粉色、白色的小花，而她手里正拿着一束刚采来的娇艳欲滴的花。她微笑着眯起眼睛，与一只灰色小羊相视，似乎在交谈着什么，在不远处，是浓淡相宜的树林背景。

这本书的主人公就是小海蒂，她出身贫寒，父母早亡，由姨妈抚养至五岁，被送到素未谋面且性格孤僻怪异的爷爷身边。在八岁那年，小海蒂又被姨妈从爷爷身边带走，送到陌生的泽塞曼先生家，做他女儿克拉拉的陪伴者。在经历了得与失、新生活带来的快乐和思念牧场与爷爷的苦痛交织之后，小海蒂终于又重返令她魂牵梦萦的高山牧场。而泽塞曼先生一家也因此收获到了海蒂带给他们的莫大惊喜。

小海蒂有着一颗金子般的心，她的善良坦诚，她的纯真博爱，她的乐观坚强，深深地感染着每一个见过她的人，也莫名地打动了我。正是这样一个不谙世事的单纯犹如一捧清泉的小孩子使饱经磨难、离群索居的爷爷冲破心灵的樊笼重新回到人们中间，对生活有了新的认识和感悟，在帮助他人的过程中实现着自己的生命价值；而与此同时，长年与轮椅相伴、失去生命活力的富家少女克拉拉，贪玩厌学的穷牧羊小子彼德，陷于丧女之痛不可自拔的医生，在贫困和黑暗中艰难度日的失明的老奶奶，他们的生活都在海蒂的影响和帮助下发生了这样或那样的变化，变得犹如高山牧场上娇嫩的蓝色风铃草花一样美好，像夕阳燃烧下的阿尔卑斯山一般充满希望。

掩卷而舒，此时不再是喟叹，而是一种心灵的宁静与释然。是啊，爱，是人类亘古不变痴痴追寻的情感，它可以创造神奇，或者说，它就是神奇。钟情于电影《神话》主题曲中的深情款款："让爱成为你我心中那永远盛开的花，穿越时空绝不低头永不放弃的梦；唯有真爱追随你我穿越无尽时空，爱是心中唯一不变美丽的神话。"因为每次听它，总会在心海中生发出无尽的沧桑感与淡淡的愁绪。不由得慨叹生命的来去匆匆之间，我们会留下些什么，我们又在追寻什么，我们还要归去何方？

《海蒂》中自幼体弱失去行动能力的富家女克拉拉能够离开赖以行动的轮椅，站起来健康生活，爷爷和海蒂的付出无疑是最灵验的良方。而他们的付出只有一个字：爱！万世沧桑，唯有爱是永恒不变的神话。

记得曾经读过这样一个故事："二战"期间，有很多参战者牺牲或伤残，战争结束后，他们带着疲惫的身心重返家园。有一个士兵告知家人战争结束自己要回家了，家人无不欢欣。他说要带一个无家可归的战友回家，家人也表示愿意接受。但当他告知家人这个战友在战斗中失去了一只眼睛和一条腿时，家人很为难地告诉他家里的境况也不是太好，恐怕无力照顾那个战友，他无声地放下了电话。家人久久期盼却终未见他归来，在数月后他们收到了亲人的骨灰，他已经自杀了。因为他就是那个失去一只眼睛和一条腿的人，为了不给家里增加负担，他选择了结束生命。

我想，如果他的家人能够接受那个残疾的"战友"，悲剧也就不会发生。但，现实是不容预设的，生活无疑也是残酷的。如果，爱可以再博大一些，再宽泛些……可是，谁又能保证自己无私无求、无欲无畏呢？

是的，海蒂是作者虚构出来的理想人物，在现实中并不存在，但围绕着她而展现出的人性却并不虚妄。因为我愿意相信，人类的天性以善为本。否则，也不会有种种令我们感动的人与事流传世间。小海蒂就代表了人性中善良美好的一面。她一直在付出爱，在追寻爱。这也是我们每一个人一生中无法摒弃的行为和感受，是世世代代人心中永恒的追寻，永不泯灭的祈望，是生命最终的归宿……

思绪及此，我的心也豁然开朗，知道应该如何去面对人生中丝丝许许的不如意。人生何必去苦苦追寻爱呢？其实，爱是真我。只要我们可以再坚强一些，再宽容一些，再淡泊一些……

爱，就在你我心中……

【作者小传】卢岩，女，1978年生，蓬莱市南王街道中心小学教师，1996年毕业于山东省蓬莱师范学校。爱宁静，慕田园，意淡泊，乐读书，钟诗词，喜写作，发表文章多篇，执讲优质课多次。始终深信书中自有清雅人生，也希望借一缕书香净化孩子们的心灵……

她就是海伦·凯勒，一个长期生活在黑暗孤寂中，却最终张开了心灵的眼睛，找到了光明，并给人类带来光明带来希望的女性；一个被生命的挑战禁锢在似乎难以挣脱的厚茧中，却最终破茧成蝶，插上了心灵的翅膀，逆风飞翔，把光明洒向全世界的女性。

破茧成蝶　逆风飞翔

——读《假如给我三天光明》有感

王韶洁

　　每一天，每一刻，我们都可以接触到这个多姿多彩的世界，看到或绚烂或平淡的画面，听到或低沉或高亢的声音，说出自己想说的话，唱出自己想唱的歌。对这一切，我们早已习以为常，心安理得，从不曾以为这是一种幸福。某些失意的时候，甚至希望自己是个聋子、瞎子、哑巴，可以与世隔绝，不再理会周遭的一切。可是，如果有一天，我们真的失去了听觉、视觉和发音的能力，我们的世界里还会有什么？无声无色无语的世界里，除了绝望，无穷无尽的绝望，我想不出自己还会有什么别的感觉。哪怕只是这么想象一下，恐惧也会占据整个心灵。可是，有这么一个女子，从19个月大到88岁的所有岁月，就是幽闭在盲聋哑的世界里，却活出了大多数健康人都难以活出的精彩人生。她就是海伦·凯勒，一个长期生活在黑暗孤寂中，却最终张开了心灵的眼睛，找到了光明，并给人类带来光明带来希望的女性；一个被生命的挑战禁锢在似乎难以挣脱的厚茧中，却最终破茧成蝶，插上了心灵的翅膀，逆风飞翔，把光明洒向全世界的女性。

　　《假如给我三天光明》是海伦·凯勒的代表作。时乖命蹇，她的世界里没有缤纷的色彩，但她的世界绝不苍白黯然；她的天地中没有动听的音符，但她的生活绝不单调沉闷。因为她的心中自有阳光，自有绿色，自有天籁！她一点一点地聚拢着心灵之光，点燃着精神之火，照亮了自己所处的黑暗世界，唱响了生命的交响乐。面对命运给她的磨难和障碍，海伦没有抱怨，而是用心来感受着她身边的一切，用心享受着生活。她有一颗金子般的心灵，所以她的书中没有消沉，没有颓废。这使得她书中的每一个文字都有着金子一样的质感，带给我们强烈的精神冲击和心灵悸动。读过这本书的朋友，一定会沉醉于她洋洋洒洒优美流畅的文笔，震惊于她不屈不挠笑对坎坷的勇气，撼动于她尊敬师长关心病患的美德，感佩于她乐观向上求知若渴的精神。

海伦·凯勒祈望能拥有三天的光明，去真正地看看这个世界。"第一天，我要看人，他们的善良、温厚与友谊使我的生活值得一过。""第二天，我要在黎明起身，去看黑夜变为白昼的动人奇迹。"第三天，"我将在当前的日常世界中度过，到为生活奔忙的人们经常去的地方去。"祈祷拥有三天的光明，不是为了虚荣，也不是为了名利，只为了用感恩的心去看给予她帮助的人，用敬畏的心去看"人类进步的奇观"和那"变化无穷的万古千年的历史"，用喜悦的心去看我们大多数人熟视无睹的日常生活。这是多么平凡的愿望！这是多么朴素的真情！

我们大都已经拥有了几百几千个光明的日子，可曾感受过这是一种幸福？可曾利用这份先天的优越性去创造过什么奇迹？我们的生活方方面面也都离不开亲朋的帮助，可曾像海伦希望的那样，"长久地凝视"她们，心怀一片赤诚的感激？每天面对这个纷繁的世界，岁月在周而往复的轮回中消耗，我们可曾因为我们得以拥有健康的体魄来享受这份生活而感念过生命的美好，感谢过命运的眷顾？好好想一下海伦这个微小的让我们不屑一顾的愿望，对她来说，却又多么的难以企及！她眼不能看，耳不能听，所要学习的每一点知识，都要通过触感获得。可就是在自身条件严重不足的恶劣情势下，她竟然学会了德语、拉丁语、法语等多国语言，阅读了多部文学和哲学名著，还完成了哈佛大学的高等教育，成为世界上第一个有此殊荣的盲聋人。形象的事物还好理解一些，那些抽象的知识呢，又该如何领会，如何掌握？设身处地地想一想，要攀登到海伦的高峰，大多数健全人都难以做到，一个盲聋哑人，又付出了几多汗水几多心血？

回想一下我们自己的人生，何尝没有遇到过这样或那样的挑战呢？可是，因为长期身处光明中，我们不再对光明敏感，对快乐的体验和对幸福的感悟变得迟钝，也失去了忧患意识。所以一旦面对困境，很少有人能够坦然面对，甚至像海伦那样把这些变成我们的垫脚石，变成自我提升的动力。太多的时候，我们会深陷于自设的苦痛中不能自拔，为着"已失去"和"得不到"而黯然神伤。太多的自怨自艾，太多的怨天尤人，让我们束缚了自己的手脚，在前进的路上彷徨徘徊，止步不前。想想海伦·凯勒的艰辛与付出，我们还有什么资格抱怨命运弄人？"临渊羡鱼，不如退而结网。"自身条件胜过海伦太多的我们，如果能够有她的毅力和精神，又何愁我们的收获不丰？

海伦·凯勒的一生无疑是不幸的，但从另外一个意义上说，她又是幸运的。命运是一把双刃剑，给了她极其严峻的考验，但同时也给了她磨砺之后的无比锋锐和万丈光芒，使她有机会成为马克·吐温口中19世纪和拿破仑齐名的两个奇人之一，被美国《时代周刊》评选为20世纪美国十大英雄偶像。她还创作了14部作品，其中处女作《我的生活》在美国引起了强烈反响并因此获得全世界的尊崇。

这无数奇迹的创造，来自于她锲而不舍的坚忍努力，来自于她乐观豁达的良好心态，来自于她直面厄运的坚强个性，来自于她感恩社会回馈社会的满腹热情。但是个性与能力并非与生俱来，归根到底，她的成功源自知识所赋予她的强大力量。正如海伦在书中所言："知识给人以爱，给人以光明，给人以智慧，应该说知识就是幸福，因为有了知识，就是摸到了有史以来人类活动的脉搏，否则就不懂人类生命的音乐！"唯有知识，才能使她的黑暗世界充满阳光，使她的无声世界妙趣横生。唯有知识，才能给她充实的灵魂，给她划破黑暗的希望曙光，给她坚强的信念，给她抵达理想彼岸的风帆。唯有知识，才能给这个不幸的女性以希望、新生和幸福！曾有人这样说："阅读不能改变人生的长度，但可以改变人生的宽度。阅读不能改变人生的起点，但可以改变人生的终点。"我坚信，海伦之所以能破茧成蝶，是因为知识给了她无穷的力量，支撑着她，影响着她，滋养着她，充实丰盈着她并不健康的生命，给予她坚强的信念和生生不息的希望，帮助她一步一步走向人生的辉煌。

作为一名教师，一名传道授业解惑者，一名优秀文化的传承者，一名健康人格的塑造者，我们更应该用知识来武装自己，不断提升自己的个性品质和专业素养，让自己的教学语言更丰富，教育理念更先进。"胸藏万汇凭吞吐，笔有千钧任翕张。"博览群书，引经据典，我们才能以更充沛的热情，更健全的理性，更具智慧的教育艺术，更敏锐的判断力和永不枯竭的创造力，更好地为学生的发展服务。唯有知识，才会使我们的工作别开生面，与时俱进。

感佩海伦的同时，我们也绝不可忽视了那些站在她背后默默扶持她的人，尤其是莎莉文老师。海伦自己也说："虽然我的眼前是一片黑暗，但因为老师带给我的爱心与希望，使我踏入了思想的光明世界。"作为一个幼年因病致残的患者，海伦的心也曾长时间失衡，变得暴躁、任性和孤独，直到7岁时开始受教于莎莉文老师。当时只有20岁的莎莉文老师自己也曾接近失明，但是她同样是一个不屈服于命运折磨的伟大女性。正是在她充满爱心与耐心、费尽心思的引导下，海伦才走出了黑暗与孤寂，感受到了知识的神奇，从此一步一步踏入了知识的殿堂，最终成功改写了自己的命运。正是莎莉文老师的辛勤教育和默默付出，支持着海伦忍受痛苦，一点一滴慢慢重建她的意愿，修正她的生活目标，才成就了海伦。正如海伦自己在书中所言："是莎莉文老师让我无忧无虑地生活在爱的喜悦和惊奇之中，让生命的一切都充满了爱意。她从不放过任何一个机会，让我体味世间一切事物的美，她每时每刻都在动脑筋，想办法，使我的生活变得更加美好和更有意义。"作为一名从教十几年的教师，自问为了教育工作也是任劳任怨殚精竭虑，但较之莎莉文老师的付出，我唯有高山仰止之感，惊叹，佩服，乃至心折。几十年如一日，面对一个盲聋哑学生，尤其是在刚开始磨合的几年间，基本无法沟通，她需要怎样的定力才能够忍受那种事倍功半的悲哀？需要多少心智才能够开启海伦幽闭的心灵之门，重塑她健康的人格？需要多少的努力才能够帮她架起通往知识宝库的桥梁，并助她完成高等教育？莎莉文老师的心力付出，绝不是可以简单地诉诸言语的。从海伦的字里行间，我们可以感受到她对于莎莉文的深深感激，也能体会到这份感激背后莎莉文老师的默默奉献，感触到一个高尚而圣洁的灵魂，一种温馨而朴素的情怀。

教学有法，但无定法。尤其是面对海伦这样的特例。所以莎莉文老师费尽心思来寻求适合海伦的教育方法，不断地修正，不断地变通，终于引导她通过对水的触摸，找到了单词和实物之间的联系，让她学会了生命中的第一个单词。万事开头难，以此为契机，海伦得以张开心灵的眼睛，踏上了通向知识殿堂的道路。教育家洛克说过："教师的工作不是要把世界任何可以知道的东西全部教给学生，而在于教给学生采用正确的方法求知。"海伦也感叹说："每个老师都能把孩子领进教室，但并不是每个老师都能使孩子学到真正的东西。"毫无疑问，莎莉文老师就是在不断地摸索中，找到了适合海伦的教育方法，帮助她学到了真正的东西。

教学中，我们更要像莎莉文老师那样，坚持爱的教育，坚持以人为本，积极寻找适合孩子的教育方法。生活中，我们要引航花季，做学生的知心导师，努力构建一种平等和谐的师生关系，与学生多沟通多了解，及时准确地掌握他们存在的心理问题，然后再选择恰当的方法对症下药，及时有效地排除学生的心理障碍，不让任何一颗心灵迷失。课堂上，我们要找准突破口，强化学生的心理优势。要坚持因人制宜，因材施教，以学情定内容，以内容定学法，以学法定教法，以教法导学法。我们要始终坚信：我们的学生纵然有这样或那样的不足，但他们的自身条件绝不会比海伦差，所以在教育的过程中我们的困难绝不会比莎莉文老师多。如果我们的心中充满阳光，如果我们的教法适合学生的成长，我们为什么不给学生以自由飞翔的翅膀？

海明威说过："人可以被撕碎，但不可以被打倒。"海伦·凯勒在莎莉文老师的帮助下，用不屈的毅力和丰富的知识，挣脱了命运给她的厚茧，逆着风翩翩飞翔，成为蓝天下最亮丽的一道风景。我们这些四肢健全的人呢？还是让我们以《逆风飞翔》的歌词共勉吧！"要寻找真理想/不要害怕失败会受伤/努力啊乘着梦想往前/别说累/总有人在你身旁为你加油啊/逆着风也要飞翔。"

【作者小传】王韶洁，女，1973 年生，1992 年自山东省蓬莱师范学校毕业后任初中英语教师 14 年，2006 年调入招远市第五职业中专任教。教后十数年方清楚自我的价值何在，掌握教学的重心何在，明白育人的突破口何在。相信只要我们一路前进一路追求，那么，逆着风我们也可以展翅高飞。

闲暇时，经常阅读《好孩子最想知道的新十万个为什么》，让我这个习惯于事实，不爱探究的人豁然开朗。在我们身边还有许多神秘未知的事物等待我们去观察、思考、探究，也只有有心人才会发现身边奇异的现象。

执子之手，与子共读

——读《好孩子最想知道的新十万个为什么》有感

陈晓妍

夕阳下，牵着小女儿的手漫步在街头，未满 5 岁的小宝贝常会仰着可爱的小脸，歪着脖子一脸好奇地望着妈妈，甜甜的童音伴着问不完的为什么，"妈妈，天空为什么是蓝的?""妈妈，苍蝇为什么总会喜欢臭臭的地方呢?""蜜蜂怎么能酿出蜂蜜呢?"……聪明的宝贝孰知妈妈的无奈，小时候的应试教育已经让我习惯，这就是事实，不必问为什么了! 幸而老公送女儿的那一本《好孩子最想知道的新十万个为什么》，让我与女儿从此爱不释手。小女儿捧着这本书，很是开心，急切地要求我们读给她听。于是，晨曦中，睡前灯下，茶余饭后，这一系列丛书成了我与小女儿执手相牵，共同阅读的"情感读本"了。

与子共读，其乐融融

翻开这套《好孩子最想知道的新十万个为什么》，首先被书中色彩鲜艳的插图吸引住了。全书有"动物·植物""人体·生活""交通·通信""军事·武器""宇宙·航天"和"地球·环境"六大部分，涵盖了天文地理自然方面的知识，可谓一本智慧版的少儿百科全书了。浅显易懂的文字，丰富多彩的图片，真实照片和精美插图相互交错，并辅以贴心的现代汉语拼音，确实是老少皆宜的一本图书呀! 但，这毕竟是科普读物，故事性不是很强，朗读时一定得加强趣味性，孩子才能有兴趣听下去。值得欣慰的是，该书结合孩子的特点为每个"为什么"都配有幽默漫画，通过"奇奇 Q"和"e 问通"两个卡通人物的一问一答，使深奥抽象的科学知识变得生动有趣，易于理解。孩子在轻松愉悦的氛围中阅读，培养了他们的想象力，增长了他们的智慧，激发了他们热爱科学、探索科学的热情。

　　　　"两只小象哟罗罗，

　　　　河边走哟罗罗，

　　　　扬起鼻子哟罗罗，

　　　　勾一勾哟罗罗，

　　　　好像两个好朋友……"

　　小女儿又在边比画边跟着《智慧树》的红果果唱着儿歌，我在一旁看着书，欣赏着，很沉醉地看着胖嘟嘟的小女儿扭着屁股的可爱小模样……"妈妈!"音乐还未停，女儿已经跑到我身边了，指着电视屏幕，一脸的好奇："妈妈，妈妈，你说小象的鼻子那么长，它喝水会不会呛着呢?"噢? 是个问题呀! 这个问题还真是没想过呀! 我为女儿善于思考而暗暗赞许，可对于这个问题的答案，也委实让我这个在孩子心目中"知识渊博"的妈妈为难呀!"宝贝儿，你忘记了爸爸送给你一位智慧爷爷吗? 快快让我们一起去求助他吧!"于是，我和小女儿喳喳地跑进书房，取下那套《好孩子最想知道的新十万个为什么》，女儿首先抢到了"动物·植物"篇，当然是我帮忙查找目录了，毕竟小女儿的识字还少呢!哇——"象用鼻子吸水为什么不会被呛?"我一眼便搜索到了目录中的相关内容。翻开后，女儿和我的脑袋立刻挤到一起，"……象的气管和食道，是互相连通的。象的鼻腔后面的食道上有一块软骨头，当水进入鼻腔，这块软骨头就把气管口盖上……"噢，边看图边阅读，我恍然大悟，小女儿好像还有所不解，小小眉头皱成一团。这时的我方显示出知识渊博的大气，用形象的小杯子和盖子演示了其中的道理，小女儿自然恍然大悟，喜不自禁。我心中的自豪与欣慰岂是言语可以表达的! 文后，"奇奇Q"与"e问通"也以女儿喜欢的形象，补充了相关知识点，巧妙地解决了抽象深奥的科学问题，让孩子喜欢得不得了。

　　与子共读、共学，既有成就感，又收获无穷。孩子的思维日渐活跃，情感日渐丰厚，我也沉迷于与子共读的幸福中。读到"植物有血液和血型吗"时，我会带上宝宝来到田野，挨棵植物去折折采采，看看植物的血液，当孩子看到蒲公英那乳白的浆液的时候，她发出快乐的惊叫;当读到"蝴蝶的翅膀为什么色彩斑斓"时，我也会与孩子一起，淘气地到花丛中去捕捉蝴蝶，跟着蝴蝶奔跑着，凝神观察蝴蝶美丽的翅膀，也会与孩子静静地聆听蝴蝶飞翔的声音，去探究为什么蝴蝶飞起来没有声音;读了"儿童为什么不宜多吃巧克力"后，小女儿会在想吃巧克力的时候，闭紧嘴巴，使劲儿地摇着头，告诉我："宝宝不吃巧克力了! 牙牙被蛀掉了!"我再不必为刻意教育女儿少吃糖而绞尽脑汁了……

　　此时，只想执子之手，与子共读，相携一生!

携生同读，教学相长

他山之石，可以攻玉！阅读这套闪烁着奇光异彩的书籍，对开阔我的教学视野，提高我的教学修养和精神境界，的确大有裨益。应该说，语文教学是读书悟"道"的教学，是读书明"理"的教学。身为语文教师必须要博学睿智，必须要有大语文观的意识，要引领学生们走出课堂，进入"天高任鸟飞，海阔凭鱼跃"的空间；超越课本，进入"世事洞明皆学问，人情练达即文章"的知识园地。身为一名语文教师，我自然不肯错过这宝贵的资源。

记得在引领学生学习《只有一个地球》时，我与学生一起沉浸于文本中，默默地朗读着，静静地聆听着地球母亲的倾诉、哭泣。"我们这个地球太可爱了，同时又太容易破碎了"深深地叩击着每个学生的心灵。情已生，感已发，但身为语文教师，我深知那情感是停留在文字间的，因为孩子们眼中的世界太小、太窄。他们不了解地球上的矿产资源、生物资源、大气资源等，他们甚至疑惑，为什么有的可再生，有的不可再生，至于"生态灾难"这种生僻词汇，更是他们无法用简单的词语解释能够领会的……当然，此时的我是自信的，这种自信来源于我的那套"百科全书"——《好孩子最想知道的新十万个为什么》（地球·环境卷）。在阅读课上、课外活动中、读书日，我引领孩子们在书海畅游，贪婪地吮吸着智慧的甘露。千百个包罗万象的知识谜团，数百幅震撼视觉的精美图片，解答了孩子们心中关于地球、气象、环境、能源等方面的各种疑问，引领他们以全新的视角去看待我们生活的世界。此时，再回头解读《只有一个地球》的课文，孩子们眼中的地球立刻变得立体起来、生动起来、广博起来，感受也更为深刻了。课堂上，孩子们掷地有声地呼吁："我们的生存环境遭到了极严重的破坏，大气、水、土地被严重污染，自然界的生态平衡受到很大的影响，湿地、酸雨、荒漠化、沙尘暴一次又一次侵袭着地球，难道这还不足以警示我们，保护环境已刻不容缓！""我们这个地球太可爱了，同时又太容易受害了。同学们，科学家早已证明：在宇宙以地球为中心的40万亿公里内，没有适合人类居住的第二个星球。人类不要指望在破坏了地球以后再移居到别的星球上去。""是呀，如果大家都来营造一方净土，世界将变得更美好，地球将永远有再生的资源供人类生存。让我们一起加入'保护环境，爱护地球'的行列中来！"……

此刻，我大有一种太极中"四两拨千斤"的感觉，不必费尽气力地苦口讲解，只需一本书，便可让孩子们在兴趣盎然中开阔视野，增长知识，并深入体会文章的写作意图及内涵。这样的大语文教学是轻松而愉快的，何乐而不为！有此书相伴，我的语文课堂上多了几分睿智，多了几分博学，多了些许的自如自信，自然有一种成熟洒脱的快感。

得意！携生同读，快乐课堂，教学相长！

独沐此书，智慧相伴

身为一名语文教师，一直为成就自己独特的文学修养而努力着。我爱读书，爱读报，喜欢网络博文，喜欢子午书简，深深地为那篇篇美文而沉醉、着迷，也喜欢闲暇时写上几段韵文。相对而言，对于科学类书籍，兴趣一般，甚至置之角隅，不屑一顾。而陪孩子阅读了《好孩子最想知道的新十万个为什么》后，我已在不知不觉中被这神奇的自然、美妙的世界所吸引了。在这里，植物天地争奇斗艳，动物王国各展风采，人体机能奥秘揭示……它引领我去探索自然、科技、宇宙、地球、生命以及人类产生、变化和发展的进程，使我感受到自然、科技、宇宙和生命等种种伟大和神奇；它大大地拓展了我的视野，让我对人类永不止步的探索精神充满敬意。

闲暇时，经常阅读《好孩子最想知道的新十万个为什么》，让我这个习惯于事实、不爱探究的人豁然开朗。在我们身边还有许多神秘未知的事物等待我们去观察、思考、探究，也只有有心人才会发现身边奇异的现象。我们的生活中少不了小小的科普知识，也少不了许许多多的生活常识，如为什么苹果既能通便又可以止泻？儿童为什么不能贪吃彩色食品？为什么晚上要刷牙？一年中的"四季"是怎样形成的？海底下是什么颜色？干电池的电为什么不电人？这套书就像一位经验丰富的老人，无论你问些什么，天文地理、风土人情、锦绣河山、科学疑案等很多使你疑惑不解的问题，都可以在这套经典的书中找到答案。

现代科学的发展越来越迅猛，人们为了认识已知世界所需要掌握的科学知识将越来越多。如果在新的历史条件下，愚昧落后，缺少起码的知识，就可能被一些假科学、伪科学所愚弄，陷入盲目和迷信。为此，身为家长和老师，我必须加强学习，提高素质，用科学思想、科学方法、科学知识和科学技术来揭穿形形色色的伪科学的真面目。

总之，《好孩子最想知道的新十万个为什么》是一套很好的书籍，一辈子用得着，几代人忘不了。漫游于《好孩子最想知道的新十万个为什么》中，执子之手，与子共读，与生共读，快乐相随，智慧相伴，教学相长！

【作者小传】陈晓妍，1979年生，蓬莱市第二实验小学语文学科带头人，兼任班主任及级部组长，1996年毕业于山东省蓬莱师范学校。曾荣获"全国优秀科技辅导员""烟台市优秀教师"等称号。在教学上能大胆创新，博采众长，努力营造诗意的语文课堂，曾多次参加省、市、地级语文优质课及教学观摩课，以其优美动情的独特授课风格博得好评。

培育就是要丰厚的土壤、充足的阳光和鲜润的水分，按照不同植物的生长规律和特点喜好，让它们生机盎然，给人以希望。我们的学生不正像一棵棵充满生机的鲜活的植物吗？

关爱心灵　尊重个性

——《植物小百科》读后感

王凌云

"一花一世界，一叶一天堂。"《植物小百科》给我们呈现了一个奇妙梦幻、缤纷绚丽的植物世界。如同人类一样，植物也有自身的发展规律、自己的个性，甚至自己的感情。面对丰富多彩的植物世界，我们在惊讶于它们千姿百态的同时，更应该以感恩之心对待它们，尊重它们的生长规律，尽我们的努力保护环境，给予它们健康生长的空间。同样，对待蓬勃盎然、个性十足的莘莘学子，我们也应坚定地站在爱的立场，遵循教育的基本规律，尊重学生的个体化差异，从而让每个学生都能健康、快乐、自由地成长。

感恩学生，让心灵充满爱的阳光

自然给我们提供阳光与水源，植物给我们提供绿色与空气。无论是远观日升日落、云卷云舒，抑或是近看潮起潮落、雾散雾聚；不论聆听花开有声、花谢零落，抑或是谛听万物滋长、草木凋零，我们都应该心怀感恩与尊重，都应该用感恩之心对待一花一草、一叶一木，是它们滋养了我们的生命。

面对一张张稚嫩青涩、昂扬蓬勃的青春面庞，作为教师的我们同样应该怀着一颗感恩的心。其实道理很简单，没有学生就没有教师这个职业的存在；没有学生的努力，教师就体会不到这份职业带来的乐趣和成就感；没有后进学生的教育需要，也就体现不出教师的价值。是学生给了我们施展才华的机会，给了我们实现人生价值的舞台。在与他们的相处中，我们学会了爱家人、爱学生、爱身边的人，提高了自身的修养，并学会奉献于这个社会。孩子们孜孜以求、蓬勃张扬的生命状态每时每刻都在感染着我。每当自己有什么愁情烦事、抑郁纠结，我只要走到教室看看学生，一切就都烟消云散了。所以，教师要经常进行自我审视、自我反思，善于发现、学习并汲取学生身上的优点，以改正自身不足。这就需要教师对学生心怀感恩，以尊重、感恩的心态对待每一个学生，和学生产生心灵的碰撞与沟通，这样的教育才会春风化雨、事半功倍，才是真正完整和谐的教育。

记得一次看电影，学生把座位坐满了，老师们都在过道里站着看，避免占学生的座位。但是很多学生，尤其是受到过老师批评教育的学生，都希望老师坐他们的座位。电影开演以后，很多老师都被学生拉到座位上坐着，而很多学生都是两个人挤一个座位。学生用这种无声的方式默默地表达对老师的尊敬与感恩。他们的这个举动让很多老师都产生了心理的波动，在享受着学生尊重的同时，也反思自己平时对有些学生的态度，尤其是对一些"差生"的厌烦之情，从而感到非常的惭愧。我班的任课老师就找我谈过这种感觉，给我触动很大。我趁热打铁，在班上开展了一次以"让我们相亲相爱"为主题的班会。针对这次让座的事，老师和学生畅所欲言，说了自己真实的感受，融洽了师生关系，大家的心贴得更近了。其实，心与心的距离最近，就看怎么走。

陶行知先生曾说过："你的教鞭下有瓦特，你的冷眼里有牛顿，你的讥笑中有爱迪生，你别忙着把他们赶跑。"爱一个学生等于培养一个学生，讨厌一个学生就可能把一个学生引向歧途。教师不应因学生家庭地位高低、经济状况优劣来偏倚待之，也不应因学生成绩高低和表现好坏来厚薄待之。要针对学生的具体情况和特点施以关爱，"既给千里马以阳光，又给丑小鸭以雨露"。

关注个性，促进学生健康发展

植物与人一样，秉性不同，性格各异，各自有独特的生活习惯。有喜欢生长在高山上的，有喜欢生长在沙漠里的，有喜欢生长在水里的。比如阔叶林，喜欢生长在温带地区的高山上；光棍树，喜欢生长在炎热无雨的沙漠戈壁里；红树林，喜欢生长在海边滩涂的沙滩淤泥中；胡杨树长在沙漠里，生存条件非常恶劣，但仍然长得很强壮，显示出顽强的生命力。

苏霍姆林斯基说："每一个孩子都是独一无二的。"所以，每一个学生都有着独特的个性。赞科夫说："当教师把每一个学生都理解为他是一个具有个人特点的、具有自己的志向、自己的智慧和性格结构的人的时候，这样的理解才能有助于教师去热爱儿童和尊重儿童。"面对每一个教育的对象，要在思想上消除那种一个模子教育人的思想，我们要关注学生的个体差异，关注学生的个性成长，要让学生的个性得以充分发挥。

教育要做到因人而异，因材施教，帮助学生建立学习成就感，不要求学生做力不能及的事情，保护每个学生的自尊心。要使每一个学生的主动性和积极性都充分发挥出来，使他们享受到学习的快乐。对待不同学生的要求，要有不同的标准。有的学生可以布置几道题，有的学生只布置一道题；对于优等生，要不失时机地压担子，他们容易自满，且心理承受能力有时很差，要多磨砺；对于中间的学生，要多发现他们的闪光点，鼓励他们扬长避短，全面发展；对于后进生，要多给奖励和鼓舞；对于性格内向、不善交流的学生，要帮助他们打开心扉，使之学会与老师同学交流；对于性格外向、个性张扬的学生，在保护他们个性的同时，要求他们稳重扎实，沉着内敛。我们要尊重学生思维的异同，尊重每个学生的人格，当然也包括有过错的学生，有严重缺点的学生，要给他们搭建施展才华的舞台，张扬个性的机会。每到学期末，我都会买一些奖品来奖励一学期成绩进步和表现进步的学生。奖品虽然不多，一支笔，一个日记本，甚至几块糖果，几个小夹子，都会使学生激动而感激，因为这是对他们进步的承认和奖赏。看到学生那诚恳、感激的表情，我的心灵都会受到深深的震撼。

对于学生来说，他们的成长经历不同，性格各异，这就需要我们在教学中充分考虑到学生的个体差异。如何对待班上性格各异的学生是一种挑战，也是一种责任。面对这些独立的个体，我们绝对不能用一把尺子去要求所有的学生。作为教师，我们应该既照顾个体差异又体现教育公平，在此基础上展开灵活多样的教学。

培育就是要丰厚的土壤、充足的阳光和鲜润的水分，按照不同植物的生长规律和特点喜好，让它们生机盎然，给人以希望。我们的学生不正像一棵棵充满生机的鲜活的植物吗？我们应该确立一种乐观的人生观，热爱学生，尊重他们的独特个性，善意地评估他们的天性和行为表现，对每个学生的发展充满信心，激励他们发挥自身潜能，因势利导，促进其自我价值的实现。那样，我们就可以感受到学生欢快热情、绚丽夺目的生活，感受到那充盈在心田的美丽音符的跳跃和青春的旋律。

【作者小传】王凌云，女，1976 年生，山东省蓬莱第一中学语文教师，毕业于烟台师范学院中文系。热爱读书，热爱写作，发表文章多篇，致力于教育教学艺术的探索，和学生建立了民主、平等、和谐的师生关系。教育格言是：让学生快乐学习、健康成长。

从这本书中我们学到的不仅是昆虫家族的生活习性，还有法布尔对科学执著、严谨、探究的态度和精神，我想这正是教育工作者所应该具备的品质。

执著 严谨 探究

——《昆虫记》读后感

王丽莉

暑假里，我和女儿共读了《昆虫记》，这是法国杰出昆虫学家、文学家法布尔的一部传世佳作。它不仅是一本文学名著，更是一部百科全书，正像著名作家巴金评价的那样："它熔作者毕生研究成果和人生感悟于一炉，以人性观察虫性，将昆虫世界化作供人类获得知识、趣味、美感和思想的美文。"朴素的文字，清新自然；幽默的叙述，惹人捧腹……展示在我们面前的是形形色色的昆虫：遇到危险便会装死的大头黑布甲虫，堪称世界一流建筑师的蜂鸟，有着精湛的编织技术的蜘蛛，为美丽而生的大孔雀蝶……从这本书中我们学到的不仅是昆虫家族的生活习性，还有法布尔对科学执著、严谨、探究的态度和精神，我想这正是教育工作者所应该具备的品质。

执 著

"我守候，窥伺了很长时间，但白费力气。荆棘一摇动，稍有声响，撞击声就戛然而止。第二天我重新埋伏，第三天依然不放弃……终于，我凭着一股犟劲等来了守候的结果：歌手不是一只鸟，而是一只蝈蝈……"为了弄清楚是什么虫子发出的声音，法布尔静静地等候了三天；为了他热爱的昆虫事业，他付出了一生的时间去观察，这是一种多么执著的精神。法布尔出生在一个农民家庭，从小对昆虫有着强烈的兴趣，为此，发表过很多价值较高的论文。可是，因为他没有经历高等教育，登上大学讲坛或者申请实验室的梦想一直没有实现。但这并没有影响他对昆虫研究的热情，他把每一分钱用在买坛、箱、罐、笼上，生活十分拮据，世人也对他研究昆虫表示不解甚至是嘲笑。即使这样，他仍然每天到农田，到野外，带回满满两大布袋的昆虫，对它们精心照顾，悉心呵护，细心观察，并写出美文与世人共享。这是一个多么了不起的人。试想如果没有法布尔的执著，怎么会有《昆虫记》的诞生，世界上就会少一个科普文学家。

教育需要的同样是这种执著的精神。2008 年下半年，山东省教育厅大力推行规范化办学，遭遇了来自不少校长、教师和家长的阻力。在长期的应试教育模式的沿袭下，校长看重的是"分数"这个标签，升学率这根"标尺"，学生的考试成绩好坏直接影响校长的利益，导致很多家长也对教育有着偏见："只要孩子学习成绩好，老师就是好老师、学校就是好学校。"于是，不顾教师和学生的健康，变本加厉地加课，成了每个学校提高升学率的捷径。山东省各级教育部门顶住了来自社会各方面的压力，执著地推行"把时间还给孩子，把健康还给孩子，把能力还给孩子"的教育理念，坚持"开足课程，开齐课程"的教学思路。历经两年的艰难和努力，规范化办学终于得到了大多数校长和家长的理解。那种以分数和名次来评价学生的优劣，以升学率来衡量学校强弱的做法已经得到了很好的控制，社会上已经营造出一种公平、公正的竞争氛围。许多明智的校长开始考虑改变教育观念，深入探索和思考教育的真谛：走进孩子的内心世界，观察每个孩子的不同个性，挖掘出每个孩子所拥有的特长和爱好，进而因材施教，最大限度地延伸和发掘孩子的潜能。这就是执著的力量。

严　谨

严谨是法布尔治学的重要特征。法布尔听说蜜蜂有辨别方向的能力，无论飞到哪里，它总是可以回到原处，对此他没有盲从，认为听说的不一定真实可靠，就用自家的 20 只做了记号的蜜蜂，在两里之外放飞来做实验。给蜜蜂做上记号，为的是与其他蜜蜂区分；在两里外放飞，路稍远一点，是为了增加实验的难度；叫小女儿等在蜂窝旁，是为了掌握蜜蜂飞回来的时间。这都体现了法布尔做事严谨的品质。结果有 17 只蜜蜂先后准确无误地回到了家，3 只蜜蜂迷失方向。结论是"蜜蜂靠的不是超常的记忆力，而是一种我无法解释的本能。"作者能够坦然地说出自己无法解释的结论，这进一步说明他是一个严肃地对待科学、实事求是的人。

既不添加什么，也不忽略什么，是法布尔严谨治学的重要原则。书中对樵叶蜂的描述就能体现出法布尔的严谨。"樵叶蜂是一种身体呈淡灰色的小蜜蜂，他们用嘴巴作剪刀，以身体的旋转作圆规，凭着眼睛的观察，在树叶上或是裁出个椭圆，或是剪出个圆圈，用来储藏盛满蜜汁的花粉团和卵。"是啊，樵叶蜂没有任何可以用来当模子用的工具，它怎么会计算得那么精确呢？在实用几何学问题上，樵叶蜂的确胜过我们人类。法布尔用圆规画，才能达到如此的水平，于是他称樵叶蜂为"工程师"。说起作图，我不由得想起了我的地理老师孟老师。他每次进教室都空着手，从来不带课本、地理挂图、备课笔记之类的东西，而且能把枯燥无味的地理知识讲得津津有味。最让我佩服的是他的画图能力，不管讲到哪个国家，哪个地区，他都能用粉笔，寥寥几笔勾勒出看起来弯弯曲曲的地图。同学们个个看得目瞪口呆，对孟老师自然也佩服得五体投地。我相信我对地理的热爱也就是从那个时候开始的。也怪，地理课后从来没有作业，我却学得出奇的好，我想这主要是因为对孟老师的佩服吧。孟老师真的是画地图的天才吗？有一天，我去办公室，看到孟老师蹲在一块小黑板前，反复练习画中国地图，一会儿看看墙上的地理挂图，一会儿修改自己的作品，擦了画，画了又擦。我恍然大悟，终于明白了孟老师课堂上看起来简简单单的几笔，原来在课外下了那么大的工夫。这正是"台上一分钟，台下十年功啊"！孟老师的这种严谨治学的精神深深影响着我的学习以及后来的教学：事前要做好充分的准备工作，拿不准的题目反复查阅资料，做到准确无误，万无一失。

探　究

在《蚱蜢恩布沙：节食的和平使者》一节中，有这样一段描述："如果把幼小的恩布沙关在笼子里，便可以看到它的姿势从最初一直到最后都是一样的，那是一种挺奇怪的姿势：她总是用四只后足的爪紧握铁丝，背部向下倒悬着，整个身体就挂在那四个点上纹丝不动，活像一只倒挂在横杠上的小金丝猴……"我还看到法布尔细致入微地观察毛虫的旅行，看到他不顾危险捕捉黄蜂，看到他大胆假设、谨慎实验、反复推敲实验过程与数据，一步一步推断高鼻蜂毒针的作用时间和效果，萤的捕食过程，捕蝇蜂处理猎物的方法，孔雀蛾的远距离联络……一次实验失败了，他收集数据、分析原因，转身又设计下一次。由此我认识到，严谨的实验方法、大胆的质疑精神、勇于探究的工作作风，同样是教育工作者应该具备的良好素养。

在素质教育盛行的今天，在新课改的浪潮下，我们的教育工作必须坚持科研兴校的理念，加强对教育教学规律的探究，只有这样，才能找到正确的专业方向，才能真正获得幸福！还记得当年杜郎口以三流的师资、三流的生源、三流的教学条件创造了一流的成绩，震惊了全国基础教育界，全国上下掀起了学杜郎口的教改高潮。同样，上海闸北中学、盘锦实验中学和洋思中学都积极探究高效的、充满生命力的课堂教学模式，成为全国教育界学习的榜样，这些都是科研兴校的典型。

　　作为一名教师，我们面对的是几十个个性不同的生命，要想因材施教，必须探究每个生命的不同，走进他们的内心世界。同样，我们每天的教育教学都不能"趟过同一条河流"，总会遇到一些新的情况和新的问题，面对这些新情况新问题，我们只有不断地探究新内容、新方法、新途径，才能适应不断变革的新形势，与时俱进，才能取得好的教育效果。

　　培养孩子的探究意识，让学生成为学习的主人是新课改的重要内容之一。在教学研究中，要坚持"让学生自主学习，让教师做引导者"这一指导思想，培养学生的自主探究精神。我们教师要敢于放手，给学生充分的发展空间和机会，鼓励学生走进社会，走进自然，走进生活，更多地参加社会实践活动和自主探究活动，鼓励学生创新，张扬其个性。对知识的学习要反对填鸭式，提倡自主探究式。学生通过自学能学会的知识，教师给学生提供提纲即可；学生通过讨论可以获得答案，教师就让学生合理地编排成学习小组；学生自己可以讲明白的问题，教师就给学生一次当"小先生"的机会……

　　感谢《昆虫记》，让我不仅对大自然有了进一步的了解，更让我从法布尔身上学到了一个教育工作者应该具有的诸如执著、严谨、探究的工作态度。

　　【作者小传】王丽莉，女，1976年生，招远市实验小学教师，毕业于烟台师范学院外文系。一直潜心研究课堂教学艺术，初步形成了"寓教于乐"的教学风格。爱好读书，愿永远保有一颗年轻的心，勇于接受新事物，引领学生快乐成长。

专 业 智 慧

日升月落，斗转星移，不知何时，教师专业发展已从一种美好的向往变成了实实在在的行为，学名师、读名著蔚然成风，读书沙龙、研修共同体犹如雨后春笋般遍及全国各地。专业阅读应当是一种自觉行为。正如美国著名作家弗格森所言："每个人都守着一扇只能从内开启的改变之门，不论动之以情或晓之以理，我们都不能替别人打开这扇门。"谁觉醒得早，谁就能精研专业，在成长的道路上领先一步。领先一步，生命就会因教育而精彩。近年来，我们给教师推荐了一批又一批优秀的专业图书，一批又一批教师在专业阅读中成长起来。

当然，专业阅读是一个生命蜕变的过程，不仅有"教育阅读的爱与怕"，还有思想提炼的痛苦与欢乐。我们要了解中国、西方的教育思想史，追寻近代教育大师的足迹，向过去的教师学习，深刻体会先辈们那强烈的救国强种、培育人才、不断探索的历史使命感，潜心研究学生的动机与人格，顺应自然法则，给学生一生的幸福；要有不做教书匠的教学勇气，回归教育的原点思考教育学是什么，跟孔子学当老师，用思想点燃课堂，在教学现场与教学细节中将教学机智演绎得淋漓尽致；要拥有教育的理想与信念，牢记苏霍姆林斯基给教师的建议，每天不间断地读书，跟书籍结下终生的友谊，坚定地行走在教育的路上，努力实现我们的新教育之梦；要在成就学生的同时成就自我，不断提升自己的生命价值，还要学会教育自己的孩子，精心经营家庭，让自己生活在痴迷之中，成为一个幸福的教师。

完成从专业成长到专业成熟的转型，靠阅读三五本教育专著是远远不够的，那就把阅读推荐的这30部图书作为一个新的起点吧！

专业阅读需要自我期待与自我加压，在期待中追求梦想，精研专业，感悟人生；在加压后焕发热情，快速行动，勇往直前。热爱专业阅读吧，追求专业智慧吧，让我们用书籍铺就通向成功殿堂的路！

领略大师们的风采，我们会不由自主地深思，教育的本质到底是什么？我们脚下的路离教育的目的地是越来越近了，还是渐行渐远了呢？

追寻教育的原点

——读《追寻近代教育大师》

徐本杰

《追寻近代教育大师》是烟台市教育局中小学教师读书工程推荐的 2009 年三本重点书目之一。书中，作者以炽热的笔触，展现了中国 20 世纪初 20 位教育大师的动人风采。

20 世纪初的华夏大地，波澜壮阔的世代更替，风起云涌的社会动荡，不仅成就了一大批改朝换代的英雄豪杰，造就了一大批引领社会潮流的智者贤士，而且催生了一大批高举"教育强国"大旗的教育大师。严复、蔡元培、梁启超、经亨颐、陈独秀、匡互生、陶行知……灿若群星的教育大师，令人景仰。一大批博古通今、学贯中西的大师投身于教育事业是中国近代史上一道壮观的风景。正是大师们的光辉业绩，铸就了中国近代教育史的"黄金地段"。这个"黄金地段""有现在听起来依然振聋发聩的金玉良言"，"有我们取之不尽的宝藏"。

仔细品读这本书，渐渐走近教育大师，不禁使人脑海里一次次地闪现出三个巨大的问号：为什么要办学？办怎样的学？怎样办学？细细读完这本书，这些问题似乎都能找到直接而清晰的答案。近一个世纪前，我们的先辈智慧的大脑就已经思考教育的本质问题了，他们急促而坚实的脚步就已经走上了追寻教育真谛的道路。其实，近 100 年后的今天，我们正在苦苦追寻的东西正是大师们所做的事情。难道我们真的迷路了吗？难道我们整整走了 100 年的弯路吗？难道我们回不去家了吗？假若你能带着思考来解读这本书的话，你不能不感受到这几个设问对你心灵的震撼！

《追寻近代教育大师》是一本更适合校长们仔细研读的书。书中介绍的 20 位教育大师，都是以创办学校出身，或者参与学校管理工作，亦即都是办学办出了大名堂。"办学"和"教学"是两个内涵差别极大的概念。校长作为学校的灵魂,掌握着学校的发展方向,应该是一个"办学"者。与一般教师相比,校长更应该弄清为什么办学、办什么样的学和怎样办学等诸多问题。目前,全省强力规范办学行为,大力推进素质教育,一系列改革举措相继出台,其宗旨就是要回到教育的原点。在这个背景下,校长们读读这本书,将会受到某种异样的感动和启发。

20 位教育大师,各领风骚,异彩纷呈。他们非凡的智慧、过人的勇气和大胆的探索,生动地诠释了关于教育的三个基本问题。对这三个基本问题的诠释,彰显了中国近代教育大师群的共同特征。

为什么要办学
——"救国强种"的历史使命感

20 世纪初的中国,如何才能摆脱积贫积弱、备受欺凌的境遇,走上独立、自由、民主和富强?一批学贯中西的中青年怀着"教育救国"的坚定信念,投身教育事业。

被誉为"西学圣人"的中国近代启蒙思想家严复清醒地意识到,解决中国的问题,"惟急从教育上入手",要通过发展教育"强民力、开民智、新民德",并据此提出了体育、智育、德育"三育强国"的思想。被誉为"大德垂后世,中国一完人"的蔡元培,毅然辞去清朝高官而南下,兴办学堂开展新式教育,走上了艰难的教育救国之路。维新变法的领军人物,近代杰出的政治家、思想家梁启超明确指出,要改造旧中国,就要"以教育为主脑,以政论为附从""以开民智为第一义,亡而存之、废而兴之、愚而智之、弱而强之,条理万端,皆归于学校""培养新国民为中国之第一急务"。一生最爱是小学的,被毛泽东尊为"永远的老师"的徐特立先生,为了教育救国,甘愿做一个"不拿工资,只吃饭"的校长。为办学倾家荡产,四处化缘,被人称为"徐二叫化""徐二镂锅"。我国近代著名教育家经亨颐深刻地揭示了教育与社会兴衰的因果关系,他说:"教育为根,社会为叶,叶之败,根之耻也;叶之所以败,根之咎也。""教育者,根本之事业基于今而期于将来也。"于是,主政浙江第一师范,创办江南名校春晖中学,孜孜追寻着"救国强种"的梦想。陈独秀、匡互生、鲁迅、黄炎培、晏阳初等大师们的热情、执著和智慧,共同奏响了中国近代关于教育的最强音。崇高的历史使命感是他们之所以成长为教育大师的动力源泉。从这个角度看,是大师改变了时代，也是时代造就了大师。

诚然，时代不同了，当今的中国世代变迁的风风雨雨早已远去，但是教育及教育者所应承担的历史使命并没有因此而消减。现代化建设的目标任重而道远，中华民族伟大复兴的梦想需要几代甚至几十代人的不懈努力。作为当代教育人，我们应该意识到自己肩上担子的分量，找到本应存在于我们心灵深处的职业激情，深刻思考"应该为这个时代做点什么"这个问题。

办什么样的学
——培养适合时代发展需要的人才

推行素质教育已成为当今教育发展的主旋律。为此，我们已经走过了十多年的曲折路程，眼下还正在艰难地行进中。其实，我们苦苦追寻的东西，正是近代教育大师们已经做过的事情。《追寻近代教育大师》中所展示的20位教育大师，无一不是实施素质教育的光辉典范。

严复认为，衡量国民素质的高低有三个要素：一曰血气体力之强；二曰聪明智虑之强；三曰德行仁义之强。由此，他积极倡导"三育并举"，而且特别"强调体育第一位"。蔡元培告诫他的学生们，"开发群众须长于语言"。因而他特别重视演讲的训练。梁启超在特别肯定参观、游戏、体育、音乐等对儿童教育的重要作用的同时，响亮地提出了"教育就是教人做人——做现代人"的教育宗旨。被称为"中国注重体育第一人"的张伯苓强调，"强国必先强种，强种必先强体"，由此他不客气地指出，"不认识体育的人，不应该做校长"。因此，在他主政的南开中学，体育成了学校响当当的品牌。除体育课外，下午两节课后全部学生必须搞文体活动，有在教室偷看书者，记大过一次。红红火火的学校体育促进了教学质量的全面提高。1934年，南开中学被清华大学录取22人，列全国首位。非但如此，南开还培养出了周恩来、梅贻琦、曹禺、陈省身、朱光亚、周光召等一大批政治家、科学家、文学家。仅20世纪三四十年代毕业的学生中，就产生了57位中国科学院、工程院院士。著名教育家经亨颐一再强调，学生要全面发展，反对只看成绩，只重智育，"智育而外：如德育、体育，亦固为社会教育之必要"。陶行知先生十分注重培养手脑双全、志愿自立立人的儿童，提出"康健的体力、劳动的身手、科学的头脑、艺术的兴趣和团体自治精神"五大教育目标。匡互生先生创办立达中学，其宗旨的第一条便是"修养健全人格"，强调学校教育要"一切为了学生人格的形成"。他把人格教育渗透到学科教学和学校管理的方方面面。"中国语文教育第一人"叶圣陶,不仅重视语文教育,更注重学生的全面发展,主修课之余,为学生开设音乐、篆刻等第二课堂,一二课堂相得益彰,齐头并进。他也成为最受学生喜欢的老师。

领略大师们的风采,我们会不由自主地深思,教育的本质到底是什么?我们脚下的路离教育的目的地是越来越近了,还是渐行渐远了呢?也许有人会说,大师毕竟是大师,他们有超凡脱俗的智慧和勇气;我们是俗人,无力回天,只得随波逐流。那我们不妨扪心自问,我们身上的镣铐,全是别人给套上的吗?是我们没有勇气和智慧把它摘掉,还是压根儿就不想摘掉呢?我们早已习惯了。

读读这本书,或许我们心里会生发出一些底气来。

如何办学
——科学的大脑引领探索的脚步

如何办学是教育的方法论问题,但这一问题至关重要。这是为什么办学和办什么学的支撑点,这个问题解决不好,必将前功尽弃。面对涂满浓重封建色彩的传统教育观念、教育制度和教育模式,大师们迈开脚步,展开了严谨、科学、艰辛又不乏浪漫色彩的探索,开辟了一片中国近现代教育的新天地。这种脱胎换骨的变革,是中国近代最深刻的社会革命之一,成为中国社会变革的原动力。

经亨颐先生创办春晖中学,以"与时俱进"为办学方针,切实贯彻"反对旧势力,建立新学风"的主张。在旧学为主流的背景下,主张"辅导学生自动、自由、自治、自律",提倡动(即发展)的教育学说,"每学年每学期必有小改革",开创了课程管理、学制全面革新的生动局面。被称为"中国近代艺术教育的开拓者"的李叔同,面对当时"音乐美术被人踩在脚下"的局面,开风气之先,精心研磨教育艺术,破天荒地采用人体写生素描,首创校园歌曲,使美术、音乐课成为浙江一师最受欢迎的课,他自己也成为全校最受尊敬的先生。鲁迅先生在当时学堂"教死书、死教书"的环境下,注重带领学生接触校外实际,了解现实社会。他曾带领200多名学生徒步远赴南京参观中国第一次博览会,轰动一时。在师道尊严、体罚学生盛行的时代,匡互生先生大力倡导"感化教育",强调对学生的错误要"恕恶"而不要"疾恶",甚至为学校因一个小错误开除一名学生而愤然辞职。这一时期,陈鹤琴的"活教育"是教育方法论上最值得称道的一个亮点。他极力倡导教师要"教活书,活教书,教书活",学生要"读活书,活读书,读书活",要把死气沉沉的死教育变为前进的、自动的、活泼的和有生气的教育，他制定的"十七条教育原则"至今仍不失其模范的本色。更令现代人称奇的是钱穆先生，他不仅在作文教学方法的改革上使人耳目一新，更重要的是他对于评价学生考试成绩的改革。在近100年前，他就不以试卷为唯一标准给学生打分了，而是把每个学生的学习、生活情况与卷面结合起来，给每个学生一个个性化的评价结果，让学生各得其所，使学生对学习"有兴趣、有动力、有压力"。

大师们的开拓之路并非坦途，这需要非凡的勇气、科学的头脑、科学理论的指引。当下，教育改革与发展正处在重大转轨时期，规范办学行为，深化素质教育，推动课程改革，提高教学效率，诸多全新的课题摆在我们面前。一系列理论问题和实践问题的解决，迫切需要教师观念的蜕变和教育教学方法手段的全面创新。从大师们身上，我们能够得到许多有用的东西。

【作者小传】徐本杰，男，1980年毕业于文登师范学校，曾先任中学、职业学校政治课教师，后任莱阳市教育体育局办公室副主任、教科所所长，现致力于本市名师队伍培养及其研究工作。在长期的教育科研和文字工作过程中，养成了读书学习、调查研究、静心思考的习惯，乐于结合教育现状分析问题，并将思考的成果诉诸笔端，先后在各级报刊发表评论、感悟、通讯文章十多篇。

"高山仰止，景行行止"，大师是一座山，在永恒的历史长河中，他们永远是我们景仰的高度，更是汲取"营养"的不竭甘泉。

　　言犹在耳，更在心，我愿追随大师的足迹，一路前行！

追寻大师的足迹

——读《蔡元培教育名篇》

姜和明

　　我爱读书。每到夜晚，收拾完毕，泡杯绿茶，拧亮台灯，端坐桌前，伴着一袭柔和的光和氤氲的茶香，徜徉于白纸黑字间，去追寻那些大师的背影，探寻他们曾经的足迹，走进他们的灵魂，了解他们的思想。陶行知、蔡元培、杜威、苏霍姆林斯基……于是，便有了一次次难忘的精神之旅，那些穿越时空的"气息"，常常驱走了我的困惑，澄清了我的迷惘，平静了浮躁的心，指明了前进的方向，带给我很多启迪。我的平凡的工作，因他们的思想之光的照耀，有了日日常新的趣味；我的平淡的生活，因他们探索行为的引领，变得充盈而富有。

　　追寻大师的足迹，发现着，快乐着！

　　这些日子，我重温了《蔡元培教育名篇》。这本书收录了蔡老 1912 年到 1937 年的一些论述和演讲词，共 69 篇，306 页。透过这 69 篇，我看到了他改革的魄力、思想的独立。在那个风雨飘摇、新旧教育交替的时代里，他理性地研究了国外的教育现状和教育思想，汲取了我国孔孟教育思想的精华，以一种摧枯拉朽的态势，扫荡了旧教育，构建起了新教育的整体框架和理论体系。从胎教到幼儿教育，从小学教育到中学教育，从大学教育到出国留学，甚至还涉及了职业教育，是他，勾画了新教育宏伟而缜密的蓝图！

　　透过这 306 页，我读到了蔡老对祖国的一腔赤诚，对教育事业的耿耿丹心，对所有学子的热切期望。他在各种层次的会议上讲话，分析新旧教育的歧点，宣传自己的理念和主张；他给小学生、中学生、大学生、出国留学生演讲，谆谆教导他们"不但享受科学的成绩，也要有点贡献""研究学理，要有一种活泼的精神，不是学古人'三年不窥园'能做到的……""大学学生，当以研究学术为天职，不当以大学为升官发财之阶梯""希望诸君专心求学，学成可以效力于地方，这是救国最好的方法"……拳拳爱国之心，令人动容！

透过这每一篇、每一页，我看到了一个淡泊名利的大写的人。为了祖国的教育改革，蔡老毅然放弃了法国的优裕生活，就任北大校长，又因为他痛恨官僚作风，发表宣言，力辞北大校长的职位；为了改变学生读大学是为了混文凭升官发财的观念，他"广延积学与热心的教员，认真教授，以提起学生研究学问的兴会"，又因为国外的教员怠惰，他力排外国公使的恐吓，坚决予以辞退……他的所作所为，为千千万万的教育人竖起了精神的标杆！

更为可贵的是，透过这每一篇、每一页，我寻到了自己的立足之地和归属地，寻到了教育的根。

蔡老认为："教育者非以吾人教育儿童，而吾人受教于儿童之谓也。"他说，新教育"在深知儿童身心发达之程序，而择种种适当之方法以助之。如农学家之于植物焉，干则灌溉之，弱则支持之，畏寒则置之温室，需食则资以肥料，好光则复以有色之玻璃……""我们教书，并不是像注水入瓶一样，注满了就算完事。最要是引起学生读书的兴味。做教员的，不可一句一句或一字一字地，都讲给学生听。最好使学生自己去研究，教员竟不讲也可以，等到学生实在不能用自己的力量了解功课时，才去帮助他。"也就是说，要根据学生的情况选择教法，要放手让学生自己去探究。这不就是我们天天说的主体地位与主导作用吗？这不就是新课程所倡导的自主、合作、探究的学习方法吗？烟台市开展的"和谐高效思维对话"型课堂教学的核心评价标准是"以学定教，重在实效"，不就是在这棵树上结的果子吗？我忽然悟到，有道是"教学有法，但无定法，贵在得法"，其实，无论是何种教学方法，如果仅仅是为教法而教法，那么，再好的教法也就失去了意义，最重要的是隐藏在教法后面的教学思想和理念——是否从学生出发，也就是说，是否以学生为本。这是我们所有教学活动的魂！我惊讶地发现，这是一个多么简单的道理！因为简单，所以尽管天天把主体地位挂在嘴边，但是仅此而已。在进行教学设计的时候，真的做到了学生决定教法，而不是内容决定教法吗？难怪怎么总是责怪学生的学习兴趣不浓，其实真正责怪的应该是自己啊！是怪自己眼中无学生，心中无学生啊！那好，就尝试着做一些改变吧。

以往讲名著是我的事，我讲学生听，但是统计一下班级，读过原著的寥寥无几！这可不行，最重要的是让学生自己读，自己体会，别人嚼过的馍还有多少滋味啊，怎么办呢？学习魏书生老师，跟学生商量。于是我对学生说，我的眼睛开始出毛病了，不能长时间看书，名著不能读了，也不能讲了，咱们同学可不可以助人为乐，替我讲啊？学生们一听，挺高兴，乐于帮忙。于是，商定春节过后，课堂上设"名著开讲"环节，当同学们感觉累了的时候，就讲名著，春节期间准备。私下一了解，绝大部分学生都特别感兴趣，假期恶补名著。果然，一到"名著开讲"环节，学生们都特别兴奋，一反初四学生上课死气沉沉的常态，争着上去讲，坐在下面的同学也不甘寂寞，补充啊，纠正啊，不亦乐乎，效果比我讲要好得多。我坐在下面当学生，舒舒服服，心里那个乐啊！学生们天天守着那几本课本复习，眼界太狭窄，我就安排了"新闻链接"环节，每节课拿出几分钟，向学生介绍新闻，比如云南旱灾、王家岭矿难救援、青海玉树强震、福建南平惨案、重庆司法局局长文强被判死刑等都走进了课堂，让学生发表看法。学生们由此想到了珍惜水资源，体会到了国家对百姓的重视、人性的关怀，强化了自我保护意识，认识到加强自我修养的重要性……"新闻链接"环节既让学生了解了新闻的特点，又让他们锻炼了概括、分析、思维、表达能力，并且引导他们关注社会、点评时事，形成独立的思想。最重要的，是学生们喜欢，他们眼神里闪耀着光彩，点评非常踊跃。这一个小小的改进，收到了"一石四鸟"之功效。

蔡老还提倡与时俱进，谋求变通。他说："我们应顺应时代的潮流，不能老守旧制，不谋改革。""随时随地抱着试验的态度，因为天下没有一劳永逸的事情，要随时随地，看事势的情形，而改变举措的标准。""知教育者，与其守成法，毋宁尚自然；与其求划一，毋宁展个性。"是啊，有人说，我们是在"用昨天的知识，去教今天的学生，适应明天的生活"，难怪会经常感觉学生越来越难管。今天的社会环境越来越复杂，学生所受到的家庭教育层次等不一，如果还要用过去的经验去管理学生，不捉襟见肘才怪呢！于是，我提醒自己，不要墨守成规，要敢于探索新路。

今年班上有一名学生叫李航，学习成绩优秀，但是不多久，就出现了问题。上学迟到，不交作业，周一不到校。我找他谈心，他的话很少，摸不清到底是什么原因。后来，他干脆就不上学了。实验中学极少发生辍学的情况，尤其是这种水平的学生，上重点高中是毫无悬念的，怎么能辍学呢？我找他的朋友、家长了解情况，又几次家访跟他谈心，终于摸清了原因：他有网瘾，不想吃苦，懒得写作业，大学生就业也很难，不如去读职业学校，一样能生存。他说的不无道理，但究其本质，还是意志力薄弱，不想吃苦，但是现在生存压力这样大，想安逸地生存，恐怕不可能。要不然，"啃老一族"怎么会那么多？家长心急如焚，不甘心让他就此放弃学业。但是，这是一个很执拗的学生，思想问题不是口头说说就能解决的。所以，我跟家长和学生三方达成了一致的意见，给他两个月的时间去打工，如果他的思想改变，那么寒假期间可以想法补课，下学期照常上学。同时，我建议家长，可以带他走访一些亲朋好友、职校的毕业生，了解一下工作的感受。转眼两个月过去了，寒假期间，家长很高兴地告诉我，他要求补课。新学期开学，他早早地到了学校。后来又发生过不交作业的情况，我一了解，原来是因为很多题不会做。我告诉他这很正常，毕竟落了两个月的课，我给他一个月的时间，每科作业能完成一半就是胜利。两个月过去了，有一次，数学老师告诉我，他的作业竟然得到了满分，我情不自禁地捣了他一拳，说："好样的！"看着他脸上灿烂的笑容，我由衷地庆幸！庆幸自己没有放弃，庆幸自己做了一个大胆的决定，更庆幸自己领悟到了蔡元培先生的思想。

蔡老提倡美育，认为美育是"养成完全人格"的不可或缺的一部分；重视德育，认为"德育是完全人格之本"，"道德重在实行，不断调整"。作为教师要尽可能地优化育人环境，让学生生活在美的环境中，用自然之美、艺术之美、思想之美去陶冶学生的情操，"养成优美高尚的思想"，树立正确的人生观和价值观。因此，在班级里，我很重视学生卫生习惯的养成，要求教室里桌椅整齐，窗明几净，个人物品摆放有序，地上没有一片废纸、一点痰迹。天天拖地，经常通风，保持教室里空气新鲜。同时注意班级文化建设。在前黑板上方，悬挂了精心制作的班训："天道酬勤恒者胜，志存高远拼者赢"；教室南壁，设名言警句、豪言壮语宣传平台，如"一万年太久，只争朝夕""奋斗使我们的生活充满生机，责任让我们的生命充满意义""唯一持久的优势，就是有能力比你的竞争对手更快地学习""若只有目标，没有行动，则注定以失败而告终""人之所以能，是相信能""天助自助者""不要让昨天的沮丧令明天的梦想黯然失色"等，定期更换；教室北墙壁设"才艺园地"和"小荷露角"，给学生们展示才情提供平台。到了春天，我会布置一个作业，让学生们找寻让自己心动的春色。校门口嫩芽初绽的柳树、操场北边花团锦簇的蔷薇、教室门口花坛里姹紫嫣红的月季、小树林粉红的樱花……一一出现在学生的作文里，也萦绕在他们的心里。

校园里，布置了一些很精致的刊板，但是学生们往往熟视无睹。我就设计了一个综合实践活动：选择你最喜欢的语句，谈谈你的理解。于是，刊板上的语句就走进了课堂，比如"宽容别人就等于宽容自己""一个人想聪明，就得多读书""学会学习，学会做人，学会合作""只要愿意学习，就一定能学会""把每一个简单的事情做好就是不简单""最伟大的胜利就是战胜自己""人生无草稿，要走好人生的每一步""学习改变命运，细节决定成败"……渐渐地，班级里不仅干净整洁，而且学风正、秩序井然。在学生后来寄给我的贺卡上，出现了类似这样的话："……我常常回忆起初四的生活，因为那是我最清楚我的方向的日子。我感觉您不仅仅关心我们升学，还在影响我们成为什么样的人……老师，谢谢您!"我很欣慰，我给了学生潜移默化的影响，我在他们的心里播下了好的习惯和美的思想的种子!

"高山仰止，景行行止"，大师是一座山，在永恒的历史长河中，他们永远是我们景仰的高度，更是汲取"营养"的不竭甘泉。他们的教育思想，闪耀着一个民族的教育智慧和秘密。看着封面上蔡老的肖像：清癯的面庞，微笑的神情，镜片后面的眼睛里透露出坚定和信心，也透露出希望和鼓励。看着他的眼睛，我仿佛听到他在慷慨陈词："教员在社会上的位置很重要，其责任比总统还大些!"

言犹在耳，更在心，我愿追随大师的足迹，一路前行!

【作者小传】姜和明，男，46 岁，海阳市新元中学物理教师，1987 年毕业于烟台师范学院物理系。从教以来，潜心研究教学，积极学习教育理论，注重总结教学经验，曾有数篇论文发表或获奖，辅导多名学生在物理竞赛中获国家级一等奖。

今天我们学习陶行知先生的教育思想，贵在学习他那种为人民服务、为救国救民而甘愿奉献终身的强烈的历史使命感；学习他不唯上、不唯书的实事求是、勇于创造的科学精神；学习他那种"捧着一颗心来，不带半根草去"的大公无私的可贵品格……

闪烁在百年前的智慧之光

——读《陶行知教育名篇》有感

柳华东

"为什么我们的学校总是培养不出杰出人才？"钱学森生前面对前来探望的温家宝总理，曾提出这样一个令人刻骨铭心的疑问。这一问让我们多少人汗颜！同时，面对这一问题，我们又困惑不解："到底为什么我们的学校总是培养不出杰出人才？"最近拜读《陶行知教育名篇》，我忽然找到了答案：我们今天的教育缺乏陶先生极具批评精神和创造精神的开拓思想，缺乏陶先生救国救民的强烈的历史使命感。这或许就是今天我们所面临问题的最实质性的原因。

20世纪初，正是军阀混战、国力凋敝、更兼有外敌入侵的忧患时期。然而，这丝毫未影响到这位教育家为救国救民而致力于中国教育革新的信念，反而激发了他作为一名教育家的深深的历史使命感。"人生天地间，各自有禀赋，为一大事来，做一大事去。"这正是陶行知先生一生的真实写照。

也正是这种强烈的历史使命感，点燃了陶行知先生在教育思想上的智慧之光。陶行知先生以博大的胸怀、睿智的目光，提出"教学做合一""生活即教育""社会即学校"等生活教育理论，大力倡导以人民生活为中心的大众教育，反对中国封建的传统教育和殖民主义的洋化教育。其敏锐的思想触角已经完全具备了开放性视野，完全突破了旧的传统教育的桎梏。这在中国近现代教育史上是一大壮举，为当时的中国教育闯出一条全新道路，其创造性的教育思维带给我们的影响，在今天也同样是深远的。

陶行知先生在教育实践中推行"小先生制"，提出"要解放孩子的头脑、双手、脚、空间、时间，使他们充分得到自由的生活，从自由的生活中得到真正的教育"。即要求完全解放儿童的思想,发挥儿童的才智,让儿童做社会的小主人。这里陶先生的教育思想中其实已经具有了尊重学生主体地位的影子。而今天,我们才刚刚从应试教育的阵痛中走出,正努力摒弃以牺牲学生的自由时间为代价来换取所谓"成绩"的错误做法,同时大力倡导尊重学生在课堂教学中的主体地位;在课程设置上,多了综合实践活动、校本课程等综合课程,并努力通过与社区的合作,给学生创造更多的实践机会。这些新思维,又或多或少地体现了陶行知先生当年的智慧。

在"生活教育理论"中,陶行知先生明确提出大众教育,即为了人民的解放、人民生活的幸福。他认为脱离生活、脱离劳动的传统教育,会扼杀儿童的身心发展,其结果培养的是一群无用的、没有创新精神和胆略的"书呆子"。而这些思想又直接击中我们当前教育的要害:应试教育使我们的教育几乎变成了精英教育,唯分数论曾一度广为泛滥,严重脱离实践,更遑论创新。教育改革虽早就起步,却始终无法真正摆脱应试教育的窠臼,无法彻底实施素质教育,无法培养真正意义上的创新人才!诸如此类,面对陶公,我辈情何以堪!

温家宝总理在一次讲话中指出:"当前,我国教育改革和发展正处在关键时期。""应该清醒地看到,我们的教育还不适应经济社会发展的要求,不适应国家对人才培养的要求。"

温总理的感叹,不仅让我们体悟到百年前陶行知先生的智慧之光,更让我们掂出当代教育工作者肩上担子的分量。可以说,陶行知先生的教育思想与实践,为我们留下了一笔宝贵的精神财富,使我们明白了一个教育工作者如何才能对得起自己的良心,如何才能不负历史赋予我们的使命。

当然,时代在前进。今天我们学习陶行知先生的教育思想,贵在学习他那种为人民服务、为救国救民而甘愿奉献终身的强烈的历史使命感;学习他不唯上、不唯书的实事求是、勇于创造的科学精神;学习他那种"捧着一颗心来,不带半根草去"的大公无私的可贵品格……而绝不是照搬什么方法。

时代在发展,陶先生当年关注的教育平民化问题,今天早已成为历史,"三免一补"更是从物质上保证了教育的大众化;而关注学生的主体地位,关注学生的个体差异,努力构建和谐、民主、高效型课堂,正成为今天教育界研究与实践的主流。钱学森之问,更体现了以钱老为代表的当今优秀知识分子的使命感、紧迫感,这与陶先生是一脉相承的。总之,我们的教育必须在传承中发展,必须在陶行知先生的基础上,有新的超越,方是"善之善者也"。

"捧着一颗心来,不带半根草去。""处处是创造之地,天天是创造之时,人人是创造之人。""在教师手里操着幼年人的命运,便操着民族和人类的命运。"今天再读这些穿越历史长河的金石之言,遥想先生当年的豪迈气息,我们所体会到的绝不仅仅是历史沧桑与共鸣,更多的是责任,是对国家、对民族、对全人类的责任!

愿陶行知先生百年前就闪烁着的智慧之光,能够穿越历史长河,照亮我们当代教育工作者的智慧之门,激发我们与时俱进的无穷动力,为当代教育的崛起、为中华民族的伟大复兴而努力奋斗!

【作者小传】柳华东,男,1970年生,栖霞市翠屏中学教师,毕业于烟台师范学院中文系。一直潜心探究课堂教学艺术,参加、主持过多个课题研究工作,发表论文多篇。同时,爱好文学,勤奋笔耕,在省、市级书刊上先后发表过诗歌《迷路了的童话》、报告文学《情洒学子默无声》、小说《红樱桃》、散文《美丽的苹果园》等多篇作品。读书是最大的爱好,把读好书、写美文视为人生一大乐事。

每一位让学生在白发苍苍之时仍然感念不忘的老师，都闪烁着人性的光辉，让我们在字里行间体悟教育真谛，触摸到一个个大写的"人"字。

永存学生心中的"过去的教师"

——读《过去的教师》有感

薛凌燕

　　带着一份好奇心和优越感，捧起《过去的教师》这本书，与作者一起回忆影响自己终生的老师们的音容笑貌，再次聆听私塾先生、小学教师、中学恩师、大学教授的教诲，品味老师们充实而自得的精神世界。不知何时，自以为生活在21世纪的现代教师的优越感荡然无存，一份汗颜不知不觉在心头升腾。我们的先辈能在那么清贫，甚至是战火频仍的岁月培育出那么多祖国的栋梁之材，靠的是什么？是他们的博学多才，是他们善于以自己高尚的人格，润物无声地在学生的心灵里播种梦想，收获希望。

　　每一位作者在回忆恩师时，点点滴滴，历历在目，恍如昨日，动情之处，泪眼婆娑，字里行间寄托着几多敬佩，几多感激。老师留给他们的是浸润一生的才情，终其一生的人品。一页页地翻阅，一夜夜的品读，我仿佛经历了一次精神的洗礼，一次人生的蜕变。

学其为师的人品

　　时下，很多老师会发这样的牢骚："这些孩子，教完了之后就再也没来看过我。"我想，也许孩子们学业很忙，没有时间；也许有的孩子情感冷淡。但我们是否想到，现今的老师，在应试教育的指挥棒下旋转，真正留给孩子值得一生品味和感念的是什么？

　　陈从周教授回忆自己童年的老师"她外表与内美织成了如一朵白莲，受孩子们敬爱、学习，感化了每一个小小的心灵。她不迟到，不早退。她的办公桌上，同学们的作业放置得整整齐齐，毛笔、砚台、铅笔、小刀，都井然有序……"
"她是严师，亦是慈母，温而厉，有如宗教家的那般感化人……在她的身上，就是教好我们这班孩子，是天赋之责。我想如果她那时没有这样的品德，50多年后的我早也将她抛到九霄云外去了，师生之情，如同蚕的作茧那样，千丈万丈绕住这母体啊！"

教师对学生高尚人格的熏陶，是让学生受益终身的。陈志华教授在回忆自己的老师时说："60年前老师是怎样教课的，我记不清楚了，但老师是怎样做人的，我终生不能忘记，而且时时受到记忆的鞭策，不敢有负师恩……给我们同学们的教育，远远超出了'语文'这两个字所能包容的，它们所蕴涵的是我们民族的精神，是我们这个民族能够长存于世界并且兴旺发达的根本所寄。"

每一位让学生在白发苍苍之时仍然感念不忘的老师，都闪烁着人性的光辉，让我们在字里行间体悟教育的真谛，触摸到一个个大写的"人"字。

学其为师的引导

无论是研究当代文学的潘旭澜教授、当代著名诗人邵燕祥还是著名诗学理论家谢冕，这些当代文学泰斗级人物，在中学时代也许并没有表现出什么超人的地方，甚至是在疯玩或无学可念的情况下度过的，但他们都有一个共同的特点：喜欢读书。正因为喜欢读书，他们心中才会有一个更加广阔的世界。

而其对书籍的热爱，功劳不能不归功于语文教师的引领。这些教师在教学中往往不拘泥于课本，而是根据自己的特长，为学生输入更加鲜活的文学营养。

谢冕的老师林仲铉先生向学生介绍五四以来的新文学的作家作品；邵燕祥的老师们不是把国语或国文课变成讲大道理的枯燥说教，或是教文章做法的生硬传授，而是循循善诱地指引学生，在克服语言文字的障碍之后，对课文进行欣赏；著名旅游学家杨乃济的老师余先生在教学方法上不只讲解课文、分析语法，而是古今中外旁征博引，把学生领进了一个海阔天空的文学大世界。这样的事例还有很多很多。

正因为有这样一批优秀的引导者，学生们的心智才得以开发，兴趣才得以调动，才能在日后无论多么恶劣的环境中都不忘读书，不忘对自己心中那崇高理想的追求。

中国当代著名陶艺教育家杨永善教授在回忆自己的两位语文老师时说："……两位老师共同的和永远值得尊敬的特点，那就是他们热爱教育事业，爱护学生，尊重学生，关心学生的成长……老师的批评永远是善意的，更多的是鼓励和引导，对学生总是寄予希望，充满信心，帮助我们树立理想。我在思考，可能在语文老师身上更多地体现着人文精神。"

我们的先辈无一例外地用自己广博的知识和崇高的理想影响着一代又一代学子走向更广阔的天地，无一例外地用自己高尚的人格感染莘莘学子将我们民族优秀的精神传承下去。

学其为师的魅力

毕业于清华的巢筱岑老师，他一走上讲台，那刺猬般的头发，老式得可笑的黑边眼镜，找不到黑板擦时用以擦黑板的袖子，以及满布油迹的旧蓝布大褂，全部从你眼前消失了。你所能看到的就只是那全力以赴、全神贯注的炯炯双目，所能听见的就只是那铿锵有力包含着全部心血和生命的讲课声。他讲课犹如磁石，不论是好学生还是差学生，勤勉的还是懒惰的，全都会不由自主地随着他的讲解转。他不是用知识和道理在讲课，而是用他的全部生命在讲课，因而有一种不可抗拒的征服力。

也许你的教学风格如江南的春风一样温婉细腻；也许你的教学风格如落地洪钟般铿锵有力；也许你的课堂气氛轻松愉悦；也许你的课堂理性思维更浓……但不管怎样一定要让学生在潜移默化中感受到你的人格魅力。只有这样你才能更受学生喜欢，而往往喜欢你的人，他就会喜欢你的课，他的学习热情才能被充分调动。试想我们当中不就有很多人因为喜欢自己学生时代的某个学科的老师，而选择了此专业作为自己终身从事的职业吗？

时代不同也许对优秀教师的评价也不同：20 世纪五六十年代，老师的形象以威严居多，学生普遍敬畏老师；现在的学生对老师的外在形象和气质以及亲和力要求更高。据有关材料表明，富有爱心、阳光亲和、育人有方、智慧聪颖的魅力老师更受欢迎。但我想，不管时代怎样变化，一个博学有爱的老师永远都会受到学生的爱戴，拥有跨越时空的人格魅力。

拜读《过去的教师》，越读越是敬重景仰，越读越觉得韵味无穷。终笔者所学词汇，难言心中的震撼和感动。我们的先辈在动乱的年代，因为没有条件，所以多数只能尽自己所能来教授学生，而我们今天是幸福的，因为我们还可以选择合作。在合作中弥补不足，提升自我。

把教育当成一种事业，当成一种信仰，把教育做得深刻，把教育做得深远，是我读完《过去的教师》对自己提出的奋斗目标。虽然深知自身的浅薄，深知自己的差距，但我会以先辈为榜样，挑战自我，孜孜以求，在学生身上留下自己人生智慧的影子。

【作者小传】薛凌燕，女，1977年生，烟台开发区实验小学语文教师，毕业于山东教育学院汉语言教育专业。课上，激情飞扬，挥洒自如；课余，热爱读书，积极参与各种课题研究，在"诗意语文"的道路上探索并实践着。最大的乐趣是与学生一起交流读书心得，分享他们的感悟，见证他们的成长。

《给教师的建议》一书集中了苏霍姆林斯基毕生的智慧，它像指路的明灯，在迷茫时为我指点迷津，烦躁时让我豁然开朗，需要帮助时给我勇气和力量。

蓦然回首话经典

——读《给教师的建议》有感

贾松丽

在新课改的今天，我们锐意进取，不断地推陈出新：新理念、新概念、新手段、新评价标准层出不穷。为了成功，我们不停歇地向前奔走，不敢停下，不愿转身，生怕被打上"老旧"的印痕。重读了《给教师的建议》一书，却发现成功之路就在身边，就在这本经典中。我有了"众里寻她千百度，蓦然回首，那人却在灯火阑珊处"的感悟。虽然与以前相比，现在的教育形势发生了深刻的变化，但苏霍姆林斯基那熠熠生辉的教育思想，对今天的教育工作者来说仍然具有重要的指导作用。

迷茫困惑时指引方向

《给教师的建议》一书集中了苏霍姆林斯基毕生的智慧，它像指路的明灯，在迷茫时为我指点迷津，在困惑时让我豁然开朗，在低沉时给我勇气和力量。

读了此书，眼前经常浮现出一幅让人感动的场景：对那些学习有困难的学生，苏霍姆林斯基走到他们跟前，看看他们有什么困难，提出专门为他们准备的习题，促使他们在每一节课上，在脑力劳动中获得一点又一点的进步。书中没有写他的声音和神态，而我分明看到了这位和蔼可亲而又博学的智者，他是那样的令人仰慕。当我抱怨"某些学生太笨，上课不专心听讲"时，他告诉我："在学习中，无论就脑力劳动的内容，还是就所需的时间来说，都应当采取个别对待的态度。"通过与大师的对话，我明白了，个别学生学习有困难，他们感知、理解和识记所学教材总是比别人慢，一样东西还没懂，另一样东西就要学了，这边刚学会，那边又忘了。作为教师，要理解他们，宽容他们，不要"一刀切"。要对这些学生进行细致的了解，包括性格、家庭情况、学习基础、思维方式等，关注他们的每一次微小的成功，从而在课堂上使他们的力量发挥出来，享受到脑力劳动的乐趣。

当我为学习困难的学生筋疲力尽地补课却发现收效甚微时，这位智者说："儿童的学习越困难，他在学习中遇到的似乎无法克服的障碍越多，他就应当更多地阅读。阅读能教给他思考，而思考会变成一种激发智力的刺激。"大师的话让我豁然开朗，我知道了不要靠补课，也不要靠没完没了地"拉一把"，而要靠阅读，阅读，再阅读，正是这一点在"学习困难"学生的脑力劳动中起着决定性的作用。明白了前进的方向，我不再做无用功，而是为成绩差的孩子挑选合适的读物，培养他们阅读的兴趣。

有时我抱怨没有时间反思备课，没有时间写教学论文，读了《教师的时间从哪里来？一昼夜只有24小时》，我明确了教育技巧的奥秘：不要抱怨，教师要终生为自己的教学做准备，如果想有更多的空闲时间，不至于把备课变成单调乏味的死抠教科书，就要不断地补充知识。

这是一本让人百读不厌的书，每每读来，总有收获。无论形势发生多大的变化，苏霍姆林斯基的尊重孩子、用心灵去塑造心灵的思想都闪耀着永恒的光芒。

阅读促进师生的成长

苏霍姆林斯基在许多文章中透彻地说明了阅读的重要性，他指出，作为教师要"每天不间断地读书，跟书籍结下终生的友谊。读书不是为了应付明天的课，而是出自内心的需要和对知识的渴求"。

以前自己也知道读书重要，但觉得学生才需要每天读课外书。我每天上课、批作业、处理班级事务，忙得不亦乐乎，没有时间读书，或者想读的时候说，今天真累呀，明天再读吧！在内心深处，觉得读书是闲暇时才能做的事。读了《给教师的建议》，我感触很深。教师要提高自己的教育水平，在教学时游刃有余，就要读书，读书，再读书，这是教师提高自己的教育素养的需要。现在我已经和书籍做了好朋友。不是为了检查，用不着谁逼迫，读书变成内心的需要和对知识的渴求，自己的知识海洋变得越来越宽广。时间就像海绵里的水，只要挤，总还是有的。博览群书，在书本面前坐下来，深入地思考。这是现在和今后每天都要做的事。阅读促进了我专业的发展，也让我的心灵成长着。

一边阅读，一边实践。我欣然承担了省级"阅读中外经典，享受读书乐趣"课题实验，与孩子们一起阅读，一起发展。因为苏霍姆林斯基告诉所有的小学教师："学生到了中年级和高年级能不能顺利地学习，首先就取决于他会不会有理解地阅读：在阅读的同时能够思考，在思考的同时能够阅读。因此，小学教师应当仔细地研究，每一个学生的这条能力是怎样发展的……学生的智力发展取决于良好的阅读能力。"在家长会上，我曾用大段的时间讲读好书的重要性，引经据典，娓娓道来，使家长们认同我的理念，和我一起关注孩子读书。每天早晨孩子们在学校诵读美文和诗歌，让美丽的语言唤醒每一个黎明；中午开放班级图书角，推荐孩子们读一百本好书；指导孩子们学会浏览、通读、细读，在阅读中思考，在思考中阅读；每周让学生写一篇周记，及时宣读范文；开展诵读比赛，评出小明星；鼓励孩子们写生活作文。通过阅读，我培养了学生的阅读兴趣和良好的学习习惯，改变了班级的面貌。

心灵在阅读中沟通，情感在阅读中升华，我收获了孩子们的爱。

探究精神永放光芒

我们惊叹于大师精妙的教育智慧，其实细细想来，苏霍姆林斯基之所以能成为一位大教育家，就是因为他对学生和各种教育问题的探索研究。每一条建议都能看出他长期思索和研究的痕迹。他说："创造性研究还能从根本上改变教师对自己工作的看法。"是的，如果我们能做一个有心人，对于自己工作中出现的问题能悉心研究、思考，我们就不会觉得自己的工作枯燥乏味，就会热情蓬勃地投入工作中。在新课改的今天，这一点显得尤为重要。社会在变，学生在变，如何用心地做我们的教育，让和谐高效真正落到实处，这是每一个教师应该思索的问题。苏霍姆林斯基告诉我们："教育者的使命就是让孩子各方面和谐发展。和谐的教育，就是发现每个人深藏在内心的财富。"让我们用心灵发现每个孩子深藏在内心的财富，在探究之路上坚定而行，不做消极应付的教书匠，而做一名专家型优秀教师。

对照大师的建议，反思自己的工作，我感慨很多。这些触动灵魂的感悟，将伴随我的工作，越来越成熟，越来越丰富。《给教师的建议》这部教育经典，对我们而言，将保持着永恒的魅力。

【作者小传】贾松丽，女，1973 年生，芝罘区南通路小学教师，毕业于烟台师范学院汉语言文学系。用心钻研课堂教学艺术，初步形成沉稳扎实的教学风格，在市级报刊发表文章数篇。业余时间喜欢读书，从中收获知识与智慧，促进心灵的成长。

准确地表达你的思想观点，让别人看懂你的意思。这个不难，难的是自己不能深度思考，形成自己的独到见解。

调整心态，享受生活，适当地放松自己，对每一个教师来说都十分重要。

关心教师成长，关注教师幸福

——读《给教师的一百条新建议》有感

李 波

认识郑杰，缘于他的教育随笔《给教师的一百条新建议》。

《给教师的一百条新建议》一书分四大部分：教师作为一个完整的人、教师作为一名称职的员工、教师作为一名理性的教育者、教师作为一种自由职业。不必细看每一部分的内容，单就这四个标题就让我感动：教师首先是一个人，不是神！很多时候教师之所以会招致非议，其实是社会上对教师过高的期望造成的。关注教师的幸福，关心教师的成长，才能最大限度地减少教育问题，破解教育困局，成就教育辉煌！

郑杰，是上海市北郊学校校长，中学高级教师，上海市十佳青年校长，上海市优秀教育工作者，上海市十大读书成才标兵。近年来，郑杰致力于学校重建，在北郊学校尝试建立现代学校文化的改革，取得了一定的成效并引起教育界的广泛关注。他对社会转型期校长角色变迁、教师身份变化、学校生存与可持续发展、师生的生命质量与人生幸福等问题，结合教育实践进行了诸多有价值的思考和实践，因此观点新锐而独特，被戏称为"另类校长"。

"另类校长"郑杰不仅观点新锐独特，而且真切地关注教师的成长和幸福。在他的眼里，教师不仅是一名员工、教育者，更是一个完整的人、一个自由职业者。他认为教师要有精神空间，教师应享受生活，教师应设法让知识本身吸引学生。他鼓励教师登上人生幸福的三层楼、为自己而教、不做改革的看客、捧着良心教书……他还倡导教师欣赏缺憾、爱惜自己的每一根羽毛、为自己的未来投资、为孩子们喜爱你提供理由。

多么优美的语句，多么精辟的观点，多么独特的思考！我们不正需要这样的校长吗？反复品读《给教师的一百条新建议》，我思绪万千，心情久久不能平静。

思索是一件快乐的事情

郑杰校长到北郊学校任职后经常布置老师写文章，这令许多老师头疼。他们觉得出身中文系的郑杰以写作为乐，"哀求"郑校长别再折磨他们。可郑杰校长认为将写作视为某一小部分人的专业是错误的，写作不过是另一种比较艰苦的说话而已，本质上都是一种表达。他说一个人要写作必须具备三个条件：其一，想说话；其二，有话可说；其三，会说话。

想说话就是要有一种表达的冲动，这是写作的原动力。怎样保持写作的原动力呢？郑校长总结了三点：一是让自己孤独一点儿，不去瞎应酬；二是让自己安静而专注；三是自信，不怀疑自己。

有话可说，就是要把一个道理阐发得丰富，具体来说要做三件事：一是怀疑，不人云亦云，不迷信专家，也不迷信领导；二是保持独立人格；三是表现自我。

会说话，就是会写、善写，也就是你能驾驭语言文字，准确地表达你的思想观点，让别人看懂你的意思。这个不难，难的是自己不能深度思考，不能形成自己的独到见解。

我觉得郑校长一针见血地找到了问题的根源，其实在平日的教学管理过程中，我们不也时常面临这样的尴尬吗？就拿我们学校来说吧，2008年秋天，为了增强青年教师阅读的自觉性，提高他们的写作能力，进而提升其文化专业素养，学校先后开展了博客建设、读书沙龙和小课题研究活动。应该说老师们参与的热情还是相当高的，然而具体的落实却举步维艰：精心建好博客，原创日志"无米下锅"；起早贪黑读书，感悟无从下笔；想搞课题研究，材料撰写让人头疼。于是乎，热情消失殆尽，压力油然而生。郑杰校长说，思索是一件快乐的事情。那么，怎样使我们的教师视思索为一种快乐，让写作成为一种习惯呢？

——寻觅"震撼灵魂"的钥匙。我有一个师范同学，因一次偶然的机会，参加了烟台市教科院在海阳组织的为期两天的差异教育研讨会，会上从海阳市教研室车言勇老师的讲座中首次知晓了教育博客，从此便"一发而不可收"。回校后不仅建起了自己的博客，而且每天坚持读书、写作。近一年来笔耕不辍，在"1+1教育博客"上小有名气。是同行的追求和执著"震撼"了同学的灵魂，还是车言勇老师的人格魅力影响感染了同学，这个我无从知晓。但是从这个意义上来说，我们学校，尤其是像我们这样的农村学校，应该多创设条件，让青年教师有机会走出去，感受外面世界的精彩，早日找到开启"震撼灵魂"的钥匙。

——搭建"自由飞翔"的舞台。人，骨子里都有一种惰性，青年教师也不例外。因此，学校要通过组织形式多样的活动，如演讲比赛、征文活动、我为学校献计策、假如我是校长、每月一练等，为教师搭建"自由飞翔"的舞台，帮助青年教师完成自身的"蜕变"，从而养成读书写作的习惯。习惯一旦养成，能力想不提高都难。

——创设"善于表达"的机制。就写作而言，抛却有效表达的功效不谈，仅布局谋篇别具匠心，就足以为我们的课堂教学、班级管理乃至学校建设所借鉴。因此，提高教师写作能力有助于教师专业素养的提升，这一点毋庸置疑。海阳市通过激励性政策，整体推进了区域的小课题研究，那么我们为什么不能在小范围内创设"善于表达"的机制呢？教师从事的是创造性的劳动，需要不断更新教育理念，改革教学方法，才能赶上飞速发展的时代步伐。因此，创设读书学习的氛围，提高写作表达的能力，也是当前推进素质教育、提高教师素养的重要举措。

能力是练出来的，能力也是"逼"出来的。其实每一个青年教师自身都有巨大的潜力，找到开启的钥匙、建立创新的机制、搭建飞翔的舞台，为梦想插上翅膀。相信当写作成为一种习惯、历练为一种能力时，写作也必然会成为一种至高无上的快乐！

登上人生幸福的三层楼

幸福是什么？曾看到这样一则短信：幸福就是猫吃鱼，狗吃肉，奥特曼打小怪兽。也曾听到有人这样说：幸福就是饿了有包子吃，冷了有棉衣穿。

幸福人人追求，只是每个人追求的目标和方式不同。有的人追求的是物质生活，在作者看来这是幸福的第一层楼。但物质生活是要靠自己努力才能获得的，而且对物质生活的追求需要人们为此付出代价。如果对物质生活的追求一旦成为人的唯一目的时，人将会迷失自己。

对于我们教师来说，物质生活都有了保障，平时大家在一起诉苦的不是什么经济困难问题，而是做教师的工作压力问题。现在学校领导、家长、社会对教师工作要求很高，学生也越来越难教，我们常常为此而苦恼。这时作者告诉我们要学会用艺术来"宣泄"，可以将音乐、美术、小说、电影等作为自己人生的精神导师，通过欣赏艺术来获得幸福感，忘却暂时的烦恼。其实更幸福的是创造艺术，对于我们教师来说，不仅要培养自己艺术的眼光和心灵，更应把教书当做一种艺术创作。享受艺术生活就是作者所提出的幸福的第二层楼——"单纯的物质生活其实是一片沙漠，精神生活是沙漠中的一片绿洲，使人永葆年轻之心"。

幸福的第三层楼是独立思想。巴尔扎克曾说："一个能思考的人，才真是一个力量无边的人。"作为教师，我们思考更多的应是教育人的问题，思考我为什么而教、怎样教的问题。在思考这些问题的同时，我们还要不断地探索，经常求教于书本和理论，进而形成自己的教育思想。这就是一个教育工作者的幸福的第三层楼。

作者就是用这样一个浅显易懂的三层楼作比喻，告诉了我们一个优秀教育工作者所追求的人生目标。郑杰校长不仅非常关注教师的成长，而且十分重视提升教师生命的质量。他认为，教师在学校里是"职业人"，享有独立授课的权利，学校领导无权干涉教师的这一权利，他们把更多的精力放在了提升教师的生命质量上，通过"服务"，让教师感受幸福，从而使教师对教育教学理念的领会和实施从被动接受转为主动发展；通过"服务"来合理配置学校的各种资源，帮助教师在学校里发挥出最大的潜能。

怎样才能享受到生活和工作的幸福呢？我认为，调整心态，享受生活，适当地放松自己，对每一个教师来说都十分重要。怎么调整自己？我在书中找到了答案："只要我们打开所有的感官，每天给自己一小段闲暇时间，那平素里再平凡的点点滴滴，只要你静下心来细细地品味，都有无限风光蕴涵其中。"是啊，"妨碍教师享受生活的，不是别人，而正是教师自己"。

一个教师要成就自己的幸福人生，首先要对自己有一个准确的目标定位。自己是一个什么样的人，应该做什么样的事情，能够做什么事情，这些必须要搞清楚。尤其是涉及个人的功名利禄，要顺其自然，量力而行。其次，要重视自己的专业发展。自己凭什么取得职业上的辉煌？凭什么得到其他教师的尊重？凭什么得到学校的重用？凭什么得到学生的爱戴？这些都需要教师通过自己的专业发展来获得。最后，重视境界的提升。要悦纳自己，一个人应努力发展到欣赏自己并欣赏他人的程度，同时，悦纳自我但不膨胀自我。还要学会感恩，坦然面对他人的评价，和保持一种平和的心态。

我总结出幸福的"十大杀手"：自卑、自负、多疑、冷漠、嫉妒、虚荣、孤独、焦虑、抑郁、压力。对它们，教师要保持警惕，要避而远之。

还有很重要的一点，就是教师要学会说"不"。自己没有能力做到的事情，自己根本不愿意去做的事情，要学会拒绝，因为这样会让自己减少一点烦恼，也为他人减少一点麻烦。

走进《给教师的一百条新建议》，让我们共同关注教师的职业幸福，关心教师的专业成长，为教育的未来缔造一个崭新的开始！

【作者小传】李波，女，1969 年生，莱州市三元中学高级教师，毕业于莱阳师范学校。多年来一直潜心农村中学课堂教学研究，致力于教育教学管理的优化，并于"十一五"期间主持或参与地市级三项相关课题研究且顺利通过结题鉴定。酷爱读书，笃信读书提升境界，好书滋养人生。先后在省级和地市级刊物上发表文章多篇，曾被评为烟台市教学能手、烟台市优秀教师和山东省优秀教师。

出生于 70 年代的青年学者周勇以其诙谐幽默的文笔，自由而又极富个性化的解读，褪去孔夫子高高在上的面纱，还原他凡俗的一面。书中的孔子不再高不可攀，而是一位年长、和善而又博学的教师，可亲可敬。正是这样的机缘，让我走近了孔子，走进了他的内心。

也跟孔子学当老师

——读《跟孔子学当老师》

郝晓琳

孔子，一个圣人式的教育家，他的教育思想串接古今。每每提到他，总有可望而不可即之感。追根溯源，他和我们一样，也是老师。可他究竟是如何做老师，如何教化学生的呢？读完周勇先生的《跟孔子学当老师》，我从中觅得方寸，心中的疑惑也解开许多。

书读得很轻松，与一般的教育理论书籍大相径庭。出生于 70 年代的青年学者周勇以其诙谐幽默的文笔，自由而又极富个性化的解读，褪去孔夫子高高在上的面纱，还原他凡俗的一面。书中的孔子不再高不可攀，而是一位年长、和善而又博学的教师，可亲可敬。正是这样的机缘，让我走近了孔子，走进了他的内心。

那么，我们应当学习孔子的哪些观点，如何跟着他学当老师呢？

首先，孔子对教学的情感有如柏拉图式的爱情。他把教学看成了一生终老的伴侣，是生命不可或缺的精神支撑。他对教学的感情，发自肺腑，是由内而外最为本真的情感。当我被孔子这种和教学生死相依的情感深深打动的时候，我在内心诘问自己：我对教学又是怎样的情感呢？我会有"相看两不厌，只有敬亭山"的感觉吗？日复一日的单调，让我们麻木而不自知；与人相比的落差，让我们灰心而不自省；不尽如人意的待遇，让我们抱怨而不奋发。客观存在的现实的确不能如我们所愿，可与孔子相比呢？我们至少有学生可教，不用四处找寻；我们至少有国家的供给，不用四处奔波。我们有的，孔子没有；孔子有的，我们有吗？他对教学的痴恋，犹如柏拉图将自己的"爱情"全部奉献给"真理"。正因如此，孔子才会始终以博大的胸怀，丰厚的精神，坦然地、一如既往地站在杏坛之上。而我们可以从孔子的精神家园寻求种种让我们感动的人性力量，并因此使自己的心灵得到滋养。那样我们的教学生涯将不再可悲可叹！

其次，孔子把"学"立为上，而"教"退为其次。陶行知先生常说，身为教师应当首先"学而不厌"，方才能体会"诲人不倦"的大乐。是学习让孔子有了安身立命的资本，他孜孜不倦地获取各种知识，也因此赢得世人的推崇与青睐；是学习让孔子不再孤独，他拥有了许多和他切磋学问的朋友、知己；是学习让孔子心胸豁达，即使面对许多人的不解和诋毁，他仍然很大度地说"人不知而不愠，不亦君子乎"。学习不仅带给孔子知识领域的满足，也让他在做人的修养上不断向着更高的境界迈进。学然后知困，身为教师，自己应当成为一个善学乐学之人，当我们真正体味到学习带来的快乐时，才能将这种快乐传递给学生。我们广为涉猎，钻研教材，跨越教参，为的不是在课堂上与学生产生心的共鸣吗？当我们的教有了意想不到的效果时，不也是我们最开心的时刻吗？谁又能说我们的教不是立足在学之上的呢？《论语》中将"学而时习之，不亦乐乎"放在首位，足见孔夫子是何等看重"学"的意义了。以学定教、自主学习等现代理念，也是源于先哲的观点。"学而不厌，诲人不倦"这看似平常的先后之分，将最朴素的教学思想蕴涵其中。让我们都做一个乐学善教的老师。

最后，孔子在延续与共融中享受教育的幸福。颜渊、子贡、子路可谓是各种学生的典型代表。颜渊是最听话的学生，子贡是最善质疑的学生，子路是最莽撞的学生，可这三类学生都有一个共同点，那就是把孔子当成了亲人来爱，把他们的老师当成了生命不可或缺的一部分。颜渊不但忠实地记录着老师说的每一句话，也奉行着老师的每一种教导。孔子在他身上，享受着精神生命及其所传承的历史文化得以延续的快乐。而且这种快乐来得是那么直接，那么直入孔子的内心！子贡善于发问，勇于质疑，他无时无刻不在思考着，他把自己的思考问诸老师，老师也在他的发问中得到启迪，对事理的认识更上一层。孔子死后，子贡在老师的墓地前守候六年，在孤寂中品味老师昔日的教诲。而子路，是那样的直爽可爱。他自知冒失，不会说话，有人在路上向他打听他的老师，他就是缄口不言，生怕言多必失，给老师带来名誉的损害。他对老师的忠心日月可鉴，难怪孔子一次次被他感动。这三类学生，我们也是遭遇着的啊！优秀的颜渊、子贡们让我们在知识的传递中感受着延续的快乐，感受着生命传承的喜悦。其实，学生于我们就是精神相依的家园！而子路们呢，虽然对我们的忠告如同耳旁过风，但他们依然明晓老师对他们的改造之心，依然明晓老师对他们苦口婆心的善意，他们也会以同样的真诚回报对老师的感念。在知识的掌握上他们也许不会登堂入室，但在做人的根本上他们也会成为一个大写的人！为师者，就是从这不同类型的学生当中感受教育的真谛和本源。与学生共成长是教师最大的幸福。

周勇先生把对此书的写作称为一段旅程，一次纵观古今、横贯中外的关于教育大家思想的旅程。在旅程中，我跟着孔子学当老师，贪婪地汲取精神养分，学习他永怀的教学之恋，体验生命极致的情感，并感受生命的恬静、感动与美好，然后微笑着迎接明天的挑战。

【作者小传】郝晓琳，女，1971年生，烟台十三中语文兼心理教师，芝罘区骨干教师，毕业于烟台师范学院中文系。因为痴迷语文课堂，痴迷书写文字，同事称"语痴"；因为整日里读书、送书、买书，朋友称"书痴"。后考取国家心理咨询师，研究学生的心理，于是又变成了"心痴"。每日面朝"书海"，走进"心海"，享受春暖花开。

朱老师的《新教育之梦》不仅为我们描绘了美丽的蓝图，还用这种理想指导新教育在中国大地上开出了美丽的教育之花。他用他的六大行动计划告诉我们：教育真的是那样简单而深刻，平凡而神奇，"只要行动，就有收获"。

做教育的守望者

——读《新教育之梦》有感

葛 艳

还记得报考师范院校和毕业时对教育满怀的憧憬，那满腔的激情却在岁月的磨洗中消失殆尽。身为教师辛辛苦苦却不快乐，忙忙碌碌却平平庸庸，理想与美梦仿佛是肥皂泡，飘走又破裂。如果没有看到朱永新老师的《新教育之梦》这本书，我想生活还是会平庸地度过。

说实话，在此之前，我并不知道中国有个穿梭于官员与学者之间、为中国教育仗义执言、为素质教育探寻新路的朱永新。他是中国当代教育行政专家、全国政协常委、苏州市副市长、苏州大学博士生导师、教育在线网站创始人，他曾获得美国阿姆斯大学"2001年杰出教育家奖"称号，曾经入围2005感动中国候选人。虽然他的头上光环熠熠，但通过这本书我读到的是一个充满责任感与使命感的教育诗人。他有着诗人的激情和学者的理性，读完他的这本书，发现书中完全没有权威的呵斥和教父的伪圣，通篇充盈着关于未来的描述和勾画——全方位地观照教育的现实和困惑，全程思考人的发育和发展，全心全意地建构属于自己心灵的教育大厦。理想的德育、理想的智育、理想的体育、理想的美育、理想的劳动技术教育，涵盖教育的方方面面，难得的是作者理性的光芒恰到好处地超越诗人的浪漫而具有现实的可操作性和可行性；理想的学校、理想的教师、理想的校长、理想的学生、理想的家长，包容教育的各个层次，可贵的是解说的通俗，以及对先贤的继承和创新，却几乎没有什么专业的冗长引用和炫耀。

读朱老师的《新教育之梦》，不由得想起美国天才作家塞林格写过的一本书叫《麦田里的守望者》，每一个教育者都是霍尔顿·考尔菲德，守望着我们的教育理想。那么朱老师的教育理想中的理想教育又是怎样的呢?

当我们深陷应试教育苦闷而又不能自拔的时候,当我们为浙江中学生徐力弑母、中央音乐学院大学生陈果自焚、北京14岁的男孩残忍地杀害同学妹妹、江苏的违纪学生砍死校长的4位亲人的种种行为扼腕痛惜的时候,朱永新老师告诉我们:理想的教育首先是要有理想的德育,德育是整个教育的灵魂。古今中外的教育家都十分重视德育,都把德育置于一个特殊的崇高地位。教育家陶行知先生曾说:"道德是做人的根本。根本一坏,纵然使你有一些学问和本领,也无甚用处。"当我们慨叹学校教育效果的脆弱和苍白无力时,朱老师告诉我们在活动中养成学生的德性,用人类的优秀文化遗产净化孩子的灵魂,重视心灵的沟通,为学生寻找生活的榜样,用英雄的高尚德行感化学生,在描绘美丽图景的同时让我们找到德育的途径与方法。理想的德育与智育、体育、美育、劳技教育紧密地结合在一起。智育培养正确的人生观、塑造求真的信念,体育培养学生坦然面对竞争和胜不骄、败不馁的心态,美育教会孩子从周围世界的美中感受精神的高尚、善良、真挚,确立自身的美,劳技教育形成学生良好的品德和个性心理素质。在全面的教育中巩固德育的核心地位,是理想教育的根本。

当我们在教育的流水线上,用自己认可的标准培养出一批批引以为傲的人才,最终却发现这些人才无法满足社会的实际需求,得不到教育者应有的成功幸福感时,朱老师告诉我们理想的教育应该充分关注学生的差异性和个性发展。苏霍姆林斯基有一句名言:"让每个孩子抬起头来!"他还说:"人的天赋、可能性、能力和爱好确实是无可限量的,而每个人在这些方面的表现又是独一无二的……要在每一个人的身上发现他那独一无二的创造性劳动的源泉,帮助每一个人看到自己,使他看见、理解和感觉到自己身上的人类自豪感的火花,从而成为一个精神上坚强的人,成为维护自己尊严的不可战胜的战士。"每一位教育者真正面对每一个具体的学生因材施教,让每一个学生都感到求知的快乐、思考的快乐、创造的快乐,所有的学生都可以成为学习上的成功者。我们不仅要在智育方面关注学生的个体差异与个性发展,在体育、劳技教育方面也要充分关注学生的差异与个性发展,让学生在体育课上真正展现力量、精神振奋、焕发朝气与活力;劳技教育注重不同学生的学习欲望、兴趣、特长等特点,培养学生制订计划、工作、社交等能力。教育悲剧的产生往往源于用一个标准去要求所有的学生,而只有针对每一个学生的实际实施教育,让每一个学生都能在自己的基础上不断提高,这才是真正的教育的成功,也是每一个学生的成功。

当社会上的大多数人还认为教育是学校的事情,我们又痛惜学生视野狭窄、安心做井底之蛙的时候，朱老师为我们打开了一扇通往外界的窗，"教育的理想要坚持面向现代化，引入现代观念与技术，领略网络教育的无限风光；教育的理想要坚持面向世界，融入世界教育的大潮，与世界教育的脉搏一起跳动；教育的理想要坚持面向未来，捕捉地球上每一个角落的信息，迎接新世纪的曙光。"诗一样的语言为我们指明了教育的方向，理想教育要具有开放性，注重实践性，与生活相联系，与社会相沟通，使学生关注窗外的世界、校外的天空；理想的教育应该充分利用现代信息技术，更新学习工具，拓宽教育途径，让学生在网络世界的时空中纵横驰骋。学校、家庭、社会都是教育的主阵地，教师、家长、每一个公民都是教育的承担者。整合所有的教育资源，集合所有教育力量，为受教育者提供广阔的空间，我们才能培养出适合时代发展需要的富有创新精神的人才。

朱老师的《新教育之梦》不仅为我们描绘了美丽的蓝图，还用这种理想指导新教育在中国大地上开出了美丽的教育之花。他用他的六大行动计划告诉我们：教育真的是那样简单而深刻，平凡而神奇，"只要行动，就有收获"。在此，我将这六大行动计划与大家分享。

第一，营造书香校园。我们要和人类的崇高精神对话，每个时代的崇高的精神都凝聚在这个时代的巨匠的著作中。要让人类的文明能够延续下去，那些重要的阶段就不能跳越，因为越过了就中断，中断了精神发育就会受到影响，这就要有系统地读书学习。苏霍姆林斯基说过，没有读书就没有教育，一个学校可以没有老师但是不能没有书，这话可能有点绝对，但这话绝对是真理。所有的孩子在学习期间必须读满一百本书，所有的老师必须读满一百本书，这样才能让精神健康发育，激发他们发展的潜力。

第二，倡导师生同写日记。朱老师倡导师生立足于每一天的教育、学习生活，在写随笔、日记的过程中体验生活，反思自己，超越自我。他还别出心裁地开了朱永新成功保险公司，投保的唯一的条件就是每天写一篇日记。对于学生来说，通过写日记，不仅文笔更加流畅，文字变得更美了，更重要的是他们学会了道德的长跑，学会了意志的磨炼，学会了自我的检点、自我的激励。事实证明，写日记是一个非常好的教育方法。

第三，聆听窗外的声音。开展学校报告会活动，充分利用校外的教育资源，引导学生学会关心社会，激发学生形成多元的价值观，培养他们创造的激情。要把社会名流、企业家请到学校作报告，让学生有目的地接触社会，让学生多通道地听到成功的声音。书中的资源和校园内的资源都有限，所以要重视用好校外的资源，给孩子们更多的启迪与思考，更多的借鉴与选择。

第四，熟练运用双语。熟练运用双语就是开展中英文听说活动，培养学生讲一口流利的英文与中文，培养学生具备终生受益的口头表达能力。母语表达是一个基本的要求，而在国际化背景下，英语已经成为全球通用语言，为了将来的发展也是应该掌握的。掌握语言不是僵化地学些词汇、语法，机械地在试卷上操作完成。比这更重要、更务实的是培养双语的应用能力，基本一条就是会讲话，能交流。会讲话展示了一个人的才华，是引起别人关注的一个十分重要的本领。首先要讲好中文，教师除了把课堂上的话语权还给学生之外，还要在课堂外给他们空间，给他们舞台。可以创立学生论坛，让学生自己开报告会、发布会、辩论会，让他们有说话的地方。中文如此，英文同样如此。英语的教育，不主张系统的、语法的教育，而主张生活化的英语，让学生能够开口的英语，能够交际的英语。

第五，建设数码社区。每一个孩子和老师都必须清楚，我们生活在一个信息化的社会，生活在一个知识爆炸的时代，如果不具有很强的信息处理能力，就不能够适应社会的变化，就会有生存的危机，当然也就谈不上发展。建设数码社区就是加强学校内外网络资源的整合，建设学习型网络社区，让师生进行网络学习、交流，在操作与实践中培养师生的信息应用能力。

第六，建设特色校园。"特色就是卓越"是"朱永新教育定律"之一。创建特色校园就是提倡个性化的教育，培养与发展学校、教师、学生的个性和创造力，学校有特色，师生具备个性的技能。每一所学校都要坚持去发现，去提炼，创造自己的品牌，构建自己的校园文化，形成自己学校的特色传统。而每一个教师、每一个学生都要向自己有一手、自己有特长、自己能发展的方向去努力。

我没有诗人的情怀，缺少学者的深度，但朱老师的书让我激情澎湃。作为一个教育第一线的守望者，我会执著地坚守。教育是一种充满梦想的事业，当我们的教育家们也开始梦想——尽管为沉重的现实所羁绊，但我坚信，戴着脚镣跳起舞来，终有一天，脚镣会断，理想会实现。

【作者小传】葛艳，女，烟台市牟平区文化第一初级中学教师，1998年毕业于曲阜师范大学中文系。从教以来，在潜心研究教育教学方法之余，始终关注学生的健康发展；业余研读教育教学论著，书写读书感想，多篇论文获奖；始终致力于成为一名有知识、有思想、有能力的优秀教师。

当在阅读现场的推荐书目中再次看到朱永新的名字时，我像迷途的孩子突然遇见好心的引路人，迫切期望从《走在教育的路上》中寻获教育的勇气，重新明晰对教育的追寻方向。

辨析生命的轨迹

——读《走在教育的路上》

李　宁

初识朱永新这个名字，是在朋友博文中转载的这段文字："朱永新成功保险公司承诺为那些坚持写 10 年日记的老师和学生投保，赔率是 1 赔 10。"当时自己博客中涉及的文字比较杂乱，是这独特的保险条款诱使我参加这个免费的"教育专业"保险。但随着入保时间的拉长，我逐渐由教育生活的快乐陷入对教育的痛楚、无助、困顿与迷茫。我不敢确信，这份保单能否保存 10 年，激情能否延续，行走能否坚持。我深知，激情的最大敌人是时间，是光阴的耗散和流逝。当在阅读现场的推荐书目中再次看到朱永新的名字时，我像迷途的孩子突然遇见好心的引路人，迫切期望从《走在教育的路上》中寻获教育的勇气，重新明晰对教育的追寻方向。

拿到书首先吸引我的是《边走边吟》中那首"走在教育的路上"。当读到"我是一个行者/跋山涉水，在教育的路上/我的使命是探索，是发现/在人迹罕至的地方寻找风景/我用生命去融化，去燃烧/使平凡流逝的岁月充满春光"时，我那困惑已久的心立即被温软，被激活，被唤醒！是啊，若把教育看成一次漫长而艰辛的旅程，那我们每个人都是路上的行者。决定旅途质量的，不是终点，而是过程，是过程中那无边无际的风景：有时，可能是难以预料的困难和痛苦；有时，则可能是不曾预约的美丽和幸福。

"我不为终点而行/而是过程，为了旅程我远行/路上才有最美的风景。"罗伯特·斯提文森的诗，多么契合此时此际的意味和心境！教书育人这条路，怎么走也是走，为什么我不能脚踏实地，走得更加快乐美好？或长或短的这一生，怎么过也是过，为什么我不能过得更有意义和价值？而生命，这趟单程旅行，最大的意义和价值，不是终点和结局，而是沿途的风景——感受和体验，发现和创造，珍重和怜惜。

其后细读《教育风暴》《书香世界》《携手圆梦》《行者心语》，我读到一位面对教育困境却仍尽最大能力去改变边区学校面貌的副市长，一位在百忙中仍关心着教师的成长、为教师新书写序言的学者，一位坚守教育改革前沿的"新教育实验"推行者，一位执著地追求教育理想的勇士，一位具有历史使命感与责任感的教育家！我看到一位怀揣理想走在教育路上的行者，他的一程一站，都彰显出对生命价值的追寻——满目风景，满怀柔情。他始终坚持用自己的笔表达着自己的教育情怀，用自己的文字书写着自己的教育史。

"我现在已经到了这样的年龄，知道仅仅凭借自己的书和理论而流芳百世是不够的。除非能改变人们的生活，否则就没有任何重大的意义。"这是1950年元旦，约瑟夫·熊彼特在弥留之际，对前去探望他的彼得·德鲁克和彼得·德鲁克的父亲阿道夫说的一段话，这段话让我心中充满了愧疚！对孩子的教育，我也一直在努力探索，孜孜不倦地寻求和尝试更好的方式，不断学习所谓前沿的理念，不断学习所谓有效的手段，不断仿效所谓优秀的方法，也不断实践着教育者对教育对象的所谓真挚的关爱。但现在细究起来，我一直没能切近教育问题的实质：许多时候，我对孩子的关爱，只是把孩子当做"非正式、未成型、不及格、待加工"（王开岭语）的生命来关爱的，我忽视了孩子作为一种生命的存在，他们也具有自身的特质和独立的人格。我对孩子们缺乏了教育最起码的前提——理解和尊重。

曾有人说："如果人们已经忘记了他们在学校里所学的一切，那么所留下的就是教育。"忘记的，也许只是具体的场景和过程，而真正的教育效果，应该像盐和粮食一样，融入人的血液，成为身体的一部分。不禁自问：在14年的教学生活里，我给了孩子们什么呢？除了那些零碎的数学知识，他们从我身上获得了什么？我的出现给他们今后的生活带来了多少影响？有多少教学行为是为孩子将来的幸福生活奠基的？我做得远远不够！还有什么理由在教育的途中遇到一点点坎坷就向内退缩，懦弱地躲在自己的壳茧里保存自身完整的力量，却迟迟不敢寻求突破呢？我再次告诫自己：教育，就是对孩子生命的提醒与关照。

有人说，每个孩子都是掉到人间的天使，因为翅膀断了，但他们并没有忘记天空，他们向往飞翔，他们在渴望能够遇到一个可以为他们缝补翅膀的人——多么诗意而准确的理解啊！教育，就是为那些堕入凡尘的天使缝补翅膀。而不是，也不应该是，对他们落井下石，或者在他们弱小的身体上，再踏上一只乃至几只脚。孩子的生命犹如一张纯净的白纸，教师的那支笔是留白还是填充？如何书写那一撇一捺，关乎一个生命的发展方向，关乎一个国家的命运，关乎一个民族的未来。

我期望，把课堂看成生命与生命相遇的场所，在课堂中与学生的精神和心灵相遇。每一次都只若初见，每一次都魂灵相吸；我期望，在不断的相遇中体悟生命，追求成长，创造更适合自己和学生发展的教育；我期望，在路上再次出发，只为前方那无边无际的灿烂风景。路在，风景便在；脚在，行走便在；心在，梦想就在。怀揣梦想，满含激情，坚持行走，不断抵达，在所有熟悉和不熟悉的地方，寻找和发现更美好动人的风景。人生不也如此么？每登临一处高度，心怀就更为畅达；每到达一个远方，世界就更为敞阔。让我们一起走在教育的路上，辨析生命的轨迹……

【作者小传】李宁，女，1977年生，山东省烟台第二十一中学教师，毕业于上海师范大学数学系，鲁东大学在职教育硕士生。在《创新教育》《福建论坛》《师道》等刊发表多篇文章。近几年，致力于分类复式教学模式探究，初步形成自学—交流—展示—检测的教学流程。读书使自己在内塑反省中不断地明晰自我，并在教学实践中努力完善学生的人格，为学生营造生命自由舒展的空间。

给老师一点自由呼吸的空间，就是给学生一点呼吸的自由，我们离自由呼吸的教育就会更近一步，教育才会更好地体现以人为本。

让我们的教育也"自由呼吸"一把

——读《为了自由呼吸的教育》有感

张春静

　　《为了自由呼吸的教育》是李希贵校长在新课程背景下奉献给广大教育工作者的新作。作者把自己多年来教育实践中的一些原生态的东西提供给读者，主要写了遇到的困难、解决的方法、自己的感悟。书中贯串了教学、教育、学校管理三条线索。一切都是那么实实在在，明明白白，言之有理又情有所依。读完此书，我深深地被作者对教育的真诚、不懈地追求真理的精神和探寻教育教学规律的科学态度所感动。霍姆斯说："一本书最好的并不是它包含的思想，而是它提出的思想，正如音乐的美妙并不寄寓于它的音调，而在于我们心中的回响。"以前，从来没有品味出名人的名言对于我还有什么启示，如今，手捧这本书沉浸于其中的时候，才深深地体会到霍姆斯的这句名言所蕴涵的哲理，因为李老师《为了自由呼吸的教育》这本书正是给予了我同样的感受。

　　书中，作者以自身的成长经历为线索，用直白的笔法、实录的形式，叙写了自己的教育生涯，没有刻意构筑严谨的理论框架，没有跌宕起伏的玄虚，没有催人泪下的煽情，有的只是平静的描述和深沉的思考。正如作者在后记中所说："我只是力求把一些原生态的东西提供给读者，在教育实践中遇到了哪些问题，是怎样解决的，在解决的过程中又有哪些困难，从中自己有哪些感悟，有什么就说什么。"但就在这平淡如水的表述中，却折射出一位教育实干家的魅力人格和理想追求，并点燃了每一个读者的思维火花。"让我们的教育也自由呼吸一把"，这是我读完这本书后从内心深处发出的呼唤。

让教育者"自由呼吸"

　　让教育者"自由呼吸"，是我读了《为了自由呼吸的教育》的第一感想。想让一个思想有局限的人去解放别人的灵魂恐怕是做不到的。因而，想给教育一个自由呼吸的天地，先要给予教育者一个"自由"的空间。作为一名校领导，要给予教师一定的"自由"，当然，这份"自由"是教师对工作、对生活的一个正当要求。这样，教师才会还学生应有的"自由"，我们才会实现终极的"自由呼吸"的教育！

李校长：

　　昨天我们班主任刚给我们说了卫生区一天四查的制度，今天我们班就因中午卫生区有树叶子被扣了1分，我们对这事有意见。我班的卫生区从车棚子一直到工地小屋，可以说是全校最大的卫生区了；叶子随时在落，不可能保证没有一片树叶。今天上午课间操，我们出动了两个最能干的同学，结果下了课间操，他们还在打扫，多亏其余同学帮忙才打扫完。即使这样，第三节课还是耽误了几分钟。

　　校长，有点落叶怕什么。我想不仅我们班，所有班级打扫卫生区的同学都会有这种感觉。这种一天四查的制度是在浪费我们的时间，极不合理。

九五级九班　宠帅

　　这是一封学生给李希贵校长的信。

　　由此，我想起了我们学校的学生导护值日制度。每天上午第一节课后，学校楼下的公示栏就会公布前一天各班级导护扣分情况，一下课，总会吸引一些孩子围在黑板前指指点点。工作认真的班主任就会到导护领导那里查一查班级扣分原因，以便于今后改正。而扣分原因无非是"某某学生上学路上说话，不站队""某某学生下楼时扶扶手了""某某学生下课跑动""地面上有纸"……所以班主任就更严格地要求学生，学生一个个如履薄冰。下课不敢跑了，出去做操前一再仔细地检查自己的"周边地带"是否干净，放学站着整齐的队伍，嘴巴闭紧，眼睛始终看着前一个同学，生怕一不小心"出队"被值日的同学记了名字……表面看来，学生蛮守规矩的，可班级生活质量每况愈下，师生关系高度紧张。民主评议学生、评议老师时，班主任得分最低。学校给班主任施加压力，班主任又把这种压力压到了学生头上。有时我想，难道没有一张纸片的学校就一定是好学校？当然了，纸片乱飞的学校肯定不是好学校。再说了，七八岁的孩子，不跑不跳根本就是不可能的。把学习办成"文明的监狱"，这真是我们教育者的悲哀。我们班主任也都明白这个理，可迫于"检查"，迫于"星级文明班"，只能这样。

　　学生来信后，李希贵校长在深入思考、大胆尝试的基础上，实行了班主任职务聘任制，把班主任的级别分为五个档次，每年进行一次聘任，对班主任的评

— 134 —

价，以模糊代替了"精确"。不再把学生迟到、早退、校服不整这些管理工作中不可回避的小事跟老师们日清月结地算账。而提高班级生活质量，建设良好校风，为学生创造成长气息的精神家园就成为衡量班主任工作的首要条件。班主任在学生中的威信，则是考查的一项最重要的指标。于是，班主任变得宽容起来，他们的思考更加深邃，更加深远。从盯着学生的一举一动，到关注学生的发展潜能；从急躁、喜怒无常中走出来，变得大度、自信、宽容。机制的变化，带来了可喜的局面。

给老师一点自由呼吸的空间，就是给学生一点呼吸的自由，我们离自由呼吸的教育就会更近一步，教育才会更好地体现以人为本。

"让每一个人都感到自己重要"是李希贵校长独特的人文管理理念与实践。从"三朝元老"到"首席接待"；从"五子登科"到"功勋四中人"；从"开发课程与开发自己"到"让每一个四中人都成为英雄"……李希贵校长尽可能地创造着一个又一个让全体教职工发挥潜能的气候和环境，充分调动教师的主体性，从而使教师在成就学生的同时也成就了自己。当一个人意识到自我的独特价值，当一个人感受到来自他人的尊重和关注时，责任感和使命感会油然而生，从而为主体性的发挥注入了持久而强劲的能量。

让学生"自由呼吸"

正如作者所说，"学生的潜能就像空气，可以压缩于斗室，可以充斥于广厦——就看我们给他们提供什么样的空间。"

"一个苹果＋一个梨子＝？"这是李希贵校长让学校高三（3）班的学生送到学生科的一张纸条。事件的起因是学校实行学生德育综合评价，对每个学生通过纪律、卫生、品行等各个方面的记分，最终得出一个分数，以此作为评选三好学生的依据，并把这个分数记入学生档案。这名学生因为奶奶住院，他想多去医院陪陪奶奶，结果是多次迟到，忘记整理卫生区卫生被扣分。两天工夫，把他以前见义勇为得来的分数扣得七零八落。他认为学校这种做法就是把"苹果和梨子"简单相加，心里很不服气。当李校长了解到这个情况后，就和他商量，让他设计一套自己认为合理的评价方案。结果，这个学生真没让李校长失望，他通过在校园里贴海报，"广招贤能"，在充分民主的基础上，最后拿出了一个叫学校管理者振奋的结果，学校在此基础上进行修订，对学生实施星级管理方案，使学生在每一个方面都可以争夺星级。

　　让学生制定管理学生的方案，在我们听来简直是不可思议！但李希贵校长做到了，而且取得了良好的效果。学生的潜能到底有多大，我们无法估量，我们能做的就是给他们提供足够大的舞台，让他们充分地、自由地发展。而回头来看一看我们的学生日常行为规范，除了冷冰冰的"不准……""禁止……"还有什么？学生在这一系列的规范条条之下，只有服从，服从，再服从。长期形成的习惯就是"照做"就可以了，不用问为什么，也不敢问为什么。在这种环境下成长起来的孩子，还谈什么创造力与创新精神。而读《为了自由呼吸的教育》一书，总让我一阵阵地感动，从"学生十大自我锻造工程"到"哪里闪光就打造哪里"；从给"学生创造更多的'第一次'"到"多一把尺子就会多出一批好学生"，再到"学生技能测试站"；从致力于寻找语文教学原生态的"语文实验室计划"，到"自修楼中的自主学习"；从"用'考试'指挥一台欢快的素质教育交响乐"到"分层教学"，再到"中考大变脸"……李希贵校长的求索正是致力于寻找这个唤醒并张扬潜能的广阔空间。他尊重了孩子的个性、特长，为孩子提供了自由广阔的发展空间，使孩子的精神生命能够"自由呼吸"。

　　"教育首先是'人'的教育，而不仅仅是知识的传授和技能的学习。"我们今天的教育是为学生的终生发展奠基、为民族的明天准备素质的教育。要让孩子一生能够持续地学习，能够有尊严、高质量地生活，能够为社会作出贡献，而且有能力把握自己的一生。而要做到这些，就必须了解孩子，相信孩子，尊重孩子，赏识孩子，用心灵去塑造心灵。只有把学生当成活生生的人，深入他们的精神世界，像朋友一样与他们同欢乐共忧愁，建立民主、平等的师生关系，才能唤醒、张扬学生的潜能，使他们的潜能发挥到极致。

　　《为了自由呼吸的教育》，拓出的是一条回归教育本源之路。李希贵校长是一个教育的有心人，他的真诚、真挚，那不懈地追求真理的精神，深深地打动了我。我从心底里真诚地呼唤，"让我们的教育也自由呼吸一把"吧！

　　【作者小传】张春静，女，1970年生，海阳市凤城街道中心小学教师，毕业于曲阜师范大学汉语言文学专业。自参加工作以来，一直从事班主任工作和小学数学教学工作，致力于教育教学艺术的探索，科学管理班集体，与学生建立了民主、平等、和谐的师生关系。工作中博采众长，勤于积累，不断反思，逐渐成长为学校的业务骨干，先后被评为全国优秀教师、山东省特级教师。

让激情伴随着思想延伸

——读《教育的智慧与真情》

薛世杰

罗丹《思想者》给人的心灵震撼力，源自那个强有力的巨人那凝重的神情，更源自这神情背后世代无法穷尽的思想张力。翻开人类的教育史，凡是伟大的思想者都能够凭借其思想跨越时空，绵延千载与人类对话。

有人说："生命之所以宝贵，是因为它最终要面对死亡；思想之所以宝贵，是因为它可以让生命永恒。""思想决定思路，思路决定出路，出路决定前途。""成为有思想的教师"是我一直以来所追求的理想。

在清风徐来的阳台上，我读完了肖川老师的随笔集《教育的智慧与真情》。其中《成为有思想的教师》撩起我思维的琴弦，让我觉得像又经受了一场思想的洗礼，而后变得更加澄静、清明、亮丽、鲜活。

有一个说法，我深以为然：三等教育教知识，二等教育教理论，一等教育教思想。有思想，能使精神生活丰富。肖川老师说："首先，有思想会使得我们兴趣广泛，内心鲜活。有一种'一蓑烟雨任平生'的超脱和豪爽。"有思想，能够派生出好教法。思想产生方法，方法印证思想。好课堂必然有教育思想的置入。有思想，能引领学生心灵丰满。有思想的教师，"会对学生的心灵丰满和精神充实有一种自觉而又自然的引领"。

如何成为"有思想的教师"，仁者见仁，智者见智。我也经常结合工作实践进行深刻的反思。

要有学习思想

肖川老师说："作为教师，只有学而不厌，才能保持内心的开放和鲜活，才会有不断增长的与人分享的内在需要。"庄子云："水之积也不厚，则其负大舟也无力；风之积也不厚，则其负大翼也无力。"大量的阅读是我们获得知识的重要途径；在阅读中不断思考才能将知识化为己有；拿自己所掌握的知识与别人交流探讨，是对自己的又一次提升；最后把知识运用到实践中，传播给我们的学生。这便是真正意义上的教学！

从教20多年来，我对知识始终是如饥似渴。随着时代的发展、知识的爆炸，课堂上自己经常感觉力不从心。为不断提高文化素质与业务能力，我首先利用业余时间先后参加了烟台大学中文函授大专学习和烟台师范学院政治本科学历进修。其次，积极参加学校组织的校本研究活动，通过理念学习、知识学习、经验学习和技能学习，更新教育观念，掌握学科知识，提升专业水平。再次，我非常珍惜每一次学习、提高的机会，利用参加全国素质教育论坛、省骨干教师培训班、省语文年会等活动，直接与特级教师、专家学者对话，获取新的教改信息，汲取营养与经验。特别是我校启动了"书香校园"行动后，学校多方创造条件，除了全面开放图书室、阅览室以外，还多方求购了朱永新、李镇西、窦桂梅等名家的教育专著。书香弥散在校园的每个角落。我读书的激情也被点燃，身不由己地跟随大家到教育名著中驰骋思维，感受那份幽远的精神芳香。在与教育名家近距离的对接中，我被震撼着、感染着，犹如进入一个豁然开朗的境界。每当借助于所读之书将课堂控制得游刃有余之时，那份喜悦是无以言表、笔墨难尽的。不知不觉中，我驾驭课堂的能力也逐渐增强，近几年，先后执教了省、市级优质课。在首届烟台市阅读随笔征文比赛中，我的随笔获得一等奖。这一切，更让我坚定了多读书、读好书、好读书的信心。

要有反思思想

要成为有思想的教师，还需要在实践中反思。教师要立足课堂，立足学生，立足社会，把握教育从形到神的精髓，做研究者。当前，反思最有效、便捷、灵活的方式是写教育随笔。肖川老师在《教育的智慧和真情》中说："随笔是中小学教师表达自我最合适的文体，因为自己的一段经历、一丝感触、一撮悲欢、一星冥想、一缕哲思、一点体悟……往日的凄惶、今朝的欢欣、未来的畅想、海天之阔、芥草之微，都可以成为随笔写作的素材，所思所想没有不可形诸笔端的。"朱永新老师更是竭力提倡、推崇教师写教育随笔，他说："做一个有心人，认真总结教育的得与失。"

为不断提高教学研究能力，我经常自觉地运用学习到的课改理念审视自己的课堂，对课堂教学进行有意的回顾，体会成功的方法，寻找改进的思路；对所教学生的成长过程进行分析，总结成功的经验，完善有效的方法，并及时将自己的想法记录下来，撰写研究论文和教学反思日记。

记得在自然段教学"一架飞机在天空自由自在地飞着。一会儿俯冲，一会儿爬升，一会儿翻筋斗，觉得很得意"时，在第一个班级教学，我运用了精心制作的课件。学生兴致勃勃地观看飞机时而俯冲、时而爬升、时而翻筋斗的动画。然后按照我的提示，读出飞机的"得意"。下课后，我总觉得课堂看似很现代化，其实，学生端坐着欣赏动画，对于飞机的"得意"飞行只能是"作壁上观"，并不能真正投入到学习中，对课文语言文字的感悟也就很浅显了。

于是，我改进了预设的教案，在另一个班执教时，利用了小学生好动的特点，让每个学生伸出自己的小手，模拟飞机飞行的不同姿态，并边读边演，表现出飞机的"得意"。没想到，"巧用小手"一下子调动了学生的积极性。要模拟得像，就要去阅读课文；要表现出得意，自然就要更投入些。而且，我们的课堂不再只停留在表演的层面图热闹，而是有机地将表演与阅读、理解课文结合起来，以演促读，以读助演，加深了学生对语言文字的感悟。由此我想到，真实的教学要巧用身边的"资源"，充分调动学生学习的积极性，用最"便当"的教学方法、最经济的教学成本取得最好的教学效益。

叶澜老师说过，一个教师写一辈子教案可能不会有成就，而写三年的教学反思就可能成为一位名师。我校承担了"教师专业化成长"研究课题后，给每个教师下发了一个漂亮的"成长日记本"。这是我们真实心灵的坦白，是每日里最愿完成的功课。那里记录着来自教学第一线的教育现象，记录着自己的感受，记录着自己的思考。日记里盛满我们的心情，是心灵憩息的小阁楼。所有的甜酸苦辣、喜怒哀乐都能在这里得到合理又合情的宣泄，最终使我们归于平静、坦然。当有所意会和感悟，就随意写来，投寄出去，偶尔发表，得到一份额外的欣喜，独自发出满足的微笑。近几年，我在省、市刊物上发表了文章，并多次获全国、省、市论文奖。

去年，我的教育博客建立后，通过网上平台，我随时总结自己在教育教学中的经验，记录自己在教育教学中产生的灵感，反省自己在教育教学中的不足，并与跟帖的读者进行交流。另外，通过博客与全国各地的名师交流教育教学中的经验体会，还浏览了大量的优秀文章，不断充实自己。这种深度交流沟通的网络新方式将为我的专业成长搭建更为广阔的平台。

要有创新思想

"我心中的理想教师，应该是一个追求卓越、富有创新精神的教师。"有思想的教师，也一定是具有创新思想的教师。因为只有不断地创新，才能形成自己的特色、自己的风格、自己的体系。

在讲台上，教师以个体的修养、人格之旗面对学生，唤醒学生。在校园里，教师以个体的思想、精神之火，照亮学生，激励学生。所以，在很大程度上讲，教育是智慧者的事业，是思想者的事业。

我们知道，目前的新教材是开放的，处处有许多"留白"，这不仅给学生留下思考的余地，同时也给教师留下了发挥无限智慧和创造力的空间。新的课程观强调，课程是师生共同创新知识的过程。因此，现在的教学已不能再像从前一样，就课本教课本，而应当基于教师和学生的经验，在教学中不断丰富和生成新的内容。

常言道："巧妇难为无米之炊。"要想让学生写好作文，首先就要让他们有东西可写。要他们有东西可写，就得让他们写自己熟悉的社会生活、校园生活、家庭生活。面对纷繁复杂的外部世界，用自己的眼光审视，凭自己的头脑思维；说自己的话，写自己的事，倾诉自己的真情实感。因此，我对学生作文的要求就是四句话："我手写我事，我手写我心，我手写我思，我手写我情。"要达到上述要求，作文的命题就必须切合学生的实际，所以我的第一步就是：题目大家拟。

每学期开学的第一周，我就和学生一起每人拟一至两道作文题。拟题的要求是：贴近自己的生活实际，占有一定的材料，有话可说，有事可写。话题作文、命题作文、材料作文不拘。然后用一节语文课，把大家拟的题目拿出来讨论评选，最后从中筛选出20道大家认为拟得好的题目，作为本学期的作文题。

这些题目来之于学生又用之于学生，学生写起作文来就不至于无话找话，东拼西凑，乃至说些言不由衷的假话、空话、套话。从实践来看，学生自己动脑、动手命的题目，有不少是命得相当好的，有的甚至还与考试作文异曲同工。

学习，使我们的文化底蕴逐渐丰厚；反思，使我们的教育境界逐渐提升；创新，使我们的特色和风格逐渐形成。在前行的路上，"情境教学法"的开拓者李吉林、"情感激励法"的杰出代表于漪、"六步课堂教学法"的创造人魏书生、"主题教学"的代表者窦桂梅这些有思想的教师以其激情和思想召唤着我们。他们的激情之思，感染着教育的对象；他们的个性之风，吹拂着教育的世界；他们的探索之举，改变着教育的天空。他们的激情伴随着思想在延伸。让我们时刻准备着，像肖川老师那样倾注智慧与真情，做一个思想者、一个思考者、一个"写作者"、一个积极而真实的生活者。以智慧守望理想，以真情坚定信念，去追逐生命的完满，去求索教育的真谛。

【作者小传】薛世杰，男，1969 年生，福山实验小学教师（教务副主任），1988 年毕业于蓬莱师范学校。曾荣获"福山区优秀教师""全国科学教育先进个人"等荣誉称号，在省、市级刊物发表文章多篇。酷爱读书，潜心钻研，形成了自己简约和谐的教学风格，四次执教市级优质课。

教育实践是教育思想的源泉，也是教育思想发展的基础。历史上许多著名的西方教育思想家同时也是卓越的教育活动家，他们有着相当丰富的教育实践经验，在实践中形成了自己的教育思想。

思想是怎样炼成的

——读《西方教育思想史》有感

孙贞锴

从两件小事说起

　　2008 年 8 月 7 日，《中国教育报》读书周刊刊发了河南西峡丹水镇中心校胡明珍老师的一篇文章，文中谈到在一次论文选辑中，有位教师的论文引用了俄国教育家乌申斯基的名言，但是将"乌申斯基"写作"马中斯基"，教师本人和把关人员竟然犯下了同样的"低级错误"。

　　还有一件事，有一位刚接触目标教学的青年教师请教业务校长，问道："布卢姆和布鲁纳是不是一个人？听起来译音很接近。"校长答道："哪里是一个人，布卢姆是布卢姆，布鲁纳是布鲁纳。这两个人都是西方著名的教育家，不能混为一谈。你可以去好好查一查。"

　　这两件事，也许都是小事，说句实话，外国的教育家那么多，有的人名又不是太好记，出现类似错误和困惑似乎也在情理之中。只要这样想，你就会永远给自己"松绑"；只要给自己这样"松绑"，也就永远不会去对相应问题作出探讨。现实中，为什么常会有类似错误和困惑？为什么面对类似问题我们常常不以为然、无动于衷？根本原因就在于我们忽视了对教育思想进行必要的学习和研究，认识不到教育思想之于教育教学实践和教育科学研究的重要意义，以至于对一些教育家及其教育思想的了解微乎其微，甚至一无所知，更不用说静下心来研读经典原作了。

　　"做一名有思想的教师"，似乎是现在比较流行的口头禅，至于怎样才能"有思想"，有什么样的"思想"——我们"思"了多少，"想"了多少？现在，针对教育领域中的许多问题，大家也会时不时感叹"思想比较混乱"，为什么？

可见，没有广阔的思想背景作依托，轻视对历史上教育思想的自觉学习与借鉴、批判地吸收与继承，不注重在必要的梳理和重温中对其进行系统深入的再认识、再提炼、再领悟，我们就难以对教育者应具之"思想"作出正确的理解和定位，也就不可能成为真正的"思想者"，纵然有一些所谓的"思想"，往往也是不成熟、不健全的。

……

这，就是一部厚厚的近80万字、令人不免望而却步、堪称富有营养的一顿精神大餐——《西方教育思想史》摆在我们面前时，笔者首先想对自己所说的话。

永不泯灭的思想火种

单中惠教授主编的《西方教育思想史》因循历史轨迹，围绕教育思想产生的背景、内容特点、代表人物、影响等层面，对各种西方教育思想进行叙说和评介。全书可以说是对西方教育思想的高度浓缩和精要概括，有助于我们对博大精深的西方教育思想有一个基本的理解与把握。漫步两千年历史长河，更可尽情领略无数先贤哲人思想之深邃。

早在1900多年前的古罗马，著名教育家昆体良就提出了教学要"适度"、适应儿童特点，以免负担过重的教育主张。他举例说："正如紧口瓶子不能容受一下子大量涌入的液体，却能为慢慢地一滴滴地灌进的液体所填满，所以我们也必须仔细考查学生的接受能力。"而在1900多年以后的今日，"减负"依然似为困扰我东方大国基础教育改革的难点和焦点问题，这是值得令人深思的。

早期科学教育思想的代表人物培根曾说："知识就是力量。"这句话现在尽人皆知，是师生熟知并经常引用以此鼓励"勤学"的一句名言。人们在引用这句话时是否想过，培根说的"知识"是什么样的"知识"，如何才能成为"力量"？这句话背后有什么样的思想支撑？培根所说的"知识"是联系实际、讲求实际效果的知识，而其"知识"之所以成为"力量"，是指在认识事物的过程中探寻其本质规律从而发现"未知"。所以，绝不能满足于让学生接受现成的书本知识，而是要在教师指导下"像一个初生的孩子充满活力地走到自然中间，利用第一手的观察来学习"。夸美纽斯说，教育要适应自然，适应自然界及其普遍法则，适应人与生俱来的天性。到了卢梭那里，更是把强调尊重儿童天性以此获得知识放到了前所未有的高度。卢梭在批判传统古典主义学校教育时说，学校里教给儿童"一切的知识"，"却就是不教给他认识他自己，不教他利用自己的长处，不教他如何生活和谋自己的幸福"。苏霍姆林斯基十分鲜明地提出："获取知识——这就意味着发现真理、解答疑问。你要尽量使你的学生看到、感觉到、接触到他们不懂的东西，使他们面前出现疑问。如果你能做到这一点，事情就成功了一半。"今天，我们经常引用孔子的一句话"温故而知新"，语文课本上的解释是："温习学过的知识，可得到新的理解与体会。"为什么我们的教学、考试不断地围绕"温故"转，结果却不见得"知新"？是不是"温习旧知识就能得到新东西"，学了已有、现成的知识就能有新发现？当然不是这么简单。

今天看来理所应当的一些教育举措，实际上却经历了很长时间的反复才基本达成相应认识或实现相应目的。譬如，"教育教学"这两个词经常连用，以前很早也有了，但两者的联系和区别是什么，鲜有论述。直到19世纪初，教育史上才有了"教育性教学"这一概念，其提出者赫尔巴特指出，教学和教育是相互联系的统一体，"教学可以产生思想，而教育则形成品格，教育不能脱离教学"，"不存在'无教学的教育'"，也没有"任何'无教育的教学'"，整个学校教育不可能分为两个孤立的过程，对学生的道德陶冶和知识传授两者不可分割。还有，普及义务教育、男女平等受教，也是有一个漫长的历程，此中有些教育观点和国家政策至今闪耀着不可磨灭的光芒，如古代斯巴达重视女子教育、女子与男子同受教育训练；古希腊教育家柏拉图主张无论男女皆应受教育，只有男女受一样的教育才能担负一样的责任；早期空想社会主义思想家莫尔坚决主张男女享有平等的受教育权；16世纪中期，宗教改革领袖马丁·路德明确提出国家应实施普及义务教育、不分男女不分贫富都应入校学习的主张，在其推动下，德国一些城邦先后颁布了普及义务教育的法令……凡此种种，我们可以从中进一步感受到教育思想形成、发展以至成熟的艰难历程，对教育问题多一些探寻。

教育实践是教育思想的源泉，也是教育思想发展的基础。历史上许多著名的西方教育思想家同时也是卓越的教育活动家，他们有着相当丰富的教育实践经验，在实践中形成了自己的教育思想。你方唱罢我登场，西方教育史上的教育实践可谓层出不穷、各具特色，比如，维多里诺创办"快乐之家"，成为文艺复兴时期人文主义学校的典范；"泛智"教育思想的代表人物夸美纽斯亲自开办"泛智学校"；裴斯泰洛齐建立"伊弗东学院"推行其要素教育思想，后来瑞士乃至欧美兴起了"裴斯泰洛齐运动"；柏林大学的主要缔造者洪堡将学术自由、教研一体、科学统一的原则推行到大学改革之中；实用主义大家杜威在芝加哥任教时也开办了实验学校；苏霍姆林斯基与帕夫雷什中学相伴终生，谱写了光辉而感人的教育诗篇……异彩纷呈的背后，我们更能真切体会到思想扎根于生活与行动之中所彰显的无穷魅力和无尽能量。

学习西方教育思想史，至少可以使我们在古往今来、丰富多彩的教育思想面前多一点谦虚谨慎、少一点自以为是，有助于精神境界的提升。

思想，杜绝"简单拿来"

今天进行新的教育改革、建设有中国特色社会主义教育，为什么还要学习西方的而且多为"过时"的"旧"教育思想呢？

曾几何时，我们还不知道"希腊"是怎么回事就反对"言必称希腊"，不免盲目排外，结果又成了"言必称马列"（马克思主义也源自"西方"），实际是在跟着苏联跑，后来才明白原先对"马列"以及"希腊"的理解都比较浅、比较偏。改革开放以来又大量引进西方学术、思想，这本是好事，但是又出现脱离实际、食而不化的倾向。而今进行教育理论研究，既不能搞中华中心论，也要摆脱欧化情结。教育思想可以有优劣、正误之分，但在本质上并无所谓中西之分，即使有所区划，也只能是指某种教育思想是在某一特定时间、地域和历史条件之下形成，而在任何意义上都不能意味着它在本质上属于某一民族所特有。未来中国的教育思想要走向成熟，必须在充分吸取本土历史经验、观照本土文化传统的同时吸取西方以至多方经验、方法及其被实践检验、经得起推敲的教育思想。

还有一种错误思维要警惕，即以为什么东西越新越好，这会导致对某些一时之兴的外来思想或"新观念"的盲目接受以及对传统教育思想的轻视，以致没有厚实的思想文化底蕴、稍有一点经验成绩就满脑子想"创新"。新修订的《中小学教师职业道德规范》将原文中的"自觉更新教育观念"删除，改为"拓宽知识视野"，为什么？老师们的意见一针见血：新的不一定科学，新的不一定符合教育规律，现在有些"新观念"非但无益而且有害，有些"新观念"尚需实践检验。不加区别，照单全收，只会给工作带来混乱。传统教育观念就一无是处吗？所有的教育观念都需要更新吗？只讲更新，不讲继承，似有偏颇。而重视传统、把传统中的精华挖掘出来本身就是意在创新。这个"传统"不仅是本国的，包括了历史上世界范围的优秀教育文化成果。所以，错误的思想远比没有思想可怕，学习西方教育思想，必须先从我们的"思想"上作一番澄清。

人的一切活动都是有思想的活动，从这个意义上说，教育发展的历史，抽掉了教育思想，也就不成其为教育史。教育思想的本质是系统化、理论化的教育认识，而这种认识不能一言以蔽之，不会自生自灭或一成不变，它自始至终与社会发展、教育实践相融，在其矛盾运动中呈现出新的发展态势。因此，必须历史地、辩证地、理性地看待和分析教育思想，而在学习西方教育思想史的过程中，我们还需注意以下几方面工作。

一是还原。教育思想史的研习不仅要考虑思想观念本身的价值，还要考虑其具体的历史内涵。如果脱离具体的历史脉络、抛却对原始语境的追问，那么对教育思想的理解就可能停留于字面意思，难以达到真正意义上的认识。比如，现在很多人都在讲"建构主义"，写文章动不动就会说建构主义观点如何认为。但"建构主义"从何而来、产生的背景是怎样的？在哪些学科的教学中有较多体现？这些首要的问题如果尚未理出一条比较明晰的线索，就谈建构主义并引用其观点，是难以令人信服的。

二是深入。西方教育思想史中有影响的教育思想、值得思考的观点很多，一本80万字的书确实很厚，但对于厚重的西方教育思想史而言只是一块压缩饼干。有了一般了解之后，对一些内容应该作出深度研讨，有选择地阅读有关教育经典，向教育思想的"深水区"挺进，避免浅尝辄止、断章取义。例如，蒙田是16世纪人文主义教育思想的杰出代表，其教育思想主要渗透在他的散文、随笔中，我们不妨找来读读，其中的《论教育》《论儿童教育》《我谴责教育上的一切体罚》等，都是富有教育意义的名篇。再如，巴班斯基是苏联著名的教学论专家，他在《教学论方法论的若干迫切问题》中提出"绝不允许把教学论的原则和教学的规律性混为一谈"，这里表达出一个重要观点，即教学原则不等于教学规律。在巴班斯基之前的相关论述并不多，其后的研究似乎还不够细致、透彻，这实质上是教育哲学中一个颇具思考价值的问题，对于正确处理教育认识主体性与客观性关系、促进教学管理科学化都具有重要意义，可以作为一个专题再行探讨。

三是比较。比较有横向也有纵向，有整体、宏观的比较，也有细部、微观的比较。比较不是盲目比较，有些东西不具有可比性，有些比较毫无意义。比较要有相对可取的参照系，特别是不同的教育文化精神、价值取向，往往不可比，因为心理、思想、精神境界不是想积累就能积累起来的，它基本不存在今不如昔或今胜于昔、我不如你或你不如我的问题，谁也无权断定自己是唯一真理，否则就会失之偏颇。我们应在一些教学论基本问题上多比较，例如"教学内容"，巴班斯基有巴班斯基的看法，布卢姆有布卢姆的看法，波斯纳有波斯纳的看法，到了课程标准和学科课程论中又有具体的认识或要求，通过比较，从中可以窥察一些问题，在对照中深化认识、质疑解惑。

四是反观。反观就是站在新的历史形势下回过头对某些教育思想作出解读和评价，挖掘其现实意义，寻找可以在当代闪光的智慧。前面谈及的一些问题就是试图作出某种反观。反观要抓住本质关联，避免对教育思想进行片面曲解，打着"与时俱进"的名义乱加发挥。

五是跟踪。跟踪就是把握动态，时刻盯紧有关问题的进展。跟踪是对某一问题长期的关注和思索，同时在学习和实践上跟进。例如，布卢姆的掌握学习理论、目标分类学说对我国20世纪80年代以来的教育改革产生了很大影响，催生了我国的目标教学。20多年来，目标教学在我国经历了一段有喜有忧的历史，而布卢姆晚年及其去世以后，教育目标分类学说在西方又有了新的修订，结合新课程改革，我们提出的三维目标分类和布卢姆教育目标新分类两者之间又能作出什么样的比照，其对教学目标的拟定、实施又有什么启示？对此，我们应该及时了解、收集有关信息，针对新问题，结合新课改作出新的探索。

六是细化。细化就是不要止步于抽象的、一般的泛泛而论，要细致入微地对有关问题进行主动探究。如杜威的"思维五步骤"对于今天建设和谐高效课堂仍然富有意义：具体到学科教学、课堂实践、课型，如何体现其精神要义；就情境而言，在教学中要注意哪些问题；就提问而言，谁提出问题、什么时间提、提什么样的问题。如此等等，联系实际，着眼细部，探幽发微，很有必要。

思想其实早已开始，需要我们接过思想的火炬，沿着思想者的轨迹前行。

思想却又刚刚开始，需要我们在教育实践的熔炉中经受历练。

思想永远不会结束，需要我们在惶惑之际厘清正误，坚定教育的理想和信念，以执著、明敏、审慎的态度在教育教学改革中迈进。

思想是怎样炼成的？思想就是这样炼成的……

【作者小传】孙贞锴，男，1979年生，烟台第二十中学教师，历任校团委书记、语文教研组组长等职，毕业于曲阜师范大学，语文教育硕士。以"勤读、好学、善思、力行"自勉自励，注重对现实教育生活和教学现场的观察、调研与反思，发表教育教学论文80余篇；主持和参与完成多项教育科研课题，参编《和谐高效思维对话——新课堂教学的实践探索（初中语文）》《做有策略的校长——经典寓言与学校管理智慧》等著作。

教育学是艺术，是科学，是哲学……是多种学科的综合体。

《教育学是什么》这本书触动了我的心灵，我为自己所从事的职业的重要性而震撼，感慨教育学的深奥，羞愧自己学识的浅薄。

责　任

——读《教育学是什么》有感

田升平

论华夏，品三国，谈饮食，说车行……都不精通，但是每样都能说上几句，因为我看书的种类很杂。但是，作为一名人民体育教师，我却偏偏不爱看和教育有关的书籍，特别是理论方面的。同行、妻子常常取笑我头脑简单、四肢发达。2009年的寒假，在妻子喋喋不休的"教育"下，我捧起了《教育学是什么》。第一次翻开这本书，便有一种亲切感：书中配有书签，有作者的赠言、亲笔签名和联系电话，而且每章书后均有空白页——阅读笔记，可以书写心得、感受、疑难问题。作者能考虑到这样的细节，是我所想不到的。我以半认真半应付的态度在寒假结束前看完了。孰料：开学后，要写一篇读后感。虽然有点懒惰，但一向痛恨"假球"的我是不可能"借鉴"别人的成果的。无奈第二次捧起了《教育学是什么》。一遍看不懂，看两遍，两遍不透彻，看三遍。就这样，在磕磕绊绊中，读完了励雪琴教授的这本书。

不读则已，读完有以药化淤、透心透肺之感。我有很多的话想说，有很多的感慨要发。教育最基本、最真实、最为恒定不变的实体，即教育是多样化的历程。"教育学仅限于对年轻人进行教学吗？"这样理解就过于偏颇了，用书中的话说是"这个概念现在已经过时了"。教育学是艺术，是科学，是哲学……是多种学科的综合体。本书是"人文社会科学是什么"丛书之一，从历史到现实的角度向我们介绍教育学是什么。从历史的角度介绍，作者的意图不是介绍教育学的历史，而是介绍历史上的教育学是什么，因而，作者是围绕问题、原理、方法，介绍历史上几种有代表性的教育学的主要内容。从教育的人学原理、社会性原理、文化性原理以及展望明日的教育学几个方面进行了阐述。应该说，励雪琴教授所著的这本书像朋友一样亲切地、平和地娓娓而谈，在不知不觉中提高了我的思想境界。

掩卷沉思，获益匪浅。下面我想针对第三章"教育的人学原理"，结合教学实践谈一谈自己的理解。

重视基础

本章第一句话就是"教育，是为了人的成长和发展"。我觉得这句话应用在基础教育的小学阶段中最为恰当。基础教育的基础是什么，这是研究教育改革的立足点，基础教育应奠定好儿童、少年的健康身体的基础，公民品德素养的基础，专门人才的基础，从事劳动的基础，重在各方面的潜能开发，即养成良好的习惯。培根曾说过："习惯真是一种顽强而巨大的力量，它可以主宰人的一生。因此，人从幼年起就应该通过教育培养一种良好的习惯。"而我们小学阶段正是打好这些基础的重中之重。没有更坚实的基石，一切基础皆枉然。但是，在日常生活中，大多数人只是把学习作为小学教育的重要方面，而没有把学生的素质放在一个十分重要的位置，大多数家长只是盯着分数或者等级，很少有家长从更为长远的发展来看待孩子。说到这，可能有些家长会感到冤枉。我怎么没有重视孩子的长远呢，我现在为孩子做的一切不都是为孩子的长远考虑吗？的确，我们许多家长认为把孩子的学习搞上去，让孩子从小就受到好的教育，就是为孩子考虑了。这实在是有点偏颇。正如书中所说："教育是心灵的塑造。"那么我们在小学阶段无论是家庭教育还是学校教育，就应该着重于培养孩子们的思维品质，即重在培养孩子养成良好的习惯，不论是生活习惯、学习习惯等，让孩子们能够继承和发扬思维品质中的积极意义，破除思维定式的消极影响。

正所谓：教育是用生命影响生命，用生命涵养生命。爱因斯坦说过："用专业知识教育人是不够的。通过专业教育，他可以成为一种有用的机器，但是不能成为一个和谐发展的人。要使学生对价值有所理解并且产生热烈的感情，那是最基本的。"这里的"价值"，就是一种世界观、人生观。教育从来不只是知识和技能的问题，而是关系到人的精神格局——这是生命教育的核心问题。

这使我想起了我的学生孙腾，现改名为孙越，他现在是国家八一队的自行车运动员，2008年曾获得全国自行车越野赛冠军。在2009年10月15日举行的第十一届全国运动会自行车男子小轮车（BMX）越野赛上，他代表解放军队参赛，一举夺得冠军。说到这里，我很骄傲。当然不仅仅是因为他是我的学生，取得了这么好的成绩，重要的是作为体育老师的我在自己的教育事业上找到了信心。我是孙越1998年、1999年的体育老师，他文化成绩不好，学习不够灵活，常常是老师们重点辅导的对象，但是他心地善良，比同龄人都懂事，我想这也是他的父母教育成功的体现。在体育训练过程中，孙越的爆发力一般，迈步拖沓，但是他意志力很强，用我们的行话说，这个孩子在关键时刻很能咬住牙，有一种坚持到底不放弃的意志品质。所以在对他进行技术方面的指导后，我让他参加长跑训练，并对他的意志品质进行鼓励。孙越2002年进入了市竞技体育学校参加长跑训练。2004年进入烟台市体工大队，从事专业自行车训练。在国家八一队到基层选拔运动员的时候，他的专业成绩和体格测试均不占优势，但在最后一项蛙跳测试中，他能咬住牙比别人多跳了3圈，一直坚持到全身僵硬无法再跳，选拔结束后连续三天他未能下床。八一队的教练最后选中了他，就是因为他的这种顽强的意志品质。事后，当他把这些经历告诉我和他的父母后，我们都忍不住流泪了。他的成功靠的就是这种拼搏的精神，靠的就是这种对家庭、对自己负责任的人生态度。苏霍姆林斯基曾说过："真正的教育是自我教育。"孙越就是在学校和家庭的基础教育后，能够很成功地转化为自我教育，形成自己的人生价值观。

因材施教

"你永远是你，而我永远是我"，说的就是个性。我们的教育反对按一个模子塑造受教育者，主张个性的充分发展。个性是制造不出来的，所谓发展个性，只要求让个性不受阻碍地得到发展。陶行知曾这样说："培养教育人和种花木一样，首先要认识花木的特点，区别不同情况给以施肥、浇水和培养教育，这叫'因材施教'。"怎么做呢？第一，将保护、尊重和鼓励个性发展作为教育政策和教育计划的基础。第二，在各种教育措施中，考虑到受教育者理智自由和各种才能及兴趣的作用，形成民主宽容、能自由探索学习的环境，使其创新意识、独特性格、特殊才智都有表现和发展的机会。第三，形成一个真正合作的教育集体。马克思说："只有在集体中，个人才能获得全面发展其才能的手段，也就是说，只有在集体中才可能有个人自由。"

孙越是因为文化成绩不好去的体校吗？非也。班级中文化成绩不理想的大有人在，但并没有都去参加体育运动，并没有都朝着这一目标努力。孙越文化成绩不好是一方面原因，重要的是他热爱体育运动，并且在这方面有发展的潜力。正如苏霍姆林斯基所说："世界上没有才能的人是没有的。问题在于教育者要去发现每一位学生的禀赋、兴趣、爱好和特长，为他们的表现和发展提供充分的条件和正确引导。"这也是我的骄傲所在。

可能你会问：你说的以上这些和你写的题目"责任"有什么关系？是的，表面看起来没有太大的关系，但我要说的是，《教育学是什么》这本书触动了我的心灵，我为自己所从事的职业的重要性而震撼，感慨教育学的深奥，羞愧自己学识的浅薄。上学时学过《教育学》，学过《教师职业道德》，可是现在，当我有了一定的教学实践和理论基础的时候，再来学习，感受是不一样的。外国有一位学者说："教育就是学校里所学的东西忘记以后剩下的那点东西。"那么我如何让我的学生记住该记住的，忘记该忘记的？如何让我的学生记住更多的精髓？我的责任大于天！

励雪琴教授，我该如何谢谢您呢？是您又一次让我踏上了学习的征程，是您又一次叩响了我灵魂深处的责任感。

【作者小传】田升平，男，1977年生，蓬莱市经济开发区小学体育教研员，毕业于烟台大学。不仅酷爱体育运动，也甚爱读书。以马卡连柯的名言"教师的威信首先建立在责任心上"为座右铭，一直追求"四肢发达、头脑丰富"的体育教学艺术，曾发表多篇国家级文章，为市、省、国家队输送多位优秀体育人才。

管老师说："教师的责任心就是要对学生负责。不仅对学生的学习、发展负责，还要对学生的生活、身体负责。"在这方面，爸爸和妈妈给我做了好榜样。

做父母亲那样的教师

——读《不做教书匠》

王海燕

管建刚老师的《不做教书匠》，我读了好多遍，每次都有不同的感受和体会：有的时候感觉像在听课，"随风潜入夜，润物细无声"，语言精致深刻，恰如其分的小典故娓娓道来，令人耳目一新，深刻地反映了一线教师存在的普遍问题；有的时候感觉像一位长者，慈祥和蔼，"众里寻她千百度，蓦然回首，那人却在灯火阑珊处。"是啊，真正的教师应该这样做。

像书中所说的那样，我做教师不是自己的意愿，是做了一辈子教师的父母为我做的选择。不只是我，还有我的二姐。妈妈说："做教师挺好的。有书，有学生，生活不空虚，不寂寞。"让妈妈高兴的是，我和姐姐同年考上了师范；但令我们痛心的是，半年后，妈妈去世了。我知道，做个好教师是妈妈的最大期望，父母的言传身教让我知道教师要懂得坚守，要有爱心，要有责任心，要有思想……我觉得这其中最重要的还是责任心。说起责任心，我不由得想起了小时候发生在我身上的一个故事：6 岁那年，夏天午睡，突然狂风大作、雷电交加，我很害怕，慌忙跑到妈妈上课的教室。跑到门口的时候，突然想到妈妈说不准进教室，于是我就乖乖地站在教室门口，屋檐上滴下的水顺着我的脊梁流到我的脚底，我也不敢跨进教室半步。这件事后来被父母重复了好多年。他们是在表扬我，意思是我很听话。其实，现在想来，与其说我听话，不如说他们那个年代的教师有责任心。

管老师说："教师的责任心就是要坐稳'教师'这把椅子。"责任心是做一名好教师的前提。教师的责任心，首先是要有一辈子做教师的信念。自古以来，教师这个职业就是清贫的、辛劳的。在当今这个物欲横流的社会，实在有太多的诱惑。记得毕业后，我在乡村的职业学校一干就是 7 年。刚开始的几年还好，年轻有热情，很想干出一番事业来。当身边的跟我年龄相仿的同伴一个个调到条件比较好的县城的时候，我坐不住了；当有的同事改行到了更优越的单位的时候，我想入非非了，我开始怀疑父母为我做的选择，父母的"传家宝"也慢慢地被我忘在脑后了……这时，我读到了管建刚老师的《不做教书匠》，感觉书中的一字一句就像当年妈妈的谆谆教导，温和而严厉，慈爱却有分量。像缕缕阳光，温暖心田；如一盏照明灯，为我指引方向。是啊，教师要懂得坚守，要坚守优良的传统和课堂；教师要耐得住寂寞，不被金钱和利益诱惑。就像管老师说的那样："如果你想成为富翁，请离开教师这个岗位；如果你想在仕途上有发展，请另谋高就。"是的，教师这个职业不同于别的职业，因为我们面对的是学生，是一个个有血有肉的鲜活的生命；我们面对的是家长，是一双双望子成龙的渴盼的眼睛。我的观望和懈怠会毁掉多少个孩子美好的前途，会酿成多少个家庭悲剧……我甚至不敢想下去了。

管老师说："教育是朵带笑的花。"是啊，所有孩子都喜欢老师能把微笑挂在脸上。如果我能微笑着倾听学生讲述，微笑着赞许，微笑着抚摩孩子的头，那对学生来说是一种无法比拟的快乐。如果说教师的人格力量是一种无穷的榜样力量，那么教师的爱心就是成功教育的原动力。陶行知先生说得好："捧着一颗心来，不带半根草去。"这正是教师无私奉献爱心的典范。于是，我放下所有的私心杂念，一心一意地投入到教学中；我不再把备课、上课当成负担，不再把成绩不好的原因归结为"学生调皮"或者"学生难教"。平静之后的我发现做教师真的很好：每当我讲了一堂成功的课后，走出教室的心情像春日的太阳一样明朗；每当进校门时，孩子们甜甜的"老师好"让我一天的心情像孩子们的笑脸一样灿烂。

管老师说："教师的责任心就是首先要对自己负责。对自己有责任感，就是对自己的教育人生有一个清醒的认识和规划，就是要发展自己，而不是做一天教师撞一天钟。"当我从职专调到普高，正赶上普高的课程改革，课本还没用完一套，就又换成新面孔了。面对新课改、新理念，我常常觉得力不从心、焦头烂额。我发现仅仅有一颗热爱教育事业的心是远远不够的。我清楚地意识到，要修炼内功，更新教育观念，寻求更适合自己的教育方法。苏霍姆林斯基说过："每天不间断地读书，跟书结下终生的友谊。"朱永新教授也说过："一个人的阅读史就是他的精神发育史。"人的身体的发育有年龄限制，人的精神发育却是一辈子的事。教师应该走一辈子精神发育的路，只有这样，才不会被未来的学生抛在后面，才不会被未来的学生称为"老古董"。读书，是精神一辈子修炼的需要；读书，是教师生命的有机组成部分。上师范的时候，看过不少武侠小说，我知道真正的武林高手随手而来的就是致命的绝招，因为他的内功已修炼到了最高境界。没练好内功，一心想出绝招，出来的只能是花拳绣腿。我想，对一个教师来说，读书就是练内功。这个功不是靠给的，是靠自己修炼出来的。只有修炼出属于自己的、从自己心灵深处滋生出来的、与自己浑然一体的理念，那么，你的所有的教育教学行为才会是别人羡慕得想模仿和借鉴的方式方法。于是，我开始有计划地读书，读苏霍姆林斯基、朱永新、李镇西等大家的教育名篇；读《回乡》《指环王》《哈利·波特》等国外名著；读《读者》《体育世界》《少男少女》等在学生中很流行的杂志。书像丝丝细雨、潺潺小溪，丰富着我的课堂，浸润着学生的心灵。渐渐地，我感觉备课轻松了，和学生有共同语言了，上课时师生关系融洽了……是读书让我感到工作着，是快乐的，是幸福的，因为我觉得读书就是和一个个智者对话，惠及终身。浮躁时读书，让人心静；烦恼时读书，快乐自然潜入；无聊时读书，感到充实；迷茫时读书，方向自明……外出听课学习的时候，看到外边的老师利用课件、多媒体讲课，课堂活泼生动，学生的兴趣高涨。我深知现在的教育已经不能像父辈那样，仅靠一书、一笔、一黑板打天下了。但是，我所任教的乡村学校条件较差，电脑没有普及，一个办公室里只有一台，所以，大多数教师都不会自己制作课件。听说我的师范同学精通课件制作，我便利用周末去跟她学习。由于课堂中运用了多媒体，原来枯燥的课堂变得生动起来，学生的积极性也被充分地调动起来。现在还清晰地记得，毕业后的第三年，我就在烟台市优质课评选中获奖。

管老师说："教师的责任心就是要对学生负责。不仅对学生的学习、发展负责，还要对学生的生活、身体负责。"在这方面，爸爸和妈妈给我做了好榜样。记得我小的时候，妈妈和爸爸常常带一些单亲的或者家里很困难的学生回家吃饭、睡觉。直到现在，我走在街上、商店里或者别的什么地方，常常会有人走到我跟前，拉着我的手，激动地对我说："我认识你，你是王瑛老师的女儿，老三，我在你家吃过饭，那时候，你才这么高……"做了教师的我，深刻地理解了为什么妈妈会在学生的心目中有如此高的地位。在普高任教的时候，看到有些学生为了省去排队买饭的麻烦，不去餐厅吃饭，而是用方便面、火腿肠、面包之类的东西对付一下，我感到很痛心。于是，非班主任的我利用晚自习的时间，和学生聊了许多关于饮食与健康的话题，告诉他们只有身体好了才能有旺盛的精力，才能更好地学习。看到学生们看书姿势不对或时间过长而导致近视，我常常和学生一起做一做眼保健操，纠正个别学生不正确的坐姿和写字的姿势。可能是我的非班主任的班主任做法，让更多的学生愿意接近我，向我诉说心中的喜怒哀乐，诉说连父母和班主任都不知道的小秘密……学生的情感是稚嫩而敏感的，在与学生朝夕相处的过程中，我总是细心观察他们的一举一动，及时化解他们心里的不愉快。作家陈丹燕说，人的情感就像是皮肤，用得多了，就会粗糙起来，长出老茧，不敏感了。"一个教师的情感的伟大之处就在于，他每接一个班、每带一批学生，就和学生建立起初恋般的美好感情。"正是因为我和学生之间涌动着这种爱的溪流，才让我们彼此信任和依恋。直到现在，我还保持着和学生的联系。每到教师节，总会收到学生来自四面八方的祝福。周末的晚上，坐在电脑前，和我的桃子李子们聊聊天，分享他们在大学或者在工作中取得的成绩，是我最幸福、最快乐的时候。每到寒暑假，总有学生到我家拜访，说说过去，谈谈将来。

"尺璧非宝，寸阴是竞。"作为一名年轻教师，我没有时间去犹豫，只有抓紧时间学习，用理论提升和武装自己，做一个有方向感、约束感、责任感、上进感、奋斗感、专业感、亲和感、智慧感的教师。让这"八感"指引我在教育的道路上走得更稳，走得更远。当我迷茫困惑时就读一读《不做教书匠》，我的灵魂不再漂泊，精神不再流浪，找到了安放心灵的精神家园。

感谢管老师，让我平凡的人生有了不平凡的目标与追求。

【作者小传】王海燕，女，1973年生，招远市教育科学研究室教研员，毕业于山东省蓬莱师范学校。结合自己的教学实践，发表论文数篇。喜欢管建刚老师的《不做教书匠》，明确自己的方向和使命：不断读书、学习，做一个智慧型、科研型、善思型的能工巧匠。

唯有以心灵碰撞心灵，以心灵滋养心灵，以心灵关爱心灵，才能走进教师的心灵世界，才能唤醒沉睡的心灵，才能收获心灵的幸福。唯有以勇气震撼勇气，以勇气感召勇气，以勇气鼓舞勇气，才能引领教师的前进，才能收获成长的硕果。

心灵碰撞心灵 勇气鼓舞勇气

——读《教学勇气——漫步教师心灵》有感

王连敏

无意中看到了帕克·帕尔默的《教学勇气——漫步教师心灵》，我信手翻阅起来，该书以热情洋溢的语言表达了心灵的交流与共鸣在教育中的重要性，文字透射着智慧的光芒，散发出沉稳、平和的气息，吸引着我一路前行，在拨开层层迷雾之后，探寻到了静谧、芳香的心灵家园。

现在回想起来，当我刚刚成为一名教育科研人员时，内心的恐惧与不安依然在眼前清晰可见。眼中的一切都是陌生而抽象的。虽然从教八年，但教育科研对我来说差不多是一张白纸。看到办公室里的同事们每天忙着学习先进的教育理念与教育方法，议论着教育改革的方向与纷纷呈现的教育创新形式，我觉得自己就是教科研的局外人，被笼罩在一种孤独无助的压抑感中。

帕克·帕尔默说："当你失去心灵力量时，可以与启发、引领心灵的导师重遇，重新点燃内心的热情。"我回想自己初为人师时的壮志豪情，回想指导教师对我的鼓励与帮助，就是这些，支撑着我在八年的从教时光中披荆斩棘、不知疲倦。我回想曾经阅读过的一些教育名家的书籍，那些教育思想都闪耀着睿智的光芒，而这些光芒都源于深邃的心灵世界。他们不就是我的心灵导师吗？从那时起，我整天徜徉在网络中，穿梭在教育专家的博客里，即使是晚上和周末休息时间也不忘带本教育杂志回家。在夜深人静、万家灯火渐次熄灭时，我的心灵却能在黑暗中不知不觉地寻找到引领的明灯，在与智者的心灵碰撞中迸发出智慧的火花，感悟智者的勇气同时鼓舞着自己的勇气。我在阅读中思考，在思考中感悟，一个执著的、不服输的念头油然而生。我暗下决心，一定要尽快摆脱这种苦恼与尴尬，让自己的教科研水平提升起来，让自己融入教科研集体中。那么，我该怎样做才能快速地提升自己呢？

我在《教学勇气——漫步教师心灵》中找到了答案，那就是要铸造我的学科，即教育科研。于是，我翻阅了一大堆教育名家的书，远如苏霍姆林斯基、陶行知，近如李镇西、魏书生、陶继新、窦桂梅等。我学到了先进的教育理念、先进的教育方法。我学习新课程改革的文件、阅读教育科研的书籍，一堆堆的先进理念与教育方法被我吸纳了。在与智者相伴的那些日子里，智者用他们的智慧教导了我，用他们的勇气鼓舞了我，让我这个教科研新人能够在短短时间里迅速融入教科研的领域。我感觉到底气似乎足了许多，终于可以长吁口气。膨胀的思想不知不觉让我产生了大展拳脚的想法。

当我信心十足地打算检验所学的理论知识时，遭遇了意外的打击。我到学校指导课题研究，与教师谈论教育学理论和教育科研理论，但对于学校的实际却不敢涉及。我发现，教师对于学校的科研工作似乎并不怎么感兴趣，虽然他们极力表现出热衷的表情，但我分明感觉到在那热情的表层下潜藏着的是颗颗冰凉的心。我极力想说点对学校有用的实践性建议，又唯恐说不在点上或者说错成为笑柄。

当我给授课教师点评课堂教学与课题的发展结合情况时，我也是居高临下地对课堂进行一番理论点评，教师面无表情甚至带着丝丝冷淡，令我感到如芒在背，很不自在。那一瞬间，我恨不得找个地方隐藏起来，却不得不硬着头皮继续干巴巴地理论说教。

当邀请我的团队教师写教育叙事、教育感悟时，我发出了五六封电子邮件，却没收到一封教师的回信，我感觉心灰意冷。满腔的热忱被一盆冷水给浇灭，只剩下宛如断断续续的青烟般的勇气还袅袅地萦绕在心灵深处。那份孤独与无措无法挥去，那种挫败感令我懊恼。恐惧感再度将我深深地笼罩起来。

帕克·帕尔默说："恐惧无处不在，它把我们与一切阻隔开。唯有真诚地对待存在的恐惧，不要切断与教师心灵之间联系的渴望，才可以超越恐惧。"我曾一度抱怨学校科研意识不强，缺乏锐意进取的精神；抱怨教师思想落伍，缺乏改革创新力度；抱怨教师懒惰，缺乏及时总结反思。但是，当我冷静下来，反思事情的经过时，我才发现了自己的科研知识的浅陋，才知道自己的实践基础实在太差，对学校的实际不了解，对教师的心理与能力了解不深，才导致只敢谈理论而不敢将理论与实际研究结合起来。我庆幸自己及时洞察到了产生恐惧的原因。教师没有足够的自信进行改革，缺乏改革勇气。那么，怎样才能给他们勇气，让他们拥有锐意进取的精神，让他们敢于尝试改革创新，让他们始终在独立与合作的探索中保持不变的教育情怀，追求真正的理想教育呢？怎样才能让教师踏上"优秀教学永远需要的重获内心世界资源的小径"呢？

当看到帕克·帕尔默所说的"要结成志同道合的共同体"时，我恍然大悟。唯有与教师结成志同道合的共同体，才能使我们在科研工作中相互扶持，共同前进。我只是把教科研从技术层面对教师进行传授，而忽视了最根本的问题——教师的心灵需要。要想与教师结成志同道合的共同体，就需要在心灵的碰撞中产生共鸣，在勇气的鼓舞中互相扶持。教师要想对自己的课堂进行改革，不仅需要技术的指导，更需要心灵的支持与改革的勇气。回想以前的工作，我没有考虑教师的心灵需要，只是从技术层面传授了一些课改的方向与方法。是的，教师如果只是掌握了单纯的技术性知识，没有课改的勇气与支持，单枪匹马确实难以维持下去。教师要真正进行课改，重要的还是要有智者为他们鼓劲，为他们领路。

我想起了自己当教师时的处境，整天忙忙碌碌、静不下心来，备课笔记写了一本又一本，学习笔记、政治笔记、班主任工作手册应接不暇，作业、试卷一摞又一摞，占满了办公桌。我刚离开教学岗位，怎么就忘记了在教学一线上的繁杂无章呢？我那时最需要什么呢？我把自己放逐到时光隧道里，记忆越来越清晰。为了尝试进行课堂创新，我到处找借鉴资料，到处找人询问意见，我那时最需要别人帮我指点迷津。我不需要什么深奥的理论，我要的是能上好课的实践意见与简明易懂的理论依据。

当我遇到困难的时候，我可以找智者学习、研究。教师遇到困难的时候，如果我能及时地给他找到智者，不就可以为教师节省时间吗？这种"柳暗花明又一村"的豁然开朗令我喜不自禁。我尝试着做了些改变。当我把自己的心灵敞开，主动迎合教师的心灵，我的科研勇气潜移默化地鼓舞了教师，我们不知不觉地为彼此加油，在契合中找到了自己的心灵慰藉。我将科研的重心下移，更多地关注学校与教师层面。学校与教师开始尝试着根据实际情况进行谨慎的创新性改革，摒弃了浮夸的形式，获得了实质的开拓，不再是为科研而科研，而是为教育而科研。

再评课时，我基本可以做到信手拈来，不再是从理论的高度俯视课堂，而是从实践的层面循循善诱、旁征博引，理论只是成了引证，大多谈论的是对课堂教学的实质性评价。我与教师进行交流时，不再是单纯地谈论技术层面的知识，更多的是谈论一些教育名家的心灵成长与专注精神。当教师的目光变得清澈而明亮，间或有顿悟的灵光闪过时，当得到教师肯定的评价时，我知道我终于找到了教育科研的方向，终于为我那颗飘荡的心灵找到了寄托的家园。

我不再要求教师写好几千字的长篇大论，而是降低到写几百字的点滴感悟。我从网络上、报纸上找到一些优秀的范例，通过 QQ 或者电子邮件的途径发送给教师，并为教师提供一些不需要版面费的报刊征稿信息。渐渐地，教师有了回应，在 QQ 上给我留言说读了哪篇文章感觉很真实，很亲切，有收获。慢慢地，教师也试着写一些豆腐块大小的课改经验或教育经验投出去。教师这些令我感到欣喜的变化让我明白了，在教科研的工作中，站得高看得远并不一定是好事，缩小自己与教师的心灵距离才是最能解决问题的。只有让教师获得成就感，才会激发教师的教育科研兴趣，才会培养起教师的教科研信心，才能获得自我满足。心灵是需要心灵碰撞、滋养、呵护的，教师其实也迫切需要有人帮助他们成长，但那种高不可及的帮助只能如水中月、镜中花，那种缺乏沟通的、缺乏契合点的心灵交融是不可能实现的。

在与教师的心灵碰撞中，我的心灵产生了强烈的震撼，我明白了教育科研人员的使命：它应该是一颗要散发光和热的星球，是一盏要点燃自己为别人领航的灯塔。唯有以心灵碰撞心灵，以心灵滋养心灵，以心灵关爱心灵，才能走进教师的心灵世界，才能唤醒沉睡的心灵，才能收获心灵的幸福。唯有以勇气震撼勇气，以勇气感召勇气，以勇气鼓舞勇气，才能引领教师的前进，才能收获成长的硕果。而在心灵的交融中，在勇气的交错中，我不仅为自己无处安放的心灵找到了位置，更为自己始终坚定的步伐找到了前行的力量。

回首从事教育科研工作的三年多时间，在这条艰辛的教育路上，我曾怀疑、退缩过许多次，是《教学勇气——漫步教师心灵》如温暖而明净的海水，一波一波地将我的烦恼冲刷干净，令我那颗躁动的、无处安放的心灵找到了淡泊宁静的家园，并始终鼓舞着我、引领我在前行路上越挫越勇。我相信，《教学勇气——漫步教师心灵》将如一座深海中的灯塔让我在航行的途中不会迷路，更将是醒世名言激励我不断超越自我，引领我在教科研路上不再踽踽独行，而在与教师共筑的心灵家园中幸福地跋涉前行。

【作者小传】王连敏，女，1975 年生，招远市教育科学研究室教研员，毕业于烟台大学电子系。从事教育科研工作以来，潜心钻研教育规律，坚持求真务实的工作作风。在国家、省、市级期刊发表文章十余篇。喜爱灯下静读，沉浸在书香意蕴中，体味在深思领悟里，品味着教育的精髓，汲取着成长的力量。愿把教育科研这颗神奇的种子种在希望的田野上，用心血浇灌，让它成长为参天大树。

李镇西老师把教育事业当成自己的事业，把带给学生一生的幸福当成一生的追求，而我们大多数老师只是把教育当成自己谋生的工作。掩卷沉思，我开启学生心灵之门的金钥匙在哪里呢？

给学生一生的幸福

——读《爱心与教育》有感

王丽芳

那天，终于从邮差手中接过盼望已久的《爱心与教育》，心中欣喜不已。很久前就听说了这本书，却一直没有机会阅读。夜晚轻轻打开书页，不知不觉沉浸到书中。那一幕幕真实的、感人的故事，朴素中闪烁着华美，流畅中渗透着忧虑，峻急中深藏着思考，舒展中流动着智慧……我流泪，我敬佩，我陶醉，我感叹，不知不觉进入了一种会意忘文的阅读境界，带着自己的心去读，带着自己的梦去读，带着自己的实践去读，带着自己的思考去读。我深深体会到"当一个好老师最基本的条件是拥有一颗爱学生的心！"正因为有了爱心与童心，李老师的教育事业才永不言败。

拳拳爱心，打开心灵的钥匙

李老师在《爱心与教育》里提道："爱是打开学生心灵之门的金钥匙。"他把教育事业当成自己的事业，把带给学生一生的幸福当成一生的追求，而我们大多数老师只是把教育当成自己谋生的工作。掩卷沉思，我开启学生心灵之门的金钥匙在哪里呢？

慈母之爱，是阳光做的钥匙。作为教师，我把慈母般的爱献给我的学生，像阳光洒向每个角落。用这把阳光般的钥匙去温暖每个学生。10 年前的教师节我曾收到一份珍贵的礼物，那是我班单亲女孩小宇送我的。小宇 8 岁时失去了母亲，经常衣衫不整，我常给她系纽扣，整理衣领，帮她梳头，买早饭……由于没有母爱，她总是不言不语，性格孤僻，我就用下课时间给她讲故事，让同学们多跟她玩。正因为如此，在那个教师节来临之际，她用纸精心折了个"心"字的贺卡，上面写着："我心中的妈妈，祝您节日快乐！喜欢您的学生——小宇。"如今已经长成大姑娘的小宇，依然和我保持联系。我经常到她的博客里留言，在QQ里交流彼此的生活，帮她排解失恋的忧伤，分担她父亲病危的痛苦，一起感受人生。

无私之爱，是春雨做的钥匙。李老师说："教师应把更多的关注、更多的情感投向那些极度缺爱的同学。弱势群体是不幸的，因为他们长期承受着巨大的心理压力，很难拥有健康、快乐、自信、向上的精神生活。如果我们能还他们健康、快乐、自信、向上，那该是多么好的教育！"我想，无私的爱就像春雨做的钥匙，打开每个孩子的心灵，滋润每个孩子的心田，特别要小心开启弱势群体的心扉。

作为教师，关爱每一个学生是我们的职责。教师要全面地了解、关心、爱护每一个学生。上学年，我班有个叫××的孩子，有点弱智。一天中午，我一进教室就看到大家围成一群，喊着叫着，我一看，蒙了，大家对××吆喝着比画着，吓得他缩作一团。看到我，大家散开回到自己的座位上。我忍住愤怒，诚心地跟学生们交流，生活中有很多弱者，我们该伸手去帮助他们，而不是欺负他们。从此，我更多地去关爱××。我发现××腰椎发育不全，在下楼人多时就拉着他的手；××经常尿裤子，我就经常及时提醒他小便；他记忆力差，我就每天手把手教他一个字。其他学生看到老师一点也不嫌弃××，也纷纷效仿。××在这个充满爱的班级中，快乐地生活。如今，他升入二年级了，不随我读书了，但是每次看到我，就很灿烂地笑。那天，我到他班找个学生，突然有个人在背后轻轻拉住我的手，我一看是××，他两手抱着我的胳膊，贴在了脸上，就是舍不得放开。当时我的眼睛湿润了，心中充满了感动和自豪。

宽容之爱，是大海做的钥匙。李老师长达30多页16个专题转化一个学生的教育手记，是我迄今为止见过的最翔实、最感人的后进生转化手记。在阅读过程中，我不断地被感动。我看到了转化一个后进生到底有多难，更看到了一个为人师者的爱心、耐心和信心。万同的每一点变化，无论是朝哪个方向，都牵动着老师的心，而万同身上所体现出的反复，足以考验最有耐心的教师。

跟李老师相比，我的学生年龄更小、心灵更稚嫩，更需要我去呵护、去关心、去琢磨、去引导。我曾经教过一个叫浩的学生，他常常拿家里的好多钱买零食、玩具，经常被父母打，但总是屡教不改，父母伤透了心。有一次，交书钱时，他告诉我钱丢了，在父母的打骂之下也没有说出实情。我觉得蹊跷，就悄悄地在班内进行了细致的调查，终于发现了疑点。有一个学生发现他躲在楼后数钱，还吃东西。我抓住这一点，首先点出他对老师撒谎了，又用"狼来了"的故事让他明白撒谎的巨大危害，继而我又表扬他最近的学习、劳动各方面的进步，鼓励他做一个诚实的好孩子。在我的启发教育下，他承认了自己的错误。由于对他的教育，我采取了个别交谈的方式，和他一起分析错的原因以及危害，保护了他的自尊心，所以他非常信赖我，也越来越喜欢我。虽然后来他又反复了几次，但我依然没有放弃，而是以宽容的心容纳他的缺点，继续说服教育。有一次，他在上学的路上捡到一沓钱，有好几百元，主动交到了学校，被学校授予"拾金不昧的好学生"称号。我想，宽容之爱，是大海做的钥匙，让一个浪子回了头。

纯纯童心，营造快乐的源泉

正如李老师所说，爱心与童心是其教育事业永不言败的最后一道防线。他把教育事业当成自己的事业，把带给学生一生的幸福当成一生的追求，凭着对教育的一份执著，对爱的一种坚持，把幸福与快乐送达每一个孩子的心中。在教学中，我也始终保持一颗童心，每天都以阳光般的笑脸走进校园，走进课堂。

——"同学，你好！"

清晨，我走进校园，总会听到学生们甜甜的问候声："老师好！"我也总是微笑着点头并立刻回应："同学，你好！""同学们早！"遇到害羞的学生我总是主动问他们好，有时轻轻拍拍他们的肩，有时拉着他们一起走。他们看到老师真诚的笑容，听到老师热情的问候，总是很开心，蹦着跳着离开。日久天长，我教过的甚至没有教过的学生，好多好多，都来问好。一个微笑，一声回音，温暖了学生，也温暖了自己。那一刻，师生之间皆因这小小的问候而温暖着，也拉开了一天美好的序幕。看到正在清扫楼梯的学生，我会轻拍他们的肩，真诚地说："谢谢同学们，走在干净的楼梯上，心情真好！"因为我拥有一颗童心，所以总是能看到学生的美好，并且感受这份美好，师生之间的关系也变得越来越融洽。

——"老师错了，对不起！"

李老师拥有一颗纯洁的童心，这颗心如玻璃般透明，如珍珠般晶莹。当他错怪了学生时，能够放下教师的架子，像个小孩子一样向学生真诚道歉，并且替学生值日一天。学生们多么喜欢这个大朋友啊！他们亲切地称他为"镇西兄"。

我经常对学生说，老师和同学们一样，也会犯错误。老师如果做错了，同学们要帮老师指出错误，老师好改正。当我不小心写错数字时，学生们会勇敢地告诉我，老师你错了，我立刻郑重道歉："老师错了，对不起！谢谢大家帮老师改错。"学生看到老师像他们一样做错事就真诚道歉，特别开心。这样的道歉拉近了师生间的距离，也让学生感到老师对他们的尊重，他们也越发喜欢我这个大朋友了。

——"谢谢你，同学！"

数学课堂上，学生们正安静地计算着，我一边巡视一边给做完题的学生批改。有的学生为了方便我批改，看到我走过去，马上把书朝向我，这时，我对他的细心总是充满感激，小声说"谢谢"，或者伸出拇指，表示赞赏。当我们的眼神交流的时候，我看到了快乐，那是被认可、被欣赏的快乐，那是童心与童心交流的快乐。

李老师总是用那颗童心给学生带来快乐。他和学生一起游山玩水，他和学生共同举办生日篝火晚会，他和学生一起煮火锅、包饺子……他付出了时间，付出了金钱，更付出了无私的爱。回忆我的教学之路，也曾和学生一起在草坪旁看花儿争芬，也曾于雪地里和学生打闹，也曾和学生们一起跳绳争比高低……可是现在多了一份职业倦怠，少了一份对事业的执著。爱心与童心也随着年轮的旋转，而逐渐淡漠了。

李老师对教育是那样的执著，对爱是那样的坚持。虽然我们每个人都曾经有过成功的案例，有可以值得回味的教育故事，但是随着年龄的增长、经验的丰富，职业倦怠也随之而来，教学真的就成为谋生的手段了。正如"做一件好事不难，难的是做一辈子的好事"，一个老师创造一个感人的场面并不难，但能够长期像李老师对待万同同学那样对待每一个学生，真的好难！反省自身，反省自己与李镇西老师之间的差距，内心久久难以平静，我渐趋平庸的心悄然苏醒：就让爱心与童心在我们的心中永存，走出浅薄，走出自满，走近学生，走进教育！把带给学生一生的幸福当成自己一生的追求！

【作者小传】王丽芳，女，41岁，烟台市福山实验小学高级教师。1989年毕业于山东省蓬莱师范学校，本科学历，主要任教语文、数学（双科），担任低年级班主任工作20余年。积极投身教育教学改革，先后有多篇教学论文、教学案例获奖。工作之余甚爱读书，视读书为终身所需，希望做个有思想的读书人。

走进魏书生老师的内心世界，我如同聆听一位智者的心灵独白，举手投足、字里行间无不感受到他质朴的人格魅力与务实的工作作风。

走进这本书，我找到了一条通往美丽风景的捷径；走近魏书生，我更是坚定了自己要当班主任的信心。

体味，亦是一种美丽

——读《班主任工作漫谈》

赵 妮

花开是美丽的；成功是美丽的；体味，也是一种美丽！

当夜色悄悄地织上屋顶，当华灯映燃于夜的星空，当女儿传来呢喃的梦呓，我再一次地捧起它——那本我青睐已久又让我怦然心动的《班主任工作漫谈》。我细细地品味，慢慢地斟酌，似一杯芬芳馥郁的浓茶，又似一杯清醇醉人的红酒。我游离于字里行间，陶醉于淡淡的书香。

走进魏书生老师的内心世界，我如同聆听一位智者的心灵独白，举手投足、字里行间无不感受到他质朴的人格魅力与务实的工作作风。如同长庆石油勘探局教育处荆涛同志所言："迄今为止，在我们所能看到的有关班主任工作的著作中，如此通俗、生动、吸引人，如此让人颔首称赞、津津乐道，读后令人胸怀宽广、观念更新、精神振奋者，可谓绝无仅有。"这句话道出了我的心声。《班主任工作漫谈》的的确确是一本好书，它闪烁着智慧的光芒，具有震撼人心的力量。倘若你是班主任，你一定要看，相信你看后定会醍醐灌顶，爱不释手。

每个学生是我的助手，我也是每个学生的助手

说实话，每个班都有后进生，像不写作业的"小懒蛋"，违反纪律的"小捣蛋"。走进办公室，听到的是同事们的声声责备、抱怨；走进教室，又传来隔壁老师的厉声训斥。只因他们破坏了班级纪律，扰乱了教学秩序，影响了班级成绩，在我们老师的眼中，他们似乎成了我们的"敌人"，成了我们的"眼中钉"。

然而，这些孩子在魏书生老师的心目中，则变换了角色。借用他的话："咱们不要埋怨学生难教，教师埋怨学生难教，就像医生埋怨患者难治一样，医生埋怨患者得的病太重，就不给治了，那他的医疗水平不会高。医生的医疗水平是在治疗疑难杂症的过程中提高的。教师的教育水平也是在把难教的学生教好的过程中提高的。从这个意义上讲，后进学生帮助了咱们，帮咱提高了教育水平。当然咱们也帮助学生提高了自我教育能力，所以咱们这叫互帮互助。"他坚信不管学生多气人、多淘气，当学生站在我们面前时，我们会发现，他们的内心深处便潜藏着我们的助手。我们要穿透学生那使人生气的表情，看到他们那广阔的内心。

魏书生老师的这番话深深地震撼了我的心灵。所以，每逢学生犯错误，在教育他们的时候，我会学习魏书生老师的做法，力争不站在学生的对面，让学生怎样，不让学生怎样，而是冷静下来，站在学生真善美那部分思想的角度提出：我们需要怎样，我们怎样做能更好。我要让学生感到我不是在训斥他，而是在帮助他，我就是他们的助手。拉近与学生间的关系，与学生建立互助的关系，这样我们的教育就会进入左右逢源的境界。我把这番话牢记于心，同时也时不时传达给同事。

曾经，我就是借鉴了魏书生老师的做法，解决了班级工作中的一个大难题。

那段时间，我们班上的一些男生放学后聚在一起不回家，在街头巷尾玩打卡游戏，甚至为了一张卡争得面红耳赤。他们居然把卡视为至宝，赢了欣喜若狂、信心百倍，输了垂头丧气，甚至万念俱灰，但仍要力挽狂澜赢回来，那韧性和意志要是用在学习上就好了。

起先，我苦口婆心地教育，列举了一系列打卡的危害性，可谓有百害而无一益，并下死命令：如果谁再打卡，不仅没收全部卡，还要负责清扫一天的卫生。我原以为我这一威慑肯定能镇住学生，至少也能老实几天，可不曾想，第二天就有学生报告又有一个男生打卡，我一怒之下没收了他们全部的卡，以杀一儆百。而且我还在班级再次重申——如果再有违犯，罚扫一周的卫生，还要写检查。我想：这下看还有谁敢打卡？的确，日子平静了几天。可周末一来到，邻班的一女生悄悄告诉我：我班仍有男生打卡，而且白天不敢出来，全是晚上八九点钟在路灯下偷偷地进行，难道打卡跟赌博一样有瘾不成？不行，我必须采取行之有效的措施。没收卡，罚值日，这些原始而粗俗的做法看来是行不通的。该怎么办？我想起了魏书生老师的那番话。

周一班会，我在黑板上一笔一画地写了两个大字——打卡，孩子们胆怯地望着我，以为我又要大发雷霆，有几个男生诚惶诚恐地不敢抬头。而我则心平气和、面带微笑地说："同学们，今天的班会我们开展一次关于打卡的辩论会。"孩子们一脸的惊愕。"辩论的主题是打卡到底好不好？"话音刚落，只听女生齐声喊："不好！"男生则小声地相互点头说："好。"很明显，正方、反方男女两派出现对立。

女生很快列举了大量的打卡危害性：沉醉于打卡会严重影响学习；长期打卡易影响身体的发育，有的甚至还把胳膊甩脱臼了；有的同学打卡不回家吃饭，让家长担忧；还有的因为打卡和同学大打出手，不仅破坏同学友谊，使身体受伤，而且还造成双方家长的矛盾。想不到女生们想得比我还周到，我不禁暗暗赞叹。然而更令我吃惊的是男生的辩论更为精彩。他们阐述了许多打卡的好处。卡上的人物大多是《三国演义》和《水浒传》中的历史人物，他们不仅可以轻而易举地了解历史上的英雄人物，学到许多课本上学不到的知识，而且，他们还在打卡中增强了竞争的斗志，能迅速地适应当今竞争的社会。男生敏锐的头脑、机智的回答、独特的见解更让我刮目相看。

我带着微笑地走上讲台，做最后的总结。首先，我表扬了参与辩论的孩子们，特别是男生，我给予了高度评价。我发现男生们脸上洋溢着得意、骄傲、兴奋的神态，我趁热打铁说："孩子们，打卡好处多多，可坏处也不少，那我们能不能想到一个一举两得的办法，既不影响学习，又能展开竞争，我请大家来帮帮忙？"接下来，男女双方开始讨论。于是，唇枪舌剑的辩论会演变成集思广益的讨论会。想不到又是男生略胜一筹。我尊重男生的意见，他们将卡全部上交老师，作为奖品。谁表现得出色，如考试成绩取得三个优、平日小测验给满分、学习有进步、作业书写认真或乐于助人等便奖励一个卡作为心爱的礼物，装进自己的收藏盒里，等到积攒总数超过 10 个时，就可参加我班举行的打卡擂台赛，角逐"卡王"桂冠，也让男生过一次"打卡"瘾。这一举措得到所有学生的赞许和认可，我更是高兴得不得了。因为自那以后，再也没有学生随便打卡。打卡风波遂告一段落，可学生学习的劲头却一发不可阻挡。

是啊，让学生做我们的助手，很多难题会迎刃而解，岂不乐哉？此时，我想起了陶行知先生说的一番话："先生们忘了你们的年纪，变个十足的小孩，加入小孩子的队伍里去吧！您若变成小孩子，便有惊人的奇迹出现：师生立刻成为朋友，学校立刻成为乐园……您立刻会发现小孩子的能力大得很：他能做许多您不能做的事，也能做许多您以为不能做的事。"

不当班主任的我，真是吃了大亏

说实话，很多老师不愿意当班主任。班主任不仅工作量大，更重要的是精神压力大。然而，魏书生老师却在"自序"的第二句写道："我总觉得，做教师而不当班主任，那真是失去了增长能力的机会，吃了大亏。"而我，就是那个吃了大亏的老师。

怀孕后，因身体原因，暂别了班主任的工作。当班主任整十载，如今，可谓无官一身轻呀！

早晨，我可以心安理得地坐最后一趟班车，因为我不是班主任，不用早早地去学校陪学生一起打扫卫生。放学后，我也不用风风火火地跑进教室带队送队，我可以悠闲自得地下楼梯，慢腾腾地走上车。

看着车上的班主任们个个满脸郁闷，满腹牢骚：昨天 A 学生走路队说话扣分了，今天学生 B 下楼梯跑被抓住了，这周 A 班班级考评分排名最后，小黑板上通报 B 班的大名又挂上了。看着他们个个愁眉不展的样子，我窃喜，嘿嘿，不当班主任可真好呀，再也不用为这些烦琐的小事大伤脑筋了，可以"两耳不闻学生事，一心只钻教学书"啦。

这样惬意舒坦的日子持续了一段时间。每天，我精心设计每一节课，带着好心情上课，时不时幽默一下；每天，我可以腾出更多的时间看看书，写写文章，提高自我修养。直到快过教师节了，我布置了一篇习作，主题为"我爱我的老师"。稿子交上来，我吃惊地发现，40 篇习作中，写我的只有两人，内容也只是讲课生动有趣，从不发火，等等。而有一半的人写的是他们的班主任杨老师。其中，有一个学生的作文令我记忆犹新："我们的班主任杨老师对我们可好了。每天早晨，她和我们一起打扫卫生。课间，她和我们一起谈心聊天。天凉了，她会叮嘱我们多添衣服。下雨天，她为我们遮风挡雨。她像妈妈一样爱我们，关心我们，我为有这样一位好老师感到骄傲自豪。"读着读着，不知为何，我的心里酸溜溜的，开始有些嫉妒杨老师，我也开始慢慢地反思自己，为何学生都喜欢杨老师呢？

是呀，自从告别班主任工作之后，虽说轻松了很多很多，但我与学生的距离却疏远了许多许多。因为不是班主任，我没有更多的时间与学生相处，只有 40 分钟的语文课，完成教学任务就已经很不错了。所以，很少去关心学生学习之外的生活。因此，课间再也没有学生追着我报告那些"鸡毛蒜皮"的事儿，也没有学生跟我说家长里短，更没有学生向我倾吐心声。每天与学生相处的时间少了，我实实在在地感觉到生活似乎失去了一些色彩。当班主任的时候，有喜有乐有愁有忧，感觉生活是饱满的，可不当班主任的日子里，我感觉自己的生活是干瘪、枯燥的。当班主任，与学生接触时间多，他们的笑、他们的情、他们的可爱、他们的顽皮，他们的方方面面默默地滋润着我的一颗心；不当班主任的日子，自己似乎失去了这种来自于学生的悄悄地情感滋润。我的心里越来越荒寞空虚，有时甚至会感到些许惆怅和失落。我开始怀念以前的日子：带领学生装饰教室、送学生回家、指导学生打扫卫生、家长会上与家长热情交流……当班主任的琐碎小事现在回忆起来竟是那么的甜蜜。

告别当班主任的日子，我深刻理解了什么叫怀念，什么才是快乐。这次，我真正读懂了魏书生老师说的这番话背后所折射的含义。是呀，我真的吃了大亏。我想说，我怀念当班主任的日子，我想当班主任，真的！

找到一条通往美丽风景的捷径

走进这本书，我找到了一条通往美丽风景的捷径；走近魏书生，我更是坚定了自己要当班主任的信心。其实，早在 10 年前，我就已经借鉴了魏书生老师的管理方法，让犯错误的学生写"病历说明书"。要求他们依次写出疾病名称、病情表现、发病时间、发病原因、治疗方法及疗程。如果这个学生写得深刻，也有勇气向同学们坦白自己的"疾病"，我在他向全班同学介绍自己的"病历"后，让全班同学一起关心他的"病情"，使其早日"康复"。学生们说这种方式很好，既不伤他们的自尊，又能警示他们。这种新颖实效的方法在那时得到了校、县领导的认可，我们班也因此被评为"先进班级"，在全县做典型事迹交流，而这要得益于魏书生老师。而今，拜读了这本书后，我更是了解了更多的管理班级和育人的良策。

学生犯错误，不仅可以写"病历说明书"，还可以唱歌、做好事。对于一些极小的，又没深刻思想动机的错误，就让学生唱歌作为惩罚，在活动课或自习课，需活跃一下气氛时，就让他们上台唱一唱。学生犯了错误，做一件好事，也有利于纠正错误。比如，擦两扇玻璃，打扫操场，捡垃圾，等等。我们也要动动脑，想出和魏老师异曲同工的好办法，教育好我们的学生。

徜徉在这本书中，我学会了"一分钟内全班调动完座位"，学到了"如何把犹豫推到一边"，学会了如何使用"边角余料"，学会了怎样"控制三闲"……

当学生弯着腰，弓着背，有的甚至偏着头，躺在桌子上写作业时，我会学习魏老师的幽默，大声疾呼："赶快猛醒，将问号拉直，变成感叹号！坐如钟，又正又直多舒服。"幽默的语言让学生感到轻松，感到有趣，他们便在轻松愉快的氛围中，在不知不觉中改变了自己的姿势。"良药苦口利于病，忠言逆耳利于行"这话是真理。但是，"现在的人们已经越来越欢迎甜口的良药，所以，我们教育学生还停留在忠言逆耳的观念上，就落伍了，就不受欢迎了。"魏老师的这句话给我敲响了警钟，因为我批评学生时有时言辞过重，可我却理直气壮地告诉学生我是为了他们好。然而读罢此书，如果学生再犯错误，我则会想一想糖衣良药，想一想忠言顺耳，我会指出他们的长处，肯定他们的成绩，鼓励他们用七分的成绩去战胜、去征服、去排挤三分缺点。我也会学习魏老师扮演多种角色，变换角度思考问题，选择积极的角色进入生活，使自己成为一个成功者。

如今，在管理班级上，我会将魏老师书中的做法加以革新。如放学后垃圾的清扫，我会创新魏老师的"一分钟竞争"，看看谁在一分钟内捡到的垃圾最多。瞬间，班级焕然一新。当我正讲着课，却发现一男生全神贯注地读着一本连环画，我既不会当场点名，也不会趁人不注意时没收，而是在学生自主学习时，走到这个男生的面前，在他看过的那一页折一下角，再合上书，继续上课……我会牢记魏老师自序中的这番话："世界也许很小很小，心的领域却很大很大。班主任是在广阔的心灵世界中播种耕耘的职业，这一职业应该是神圣的。愿我们以神圣的态度，在这神圣的岗位上，把属于我们的那片园地管理得天清日朗，以使我们无愧于自己的学生，以使我们的学生无愧于生命长河中的这段历史。"

漫步于这本书中，我幸福地聆听着发生在魏老师身边的一个个真实而感人的小故事。如果说我在以往的班主任管理工作中曾经感到"山重水复疑无路"，那么拜读完这本书，就让我顿生"柳暗花明又一村"的敞亮感觉。这本让我满怀希望而打开、获益匪浅而合上的好书，如同一盏指路明灯，引领我们走进神圣的教育殿堂。在这里，教育成了一种艺术，教育成了一种享受。

最后，我想对没看过这本书的老师说，不看这本书是你一生的遗憾，真的！

【作者小传】赵妮，女，1977年生，长岛县第二实验学校教师，毕业于烟台师范学院。一直从事班主任工作，工作中，肯钻研，求创新，教学有特色；生活中，酷爱读书，喜欢写作，十余篇论文发表在《山东教育》等刊物。曾执教过多节市县级优质课，被评为全国德育科研先进工作者。希望自己做冬天里的一棵树，不断储备能量，与孩子们一起沐浴书香，快乐成长。

作为教师的我们，更懂得孩子的心理和发展，所以，我们更应该耐下心来，用我们的真诚和热情去亲近孩子，带领孩子走进阅读的乐园，走进大自然的怀抱，让阅读开阔孩子的眼界，让自然丰富孩子的头脑。

让我们更懂得孩子的心理与发展

——读《教师怎样教育自己的孩子》有感

王文华

女儿一天天长大了，生活中因她而造成的家庭摩擦越来越多，我渐渐感到我的教育理念已经跟不上这个小家伙的思想发展了，意识到孩子教育问题的重要性。于是借着教研室开展"读书工程"的机会，我选了一本名为《教师怎样教育自己的孩子》的书，想从中汲取一些营养，获得一些教育孩子的经验。

拿到新书《教师怎样教育自己的孩子》，我一下子就被其匠心独运的封面吸引住了。如蓝天、似湖水一般的蓝色从封面一直流到封底，充盈整个页面，让人感到纯净、深远，仿佛因一天的忙碌而生的紧张、疲惫、烦躁都被这浓郁的蓝色稀释、冲淡了。封面下方三分之一处是一道随意抹出的墨痕，犹如一片肥沃的黑土地；"教师怎样教育自己的孩子"几个红字，顺着地平线从左至右依次排来；紧挨着"孩子"两个字的，是用墨笔向上勾勒的两棵树。第一眼看见封面时，我就注意到了这两棵树，它让我想起了德国哲学家雅斯贝尔斯的一句名言："真正的教育是用一棵树去摇动另一棵树，用一朵云去推动另一朵云，用一个灵魂去唤醒另一个灵魂。"封面设计者的创意可能也是出自这里吧。再仔细一观察，可不是嘛，封面最上端果然有一抹云的影子，而那两棵树的叶子也被染成了心的形状……

收到书后的那几天，我迫不及待地读起来，不到一个星期便读完了。因为读得匆忙，总觉得有种意犹未尽的感觉。节假日闲来无事，便又捧起重温了一遍，这一次的品读更让我感受到了它独特的魅力。看着同行们写下的朴实无华的文字，读着那一个个真实鲜活的亲子故事，我的心不禁一次次与之产生共鸣，一次次被书中那浓浓的亲情所感染。

《教师怎样教育自己的孩子》是一本完全由一线教师自主撰写的育子故事，共分为四辑，每一辑有不同的主题，收录了不同的故事。细细品读这些故事，每一个故事都蕴涵着智慧，每一个故事都饱含着深情。读罢全书，我有两点感受最深：一是要以一颗平常心来养育孩子，尊重孩子，理解孩子。刘良华老师说："研究教育的人很可能不会教育自己的孩子。这是常有的事。"的确如此，在教育问题上教师是"灯下黑"，对待别的孩子特别有耐心，特别好脾气，到了自己孩子身上，好心情和好脾气统统到了爪哇国，指导孩子学习，一遍还可以，两遍时声音就高了起来，到了第三遍，简直要咆哮了。我就经常犯这样的错误，那次辅导女儿写数字 8（幼儿园的作业），她总是先往右写，纠正了三遍，擦了三遍，作业纸眼看就要被擦烂了，我忍不住发起火来："怎么妈妈说了就跟没说一样，你这是个什么孩子。"生气了，声音也自然提高了八度，孩子被弄得不知所措，眼泪汪汪的，她哭着说道："我最近越来越讨厌这个妈妈了，我怎么会有你这么个妈妈。"我一听更火冒三丈了，批评女儿不尊重我，还动手打了她屁股。现在细细想来，也挺后悔的，其实都是自己没有摆正心态，是我先不尊重孩子的，我的态度对她来说也是不公平的。

作为教师，我们似乎都对自己有一种心理暗示，自己的孩子要比别人的孩子出色。于是，如果孩子没有我们预想的表现，我们便会爱之深而责之切。其实我们在这个过程中可能忘记了，我们的孩子与学生一样，他也需要我们的理解与尊重。我们不应该让自己的虚荣心蒙蔽了心灵，而应该以一颗平常心来养育孩子。每个孩子都有他独特的个性，也有其不以我们的意志为转移的成长规律，我们不能要求他同样的错误只犯一次，也不能要求他各方面都有出色的表现。有人把教师比做园丁，我觉得十分形象。园丁种下幼苗后并没有强求每一株幼苗都能长成参天大树，他只是按照植物的生长规律，让幼苗在大自然的怀抱中自然成长，因此许多幼苗在他默默的守望中长成了参天大树。我们的孩子也可以看做是我们种植的一株幼苗，所以对待孩子，我们也应给他们充分的理解与尊重，让孩子按照自己的成长规律，在我们爱的目光的注视下健康快乐地成长。或许这样，我们会有意想不到的收获。

读完这本书，我还从各位老师身上得到另一点启发，那就是要让孩子从小爱上阅读，父母要在阅读中和孩子一起成长。"教书育人"是教师的职业，热爱阅读是许多教师共有的特征和习惯。我简单统计了一下，全书 38 篇文章，明确提到与孩子共同读书，培养孩子的阅读能力和习惯的文章总计有 13 篇左右，占全书的三分之一强。有的文章的题目就含有"阅读"这个关键词，如《让孩子爱上读书》《在阅读、写作中和孩子一起成长》《滑板、阅读与私塾》《读书，让孩子生活得更幸福》……

朱永通老师的女儿还在妈妈肚子里时，他就天天给她大声朗诵《圣经》里的诗篇，不时挑选金庸小说的精彩部分读给她听，有时也讲讲童话故事。

被中山大学自主招生特招的袖儿在幼儿园时，就听父母给她念《西游记》简易版，这成了他们一家每晚必须坚持的一课。"袖儿躺在床上，把书递过来，已经翻好页码，然后虔诚地等待，我一字一句地念。记得一次我念到孙悟空三打白骨精的时候，袖儿的眼泪一滴一滴往下落，直流到耳朵边……"

陈剑锋老师说："我们总是想着买些名著给孩子看，对于童话，大人向来是不重视的。最多也只会买安徒生、格林童话，因为他们也只认得这两个，现代有很多优秀的童话作家很多家长都没有听说过。很多大人还以为买书是为了学习知识和识字的，而不知道乐趣才是孩子学习的动力。"

对这一点，我深有同感，儿童有她成长的内在规律，有的阶段是不可跨越的，过早跨越也许会给孩子带来不好的影响。比如，有一段时间我没有给女儿买新的绘本（图画书），有意识地给她买一些识字书，还买来了识字小电脑（因为听同事说他女儿像我女儿这么大时已认识 800 多字）。但我发现女儿的兴趣不是十分足，识字书从没主动翻过，小电脑刚买来时玩了个新鲜，后来就几乎不去"问津"了。她更愿意做的是从她的小书柜里拿出四五本旧图画书来读（凭图和记忆读，字识得少）。于是，近一段时间，我又购买了一些好看的绘本，女儿的读书热情也明显提高了。

我们知道，阅读是需要氛围的。如果大人喜欢阅读，经常捧着书看，孩子就会模仿。因此，我们作为家长，尤其是身为教师的家长，最好也阅读，你以身作则，便会"不令而行"了。况且，随着时代的发展，我们所从事的职业也要求我们要不断学习，不断读书，这样才能更好地胜任我们的工作。所以，我们必须让自己加入阅读的行列，把读书变成一种需要，让读书伴随我们的一生。有了我们的熏陶感染，孩子会在不知不觉中爱上阅读，那对于孩子的一生都是有益的。

当然，让孩子喜欢阅读需要时间，不是一天两天的事。但只要我们用耐心和细心去引导，孩子肯定会越来越喜欢阅读。

仔细阅读，体会每一个真实的故事中所蕴涵的道理，回顾自己的教子历程，我深深地意识到，作为教师的我们，在教育孩子的过程中，花时间、花精力陪陪自己的孩子是一件多么重要的事情。在我们的家庭教育中，作为教师的我们要摆正自己的位置，认清自己的角色，在家里，我们是孩子的爸爸妈妈，是孩子的知心朋友。我们应该把自己的时间和精力分一些给我们的孩子，陪孩子聊聊天，说说话，听听孩子的心声，了解孩子的心理需求。我们不要把学校的事情和情绪带回家，我们和孩子相处的时间应该是轻松的、自由的、快乐的，这样的我们才是孩子心目中的爸爸妈妈形象。

作为教师的我们，更懂得孩子的心理和发展，所以，我们更应该耐下心来，用我们的真诚和热情去亲近孩子，带领孩子走进阅读的乐园，走进大自然的怀抱，让阅读开阔孩子的眼界，让自然丰富孩子的头脑。我们应该细心地关注孩子每一个成长的足迹，耐心地引导孩子走好成长的每一步，不要事情过后再自我谴责。我们要学会欣赏自己的孩子，不要总把自己的孩子和自己的好学生相比，拿自己孩子的缺点与学生的优点比，越比我们会越伤心，越比我们会越对孩子没有信心。用一颗平常心对待自己的孩子，把发展的空间留给孩子，相信我们的孩子一样会很优秀。

作为教师的父母们，细细品读一下这本书吧，相信大家能够从中悟出更多，让《教师怎样教育自己的孩子》成为启迪我们教子智慧的种子，让我们不但在教育教学中取得优异的成绩，在教育子女的问题上也给我们身边的家长们做一个典范。

【作者小传】王文华，女，1980年生，海阳市实验中学语文教师，1998年毕业于烟台师范学院。坚信教育的力量，认为家庭教育是教育人的起点和基点。尽管家教事小，但意义重大，所有家庭都应自觉地做好孩子的教育工作，尽好家长的责任与义务。

真正顺应自然的教育，是要求施教者顺应孩子的成长规律，一步步地运用科学的教育方法，怀着高度的责任心和爱心对孩子进行的教育。它绝不是放任自流，更不是剥夺孩子成长的快乐和自由。相反，却是把真正的快乐和自由还给孩子，是一种有利于受教育者健康成长的阳光教育。

教育应该顺应自然法则

——读《爱弥儿》

王淑君

《爱弥儿》是法国著名的启蒙思想家、哲学家、教育家卢梭1757年写的，是一部关于教育学说的名著。此书主要叙述了虚构的贵族子弟爱弥儿从出生到成年各个时期的生理心理特征、成长过程和教育方法，形象生动，是现代教育艺术的理论杰作。

看到"教育应该顺应自然法则"这个题目，明白教育真谛的施教者会领首认同。因为教育的确是需要合乎孩子成长规律，随其年龄特点循序渐进来进行的。另外，一些正在遭受着教育困惑，在对孩子的教育上显得捉襟见肘，被教育之责任压得透不过气来的施教者，也会欣欣然，松口气儿。不错，教育就应该顺其自然！急什么，孩子还小，心急是吃不了热豆腐的，尽量让他们快乐成长吧。

理由很对！听起来似乎也很为孩子着想。但是，且慢！这种人心里的顺应自然教育，其实是一种懒惰教育，是对孩子的放任自流，是逃避教育责任的态度。真正顺应自然的教育，是要求施教者顺应孩子的成长规律，一步步地运用科学的教育方法，怀着高度的责任心和爱心对孩子进行的教育。它绝不是放任自流，更不是剥夺孩子成长的快乐和自由。相反，却是把真正的快乐和自由还给孩子，是一种有利于受教育者健康成长的阳光教育。

在《爱弥儿》一书中，卢梭提出了对孩子必须施行三种教育的理念。三种教育指的是孩子一生中必须接受自然的教育、人的教育和事物的教育。

所谓自然的教育，是我们的才能和器官的内在发展，也就是儿童身心的自然发展。它是一种客观的教育，不以人的意志为转移的教育。因此，自然的教育要想最大限度地发挥出来，就要求受教育者的教育内容、方法以及他们生活和学习的环境都必须适合受教育者身心自然发展的进程。亦即教育要从儿童的实际出发，为儿童的自然发展创造条件，激发儿童的兴趣和需要；尊重儿童的个性，多给孩子以真正的自由；发挥其主动性和创造性，使其身心全面健康地发展。最终把孩子培养成真正的人。

事物的教育，是指环境对受教育者的影响。环境包括家庭环境和社会环境。环境塑造人，指的就是这种事物的教育对人的影响。这是一种主客观参半的教育。因为它可以根据施教者的主观愿望、依照受教育者的实际需要而进行相应的改造。孟母三迁，讲的就是孟子母亲为了孟子能有一个良好的学习环境，而做的三次迁居。现在，有很多施教者在这方面注意不够，非但不主动为受教育者创造良好的学习环境，反而成了污染教育环境的凶手。与古人相比，我们应该感到惭愧。

人的教育，是指别人教我们如何利用自身才能和器官的内在发展，它是自然教育的有力助手。因此，它是施教者对受教育者进行的有意识、有目的的指导。卡尔·威特教育、蒙台梭利教育，都是人的教育辅佐自然教育成功的案例。

在人的教育上，要想有效地发挥其作用，施教者必须具备相应的文化素养和道德水平。换言之，施教者应该具有起码的学习能力或感知事物的能力，尤其是母亲。因为母亲在孩子成长过程中起到的作用是非常大的。1804 年登上法兰西帝王宝座的拿破仑向民众大声疾呼："法兰西需要母亲！"卢梭在《爱弥儿》一书中也指出，女人不必具备很多的才能，但只要具备学习的能力，有学习的愿望，就算取得了成功的第一步。这都说明了母亲的重要性。其实不只母亲，任何一个施教者都要有完善自我、成长自我的自觉意识，只有这样，才能具备教育他人和指导他人的能力。

这里为什么要特别强调施教者的自我完善、自我成长的能力呢？因为自然的教育、人的教育和事物的教育三者当中，人的教育和事物的教育必须顺应自然的教育。三者只有协调一致，趋向同一目标，教育才可能水到渠成，获得成功。然而，正如前面所述，自然的教育完全不由人的意志所决定，是客观的。事物的教育又往往只是在某些方面或者部分能够由我们所决定。可见，只有人的教育才是我们所能够真正掌控的。如果施教者不尽快通过学习来积极地完善自我，成长自我，掌握指导他人的能力，那么当自然的教育在受教育者身上飞速发展时，人的教育就会阻碍或束缚自然的教育的正常发挥。

　　日本教育家木村久一指出，儿童的潜能具有递减法则。也就是说，孩子初生时，如果具备100度的潜能，一旦从0岁就对他进行理想的教育，那么他就可能成为具有100度能力的人。如果从5岁开始教育，即使是教育得非常出色，也只能具备80度的能力。如果从10岁才开始教育，那么其潜能充其量发挥到60度。

　　另外，儿童的潜能往往是通过究理能力展现出来的。有人认为孩子在生命的初期是懵懂无知的，根本不具备究理能力，这是完全错误的。

　　美国哈佛大学心理学教授塞德兹博士在《俗物与天才》一书中指出，幼儿的究理精神，从两三岁就开始萌生了，如果不及时进行教育便会白白枯死。他说，两三岁孩子的头脑已经不像在这之前那样一片空白。这种究理能力，在孩子生命之初的两三年中，便以惊人的速度飞速发展，他的大脑通过各种感觉器官吸收着大量的信息，他对这个世界似懂非懂，虽然了解了一些，但还想了解得更多更多，比如"这是什么？""那是什么？""为什么这样？""为什么那样？"……这一连串的问号会不停地出现在孩子的脑海中，当孩子瞪着明澈的大眼睛，问题像绵延的河水一样向知识贫乏、耐性又不足的施教者不断涌来时，施教者，您除了苦恼和无所适从外还有什么呢？这时您还能认为完善自我、成长自我的能力不重要吗？退一步讲，施教者可以不具备解答这些问题的能力，但是您具备细心呵护、耐心对待孩子这种究理精神的态度吗？这可是一种可贵的品质，是创新思维、创造性能力的宝贵源头啊！

　　以上是从开发孩子的潜能和保护孩子的究理精神两个方面来阐明人的教育服从自然的教育的重要性。下面再从受教育者的精神层面，亦即思想方面的发展来进一步阐述人的教育必须紧紧跟上自然教育的步伐。

　　众所周知，儿童在成长过程中，许多行为表现为放纵的特点。因为他们完全是按照自己的欲望来生活的，而欲望中最大的成分就是追求快乐，这是天性使然。因此，受教育者如若不服管教，背离原则，其欲望就会大大地膨胀起来。一个无知无识的人，对快乐的欲望是永远不会满足的，而且无所不及。自私是人的天性，孩子总希望自己的欲望能够随心所欲地增加和实现。"欲"字用繁体字来写即"慾"，人心上出现了一道永远填补不满的大深谷。既然满足不了，就要怀恨在心，邪恶就有了根源。

　　思想上出现了问题，是受教育者在成长过程中很正常的事情。但是，得解决。怎么办？人的教育又该发挥作用了：施教者绝不要根据受教育者的需求来满足他，但这也只能是恰当的遏制，绝非以此来显示施教者的权威。如果用权力命令受教育者服从施教者的意志，便不是顺应自然的教育，而是暴力教育、专制教育，达不到教育的目的。

　　教育的最终目的，是让受教育者懂得道理，明辨是非，学会自治。因此，要实行正确的教育方法，首先要把孩子的定位搞清楚，使他不再有越出那个定位的企图。其次，千万不能用命令的方式，如若用权力来解决教育问题，只能是缘木求鱼，失败的是施教者，受损失的是受教育者。

　　十年树木，百年树人。社会要发展，教育是根本。

　　作为一名教师，我清醒地认识到自然的教育、人的教育和事物的教育的重要性，并充分挖掘孩子的天赋，让孩子的心贴近自然，让孩子在自由的空气中成长。在平时的教育教学中，我将更加注重少年儿童思想情操的陶冶，积极引导鼓励孩子到大自然中去体验自然美，锻炼孩子们独立生活的能力，培养他们克服困难和团结互助的精神，并使之建立良好的人际关系，从而促进他们的全面发展、主动发展。

　　我相信，只要努力，过一种幸福完整的教育生活，一定不会遥远。佛说，人生是一个从无到有的过程，因为有了你的作为，才使得人生变得有意义。人生本来就应该是幸福完整的，我们只不过是去奋力追求，还它个原貌而已！

　　【作者小传】王淑君，女，1971年生，莱阳市实验小学教师，毕业于莱阳师范学校。在教育教学中，始终坚持把育人工作放在首位，注重学生的习惯养成和自学能力的培养。读书是生活的一部分，多次在省、市教育刊物发表文章。曾被评为莱阳市优秀教师和优秀少先队辅导员。最大的愿望是做一名学生喜欢的老师，顺应自然法则，引领学生健康快乐地成长。

品读着书中那一段段充满灵性的文字，我对林老师那敢说真话的魄力和勇气不由心生敬意。他在书中的一些观点没有完全依附于当前的教育主流思想，而是表述了他对教师未来发展的最真切的"心声"。

倾听那触动心灵的声音

——读《做一流的教学能手》有感

李云辉

在当选海阳市"优秀读书人物"时，我有幸获得了《做一流的教学能手》这本书。该书由全国著名教育专家、特级教师、中国关心下一代工作委员会儿童发展研究中心项目专家林华民撰写。这是一本充满教育智慧与课堂实战方法、专门研究课堂教学艺术的教育专著。捧读在手，如沐春风，亲切之感，油然而生。让我感到亲切的不仅是林老师在书中介绍了108条生动的、易操作的课堂教学建议，更重要的是他结合多年的一线工作经验，传达了他充满"草根"气息和个性色彩的教育思想。品读着书中那一段段充满灵性的文字，我对林老师那敢说真话的魄力和勇气不由心生敬意。他在书中的一些观点没有完全依附于当前的教育主流思想，而是表述了他对教师未来发展的最真切的"心声"。这种声音更能触动广大一线教师的心灵。

只有追求把课上得"简单"的教师，才是有前途的教师

针对我国基础教育课程改革之初，各种"表演性""活动性""热闹性"的课十分流行，教师把原本简单的课上成复杂课的现状，林老师旗帜鲜明地提出：判断一个教师教学前途的大小，可以用一个字来衡量，那就是"简"。在他看来，如果一节课需要教师讲的内容越来越少，需要教师"教"的学生越来越少，那么这样的课就是好课，这样的教师离"教学能手"就只有一步之遥了；如果一个教师的教学越来越复杂，那这个教师离"庸师"就不会太远了。

林老师提出的简约课堂理念，对于当前的课堂教学改革具有重要的现实意

义。新课程改革有一个共同的难题摆在我们教师面前，那就是文化科目的课时比例大幅减少，而教学内容总量对比课改前却有增无减。以数学为例，基础课程每一册教材都增加了"统计与概率"的新内容。面对课时少、内容多这样的困境，如何实现课堂教学的"轻负优质"？追求简约课堂就是一条可行之路。在知识经济社会，知识的更新速度极快，学生在学校学到的知识，等到踏上社会后许多都已被更新或淘汰。因此，学生未来的竞争力不是掌握多少知识，而是掌握科学的学习方法，具备自我学习的能力。作为教师就要着眼学生的未来发展，想方设法把教材由"厚"教"薄"，让学生在掌握核心知识体系的基础上，经历知识探究的过程，掌握科学的学习方法，形成自我学习能力。"追求知识的最小化，创建简约课堂"，上海闸北八中刘京海校长已经在实践中进行过探究，并取得了显著成效。现在又有了林华民老师的理论指导，广大一线教师应积极行动起来，早日创建充满个人智慧的简约课堂。

教师的第一角色是"骗子"
——把孩子"骗"出自信、"骗"向成功

新课程改革要求教师积极转变角色，从过去的课堂"主宰者"转变为学生学习的组织者、引导者与合作者。而林华民老师认为比这些更高一级的角色是学生成长的"诱导者"，最好的教师就是最高明的"骗子"，教师的第一角色就是"骗子"——把孩子"骗"出自信、"骗"向成功。

这一观点可能在措辞上会让许多教师接受不了，但我们静下心来分析一下教育的对象，他们年龄小，自我认识能力和自我管理能力均不高。他们对自身的认识主要源自老师和家长对他们的评价。清代教育家颜元说过一句教育名言："数子十过，不如奖子一长。"孩子都有强烈的上进心，当他们做了好事，或因进步而受到鼓励和赞许，都会使他们在情绪上得到满足，对于做好事和有进步的内心体验就会逐步加深，自尊心和责任感也会逐步增强。而一味批评指责，孩子就会产生厌烦心理和抵触情绪。有的孩子可能会"横竖不听"，或者"破罐破摔"。这都收不到应有的教育效果。因此，对学生坚持正面诱导，是维护和提高其学习兴趣的根本原则。

曾读过一位母亲用善意的谎言把自己的孩子"骗"入大学的故事：一个孩子的学习成绩很差，在小学阶段开家长会时，老师就对其母亲说这孩子将来考大学没有一点希望。母亲回家后，没有把老师的原话告诉孩子，而是说老师表扬了

他很多优点，说他只要努力学习将来一定能考入一所好的大学。这样的谎言从小学的家长会一直持续到中学。让人感到不可思议的是：这个被小学老师、中学老师认为学习无望的学生，在母亲善意谎言的激励下，自信心竟然越来越强，学习成绩也越来越好，最终真的考上了大学。这就是神奇的"皮格马利翁效应"。但在当前的学校教育中，许多教师并没有像那位母亲一样，成功地扮演学生成长的"诱导者"，而是在实际教学中过多、过细地对学生进行批评指责。久而久之，学生就对自己失去信心，甚至还与教师产生对立情绪。

无数教育实践告诉我们：在学生成长的过程中，教师扮演"骗子"的角色加以正面诱导，这种声音虽然听起来不够悦耳，但对于学生未来的成长却有深远意义。

把三维目标简化为二维目标，是课堂教学的进步

新课程改革倡导课堂教学应实现三维目标。而林华民老师在书中指出，由一维目标过渡到三维目标，跨度太大，这一追求很难在实际教学中被大多数教师贯彻执行。特别是农村中小学教师，有的连一维目标都实现不了，谈实现三维目标可行性不大。比较现实的提法可以把三维目标简化为二维目标，即情感目标和知识目标。在教案中围绕情感目标和知识目标来设计课堂，在实际教学过程中把情感与知识作为课堂教学的"双基"目标，会让我们的中小学课堂教学目标更科学，更务实，更易获得教师的认可与贯彻。

心理学研究表明，要让学生学好知识，关键是让学生对所学知识产生兴趣，进而产生学习的内部动力。林华民老师提出二维目标更符合学习的动因原理：内部动力是发展的根本，外部动力是发展的条件。情感目标的提出就是要教师调动学生学习的内部动力，只要学生对所学知识感兴趣，他就会想方设法把知识学会；反之，学生如果对所学知识不感兴趣，即使掌握再好的学习方法，他也无心应用。林老师提出的二维目标显示了他"以退为进"和"抓矛盾本质"的智慧，他站在多数基层教师的角度思考教学目标，二维目标比三维目标更能诱发学生的学习动力，更便于教师在实践中贯彻落实。二维目标指引广大教师在实际教学中把情感目标和知识目标并重，并且主动把知识目标的最大化实现建立在情感目标实现的基础上。随着时间的推移，在二维目标圆满实现后，三维目标自然又会成为教师新的追求。

藏起一半爱给教师自己，奉献一半爱给学生

林老师在书中明确提出，教师不应把全部的爱都献给学生，应学会"藏起一半爱给自己"。教师只有在繁忙的教学事务中，挤出一点时间进行教学反思，不断提升自己的专业素养和职业素养，才能带着更多的"爱"——知识与智慧，去更好地教育学生。如果教师把"爱"全部奉献给学生，整天忙于备课、上课、批改作业、课后辅导，那么这样的教师总有一天会因为知识陈旧、观念滞后而被学生所嫌弃。

美国人有一个家庭教育原则叫做"20码法则"：尊重孩子的独立倾向，与其至少保持20码的距离。世界上许多国家都曾提出过类似的教育原则。"20码法则"与"藏起一半爱"教育原则有着共同的内涵，那就是要给教育者和被教育者留出自我发展的空间。教师"藏起一半爱"并不是一种自私的行为，而是给学生以更深沉、更理性、更科学的爱。生活中有酸甜苦辣诸般滋味，"藏起一半爱"原则会让学生有更大的空间品尝生活的各种滋味，培养学生独立生活的能力；"藏起一半爱"原则还会让教师有更多的时间进行专业学习和自我保健，不断提升自身的专业素养，保持身心健康。俗话说："身教重于言传。"教师自觉坚持理论学习，主动加强体育锻炼，也在无形中为学生的发展树立了榜样，而这种积极的行动影响相比语言教育，效果更持久，意义更深远。

我国最缺少"不要面子"的教师

在新课程改革的过程中，随着课堂的逐步放开和学生思考能力的增强，许多一线教师都遇到过被学生问倒的窘境。这让一部分教师感到很没"面子"，特别是遇上有领导、同行听课，讲课教师如果被学生问倒，就会面红耳赤，感到"面子"上过不去。林老师认为，教师要敢于让学生问住，能教出超过自己水平的学生本身就是教师最大的幸福。在人类进入信息时代的今天，网络、电视、报刊等媒体的出现，使人类悄然进入了"向孩子学习的时代"。尤其是在以班级授课制为主要形式的学校里，一个教师面对几十个学生，教师所拥有的信息不论从量上还是思维角度方面都不及全班学生，被学生问住的情景将会经常出现。教师一定要转变"师道尊严"的错误观念，撕去无所不知的华丽外表，让学生在课堂上也能享受民主、自由的"学术"气氛，这将为培养学生敢于提问、敢于质疑的

品质创造良好环境。

林老师在书中引用的两个小故事引起我的深思。一个是说我国著名桥梁专家茅以升先生，早年教学时，在课堂上有一条不成文的规矩：上课之前，先由学生向老师提问，根据提问水平的高低给分，如果能够问住老师就可以得最高分。另一个故事是关于我国著名数学家苏步青的，有一次，一群工农兵学员问苏教授："听说你现在的水平还不如你的学生谷超豪老师，他的名气比你大多了。"苏步青故作严肃，道："怎么能这么说呢！我已经教出了名气比我还响的学生，他有吗？"故事中的两位专家具有多么光明坦荡的教育情怀！在我国近代教育史上，正是诸多这样的教育大师不求所谓的"面子"，才为祖国的发展培养出一批批创新型人才。然而，在新的时代里，"不要面子"的教师成了教育领域的奇缺资源。为了培养创新型人才，广大教师在日常工作中要把"面子"抛在一旁，勇于接受被学生问倒的事实，敢于在学生面前"出丑"。唯有如此，学生才会产生赶超教师的勇气，才会积极进行思维与方法的创新。只有"不要面子"的教师越来越多，创新型人才才会不断涌现，创建"创新型社会"的理想才会真正实现。

《做一流的教学能手》是一本课堂教学改革实践者用自己的心血浇铸而成的书。林华民老师在书中的语言朴实无华，毫不扭捏作态，却能振聋发聩。相比那些远离教师工作实际的教育思想和理念，这样的"心声"，老师们听起来更能入耳入心，更易内化为自觉行动。读罢《做一流的教学能手》，我最大的感触就是：真切的"心声"真美！

【作者小传】李云辉，男，1972年生，小学高级教师，海阳市教研室教研员。曾参与或主持多项省、市级课题研究，两次执讲烟台市优质课，在省、市级刊物上发表论文10余篇。把读书作为一种生活方式，希望"徜徉书海，学习反思"成为生命常态。

魏勇老师的课堂教学及其理论着实在燃烧着他的"思想"，显现着他的思想的"力道"。

魅力 张力 活力

——读《用思想点燃课堂》有感

刘新安

我们知道，课堂教学要始终努力追寻一种通过情感交流，以至活跃学习思维的境界；努力追寻一种通过知识探究，以至培养学习能力的品质。这无疑是说课堂教学势必要讲究教学内容的开发，讲究教学方式的智慧，讲究教学状态的灵动，真正让课堂教学在一种充盈着个性"思想"的轨迹中运行。读过魏勇的《用思想点燃课堂》——"笔力犀利而冷峻，于通俗之中寓理；思想欢畅而锐利，在深刻之中含情"。相信你的这种情绪一定会生发，这种感觉一定会膨胀；我是有这种感受的，因为魏勇老师的课堂教学及其理论着实在燃烧着他的"思想"，显现着他的思想的"力道"。

魏勇老师的课堂教学魅力
来自"读两本看家的书"的理论

现代教育需要教师真正具备厚重的功底，让自己的教学游刃有余，让自己的教育顺理成章，这其实是一种魅力。那魅力从何而来？当然是读书啦！——"读两本看家的书"。魏勇老师的《用思想点燃课堂》，不仅因为他的课堂教功利索、内容充裕、观点鲜活、表达犀利而彰显的"功力"使人慨叹，更因为作者摇曳生姿的笔力而让人赞赏，这无疑证实了他在教育这块"责任田"里，除了理性的"自觉"之外，更重要的是因为他读了很多的书，他所涉猎的早已超越了历史学本身。这次很意外地触摸到他的文笔，尽管尚有不能完全读明白的困惑，但也使我更加认定一个死理：魏老师"读了两本看家的书"，教学的专业功力强了，学生的认可程度高了，因此有名气了，成名人了。我们何尝不该如此，何尝不该如此来成就自己的专业"功力",让自己的业务精湛,业绩灿烂呢!

教师的职业性质告诉我们,教师不该不读书,不能不读书,不读书真的是不可思议。那么究竟怎样读?魏勇老师《用思想点燃课堂》一书会给我们很好的启迪。

一要有"专"的志趣。"专"指专业,读一点专业的书。魏勇说:"一个人对自己的专业并无多大兴趣(不排除在以后的学习工作中产生些微兴趣),他究竟能够在这个领域贡献出什么有价值的东西?读他的文章,在多大程度上能够拓展你精神的视域?只有天晓得。"教育肯定是有规律的,我们通过读"专业",掌握其教育规律,肯定会少走些弯道,多些坦途;通过读"专业",掌握其知识体系,肯定会在业务上驾轻就熟,举重若轻。这样说来,教师读些专业类的书就是天经地义的事情啦!

二要有"博"的雅量。"博"指多读,读书少了不行。要在林林总总的书丛中不断地"寻寻觅觅",不断地"进进出出",在涉猎百科全书中汲取知识营养,丰厚学识功力。魏老师就是这样做的。教历史不只是读历史方面的书,他还读卢卡奈的《历史与阶级意识》,胡可的《对卡尔·马克思的理解》,萨缪尔森的《经济学》,亚当·斯密的《国富论》,凯恩斯的《就业、利息、货币通论》等经济学著作。用他的话说:"读书就好像吃东西,什么都要吃一点营养才够全面,你的课堂也才够丰满。"任何业绩的质变都来自量变的积累。魏勇老师的教学有其思想的高度,原因就在于其学识的厚度。

三要有"啃"的毅力。读书要有"蚂蚁啃骨头"的精神,尤其是自己学科领域内的书籍,一遍读不会,两遍读不懂,就得当一回"书虫"了。啃一啃,一页一页的,一节一节的,慢慢下来,你就会觉得你可能读懂一页了,第二页、第三页也就慢慢读下来了。其实正如同魏老师的感受:我们生活中常有这样的遗憾,能哼哼许多歌曲,但当手拿麦克风在大庭广众之下演唱时,才发觉自己是没有一首能唱好的。这就是没有彻底学会的缘故。读书也是如此,不啃不透,遇到必须读懂的书,多"啃"几次,直到"啃"明白为止。

"求木之长者,必固其根本。"是什么让魏老师在教育上有如此出色的表现?是什么让他在教学上有如此出色的智慧?是什么让他受到同行特别的认可?这答案是他在读书之后攒积的功力。"深入才能浅出,居高方可临下",不正是这个道理吗?

魏勇老师的课堂教学张力
出于"不精确的课堂才是好课堂"的理想

任何一种模式的课堂教学往往都是在其共性化规范和个性化创造的结合中趋于尽善尽美的。但是，教师的个性化创造毕竟是有效课堂的主宰，因为只有个性化创造，才有纯真而深刻的思想。魏勇老师的"不确定的课堂才是好课堂"基本代表了他的课堂教学的主张。傅国涌教授指出，魏勇老师的课诚然也是在螺蛳壳里做道场，或者是戴着镣铐跳舞，有许多不尽如人意之处，但他的课堂确实挣脱了不少旧习惯、旧框框，引入了丰富的、多维的思想方法。肖雪慧教授也说："我对魏勇在这些课程上的处理和引出的某些结论尽管有所保留，但他充满张力的课堂给人留下很深印象，而他提出的或者引导学生得出的一些不循常规的观点，对学生有很大的冲击力，这是一种可以促使学生去思索更多问题的力量。"

我认为，魏勇老师的课堂教学是富有张力的，无论是授课还是评课都显示出他的这种个性和思想。这种张力具体表现在两个方面。

第一，重视课堂自然性生成。众所周知，课堂教学既要注重预设，更应重视生成，最佳效果是预设与生成相吻合、共精彩。然而，在教学过程中，我们最看重的是预设，把预设当做教学的重中之重而忽视了课堂上的生成。其实，只有重视生成才是确切而真实的。魏老师十分看重生成。他认为，教师上课之前都要备课，备教材、备学生、备教法，但无法备出学生在课堂上的所有回答和应对。因为学生头脑中是怎么想的，我们不可能全部准备好，肯定有一些出乎教师意料的答案和问题。那么教师为什么不可以放弃原来的方案，而就课堂上一些有智慧火花的问题展开真正有意义的对话呢？精彩的对话往往就在这样灵动而自由的课堂中产生，课堂教学的亮点也随之出现。这样的课堂才是原生态的，才是自然的。我认为，这种自然生成的课堂的最大优势便是可以碰撞出学生的学习智慧和情感涵养，因为教师没有把学生的思维局限在自己的思维之中，也没有把教师的情感剥离在学生的情感之外，二者情感共通，思维共融，浑然一体。

第二，重视内容选择性取舍。对教材内容的编排适度调整，对教材内容做一点恰当的选择既是预设中的盘算，也应该是生成中的机动，更是一种"主见和思想"。当然，这种"主见和思想"的前提是不违背教材整体用意。魏勇老师在评某老师的《战后初期的国际关系》时，指出其第一个缺点便是对教材的取舍不够大胆。如联合国成立的时间、地点、机构设置等教材上已清楚阐述的问题，教师完全可以粗略带过，不用逐个问题问，逐个问题讲。过分拘泥于知识点的落实，既浪费时间，又浪费精力，这样做多少有些为体现学生"主体"而"主体"的味道，但学习容量过小，效率过低。总之，课堂上教师对教学内容进行适度重组，或删繁就简，或避轻就重，只要能够引起学生的兴趣，只要能够达成教学目标，大可"动一动"。

课堂教学中生成是永恒的，而选择也是自然的。多数时候我们让预设服从于生成，让选择服务于课程标准，那应该是很正常、很精彩的。

魏勇老师的课堂教学活力
来自"让学生有思考的欲望和能力"的理念

"用思想启迪思想，以智慧引领智慧"，可以说是魏勇老师课堂教学理论与实践的核心理念，正是这种理念支撑着他的课堂，让学生有思考的欲望和能力；正是这种思想充盈着他的课堂，让学生有活跃的精神和力量。

魏老师的课有两点比较突出：一是用讲解引发冲动。当我们在教学实践中认识到学生终归是学生的时候，我们也许会懂得讲解的作用了。如若时下盛行的探究、讨论等法更侧重学法的话，那么讲解、点拨则是指教法而言。教学是"教"和"学"的双边活动，教师课堂的讲解作用，无论什么时候也不能看轻。魏勇老师说：我们不能把"满堂灌"一概否定，关键是看你"灌"什么，作为教师，你是否有真正独到的见解，这才是问题的核心。如果你自身有的是俗见庸识，"满堂灌"无异于是给学生灾难，倒不如发动学生来讨论，也许还会产生思想的火花；如果你对某个问题、某部作品有深入的研究，为什么不能理直气壮地暂时充当一回"导师""舵手"的角色呢？真正的一堂好课，不一定要看有多少学生参与或发言，课堂气氛是否热烈，恰恰相反，所有的学生都沉默了，都凝神静气地听老师讲，这样的课堂也许会更加出色。事实胜于雄辩，任何时候我们都不要忽视教师的讲解作用。试想，课堂上没有教师的讲解，没有教师的点评，这教育还是教育吗？

二是用问题启发思考。魏勇老师的问题是一种意识，一种思维。尽管带有一定的批评性，但他是积极的，是在思想与理想之间的一种追求，在现实与真实之间的一种选择。教师不仅要传授知识，更重要的是培养学生判断与思考、批判与继承的问题意识和思维。对前人的结论，对间接的经验，对现实的分析持一种发问的精神，不断地寻根溯源，不断地刨根究底，这才是追求学问。从魏勇老师的文章命题上就能看到这种意识,如"批评是一种最深沉的爱国方式""国家等于政府吗?""不精确的课堂才是好课堂""以传统主义论道,以自由主义论政"等。这些命题本身就充斥着作者的思想,其实也是问题。他在历史结论与现实分析中纵横捭阖,深入浅出,把问题说得有条有理,讲得清清楚楚。他的课堂教学也同他的文笔一模一样,例如,在讲"戊戌变法"和"鸦片战争的影响"时,他在丰富史料的基础上,引导学生对史实的认识突破给定的结论。课堂上饶有兴趣的对话,巧妙借助事实与文本观点的反差,把思考引向深刻。对中国社会的变化,战后条约对中国的影响等,由此产生的疑问启发着学生探索历史真实的思考。魏老师主张既然学生是课堂的中心,那么将学生置于一个自然、安全、有意义的环境中,学生才能全神贯注地去思考教师提出的问题。在讲"戊戌变法"时,中间有一处冷场了,他便鼓励:"我们只是就一个有分歧的问题发表不成熟的见解,说出来就行,而不是盖棺定论,非要尽善尽美不可。"当学生回答得很精彩时,他激动地评价:"这完全是学者的眼界,学者的表达!"这样的课堂怎能不激起学生的深度思考和强烈的探究意识,这样的课堂怎能没有活力呢!毫无疑问,魏勇老师的课堂围绕教学目标,讲解有声有色,问题有棱有角,这就是他的个性、他的特色。他的课堂因此才有影响力,有生命力。

古语云:"器大者声必闳,志高者意必远。"对魏勇老师来说,是读书造就了他的学识,是学识成就了他的思想,是思想体现了他的价值。如此,"声闳意远"便成必然。其实,任何人,要想让别人承认你,就得用思想、用智慧、用办法让自己由一粒普普通通的"沙子",变成一颗晶莹剔透的"珍珠"。

【作者小传】刘新安,男,1959 年生,莱州市三元中学高级教师、副校长。读书和写作是最大的业余爱好,喜欢将所思所感付诸文字,在省、地市级报刊发表文章数篇。多年来致力于课堂教学和教育管理研究,"十一五"期间主持的两项地市级课题均顺利通过课题结题鉴定。曾多次荣获"莱州市优秀教育工作者""优秀班主任"和"教学能手"称号。

读过皮连生主编的《学与教的心理学》之后才豁然开朗，我缺乏坚实的理论基础，我在想要帮助学生之前其实并不知道自己需要去了解学生什么。

走进学生内心　细察灵魂景致

——读《学与教的心理学》

李丽群

　　教育是一项育人的事业。在这项事业中，我格外关注一个群体——学困生。

　　我曾经信心百倍地打算在解决学困生厌学的问题上好好大干一番，也曾经以教学日记的方式记录下与这些学困生相处的点点滴滴，但最后除了在感情上与他们走近了，却并没有找到解决学生厌学的普遍适用的有效措施。我也读教育书籍，但偏重叙事性的，读那些饱含深情的事件，当时很容易和作者产生共鸣，可欢喜悲伤之后很快就在忙碌的生活中淡忘了。究竟自己为什么在转化学困生方面举步维艰呢？读过皮连生主编的《学与教的心理学》之后才豁然开朗，我缺乏坚实的理论基础，我在想要帮助学生之前其实并不知道自己需要去了解学生什么。

　　我需要了解学生什么呢？

了解学生的性格差异，因材施教

　　《学与教的心理学》从三方面剖析了人的心理在教与学中的重要作用，以及如何利用人的心理来促进教与学的发展。该书的第一部分内容介绍的是教师与学生心理。这一部分里的"学生的性格差异"一节给了我很大的启发。书中说："在情感方面，学生的性格特征是对学习有重要影响的人格特征。"我了解我的学生的性格特征吗？不，我只知道他们表面上看起来是怎样的：王允祥课上课下很活跃，王子铖少言寡语，姜宇蔚看起来多愁善感。书中说："性格虽然不会影响学习是否发生，但它却会影响学生的学习方式。""性格外向者通常对学习新的难度较大的教材感兴趣，能够迅速举手要求回答教师的课堂提问，但课后不爱认真复习，作业马虎。"基于此种情况，对于性格外向的学生，除对他们在课堂上的踊跃发言给予鼓励之外，我开始关注他们上课时对课本的标注情况，并在复习上节课所学内容时，将他们列为重点提问对象。"性格内向者在课堂里反应缓慢，课后常花时间复习，作业认真，遵守纪律。"对于性格内向的学生，在课堂上，我则将更多的回答问题的机会给予了他们。我还增设了课前5分钟的时事讲解，不仅仅是用来丰富学生的知识量，更重要的是给了性格内向的学生一个锻炼的机会。由于了解了学生的性格差异对他们的学习方式的影响，我的课堂提问、课后作业的检查情况也变得越来越有针对性了。

扭转学生的学习态度，贵在得法

瓦格纳认为，态度是由情感、认识和行为的成分组成的，它们与个人对态度对象的评价、知识与行为的心理倾向是相符合的。如果按照这一概念的逻辑来分析学生厌学，那便是学生在厌学情感的支撑下，对学习这件事情的无价值判断，而表现出在课堂上的懒散、睡觉或发呆。所以要改变厌学者的课堂表现，除了教师在教学方法和教学手段上推陈出新外，更重要的是改变学生的学习态度。

我经常通过与学生聊天、讲道理的方式试图来扭转学生在学习上的消极态度。读过此书，我才知道这种方法准确地说是说服法，即在说服过程中，教师向学生提供对其原有态度的支持性和非支持性的论据，使学生获得与教师要求的态度有关的事实和信息，以改变他们原有的态度。对我所教授的十七八岁的学生来讲，我发现以理服人胜过以情动人。小梅是个长相甜美、性格直率的女孩，但在学习上除了英语，她讨厌所有学科。在我的课上，她或者低头不语，或者表情漠然，她所有的肢体语言都在跟我诉说她的厌学。我把她叫到办公室，不批评、不指责，而是客观地分析一个人拥有完整的知识体系，对其未来的生活、工作，对其处理事情的思维方式，将是百利而无一害。我的态度温和，无任何强加意愿的意思，小梅在谈话的过程中也不断地点头。在谈话的最后为了表明我的期望与善意，我特意说，我相信她的思想已经成熟，我的建议她可以接纳也可以拒绝，但我相信，她会回去好好考虑的。在下次上课的课间，小梅主动拿着课本问我，她对书上知识点的标注是否正确，这让我倍感欣慰。

在改变学生的学习态度方面，除了说服法，该书还介绍了角色扮演法。在实际的教育情境里，角色扮演有时也会产生神奇的力量。赛男刚上学几周，就几乎成了所有任课老师的眼中钉，因为她在所有的课上都只有一个表现——睡觉。我在观察她两周之后，发现她虽然懒惰，但是性格温和，并非倔强执拗之人。为了转化她，我将政治课代表一职交给她来担任。刚开始，她依旧懒惰，不拿作业，不提电脑，不听课。于是我将政治课代表的职责一项一项地讲给她听。可讲完后，我这才发现，原来是她不知道作为一个政治课代表该干什么，因为从小到现在她从未担任过任何班级职务，没有老师愿意相信她。可我相信她，我愿意相信她。赛男担任政治课代表已有一个学期了，课堂上的她慢慢变了，大多时候抬头听讲，作业拿得及时了，每次该上她们班的课的时候，她总会在邻班教室门口等我。最让她高兴的是，上次期末考试她考了70多分。我只是多给她加了个角色，却改变了这个学生的学习态度，实属难得。

是否学生学习态度的改变就意味着他们会持之以恒地学习下去？为什么有的厌学者会出现反复情况？这是我在之前的教学研究中一直困惑的问题。通过阅读此书，我找到了答案。据美国凯尔曼的研究，态度的改变经历顺从、认同和内化三个阶段。原来出现厌学反复的学生，大多处于态度改变的第一个阶段，顺从，即表面上放弃自己的意见或观点，在外显行为方面与他人相一致，而在认识与情感上与他人并不一致。态度改变的最高境界是内化，即从内心深处相信和接受他人的观点而与他人一致，并将自己所认同的思想和自己原有的观点、信念融为一体。如何达到态度改变的内化境界？除了采取如上所说说服、角色扮演等方法，还需从学生的学习动机上下工夫，由内激发。

研究学生的学习动机，由内激发

学习动机是引起和维持个体学习行为以满足学习需要的心理倾向，它是推动学生学习的内部动力。学生为什么厌学？为什么缺乏学习动机？从学习动机的构成因素里也许我们可以略知一二。学习动机是由期待因素（我是否能完成这个学习任务）、价值因素（我为什么要完成这个学习任务）、情感因素（我对这项学习任务的体验如何）组成。

该如何去了解学生缺乏学习动机是由何种因素引发的？在学期初的时候针对这三个因素，我制作了一份调查问卷。对第一个期待因素我提出的问题是：在新的学期里，你有信心跟老师一起完成我们政治课的学习任务吗？100%的学生回答有信心，并且很愿意跟老师一起学习。对第二个价值因素我提出的问题是：你认为我们现在学的政治内容，对你们将来的生活有帮助吗？约30%的学生认为没什么帮助，约45%的学生认为帮助不是很大，约25%的学生认为帮助很大。对第三个情感因素我提出的问题是：喜欢上政治课吗？为什么？98%的学生回答喜欢，大部分学生认为老师有幽默感。从以上调查结果可以看出，在政治学习上导致学生厌学主要是归因于价值因素。

该如何提高学生对政治学习的价值判断呢？我做了三点尝试：一是将新闻热点与角色扮演相结合。新闻热点并非故事杜撰，乃是现实生活中正在发生着的事情，选取部分学生对该事件进行模拟表演，让他们感受生活，体会政治。面对目前房价居高不下的问题，我选取了三组学生（两人一组）分别扮演房产商、普通百姓和政府。通过三方的演绎，谈房价，谈供求，谈收入，以此将政治与生活有机地融合在一起，增强学生对政治实用性的感受。二是举办时事知识竞赛，让学生体验成功愉悦。比尔·盖茨说："没有什么东西比成功更能增加满足的感觉，也没有什么东西比成功更能鼓起进一步求成功的努力。"在比赛前对学困生进行密集辅导，在比赛时便可以看到他们绽放笑容的一刻。姜宇蔚是所谓的"问题学生"，在我第一次邀请他代表他们班参加竞赛的时候，他既表现出对自己的不信任，又表现出对班里同学会反对的担忧。在我的鼓励下，他最终参加了，并且因为在比赛中沉稳的表现为他们班赢得了不少分数，一时间成了班里的"英雄"。在以后的日子里，我目睹了这个学生的变化，他上课听讲的时候多了，睡觉的次数少了；回答问题的次数多了，一字不答的次数少了；交作业的次数多了，找人代写的次数少了。在这逐渐的变化中，我对这个学生，也对自己越来越有信心和耐心。正如某位作家说的，教育不能操之过急，那是个"慢"艺术。

苏霍姆林斯基说："教育——这首先是人学。不了解孩子，不了解他的智力发展，他的思维、兴趣、爱好、才能、禀赋、倾向，就谈不上教育。"倘若不读《学与教的心理学》这本书，我不会想到要多维地研究学生的心理。我常想，不管教师身在何处，如果我们能打开同一本书，那便是在同一个场中。真心希望有更多同人一起入场，通过阅读，读懂学生，读懂教师，读懂教学。

【作者小传】李丽群，蓬莱师范学校教师，2004年毕业于鲁东大学。在教学中尽力做到政治课的"三贴近"，增强政治课的趣味性。课余注重与学生进行深层次的沟通，为学生答疑解惑，建立起一种良师益友型的师生关系。多年来，致力于学困生的转化，并将点滴感悟诉诸笔端，以教学日记的形式呈现，在那里面可以看到学困生的转变，也可以品味出自己成长的甘甜。

在研究中成全自己，转变教学行为，历练新的教学本领，只要我们在课堂细节上用心坚守，我们就走在了教师专业成长的路上，我们的课堂教学就会逐步达到一种新的境界与水平。

让课堂教学精致起来

—— 《课堂教学的50个细节》读后记

徐军杰

有幸得到郑金洲教授《课堂教学的50个细节》一书，如获至宝。兴奋之余，书中智慧的文字吸引着我如饥似渴地读了下去。反复揣摩，受益颇深。

对于一个教师来说，课堂无小事，关注细微处，才有真效果

教师的一句话，一个眼神，一个手势，甚至是教师的行走路线都为郑金洲教授所关注。在他看来，教师课堂中的一举一动，教学中的一颦一笑，都传递着别样的意义，有着不同的意蕴。郑金洲教授就是从我们熟视无睹、见怪不怪的细微处发现了问题，并在对问题的思考中揭示教学行为背后的理念与理论含义，求索解决的方法。教师一句"这个问题回答得不完整"昭示出教师关心的是问题的答案，而不是学生，不是学生回答问题的思路、已有知识经验对这个问题所产生的制约或促进、学生回答不完整的原因，暴露出教师"知识本位"的顽固意识。在学生回答得不完整时，教师最容易不自觉地忽略学生的思维状态而选择强行纠错。这是教师无视学生需要的粗暴行为，教学效果可想而知。此时，学生最需要的是什么？不是问题的答案而是教师的引导与激励。如果教师能够延时评判正误，适时给予学生鼓励，保护学生表现的冲动，即时了解学生思维的真实状态，帮助学生认清自身认识的局限，那么改正错误得出正确答案也就水到渠成了。这时我们收获的不仅是问题的解决，而且还有学生学习热情的充分激发。所以，帮助学生认清自身的问题，是我们每节课都要全力面对的问题，体现了我们的教学

艺术，蕴涵着我们的教学智慧。过去遇到这种情况时，我一般会迫切地再找其他学生回答，并不在乎答错的学生的感受，只是指望别的学生说出正确答案。这种简单的处置方式就是"教师重视知识，忽略学生主体的表现"。而课堂上学生主体的弃置正是致使我的课堂教学质量不高的根本原因。对此郑金洲教授指出，完成教学任务固然重要，但是，完成任务有多种形式与途径，教师在学生回答问题过程中的驻足停留，对学生问题回答不准确原因的即时判断与分析，不仅会对学生产生积极影响，而且也会为后续教学提供支撑。

从孔子的因材施教到古德莱德的不分级教育思想，从卢仲衡先生的自学辅导教学到黎世法教授的异步教学，虽然我们都在探索差异教育的理论和实践，但忽视学生个别差异的现象仍是新课程实施中缠绵难愈的沉疴。在主动走到讲台上的孩子身上，郑金洲教授发现了一种在大班额教学的情况下进行个别化教学的策略，即努力让学生间的互助成为学习重要的工具与手段。这与我们学校正在进行的"自主合作学习"研究相契合。我的见解是，实现学生自主学习就需要我们充分尊重学生差异，在课堂上留足学生思考的时间和空间，解放学生的腿，解放学生的嘴，让他们有机会走到讲台上说出自己的困惑和认识，有机会与其他同学交流，与老师交流……"当我们在课堂上围绕某一难题，给学生留有探讨空间，学生都可以根据自己的思考说出不同见解的时候……当我们允许并鼓励学生坦诚已见，具有不同表现形态的时候，我们就是在实施个别化教学……捕捉自己对待不同学生的成功做法与需引起注意的教训，探讨区别对待学生的不同途径，我们就会越来越接近对学生的个别化施教。"在这方面我们还要加强工作，包括在课堂学习过程中指导学生自学方法、讨论的方法，培养倾听的习惯，等等。

求真、务实——新课程理念下的新课堂的特征

过去，我们驾轻就熟的课堂，在郑金洲教授看来，不是理想的新课堂。他从一个专业研究者的角度指出，要重视常态的课堂教学研究。新课堂并非井然有序，也并非行云流水。有缺陷的课堂才是真实的课堂，才是活生生的课堂。我一贯追求课堂教学上的完美，有时还沉湎于自己营造的所谓一切都处在教师掌控中的自得中。但新课堂不会是这样的，新课堂首先求真，是常态的课堂。它回归真实，摒除虚伪和彩排，它可能有些许杂乱——这种杂乱是学生积极参与课堂的杂乱，学生学习积极性调动起来的杂乱。高效的小组互助合作就具备这种杂乱的表象，但有的教师一味追求课堂的肃静就容不得这种现象。我过去虽然也组织学生

小组讨论，但那时的讨论只不过是一个形式，也就是说，那种讨论只不过是我授课过程中的一个点缀。上述做法都是学生的学（讨论）为教师的教服务。今天看来，这是一种本末倒置的教学行为，必须摒弃。思无止境，学无止境，教无止境。真实的课堂一般都有值得斟酌的地方，即使比较成功的课，只要勤于反思，也是有许多可以改进的地方。新课程提倡并鼓励学生大胆质疑，但是我面对学生提的问题很少让学生解决，大多由我来"答记者问"。对此我曾以学识渊博自居，这样做是否妥当？在学习解储蓄应用问题时，有学生谈到"在教育储蓄中，同样一笔钱一次性存入6年，一定比把这笔钱连续存两个3年期获得的利息多吗？"我马上列举了几种可能的情况，给出了明确答案，学生好像还是有点疑惑，但碍于情面，没有再继续就自己的困惑提出疑问，这方面的学习也戛然而止，多么可惜啊！而当时如果我能退一步，顺势组织学生展开课外探究活动——"在当前银行利率中，例题中的其他条件不变，哪种储蓄方式获得的利息更多"。让学生带着自己的问题走向社会再次调查研究，提高学生的思维水平和应用数学知识去解决实际问题的意识，那该多有意义啊！由此可见，教师具备深厚的学科功底很重要，但是高明的教师不会冲在学生的前面，学生提出的疑难问题并不一定需要教师来回答。正确的做法是将解决问题的权利让渡给其他同学，充分利用来自于学生自身的资源，对问题进行分析思考。这样做，学生对学习会感到比较亲近、自然，也会更好地激发他自己攻克疑难的勇气以及进一步探索的强烈欲望。

其次，新课堂务实。学生不仅学习积极性、主动性被充分调动，而且课堂显现了高效率。为此，我们需要学习和实践"平衡的艺术"。郑金洲教授坦言，课堂教学在彰显某方面行为的同时，总是或隐或显地暴露出另一方面的问题。课堂所面临的大量问题都属于两难性的……考虑了学生兴趣的激发，可能忽略了教学目标的实现；考虑了学生对课堂的积极参与，可能教师自己无法应对活跃了的学生所出现的各种问题；考虑了学生探究，可能影响了教学效率；考虑了知识的传授，可能忽略了态度的养成、方法的掌握；等等。教学在一定程度上属于"平衡的艺术"，一不留神，课堂就不平衡了，问题也出现了。教师的教学智慧，正是在这种平衡上做文章、下工夫。教学智慧的拥有者，也常常是教学诸因素的"平衡大师"。愿我们大家一起努力，早日成为如郑教授所说的教师。

教师专业成长的唯一途径是投身教学研究

——"在游泳中学会游泳"

新课程理念转化为教师的教学理念，不是靠我们大家喊出来的，而是做出来的。对于在应试教育中有多年摸爬滚打经历的教师来讲，认识自己、改变自己、更新理念尤其不是一件轻而易举的事。教师教学理念的重建，只有靠教师的亲身实践，靠教师自身的研究索取才可能完成。这方面我体会较深，因为我曾经走过一段弯路。我自谓悟性比较高，坚持多年教学理论学习，但仅限于对理论的生吞活剥，全部"拿来主义"。基本没有拿出时间和精力认真思考、求证，结果自身教学水平不仅没有提高，而且在相当长的一段时间里我越教越困惑，真所谓"学而不思则罔，思而不学则殆""纸上得来终觉浅，绝知此事要躬行"。近几年，我对照新课程理念，试着剖析我在课堂提问上的随意性，剖析我在学生回答不上问题时的焦躁情绪，剖析我机械刻板的、廉价的、不能起到促进激励作用的评价，以及我对学生学习思维的麻木与无知……特别是今天在郑教授的"指导"下剖析自己教学行为中所揭示的教学深层意识，强烈感觉到自己原来许多心安理得的做法是多么的危险且不切乎教育教学的实际要求，而原来一些有价值、有意义但自己感觉含糊的想法和做法又是多么珍贵！

虽然郑金洲教授只是解析了50个课堂教学细节，但对我启示良多。首先，届入不惑的他给我们一线教师作出了表率，身为著作等身、教科研成果斐然的华东师范大学博士生导师，对课堂细致入微的观察、鞭辟入里的分析、入木三分的评判，让我们叹服之余，也帮助我们端正了一线教师搞研究应具有的态度——求真务实，不随波逐流；引导我们"实地"观摩了教师做研究的方法——该书可以看成是对郑教授《教师如何做研究》的延伸拓展。这本书与其说是郑金洲教授的听课杂记，倒不如说是他在手把手地教我们如何做研究，学习如何在熟悉的现象中发现问题，在貌似没有问题的地方捕捉问题，在细节行为中清醒地思考课堂教学的理念取向。

其次，本书提出了许多值得深思和亟待解决的问题，又同时引发了我对课堂教学中更多问题的更深入的思索。例如，探讨什么样的杂乱有助于课堂效率的提高？教师如何在学习过程中进行学习方法的指导？实施个别化教学的途径有哪些？教学资源无处不在，关键是教师要发现资源，进而优化资源，我们发现了多少？优化了多少？你手中有多少教学策略，是否能够综合运用组织和调控课堂了？在课堂教学中，需要不断寻求新的、好的方法来开发学生潜能，激活学生思维，你具体怎么做的？如何提高课堂上的教师提问质量？在课堂上，教师多了几把评价的尺子，眼中也就多了几个好学生，你对不同的学生有明确的不同要求和不同的评价标准吗？你是怎样站在生命化教育的高度上进行教学设计的？你有教学本领上的恐慌感吗？……反躬自问，教育科研的紧迫感油然而生。

这本书带给我们的启示用一句话概括，就是教师需要做自己教学行为的研究员，时刻对自己的行为保持警醒。既要留心自身的教学操作体验，更要关切学生的课堂学习感受，直面课堂中的即时情景问题与身边的困惑，目光向内，潜心研讨和尝试。在研究中成全自己，转变教学行为，历练新的教学本领，只要我们在课堂细节上用心坚守，我们就走在了教师专业成长的路上，我们的课堂教学就会逐步达到一种新的境界与水平。

【作者小传】徐军杰，男，1969 年生，莱州市汇泉学校教师，山东教育学院教育管理专业自学本科毕业。多年投身于课堂有效教学探索，在省、市级报刊发表文章多篇。与书为伴是一直的追求，读书滋养心灵，锤炼教育品行，营造了幸福的专业生活。"让我的学生热爱读书，乐于思考，与书相伴，健康成长"是最大的心愿。

正是《小学语文课堂诊断》一书让我真正认识了自己的课堂存在着哪些问题，仿佛书中的每一个案例分析，都是针对我的课堂教学进行解剖。它使我自觉地反思自己在教学中的所作所为，全面更新了我的教育理念，让我在反思中不断成长。

我读《小学语文课堂诊断》有感

李瑞庆

当多种风格多种流派在我们的语文课堂上纷呈绚烂的时候，我突然有一种"乱花渐欲迷人眼"的感觉。我们从工具到人文到本色，从答问到对话到"无休止的倾诉"，从照本宣读到解读到个性张扬……这种种过程，让一线的我们真有些招架不住。教学中我们不知道自己的课堂存在的问题，更不知道我们该如何去改正这些问题。此时此刻，我迷茫，我徘徊。正是《小学语文课堂诊断》一书让我真正认识了自己的课堂存在着哪些问题，仿佛书中的每一个案例分析，都是针对我的课堂教学进行解剖。它使我自觉地反思自己在教学中的所作所为，全面更新了我的教育理念，让我在反思中不断成长。

反思一：如何让课堂练习升值

"语文教学资源"这一章第二节是"如何让课堂练习升值"。书中列举了当前课堂作业存在的问题：其一，形式老套，缺乏引力。许多教师已经习惯将一些老的题目直接拿来，不作调整，不加修改。其二，机械识记，缺乏张力。抄抄、读读、背背，这样的作业，教师关注的是结果，而没有加强过程的指导。其三，脱离生活，偏离目标。其四，情感缺失，缺乏活力。

是啊，这些问题不都在自己的课堂中存在吗？看看案例中教师布置的作业是多么的熟悉，多么的类似。"把词语抄写两遍；把句子表达的感情写下来；写出六个关于水的成语。"自己不也这样给学生布置作业吗？抄词语，读句子，背意思。要不就是纯粹的专项训练：修改病句、照样子写句子、关联词语填空。再不然就是写写课后思考题。几乎雷同的答案，学生几乎不用思考。单一枯燥的练习，把学生当成作业的工具。每当检查课堂作业，发现有的学生没有完成，便会训斥一顿："这么简单的作业，不就是动动笔抄一下吗？也不费脑筋，为什么写不完呢？"今天想一想，学生不写作业的原因是不感兴趣啊！抄写四字词语、组词、造句、解释词语，一遍又一遍，从一年级直到五年级，总是这些老面孔，学生能不厌烦吗？再反思一下，自己布置的作业能激发学生的兴趣吗？他们乐意去做吗？自己希望通过这样的练习达到什么目的？这样的目的合适吗？我的目的达到了吗？在这样的训练之下，学生得到了什么？

此时，我才豁然开朗。要让课堂练习升值，必须要做到以下几点。

第一，要追求一个"新"字，增强趣味性。心理学研究表明，新异、变化的刺激物能提高大脑皮层的兴奋性，容易引起人的注意。灵活多样的作业形式，能激发学生的兴趣。比如抄写，我们不妨换个名称"拷贝不走样"，简简单单一个名字就带给学生一种新的感觉。再次完成时，他们定会格外认真，格外细心，争当"拷贝王"。再如积累关于水的成语，先让学生稍做准备，然后组织竞赛：比谁说的成语多，是书上的加 1 分，在课外读到的加 2 分；再比用成语说话，比谁用得准确恰当，每用 1 个加 1 分，用几个说一段话加 3 分；最后老师出示一段描述"水"的文字，学生抢答——填成语。这样的作业，学生做起来兴趣盎然，而且相互补充，相互启发，共同提高。

第二，要注重一个"拓"字，体现探究性。苏霍姆林斯基说："在人的心灵深处，都有一种根深蒂固的需求，就是希望自己是个研究者，而在儿童的精神世界中，这种需求特别强烈。"作为教学环节之一的作业设计，更应该注重拓展延伸。首先是向思维拓展，在作业中强化以语言为载体的思维训练，体现语文教学的学科特色，发挥语文学科的根本功能。比如识记生字词，可以让学生自己观察，发现用哪些方法能巧妙地帮助识记，没有找到方法的与其他同学讨论。这样的识记比机械地抄写记得更牢。再比如辨析组词，可以让学生查找工具书，自主探究每组词语的不同用法，进行归纳总结。这样，"机械作业"以思激活，"灵活作业"以思求实，学生在主动学习中培养了探究能力。其次是向课外拓展，向生活拓展。生活是学生获取知识的天地。虽然课堂上的时间有限，但是拓展性作业能成为学生通向丰富生活的向导，把学生的视线引向课外、引向家庭、引向社会、引向生活。

第三，要强调一个"用"字，突出实践性。知识只有在实践中才能体现其实用性、价值性，智力只有在实践中才能转化为实际的能力。脱离实际，游离生活，这不是语文作业的目的。作业的设计应与学生的生活相联系。比如，学习了《桂林山水》一文，让学生运用作者的写作方法写自己家乡的山水；学习了《厄运中的海伦》，让学生读一读《假如给我三天光明》这本书，写出读后体会；学习了《走向生活》，让学生写写自己的采访日记。这样，学生会感到生活处处有语文，在学以致用中感受到学习语文的乐趣。

第四，要抓住一个"情"字，体现人文性。一份好的课堂作业应该扣住一个"情"字，延续课文的情感，强化得到的熏陶，进一步获得对自然、社会、人生的有益的启示。比如，学习了《荔枝》一课后，让学生写写自己的母亲，感受母爱的伟大；学习了《学弈》之后，让学生谈学习的收获；学习了《难忘的启蒙》一课后，让学生写写自己的启蒙老师，让学生感受到师恩难忘。

要使自己的课堂练习有效，就不该一味地照搬课本上的思考题，或者从哪本课外书上临时选几条，而要有明确的目的性和较强的针对性；不该局限于书本、局限于读写、局限于课堂，而要有开放性、灵活性、丰富性；不该是一样的面孔频繁出现、一样的要求总是见面，而要有新鲜感、有层次性、有吸引力、有挑战性。让学生面对作业时跃跃欲试，不吐不快，不做不快。

反思二：学生在口语交际中真的交际了吗

怎样上好口语交际课，怎样让学生在口语交际课上展开交流、产生互动，是我一直思索的问题。

本书中有一篇文章讲道："口语交际的核心是交际，关键是交际双方的双向互动，只有交际双方处于互动的状态才是真正意义的口语交际。因此，在口语交际的教学中教师应想方设法使课堂中语言的表达和交流由单向变成多向，由静止变成动态生成的过程，让学生在有一定实践意义的交际活动中学会交往，学会与人的沟通和交流。"读到此处，我不由得想起自己讲过的一节口语交际课"怎样保护环境"。我教学的第一环节是"创设交际情境，引入课题"。在一番激情导语之后，我出示了地球的美丽风光画片和地球遭到破坏的画片，然后让学生说出自己看到画片后的感受。此过程中，学生之间的交流仅仅是一个学生讲、其余同学听的过程，没有学生与学生、学生与教师之间的对话互动。还有一个环节是"交流目前人类对环境的保护资料"，此环节又把"交流资料"变成"朗读资料"，让学生们把收集到的资料写下来在课堂上朗读，这样，不仅没有了说的表达活动，更没有了听说之间的交互活动，完全失去了交际的意义。今后我要从以下三个方面进行尝试，让学生在口语交际中真正体验交际，提高交际水平。

第一，以对话促互动。口语交际的过程实际上就是一种对话的过程。只有对话才能使语言的交流产生互动，学生才能在互动中进行交际。如"怎样保护环境"可以让学生设计环保公益广告，让学生对各种身份的人说一句话，增强人们的环保意识。学生之间互相补充，提建议。

第二，以活动促互动。可以开展游戏、表演、辩论等形式的活动。如"怎样保护环境"可以让学生演一演：如果你看见别人破坏环境，你会如何上前劝说呢？这就把原来的"讲"变成了"演"。

第三，以评议促互动。师生、生生之间的评议也是双方深入交流进行互动的一种形式。"怎样保护环境"一课，在学生交流"保护我们环境的好法子"之后，我应该让学生互相评议谁的方法更好，谁的方法更符合实际，谁的方法更容易实施。这样学生就进入了真正的交际。

反思三：怎样合理运用教学参考书

书中有这样一段话：当老师提问时，在绝大多数的情况下，我都是低头不语，然而，老师有时还是能够叫到自己的名字。每当这个时候，我的心里真是害怕，不知道自己能否回答老师所期望的答案……当我读初三的时候，我惊奇地发现，老师的问题和答案原来都来自教学参考书。离开了教学参考书，老师也不敢说什么是正确答案。后来，我更加惊奇地发现，那些在课堂上总是能回答得非常正确的同学，不少都受惠于教学参考书。从此以后，为了不再体验那种难以承受的尴尬，我就想方设法弄来教学参考书，并将上面的问题及答案背得滚瓜烂熟。我终于不再害怕课堂老师的提问了。但与此同时，我也失去了从前独立思考的习惯，因为我发现，独立思考得出的往往都是"错误的"答案。

这段话中的最后几句话使我很震惊，原来教学参考书会扼杀学生独立思考的习惯啊！自己在备课时不是视教学参考书为圣旨吗？每讲一篇新的课文，都要把教学参考书看上两三遍，从字词的意思到句子的理解，从文章的主要内容到文章的表达方法，甚至到课后问题的归纳。无论学生回答得怎样完美，最后总结的都与教学参考书只字不差。也许是自己懒惰，书上有现成的答案，不愿再深入思考，也许是自己迷信教学参考书，教学参考书就是权威。久而久之，学生不会思考了，因为他们绞尽脑汁想出的答案，总是与老师的答案不一样；同样，教师也不会独立思考了，只会照本宣科，照教学参考书来教书。

我认为我们在使用教学参考书时，应该端正态度，好好把握，应把它当成教师的"助手"，而不是依赖；应把它看做创新的借鉴和桥梁，而不能成为我们教学过程中的绳索和桎梏。

第一，反复阅读，认真体会。教学参考书一般都是由教材编写者、教育专家和有丰富教学经验的优秀教师编写出来的，是专家和优秀教师经验的结晶，是每个教师备课时必不可少的好帮手。所以，每个教师一定要结合教材认真地阅读教学参考书，认真地体会其中的内容，逐步加深对教材的理解，吸取教学参考书中处理教材的经验与方法，明确教学目的，教学重点、难点与关键，从而提高备课的质量。

第二，只供参考，不得照搬。教学参考书只能作为备课的参考，而不能取代教师的备课。因为教学参考书所讲的内容是就一般情况而言的，而且是比较概括的，而每个教师所处的学校的条件、所教学生的实际情况都是不一样的。如教学的某个难点问题，对甲地某班大多数学生来说确是困难的，而对乙地某班大多数学生来说，就不一定是困难了。因此，教师必须针对自己的实际教学情况，在认真阅读、认真体会教学参考书的基础上，创造性地利用教学参考书中所提供的材料，写出符合自己学生实际的教案来，而不能受教学参考书内容的束缚，更不能照搬照套教学参考书内容。

我坚信，在读书中不断反思，在反思中不断成长，这真是一种极其幸福的感觉。一定可以使我在教学上更上一层楼，一定可以使我离自己的教育理想越来越近。

【作者小传】李瑞庆，女，1969年生，海阳市实验小学语文教师，1988年毕业于山东省莱阳师范学校。自工作以来热爱教育事业，坚守自己的教育理想，酷爱读书，勤于写作，倾心课堂教学研究，教风朴实而富有灵性。

如果每个老师都能够做到自觉行动，教师专业化成长的自觉性也就不是空谈了。我是幸运的，因为我现在正在内化《问题学生诊疗手册》中的智慧型教育思想。

教育智慧之路

——读《问题学生诊疗手册》有感

牟晓菲

《问题学生诊疗手册》由王晓春老师所著。李希贵说："教育问题学生之所以不够奏效，主要是因为我们并没有耐心把问题真正地搞清楚，所以，也就谈不上对症下药。如果我们能认真读一下这本书，也许会帮助我们在找准问题学生病因的同时，也找到治病的药方。"的确，这本书可以给我们提供丰富的教育智慧。假期里，我认真阅读了《问题学生诊疗手册》，主要收获有两个方面，一个是学生管理，一个是师德修养。

走出学生管理的困境，趋向更智慧的管理追求

前言开篇明义，"教育有三种类型：权力型教育、道德型教育、智慧型教育。权力型教育依赖权力，道德型教育诉诸师德，智慧型教育寄希望于科学。"作者还将这三种形态的教育进行了比较，而且表明了自己的态度，即追求一种智慧型的教育。

教育智慧是近年来教育学者研究比较多的一个话题。很多学者还指出，具有教育智慧的教师才是优秀的教师。而这种教育智慧实际上就是使用一种恰当的、合理的、科学的方式处理教育问题。君不见魏书生的民主管理、李吉林的情感教学，都是教育智慧的星光闪烁，他们的教育也都是地地道道的智慧型教育。而王晓春老师笔下的研究对象就是智慧型教育观照下的问题学生。

问题学生是一个特殊的群体，是一个让诸多教师头疼的群体。但是，我们所看到的问题学生真是"问题学生"吗？我们没看到的学生中就没有"问题学生"

了吗？王晓春老师告诉我们一个否定的答案。有很多貌似听话的好孩子，却有着一个让人后怕汗颜的内心，这样的孩子就是书中的研究对象。而他所采取的办法只有一样，那就是"先诊后疗"，细细地诊断问题学生的根，然后对症下药。

当我们面对问题学生的时候，有可能以惩罚代替教育，也有可能以压制代替教育，甚至有可能因为学生的顶撞而不管不问，当然也有纵容包庇的。且不管这些方式正确与否，这里面本来就少了一个程序，我们没有思考学生为什么出现问题，而是直接去寻求解决之道，去解答"怎么办"。盲目归因的结果就是越来越糟糕，但正是这种使得结果越来越糟的盲目归因却被教师乐此不疲地使用着。我就有这么一次。

记得那次，我在上课前走向教室的时候，从外面就听到了刺耳的吼声，我急忙跑进教室。一个女孩趴在课桌上哭着，而她的同桌是一个非常调皮的小男孩，典型的纪律型问题学生。周围的学生都说是那个男孩把小女孩惹哭了，我立即让男孩向女孩道歉，而那个男孩却坚决不道歉，并坚持说不是自己的错。顿时，我火冒三丈，立即对这个小男孩进行了说服教育，结果浪费了半节课时间，小女孩倒没什么了，男孩在后来的半节课中却什么都没听。课下我才知道真相，男孩虽有错，但大部分的错却不在他身上。错误的批评令我愧疚不已，虽然我向男孩郑重道歉了，但是伤了他的心已然成了事实。现在想想，如果当时能够稳住事态，就不至于浪费半节课；如果不急于做是非判断和盲目归因，就不至于伤害孩子的心。悔之晚矣！

王老师系统地厘清了问题诊疗的正确思路，共有 11 条之多，沿着一个时间的顺序把脉问题学生为什么出现问题，出现问题不能怎么做，而且还要为学生的问题提前找理由，并且不断地怀疑、推敲自己的假设，最后才因人而异地诊疗。他没有堆砌例子，而是把例子恰到好处地用到了对问题学生研究的专题中。不注意听讲的怎么办，顶撞老师的怎么办，迷恋网络的又怎么办，细细品味，不觉得干涩。试着用王老师的诊疗方法去把脉过去的事情，我发现我错了。虽然我错了，但是我也很幸运，因为我在这本书中找到了一盏指路明灯。

问题学生并不天生就是一个问题的生产者，而是在我们持续的不信任、不断的盲目助推下成为了一个问题学生。教育是面向一切学生的行为，问题学生虽然是一个特殊的群体，但他们并非顽固不化，只要得法，只要适宜，只要科学，只要我们摘下有色眼镜，他们仍然是一群可爱的孩子。毕竟他们本来就是一群可爱的孩子。借用教育在线网友的一句话："我不能说谁的理论和方法更好，但我可以说王老师的理论和办法对我最好用、最合适。"因为这些好用、合适的方法，我想，我离"智慧型教师"的目标越来越近了。这些方法是王晓春老师徜徉在智慧型教育路上的积累和果实，我想，这些方法也会让我在走向智慧型教育的路上恣意徜徉。

坚定专业修养的方向，趋向更理性的师德追求

智慧型教育视域中的师德是需要不断提升的。胡锦涛同志在 2010 年的全国教育工作会议上提出，要造就一支"师德高尚、业务精湛、结构合理、充满活力的高素质专业化教师队伍"，把师德建设摆在了教师专业化的前列，这也是一线教师追求专业化成长应该思考的首推要务。如何让自己锻造出师德高尚的教师专业品格来？《问题学生诊疗手册》给了我很深的启发，让我厘清了师德专业追求应该从学习和内化两个关键词入手。

学习——当下，学习已经成为每个教师追求专业成长的必然途径。作为专业成长的一个重要环节，师德同样离不开学习。教师要思考两个问题，一个是学习什么，另一个是怎样学习。学习什么？这本书的字里行间，无不展现出一个个师德高尚的名师的智慧。之所以能够无私平等地对待所谓的问题学生，都是由于他们以个人的人格修养为底蕴保证，才有了诊疗的成功。这也间接告诉我们，师德高尚的教师首先是我们师德专业追求的学习榜样。他们兢兢业业的奉献精神、朴实无华的成长历程都值得我们学习。此时，我想到了 2010 年全国教书育人楷模于漪老师，她是值得我们师法的高尚楷模。这位 82 岁高龄的上海市杨浦高级中学名誉校长、语文特级教师，心中始终有两把尺子：一把尺子量别人的长处，一把尺子量自己的不足。很多人觉得这很容易，其实又有多少人能终其一生矢志不移呢？于老师做了一辈子教师，但她总是说"一辈子还在学做教师"。这就是大家的师德，其德无形。怎样学？我们读书、听报告、看报纸、欣赏节目的时候，都是我们学习德行的时候，用好每一个机会，把握住老祖宗的"慎独"思想，一个人独处的时候都能够审视自己的得失，反省自己的错误，和别人在一起的时候还能不是一个道德高尚之人吗？反思个人以前和现在的成长，对比个人与优秀教师的差距，无形中，我们就进步了。

内化——心理学理论对内化是这样解释的，它是指与他人的思想观点相一致，自己所认同的新的思想和自己原有的观点、信念结合在一起，构成一个统一的态度体系。这种态度是持久的，并且成为自己人格的一部分。某种意义上，内化的过程就是改造自我的过程。第斯多惠说过，教育者和教师必须在他自身和自

己的使命中找到真正的教育的最强烈的刺激；把自我教育作为其终身的任务乃是一种双重的和三重的神圣责任。他的自我教育实际上也是内化的过程。

就教师来说，教师的内化应该更多地体现到"学以致用"的过程中去，即学习了他人的师德，反思了个人的不足，就要及时去弥补。正如《礼记·学记》中所说："是故学然后知不足，教然后知困。知不足，然后能自反也；知困，然后能自强也。"不仅学知识要这样，在道德的锻造中也要知不足、知困，更要自反、自强。这些过程就是内化的过程。需要每个教师警醒的是，很多人反思后，并未纳入个人改变的轨道，依旧故我。如此下去，看了很多，想了很多，思了很多，就是做的不多，何谈教师的专业化成长呢？当我把《问题学生诊疗手册》中的问题、方法、思路用到自己的班级管理的时候，一切都显得得心应手。学习不难，思考也不难，难就难在内化的过程上。如果每个教师都能够做到自觉行动，教师专业化成长的自觉性也就不是空谈了。我是幸运的，因为我现在正在内化《问题学生诊疗手册》中的智慧型教育思想。

【作者小传】牟晓菲，女，1982年生，烟台经济技术开发区教育局少先队总辅导员，毕业于鲁东大学音乐系。因工作成绩突出，多次被开发区工委管委嘉奖，先后获得"烟台市关心下一代先进工作者""烟台市青年岗位能手"荣誉称号。读书好是自己的口头禅，读好书是自己最大的乐趣，好读书是自己真实的写照。

世界原本就是无限美好的，生活原本就是多姿多彩、无限美丽的，只是我们没用一颗豁达平常的心对待而已。闫学老师那平实的话语给正在教育一线的我的心田中注入了一股清泉，一股爱的清泉，一股温柔与美丽的清泉。

读书，用心做教育

——读《教育阅读的爱与怕》有感

栾雪梅

打开闫学老师新著《教育阅读的爱与怕》，首先映入眼帘的是一张制作精美的书签，那上面的一段话深深地打动了我："我相信，在这个世界上，无数诚实的灵魂在互相寻找，互相渴望，在宁静的夜里倾听对方的声音。"在今天，随着信息时代的到来，人与人之间的实际距离拉近了，人与人之间的心理距离却日渐疏远，我们感到了前所未有的孤独与寂寞。闫学老师说得如此精彩，使我立刻相信摆在面前的应该是一本值得我好好阅读的书。在认真阅读之后，我体会到了在这喧嚣、浮华的世界里，作为一名教师不被外界的力量左右，追寻心灵的一片宁静显得格外重要。世界原本就是无限美好的，生活原本就是多姿多彩、无限美丽的，只是我们没用一颗豁达平常的心对待而已。闫学老师那平实的话语给正在教育一线的我的心田中注入了一股清泉，一股爱的清泉，一股温柔与美丽的清泉。

书如其人——一道迷人的风景线

"读一本好书，就是与一个高尚的灵魂相遇。'在这神圣的心灵中，有一股清明的力和强烈的感受，像激流一般飞涌出来。'你将不再孤单，有一双眼睛注视着你，有一双温热的手伸向你，你拉着这双手向前走去。"智慧的话语，芳香的文字，让你随时随地能体会到闫学老师是在用心来读书，用生命来写书，用思想来阐释她对教育的关怀与理解。在她那里，阅读已经成为生命的一部分，滋养着的不仅仅是丰厚的学识，不仅仅是精深的专业素养，还有一颗明亮的、恬静的心。生命的河流里涌动着的幸福，因了这阅读，变得更加充盈和饱满。读闫学老师的书，让我充分领略了一位特级教师的阅读心路；走进闫学老师的内心世界，让我深深体会到一位优秀教育工作者的执著精神。她用理性的思维博览教育名著，审视教育现状；她用女性特有的丰富情感欣赏文学巨著，体会语言文字之美；更以坚定的信念表达了她作为一个教师对阅读的厚爱，对未来教育的憧憬。我想只有有了闫学老师般的思想、情感和信念，才是一个教师真正的财富。

读书——用心做教育

教育阅读改变着教师的生活，当然最终改变的是儿童的生活。教育阅读，是关于儿童教育的阅读，是为了儿童的阅读，是教师和学生共生共长的阅读。从闫学老师的书中，你不难发现，书中流淌着的是满腹的"爱"，对生活的爱，对教育的爱，对学生的爱……爱使我们的心情变得柔软，使我们的心胸变得开阔，使我们变得自信、乐观、坚强。读书，其实已经成了闫学老师的生活方式。因为阅读，感触到许多温暖和无尽的优美；因为思考，感受到别样的生活态度和生存方式。李镇西老师说过："阅读和写作，提高教师素质。"我们的时代需要思想，我们的教育需要思想。阅读和写作，能提升教师的素养与思想，而文字的奇迹也可能创造生活的奇迹，能让我们拥有更美好的心情和语言，能让我们与他人更自由地、更充分地交流。真希望自己也能如闫学老师般一直在读着；那么，在更多的教育阅读之后，思考和写作，或许可以垫起我教育生命的高度。

反思自己的阅读历史，从毕业开始，已经有十多个年头了，可是真正开始教育阅读却是最近几年的事，回想起来真是惭愧。我是到了后来，自认为"无书可看"了。凡是我所喜欢的类型的书籍，都看得差不多了，而且不止一遍两遍了。于是沉下心来开始教育阅读。或许真是从那时开始，我才发觉有的教育书籍也从枯燥、高深开始趋向随性。读书其实已经成了我的生活方式，而思考显然还没有真正成为我的生活方式。读了闫学老师的文章，我更坚定了读书的信念。我很惭愧我的专业阅读开始得太晚。但是，我想，任何领域的阅读，都会对教育有用，对学科教学有用。

闫学老师一直工作在语文教育第一线，自己就是一名优秀的特级教师，因此她对教师这个职业除却热爱，还有冷静的思考。在书中，她不无担忧地指出，不少教师迫于应试体制的压力，不得不把自己的全部教学目标都盯在学生的成绩和所谓的教学成果上，而有意无意地忘记了教育的根本目的。对此，闫学老师以自己的阅读经验和经历，给出了自己的回答——作为教师，应该在教学之外，以对人文经典的阅读来提升自己的境界，获取抵抗庸俗和功利主义诱惑的力量，从而使自己在教学实践中，不断地挑战自己，也挑战现实。

不仅如此，读书就是生活，就像呼吸一样自然，也是一种高贵的、至善至美的人生境界，是帮助我们从庸俗的日常生活中突围的最好方式。诚然，我们不可能完全摆脱现实生活的束缚，也不可能生活在一个理想的境界中。但是，读书毕竟可以使我们的灵魂获得提升和净化，使我们在忙忙碌碌于世俗之余，会猛然感觉到这类生活的庸俗和无聊，从而渴望一种全新的、有意义的生活。

教育阅读，究竟能走多远？

教育的阅读是一种力量，一种存储知识与能量以便于应付教育教学不断变化的有智慧的力量；教育的阅读是一段时光史，一段见证时代的知识、思想、心灵发展的历史；教育的阅读是一首心灵之歌，一首唱着一个人乃至一代人精神发育、成长的歌曲。

无论是在教育的领地里静静地漫步，还是在不断的行走中不断地解决自己的困惑，抑或是在像树一样自然地成长中成就自己，我们都需要改变自身教育中的什么呢？对教育而言，教育本身的存在就意味着人和世界需要不断地改变。没有改变、不承认改变的教育是没有意义的教育，更不是真正的教育。在阅读的世界里像闫老师那样，静静地漫步在书的海洋，如呼吸般自由地阅读着，在生命的旅途中坚守着自己的孤独和宁静，品味着属于自己内心的幸福。阅读的体验用文字来讲述，让自己始终享受着情感的愉悦。这样的文字是有生命力的，它是与作者的交流，也是对自我的审视。

从闫学老师身上，从她有选择的高品位的阅读上，我看到了她的"读书，像呼吸一样自然"，看到了她在或伟大或卑微的一个个灵魂里寻找到心灵的栖息地。她的这些或整理或记录或感悟或反思的文字，无疑把我们带向了远方，那里应该是未来我们要去的地方！

【作者小传】栾雪梅，女，1980年生，牟平区观水镇第二初级中学教师，毕业于烟台师范学院。一直从事班主任工作，致力于教育教学艺术的探索，积极投身新课改，教学中注重以学生为主体，倡导学生主动、合作、探究地学习。教育格言是"让孩子们快乐地学习、健康地成长"。

读着这样一本有生命温度的书，有一种久违了的感动在我生命里脉脉流淌——教育的爱、教育的人性光辉，幻化成一种享受与乐趣，充满了柔情与浪漫，让我置身于一个五彩缤纷的诗意世界。

有一种感动在生命里流淌

——读《生活在痴迷之中》有感

刘海燕

怀揣着一种特别的感动，氤氲着那诗意唯美的故事情节，我仅用了三个夜晚，便读完了张文质先生主编的《生活在痴迷之中》一书。《生活在痴迷之中》记录着20位教师的生命探索，每一位教师对自己的心路历程或娓娓述说，或深层剖析；似一篇流畅的散文，或似一首清新含蓄的哲理诗。她闪着个性的光彩，含着育人的甘苦，漾着品味的愉悦，展示着人性的善良和纯洁，诠释着教育的真谛！那耐人寻味、发人深省的语言，触动了我的思想深处，拷问着我的心灵，也让我对生命化教育的本质陷入了新的思索和追问……

有一种感动，在我生命里脉脉流淌

我曾经不止一次地细细体会扉页上的话："我们活着，每天都会获得一个理由，每天都可能有一种新的自我确认：教育的复杂与艰险，生命的精微与丰富，也许都源于我们对自己工作的痴迷，我们踏上的是一条永无止息的路，它牵引着你，一边进入又不断地忘却。"这隽永凝练的语言，寄托了20位教育工作者对教育事业无限深沉的爱！这种爱让我感动……

我感动于那些理性的思索和痴迷的爱心。感动于张文质老师那睿智的提醒："对人过早下判断的教育是不幸的。"是的，在我将近20年的从教生涯中，深刻感受到了有很多学生在小学阶段表现平平，甚至是有些"愚钝"，但他们在初中、高中阶段却像电石火光一样，发生了巨大深刻的变化……现在再来想想张文质先生的话，我与他的思想发生了强烈的共振：有些孩子在小时候还没有找到自己的可能性，或者实现可能性的时机未到，这就需要做老师的我们耐心地等待、温情地理解、真挚地同情、诚意地鼓励、恰当地提醒。如果小的时候我们不把学生当人，学生长大了以后他也做不了人，那样我们做老师的就是犯罪，因为我们没有把学生培养成"成品"，那是教育的失职，也是一名教育工作者最大的悲哀！我告诉自己：趁我还在生命的教育旅程上跋涉，我要好好呵护我的孩子们。

感动于书中徐莉老师《把孩子抱到心头》的真诚面对；感动于严丽仙老师《弯下腰为学生穿鞋》，还学生人格尊严的朴实做法；感动于王妤娜老师《让上帝的孩子回到天堂》的娓娓述说；感动于罗梅兰老师《一路伴着"七色花"》的执著寻觅；感动于徐玉烟老师《且听风吟：我的教育诉说》的呢喃絮语……

我感动于对生命化教育内涵的诠释。在张文质先生虚灵而又深情的描摹下，"生命化教育"的内涵在我眼前逐渐由模糊变得清晰，由生僻而日益亲切，在我内心展开了她敞亮而瑰丽的世界："生命化教育就是个性化、个人化的教育，始终指向一个个永无重复、永难穷尽的生命个体，始终以成全每一个健全和富有个性的人为自己最根本的目的。""生命化教育以成全所有生命的价值为导向，执守教育的真善美的崇高理想，使教育沐浴于人性的光辉之中。"……这些朴实而又虚灵的文字展现了一个多么精彩纷呈的世界啊！蓦然回首，我才吃惊地发现，近20年的教育生命已在自己的指尖悄然滑落，直到今天，我才第一次对自己、对学生、对教育、对世间所有的生命有了一种"真挚而又细致的眷顾"，手捧这本书，我平生第一次有了种"漫卷诗书喜欲狂"的感觉，我的灵魂受到了一次又一次的洗礼，一种对教育生命的敬畏和关注之情开始在我体内升腾、复苏，我不禁潸然泪下……

假如我能早一点读到周秀珊老师"能够产生心灵共鸣的教育，一定是最有效的教育"；假如我能早一点读到魏书生老师"这世界上，如果由于自己的存在而多了一颗真诚、善良、美好的心灵，那我便获得了生存的价值"；假如我能早一点读到《生活在痴迷之中》这本书，能早点得到张文质先生的指导，感受到他的人文关怀和生命化教育……我想我的感动和思考或许会更多。我就会早一天向教育的博爱精神——"裴斯泰洛齐精神"走近……

有一种挚爱，在我生命里伸展蔓延

读了20位教师的生命探索和教育轨迹，我更加深刻地认识到"没有爱，就没有教育"的真谛。这些老师无一例外地热爱教师这个职业，热爱那些天真无邪的孩子。在漫长的教学生涯中，他们始终用真心去关心每个学生，去爱护每个学生，用爱熨平学生心灵的创伤，用爱打开学生心扉的钥匙，用爱架设师生之间的桥梁，用爱演绎精彩的教育人生。

有一种爱叫做宽容。叶莹老师在《幸福的碎片》之《与小过失对话，玻璃碎了之后》的文章里睿智地写道，当她原谅了那个一心想为班级足球赛增光，而不小心打碎了学校玻璃的小男孩时，她想起了自己小时候，无意间做错事时被老师批评的感受，她庆幸自己没有重蹈昔日老师的覆辙，没有扼杀一颗纯真心灵的集体荣誉感。因此，她的心情有些复杂，有些高兴。复杂的是，今天自己能够对从前老师的做法有所理解：我们是如此爱自己的孩子，但人一生起气来，是如此的容易失去理智，容易责骂小孩子。这种责骂从某种意义上说也是一种爱，可是这种爱却是如此沉重，让年幼的孩子无法轻易地接受。高兴的是，今天自己终于懂得了反省，懂得了不要让爱的羽翼过于沉重，懂得了爱有时候需要宽容……

于是，我也像叶莹老师那样，给爱以宽容。我在班级里规定，对于同一个错误，犯错的学生有三次改正的机会；如果超过三次，我就会找孩子谈心沟通，而不是对着错误谈错误。渐渐地，孩子们犯的错误少了，他们在我的这种宽容的爱中快乐地进步着，在我这种期待的爱中自由地飞翔着。

为了成全孩子们的成长，让我们多一分宽容，多一分等待。"宽容是生命的一种香味"，那就让爱学会宽容，让爱在等待的希冀中绽放美丽，让孩子们的生命芳香四溢！

有一种爱叫做执著。周秀珊老师在《愿每一朵花尽情绽放》里，坚定而又执著地认为："没有一朵花不想绽放，没有一个孩子不向往'好'的世界。亲爱的孩子们，愿你们如花般尽情绽放，愿你们健康、快乐地成长！"在这种生命化教育理念的指导下，周老师从"信"做起，从"夸"做起，从"宽"做起，从寻找孩子的"病因"开始；在"怜"中学会释怀，在"痛"中学会耐心；采用"移情别恋"法、"心灵共鸣"法，转化了许多个"顽固不化"的学生，使一只只"丑小鸭"变成了美丽的白天鹅。她始终如一地践行着、期待着自己的生命化教育理念——愿每一朵花尽情绽放！

巴特尔说过："教师的爱是滴滴甘露，即使枯萎的心灵也能苏醒；教师的爱是融融春风，即使冰冻了的感情也会消融。"

我受到了周老师思想的影响，虔诚地把这句名言当做自己的座右铭。我认为，转化一个落后的学生与培养一个优等学生同样光荣。上学期，我任教的二年级五班有个叫旭的学生，他是三代单传，从小娇生惯养，脾气暴躁，学习成绩较差，迟到、逃学更是家常便饭，并且经常和同学打架……总之，他的所作所为和周老师笔下的小男孩真有几分相似。为此，我多次到他家家访，可他的家人却一直护着短。我回到班上后，没有把到旭家家访的不悦转嫁给他，而是下定决心，绝不丢掉他不管。我仔细观察，努力从他身上找到"闪光点"。后来，我慢慢发现，旭爱打抱不平，有时也乐于助人，于是在班上表扬了他的优点；课余还经常和他促膝谈心，委婉地指出他的不足；每周都帮他制订出阶段学习目标，让他一点一点地进步。经过近半年的努力，旭各方面确实有了很大改变。到学期末，他的各科成绩都在良好以上，一下子跃居到全班中上游水平。

许多教育工作者都像周老师那样，在后进学生的身上倾注了深沉而博大的爱，不仅关心他们的知识需要，更关心他们的情感需要；经常与他们进行心灵沟通，鼓励他们克服困难，增强进步的信心和力量。这种生命化教育的朴素实践，凸显了一颗颗尊重、爱护学生的高贵心灵，礼赞了一种圣洁智慧的教育真情。这是一种特殊的爱，一种弥漫于教师这个群体中超越了亲情的爱，这种爱使我们为之动容……

有一种睿智，在我生命里积淀成长

张文质先生一再强调："生命化教育倡导尊重生命，爱护生命，在教育中要体现人性的光辉，以人为本，要真正把学生当做人。"在书中，我一次次徜徉在严丽仙老师那些精彩纷呈的课堂，并一次次感动于那些风格迥异的课堂——"简单，最美丽"的课堂；在"期待视野"中多元解读的课堂；"诗意，在聆听中伸展"的课堂……解读这些课堂，我深刻地体会到，教师在课堂上要具有信任、尊重、宽容、期待、清醒的品质，同时要有一种临场机智。

用信任放飞心灵——收获独特美丽。苏霍姆林斯基曾说过："要像对待荷叶上的露珠一样，小心翼翼地保护学生幼小的心灵。"是的，晶莹透亮的露珠是美丽璀璨的，却又十分脆弱，一不小心滚落了就会破碎，不复存在。而学生的心灵，就如同露珠一样需要加倍呵护。如果由于老师的不信任伤害了一颗稚嫩的心灵，就可能留下永远难以抹去的伤痕，那将会是老师心中永远的痛。

我的心中，永远珍存着一抹"伤痛"。那一次，我检查学生背诵课文的情况，由于不相信一名从农村转学来的女生英子能够背下课文，当时，我让英子站到讲台上，面对全体同学来背诵，她的准确流利和从容赢得了大家的掌声……我至今难忘，英子当时流泪了，她的眼泪成了我心中永远的"伤痛"：我为自己对学生的不信任而感到万分羞愧。我又佩服自己当时紧接着的举动——没有说一句话，拿起粉笔，在黑板上写了一行醒目的大字："老师向英子道歉!"我的真诚也为自己换来了一片经久不息的掌声。

感谢那次"伤痛"，让我以后永远都会睿智而又真诚地相信每颗幼小的心灵；感谢那次"伤痛"，让我时刻以一颗信任而博爱的心走近孩子，去放飞他们纯真的心灵；感谢那次"伤痛"，我用真诚赢得了学生的喜爱，收获了一份特别的美丽!

尊重独特体验——演绎精彩课堂。一次次深情阅读《生活在痴迷之中》这本书，那一个个融会了老师们睿智教育思想、教育机智、教育技巧、教育情感的精彩课堂，发人深省，撼人心魄，犹如一盏盏指路明灯，把我引领到智慧的旅途，让我也在课堂上演绎了一回精彩。

那一次，我教学安徒生童话故事《丑小鸭》，我声情并茂地范读课文，然后让大家交流自己的听后感受，杨景同学说："老师，我觉得你读的感觉像'上楼梯'，语气越来越重，音调也越来越高，这样让我感受到丑小鸭难过的心情越来越强烈。"其他的学生也似乎对杨景同学提出的这个比喻大为赞同。我当即对学生的独特体验给予充分肯定："你的想象可真丰富!"随即我在黑板上画出一个"上楼梯式"图形。在充分肯定了"上楼梯式"读法后，孩子们又水到渠成一般，很快总结出了音调越来越低的"下楼梯式"读法。我充分利用经验的转移，让学生快速找出课文中哪些句子分别适合运用"上楼梯式"和"下楼梯式"读法来朗读。真是一石激起千层浪。课堂上由于我尊重了学生的独特朗读体验，让他们在动脑动口中品尝到成功的喜悦，从而读出了理解，读出了韵味，演绎出了朗读的精彩课堂，让我也品尝到了睿智课堂的芬芳。

这样一本有生命温度的书，不再让人感到枯燥与沉闷——你看了，或许能从内心发出赞叹，原来，教育可以如此精彩，如此充满诗情画意；你读了，或许会由衷地产生一种向学之心，原来自己也经历了这样的故事，不禁怦然心动，不由地奋笔疾书，讲述属于自己的教育故事，诉说属于自己的那份执著。

读着这样一本有生命温度的书，有一种久违了的感动在我生命里脉脉流淌——教育的爱、教育的人性光辉，幻化成一种享受与乐趣，充满了柔情与浪漫，让我置身于一个五彩缤纷的诗意世界。

就让那份纯真的感动，那份痴迷的挚爱，那份诗意的睿智，那份人性的光辉，长久地萦绕于我的心头，并伴随我走向远方，直到永远……

穿越生命的流光

【作者小传】刘海燕，女，1970年生，牟平区文化中心小学教师，毕业于烟台师范学院。善于营造和谐愉悦的课堂氛围，注重培养学生的思维能力。数次获得省、市级语文优质课一等奖，在国家、省、市级教育刊物发表论文30多篇。读书和写作是最大的乐趣，愿做含笑的天使，用真情打动学生；愿做诚信的知音，用心灵聆听学生；愿做春雨的化身，让花朵绽蕊吐芳！

人文情怀

　　人文，我们可以简单地将其理解为"人类文化"，它是先"人"而后"文"，也就是说"人"远比"文"重要得多。在科学技术迅猛发展的当前，教育必须将目光从"知识"转到"人"身上。德国教育思想家斯普朗格曾说，假如教育仅仅是向学生灌输现成的知识，那么培养出来的人"有悟性，却没有灵魂；有知识，却没有精神；有活动，却没有道德欲望"。如果教育真的缺少人文关怀，忽视精神价值的培育，那么将会因偏离本质而产生灾难性的恶果。实际上，校园暴力行为在国外频频发生，类似伤熊、弑母、跳楼等事件在国内也不再稀奇。究其原因，就是教育过于注重科学技术知识的学习，而很少关注人的心灵世界，很少关注学生精神的发育和成长。

　　教师的人文素养对学生的发展有着直接而深远的影响。为了促进学生的全面发展，为了给学生的幸福人生奠基，教师必须加强人文修养，有高尚的道德情操，有独立的人格尊严，有丰厚的文化底蕴，有坚定的理想信念，有执著的精神追求，有为振兴中华而育人的责任与担当……简单地说，教师的发展不能只着眼于"专业"，而应当放眼无限广袤的"人文"，穿越五千年，纵横八万里，从四书五经到唐诗宋词元曲再到明清四大小说，从卢梭到海明威、卡耐基再到林清玄、余秋雨、周国平，去聆听圣贤安顿灵魂的妙方，去感悟智者挥洒思想的美丽，去品味经典佳作蕴涵的哲言，去把握古今文化演变的轨迹，去用毕生的时间构建自己的精神王国、找寻自己的生命意义。这样的教师方能用人性的光芒照亮学生前进的道路，用智慧引导他们步入知识的殿堂，用爱心唤醒他们心中真善美的力量，让我们的下一代成为站直的"人"。

博览群书，感悟人文，教师方能肩负起传递文化、培育人才的使命。从这里所选的20余篇文章中，你可以看到一个教师应有的人文情怀。认真地阅读我们推荐的40部人文经典吧，让教育因你的人文情怀而增彩，让学生因你的人文情怀而幸福！

你的言辞已是我的一种生活方式，你的思想已是我血液里的一份基因，对你的体认，会穿越我一生的成长。生命里的一步步流光被你朴素的光芒温暖着。我知道，最终，我的生命会成为我想要的那个模样。

穿越生命的流光

——读《庄子》

侯维玲

　　我一直在追寻生命的真谛，仰问苍穹，苍穹回我宁静的蔚蓝和柔软的洁白；膜拜大地，大地回我轻荡的松风和驳杂的花香；面对海洋，海洋回我永恒的无边无际。

　　梦中，一个赤脚孩童在向着远方奔跑……你的笑容模糊又清晰，遥远又逼近……

缘　生

　　在小学我就知道了你，上了中学开始读到跟你有关的文章，知道了在一个叫做"濠梁"的地方，你和你的朋友惠施在一起看鱼，就"鱼之乐"进行了一次唇舌之战。我读着"子非我，安知我不知鱼之乐？"很为你的反驳暗喊精彩，读到"请循其本。子曰'汝安知鱼乐'云者，既已知吾知之而问我，我知之濠上也。"我更是暗暗叫绝！瞬息之间，你将"哪里知道"演变成了"在什么地方知道"，机敏幽默，偷换概念，一招制胜！这不正是我希望自己能伶牙俐齿地来对付学生的一个极好范本和榜样吗？于是，我记住了你，而且学着调动自己储备的并不是很多的那点儿墨水和自以为是的机智卖弄口舌之利，逞一时的快意。想来，那时的我会让你微微一哂吧。再后来，我知道了一个跟你有关的故事，说是你做梦变成了一只蝴蝶，醒来后不知是蝴蝶变成了庄周还是庄周变成了蝴蝶。这真是一个浪漫迷离的梦。正是年少爱做梦的时候，这个故事搅得我的青春平添了许多的幽思遐想：变成蝴蝶的你为谁翩翩而舞？你会飞进谁的梦乡？眼前在花间留恋的蝶儿又是谁的化身？我如能变成一只蝶儿飞进那人的窗口，他认得我么？……可是，你的另一个故事，却让我对你隔膜起来，甚而有了一些淡淡的不屑。你的夫人去世了，朋友们去吊唁，你竟是击打着瓦罐唱着歌，如果是悲情的哀唱倒也是人之常情，可你却是在快乐地歌唱夫人的逝去！别说你的朋友觉着不能理解，我也觉着你这个老头儿太无情！虽然，你对自己的行为有着自己的解释，可我总觉着有强词夺理之嫌。后来呵，读到了一篇你的《秋水》，海神若说："井蛙不可以语于海者，拘于虚也；夏虫不可以语于冰者，笃于时也；曲士不可以语于道者，束于教也。"你借着海神说出的话，让我惊觉了，我可不想成为"井蛙"和"夏虫"！记得跟在你的《秋水》后面的评论文字给了你无上的荣光，说你的文字是"诸子之冠"，汪洋恣肆，纵横捭阖。那时的我，正是崇拜文字的年纪，于是便一遍遍地读，一遍遍地背。海神若还说，时间的流逝永无止境，评价其实根本没有标准，一切都是变化不定的，没有所谓的开始和终结。我的心因你的话荡起了涟漪，真的一切如你所说吗？

我开始留意你。人们说你是一个会讲故事的人，你的书就是一部童话集，小鸟、小虫、小鱼、大树、河流都能开口讲话，那你应该是个和蔼可亲的老者吧；有人说你讲的都是神话，一条鱼有几千里长，化做大鹏飞向九万里高的天空，彭祖活到八百岁，神龟有上千岁，那你莫不是一个吸风饮露白袖轻扬飘飘欲去的神人？有人说你是一个语言学家、文学家，你创造的成语数不胜数：踌躇满志、呆若木鸡、望尘莫及、相濡以沫、大同小异……它们至今都是那么鲜活深刻；你塑造的人物个个栩栩如生，即使或驼或瘸也依然个性飞扬、棱角分明，那么你应该是一个学识渊博、锦心绣口的文章高手了。还有人说你是一个哲学家、思想家，说你的"无为而治"是唯心主义，于治世是消极的；更有人说你诡谲怪异，颠倒了真理，模糊了黑白，抹杀了美丑……隔着历史的烟云，我遥想你的容颜。

读 你

带着一份向往，带着一份好奇，我捧起了你的书，我要在你的文字里找寻一个真真切切的你。

你很高傲。楚王派遣使臣来聘请你，你说，一只神龟活了三千岁被杀死后珍藏、供奉在庙堂。你问使臣这只龟是愿意死了留下骨头享用富贵，还是愿意摇着尾巴生活在泥水里呢？使臣回答，这只龟愿意在泥水里曳尾而行。你淡淡的一句

"吾将曳尾于涂中"把泼天的富贵拒之千里。说这些话的时候你肯定连眼皮都没抬一抬，手中的钓竿也是纹丝未动。使臣的身影消失在小路的尽头，你扯起钓竿，一尾鱼儿跃出水面，起伏的水浪上跳跃着落日的碎金。你的身影沐浴在一片辉煌的霞光里，让后世浮想莫名，敬仰莫名。

你很尖锐，尖锐到令人畏惧。你说一般的人都很虚伪可怕，"人心险于山川，难于知天"。面对乱世中纷纷而起的言论和主张，你说，"圣人不死，大盗不止"，"故绝圣弃智，大盗乃止"。你认为正是这些各自标榜的"圣人"们扰乱了人们的心智以致纷争不断、安宁不再。你说"窃钩者诛，窃国者侯"，像你这般直截了当地戳中当权者要害的人，应该是再无第二吧。你写那个不肯借粮的监河侯，写那个得志小人曹商，入木三分，毫不留情。你尖锐但不轻狂，你嘲讽惠施、孔子及其门人但却不同于孟子攻击墨子"无君无父，乃禽兽也"那般凌厉无情。相反，你对孔子的态度还是极为尊重的。在《达生》里，你借着孔子之口说出"凡外重者内拙"这一个令人深思的哲语；在《徐无鬼》中，你过惠施的墓碑，讲"匠石斫垩"表达对惠子的怀念——他是自己的对手，更是提高自己的好朋友：自夫子之死也，吾无以为质矣，吾无与言之矣！言之戚戚，令人动容。

你还很特别。在你的笔下出现了曲足、伛背、无唇等形残貌丑之人，他们却是美德的代表；你大力赞颂一棵什么用途都没有的树，认为它获得了"大用"；在你的眼里流行的种种都是人为的装饰，人为就是"伪"；你否定儒家提倡的"礼乐"，认为应该抛弃。在否定人为艺术的同时，你对大自然情有独钟，你观察大自然"天地有大美而不言"，你不仅希望肉体与大自然融为一体，"以天地为棺椁"，你更是追求达到"天地与我并生，而万物与我为一"的精神境界。

你想象力丰富，笔法多端；你的文字曲折含蓄，意味无穷。清代学者林云铭评论你的《逍遥游》，"忽而叙事，忽而引证，忽而譬喻，忽而议论……只见云雾空闲，往返纸上，顷刻之间，顿成异观"。他的评论中肯恰切。你确实文采斐然，开创了崭新独特的文风并且影响了一代又一代的文人骚客。阮籍、陶渊明、李白、苏轼……还有曹雪芹，他们受到你的影响和启迪，留下灿若云霞的锦绣华章，成为我们中华民族文化血脉里汩汩奔流的力量。

读你的文字，读与你有关的文字，你越来越让我着迷。

懂 你

唐玄宗天宝元年的二月，你被封为"南华真人"，你的书，诏称"南华真经"。南宋徽宗封你为"微妙元通真君"。你被推向了神坛，那个在陋巷里编草鞋为生的你成了神。顶礼膜拜、焚香祷告中有人是清醒的：清代学者胡文英在《庄子独见》中写你——眼极冷，心肠极热。眼冷，故是非不管；心肠热，故悲慨万端，虽知无用，而未能忘情，到底是热肠挂住；虽不能忘情，而终不下手，到底是冷眼看穿。一句话，你是个有血有肉的活生生的人，有爱有恨！

你生活的年代，周朝已是名存实亡，诸侯纷争，战事频仍，人民生活在水深火热之中。身处政治黑暗、尔虞我诈、民不聊生的环境里，你冷眼观察，说"方今之时，仅免刑焉。福轻乎羽，莫之知载；祸重乎地，莫之知避"。处于一个残暴的时代里，幸福像羽毛那么轻，祸患像大地一样重，这不再是一个人的悲哀，而是整个时代的悲剧。你看清了，看透了，所以你对于别人渴慕的富贵嗤之以鼻，你对君王的许诺不屑一顾，你对现实的黑暗污浊恨得彻底。面对生灵涂炭，你说，盗亦有道。一个做窃贼的人都有自己的法则和信仰，那些窃取了国家重器的人听到你这句话应该会脸红或是若有所思吧。你用这种看似有些极端的说话方式表述自己的治国观念。没有对黎民黔首的深切关怀和同情，你不会如此悲愤。

你认为宇宙中的万事万物都是平等的，人只不过是大自然万物中的一"朝菌""蟪蛄"罢了，所以应该遵循自然的规律和法则（"四时有明法而不议，万物有成理而不说"），安时处顺，放弃一切的妄为。你认为真正的生活是自然而然的，因此不需要去教导些什么，规定些什么，人要做的就是护养自己的本性，"逍遥于天地之间而心意自得"。顺从天道，就是最大的"德"。因为内心有对人生和生命最深沉的思考，你才会有这些超越了所处时代任何知识体系和意识形态的局限的大智慧。你讲着一个又一个故事，反反复复地告诉人们"无为"，听天由命，要"不乐寿，不哀夭，不荣通，不丑穷"，甚至说要效仿意怠鸟，飞行时不领先，退却时不落后，栖息时夹在中间。你为什么这么说？因为你对生命爱得真切，懂得珍惜。在一个视生民如草芥的时代里，在别的思想家向君主兜售自己的"仁义""兼爱"的时代里，只有你站在最底层跟那些无法掌握自己命运的人们诉说着应该怎样看待和保全自己的生命。

敢爱敢恨的人当然是性情中人。

你不超凡入圣，你活着，经历着，观察着，思考着。人为什么生存？怎样生存？成为困扰你的最大问题。你也迷茫。那天，你仰天长叹，很是沮丧。弟子问你为什么哀叹，你说，天下万物都是彼此相对，故没有彼就没有此，没有你就没有我，这是谁安排的呢？是冥冥中的道吗？那道又是什么？是"真君"来主宰吗？人的身体不断地衰竭老化，精神也随着消亡，这不是最大的悲哀吗？人的一生，本来就如此的昏昧吗？还是我一个人昏昧，别人也有不昏昧的呢？（"人之生也，固若是芒乎？其我独芒，而人亦有不芒者乎?"）一连串的问题看似是对弟子说的，其实是你内心困惑的真实反映。你也知道没有人能给你答案，这些问题也没有终极的答案。苦苦思索之后，你坠进了"无"的绝对世界里。你否认了是非、大小、贵贱、生死、有用和无用的区别以及判断一切的客观标准。你阐述"无己""无功"和"无名"的概念。"无功"和"无名"是说功名利禄都是虚妄的，最终是不存在的，而"无己"就是告诉人们把自己也要看成虚幻的，在头脑里忘掉一切外物，连自己的形骸都一并忘掉。你彻底走向极端。

在那个强权、野心、争斗、暴虐为时代主题的角斗场上，儒家期待用仁爱、礼仪来挽救世道，墨家主张兼爱、非攻，企图平息战火。你清醒地意识到这些主张的无力和渺茫，你失望但没有绝望，开始从精神世界寻找人的出路和未来。于是，你提出了一个被后世广为传颂、研究并奉为人生哲学的一种生活方式——外化而内不化。对外要顺应、尊重，入乡随俗，随机应变，与时俱进。但是，要"内不化"——自己忠于自己，守着一个永不妥协的心愿和理想。你告诉人们在生存层面和精神层面的顺应和坚持是可以协调圆融起来的。你自己便采取了"知其不可奈何而安之若命"的态度，一切顺从自然。所以你勘破了生死关，打通了名利场。你的妻子去世是从自然中来，回自然中去，你不哭反歌；你对自己生命的即将完结坦然接受，从容愉悦。因为"夫大块载我以形，劳我以生，佚我以老，息我以死。故善生者，乃所以善死也"。再不必说那些功名利禄困顿偃蹇了，它们本就与你没有任何关系。你的内心里把"道"作为精神力量的源泉和归宿。你信仰着它——夫道有情有信，无为无形，可传而不可授，可得而不可见；自本自根，未有天地，自古以自存；你赞颂着它——先天地生而不为久，长于上古而不为老；你追随着——它恬淡寂寞，虚无无为，此天地之平而道德之质也！坚守着这份执著、这份理想、这份本真，你自己成就了你自己，也涵养成就了后世无数的高贵丰厚的心灵。

你的一生"不刻意而高，无仁义而修，无功名而治，无江海而闲，不道引而寿，无不忘也，无不有也；其生也天行，其死也物化；静而与阴同德，动而与阳同波；不为福先，不为祸始；其生若浮，其死若休；其神纯粹，其魂不罢；虚无恬淡，乃合天德"。

你，古今第一真人也哉！

悟　你

　　年少的我，曾被青春的长发缠绕牵引，爱上层楼。初涉世事的生涩，懵懂莽撞的血气，抽刀断水的优柔，欲说还休的新愁，纷纷扰扰里，你带着一丝轻轻的笑意，步履悠闲，漫步在熹微的晨光里，我却看不清你。斗转星移，物华荏苒中，过尽了千帆，行到了水穷，终可以坐看云起，这颗心就如松脂化为琥珀一般，开始澄澈明净。生命的河流里，原是你的不系之舟正载我安详穿越。

　　你让我知道该怎样来看潮落迎暮鸥，青霭掩山月，怎样来看世间众生相，自身运穷通。你在《逍遥游》里说，有种小虫子朝生暮死，比不上一只蝉虫的寿命。人的寿命可比它们长得多了，彭祖就活了八百岁。但是楚国的灵龟度过五百年相当于只是过了一个春季罢了，这已经够长了吧。可你接着说，有种大树以八千年为一春，八千年为一秋。还有没有更长的寿命呢？还有很多很多。你说"小知不及大知，小年不及大年""此大小之辩也"。大如星球，放到宇宙中不过恒河沙的一粒；小如一滴水，显微镜下却是一个丰富巨大的世界。佛家云：一花一世界，一叶一菩提。不知是不是受到你的启发而顿悟的呢？茫茫宇内，不仅是大小，其他所有能够进行比较的一切都没有标准，站在不同的角度上就可以得出不同的结论。于是你在《人世间》里讲，有一个木匠评论一棵大树做船会沉没，做棺材会很快腐烂，做家具会很快坏掉，做屋梁会被虫子蛀坏，根本就是一无是处。晚上，木匠梦见大树跟他说，你认为我大而无用，是从你的角度出发，对我这棵树来说，不被你们人类砍伐，保全了生命是我最大的用处。你在告诉我们什么？突破而已！突破自己固有的观念，突破自己习惯的思维方式，换一个角度和立场，悲伤的或许该是欢喜的，拒绝的或许该是悦纳的，远离的其实正是拥有的，珍重的恰恰应是避弃的……唯一的判断都是狭隘片面的，只有把目光从日常生活的狭小时空里挣脱出来，解放出来，投向更广阔的时空，突破以自己的标准来衡量一切的逼仄，我们真的可以海阔天空，春暖花开。偏偏很多人执著在一己之情、一己之私、一己之成见的泥淖里，困扰着，挣扎着，欲罢不能，这怎能超越局限获得自由？你教会我用更为广阔多元的角度去看待周遭及自身的一切发展变化的同时，告诉了我跳出"小我"才能完成一个"大我"的方向和路径。

　　你还是讲着小小的故事，让我自己体会领悟。有人请你做官，你回答：你看那用来祭祀的小牛，平时穿着锦绣的彩衣，吃着精美的食物，有朝一日被人牵着做了祭品，再想做一只自由自在的小牛，也不能够了！你还讲，有一个人潜到万丈深渊得到一颗价值千金的龙珠，向人炫耀。人家训斥他：你能得到它，是因为龙在打瞌睡，如果龙醒着，你早就没有命了！你要说什么呢？世上的人熙熙攘攘皆为名利，殊不知官爵的显赫、财富的光环会迷乱本性，人多忘记其中的危险而最终害了自己。这就是被外物所累而致啊。可是，你并不是主张要完全抛弃身外之物，也不是彻底地否定人的一切欲望和要求，因为你又说"胜物而不伤"，"不以物害己"。也就是说能够驾驭、超脱事物又能不被外物所伤，物来不迎，物去不送，物来应照，物去不留，一切顺应自然，做到心如明镜。你并不是让人刻意弃名避利，而是告诉我们要清醒地看待它们，正确地与它们相处，坦然地送它们远离罢了。这就是一种人生态度、精神境界。不仅是名利，身处俗世，有着太多的凡尘琐事件件相扰相侵，想要成功失败、迎来送往都不能扰动内心，是不可能的。凡夫俗子做不到"至人无己，神人无功，圣人无名"，能做的就是，减少一点世俗中的功利心，对物质生活看淡一些，看轻一些，多关注精神上的获得和享受，追求精神世界的自由广阔和健康丰厚而已。

经历过一些世事纷扰，又在你的文字里沉潜了多年的我，有了这样的体悟，应是可以赢得你的一颔吧。

你在《逍遥游》中写道："乘天地之正，而御六气之辩"，"无所待，以游无穷"。这种超越时空、超越物我的绝对自由的逍遥而游的境界，千百年来一直盘桓在人心上、梦境里。这种精神境界一言概之——天地与我并存，万物与我为一。把思维调试到一个与天地宇宙一样广阔的高度来审视万事万物的根源和本质，才能获得自由自在，才能获得和谐美好。"天与人不相胜也"，天则人，人则天，两者相同相合，这就是"天人合一"。大自然以它的博大无为养育包纳万物，以它的素朴无言显示庄严威仪，人应该和大自然一样"其一也一，其不一也一""万物皆一也"。人意识到自己和他人、社会、自然是"混同为一"的，就可以如婴儿一样怀着一颗纯净的赤子之心，相忘于江湖之中，茫茫然于尘世之外。你这是在呼唤人摆脱社会规范、法度对精神的约束和捆绑，回归到纯真率性的自然本性中来，在与自然、与他人的协调的发展中完成自身的最大限度地提升，以取得与自己、与他人、与社会、与自然的最大平衡与融合。这种超越束缚的大自在的精神境界，已达"道"矣。

你看我的这段文字是不是有点"形在江海之上，心存魏阙之下，寂然凝虑，思接千载，悄然动容"呢？浮想联翩里，我见你笑而不答。

耳边是古筝《高山流水》的铮铮铿铿，手中翻动的是你的文字，它们一起拂过我的心灵，宛如一条溪流涓涓流淌着。我的心沉静空明，就如今夜倾进窗口的月色。我从你的故事里、主张里还获得了什么呢?

养护心灵。把物质世界的东西从心里分离出去，心如空旷的屋子才可以收留阳光，变得通明透亮；所有的牵绊、激荡都不要困住自己的心灵太久，顺其自然，持"水流任急境常静，花落虽频意自闲"的态度，人的内心就可以非丝非竹而自恬愉，不烟不茗而自清芬。

紧守心斋，不迷失方向。顺物克己不等于听天由命，因为懂得所以更加积极和努力。人最可怕的悲哀是精神的死亡，"哀莫大于心死"，没有对实现生命价值的追求，没有生命发展的方向，是最可怕的。在嘈杂的社会生活中坚定自己的人格，在浮华喧嚣中坚持本真的淡然，这就是在坚守着一个健康健全的自我，把一个健康健全的自我融入社会并完成自己义不容辞的责任和义务是生命原本的意义。

人永远活在当下。"来世不可待，往世不可追"，人终究要给自己的生命一个交代。做人要有开阔的眼界和胸怀，对人多一分宽容，多一分沟通，多一分理解，赢得他人的认同和尊重；行事朴朴实实、踏踏实实，在现实生活的大地上留下自己的足迹，等时间把所有的经历化育成一颗颗珍珠来留给记忆。享受生命，幸福原是一直握在手里的。

你笑了，哈哈大笑，衣袂飘飘。沧海一声笑中，依旧滔滔两岸潮。我的小舟穿行在生命的河里，驶向遥想的彼岸。蓦然发现，穿越千年的时光，你从未与我稍离。读你，像晓风牵出残月，幽幽清辉有无尽的韵味；懂你，像圆荷擎托玉露，莹莹天机是永恒的真善；悟你，像蝶儿挣脱丝茧，翩然而起的翅膀遨游在天宇。你的言辞已是我的一种生活方式，你的思想已是我血液里的一份基因，对你的体认，会穿越我一生的成长。生命里的一步步流光被你朴素的光芒温暖着，我知道，最终，我的生命会成为我想要的那个模样。

在回眸处，在凝神时，你在远处熠熠生辉，追着太阳，追着浪潮，追着你的足音，我追向内心夏花灿烂、秋叶静美处。

【作者小传】侯维玲，女，1976年生，莱州市沙河中学语文教师，毕业于烟台师范学院汉语言文学专业。热爱教育，在教学和生活中尊重学生，关爱学生，坚持学中教、教中学。爱好广泛，最喜欢读书，常将情思寄托于文字。教学中注重引领学生走上阅读和写作之路，愿诗意地栖居在语文教学的园地，徜徉在读书与写作的沃野。

有一种经典，历久弥新；有一种智慧，亘古恒温；有一种声音，绕梁不绝……"熟读唐诗三百首，不会作诗也会吟。"手捧经典，感念知遇；吟诵经典，心潮平仄起伏……这样一种穿越千年的美丽相遇，让浅浅的小女子几近无语。

穿越千年的美丽相遇

——读《唐诗三百首》

刘艳妮

在一个梦可以高飞的国度，华丽与淡泊、豪迈与宁静、深刻与浅显都在这里得到融合，穷尽语言似也无法穷尽感受。如仰止高山，若濯溪原野……抖落纸间，发现自己的语言是如此贫乏。在"国学热"悄然兴起的今天，哪一本经典能妇孺皆知，哪一个旋律可以雅俗共赏，哪一种声音足以遍布街巷……"熟读唐诗三百首，不会作诗也会吟。"这是怎样一种穿越千年的美丽相遇！

循迹古风，追溯唐诗渊源

唐朝是中国历史上政治经济文化鼎盛的时期，海外常以"唐人"作为中国人的通称，华侨聚居的地方称为"唐人街"，这几乎举世皆知。唐朝的影响由此可见一斑。提起唐朝，唐诗是其无可替代的桂冠。唐诗，也是中国诗坛上的珠穆朗玛峰——有无法企及的高度。据考证，全部唐诗有作者 3600 多人，诗 550000 多首。作为普通读者，我们没有精力和能力把全部唐诗读完、读懂。"弱水三千只取一瓢饮"，所以，我们只取其精华便可以受益匪浅。于是，唐诗的各种选本应运而生。真正让唐诗以《唐诗三百首》的选本流传的，是蘅塘退士。蘅塘退士（1711—1778），清朝人，原名孙洙，字临西，江苏无锡人。据史载，他任知县期间，深入民间访问疾苦，视百姓如家人父子；断案时，还没有笞责，他已先落泪；为了预防灾变，他还捐私银兴修水利。每当卸任，百姓攀辕哭泣。直至告老还乡，他仍两袖清风，囊橐萧然。有感于《千家诗》选诗标准不严，体裁不备，体例不一，希望有新的选本取而代之，成为适合的家塾课本，在乾隆二十八年春，孙洙开始编选《唐诗三百首》，历时一年多终告完成。

古往今来，唐诗有很多选本，但以《唐诗三百首》流传最广、影响最大，以至"风行海内，几至家置一编"。其中，有我们熟悉的诗人李白、杜甫、王维……也有不知名的僧侣、歌妓甚至无名氏，可见选诗的标准在于其诗而非其人，目的纯粹，受众率高。诗的内容涵盖了自然现象、政治经济、日常生活等，可谓包罗万象；诗风也不一样，有的激越，有的婉转，有的平和，有的沉郁……但其语言都通俗易懂，脍炙人口。整本书是语言的精华、智慧的思考、历史的见证。

积淀情感，亲近语言文字

幼时起，我们就都浸润过唐诗的芬芳——"野火烧不尽，春风吹又生。""谁知盘中餐，粒粒皆辛苦。""白毛浮绿水，红掌拨清波。"……这都是我们这几代人童年最初的对诗的记忆。

真正去欣赏、走近唐诗，还是在两年前。儿子刚出生时，家里的老人说要在宝宝的枕下放一本书，老公就近买了一本《唐诗鉴赏》。唐诗里的优美词句成了我与儿子交流的语言。说来也怪，在儿子哭闹时，轻吟几句诗，儿子马上就不哭不闹了，很安静地听着，时而露出甜甜的微笑，时而咿呀唱和几声。儿子 12 个月的时候，偶然间我发现，他能补充上部分诗句的尾字；15 个月的时候，已能补充读过的大部分诗的尾字；18 个月的时候，儿子一篇一篇地翻着唐诗，指着让我读读这篇、再读读那篇，自己则在兴致起来的时候吟诵喜欢的整首诗；如今儿子两周岁了，书中五言、七言的绝句、律诗已大致能吟诵下来……兴之所至、情之所动，或陶醉入神，或手舞足蹈。每当看到此情此景，我不禁感叹唐诗独有的魅力。

与同龄的小伙伴相比，儿子的语言发展十分迅速，一岁半的时候已能与大人进行基本的交流。在日常生活中，儿子很善于捕捉新鲜的语言，运用已有的语言。记得去年冬天第一场大雪，铺天盖地、飘飘洒洒，我带儿子走到室外，儿子竟举起双手："千里黄云白日曛，北风吹雁雪纷纷。"看来，儿子可以自己会意一二的。还有一次，儿子因为什么事哭了，我对他说："锐锐是个乖孩子，别哭呀。"说到这一句，儿子仰起脸，对我说："春风知别苦，不遣柳条青。"刚听到时，我怔了一下，原来儿子是把"别哭"音同了李白《劳劳亭》中的"别苦"。

虽然儿子的理解不够正确，音同意不同，但我看到的却是儿子在学着运用和感悟，能试着把自己的心情融汇到诗境中，且与诗的基调是吻合的。见此情形，我先是肯定了儿子，然后稍稍把诗境解释了一点。除此之外，读诗时，我很少给他解释诗意。诗句本来已经通俗易懂，纯美的词句里包含的情意只有原诗才能诠释。随着孩子年龄的增长，他自然而然会有自己的感悟。且这种思维和情感的沉淀让他更愿意去接近、探索文字的内涵。

静观波澜，洞察社会历史

读唐诗，也是读唐史。历史上，没有一个朝代可以如唐朝这般，文人墨客可以尽情挥洒，笔书心志。综观唐朝，我们看到这是一个政治宽松、言论自由的梦之国。确实，唐朝人阳光自信、兼容并蓄。在李氏家族统治的近三百年内，没有因为文字触犯忌讳而被判罪的，更没有被杀头的。即便是关乎皇帝，讽刺皇族，也无大碍。在封建制度下，这是唯一一个政治气氛如此宽松大度的朝代。时代促使诗歌在唐朝达到鼎盛的位置，这种鼎盛又促进了诗歌的活跃发展。两者互为促进，互推极致。

从唐诗中，我们看到了唐文化的发展，看到对社会政治经济发展最直白的表达。很多唐诗针砭时事、反映社会现象，而且淋漓尽致、入木三分。不是正史的诗句更能还原真实的历史场景：从初唐到盛唐、中唐、晚唐，这四个阶段脉络清晰、经纬分明，我们的情感在吟诵间随着历史波澜起伏而动荡。

有人说，如果将几千年的中国诗歌史比做一首交响乐，那么，唐诗则是其中最为华丽的一章，而拉开唐诗大幕的是初唐四杰——王（王勃）杨（杨炯）卢（卢照邻）骆（骆宾王）。四位才子少年才俊，留下了许多传世之作。"海内存知己，天涯若比邻。"王勃与友人送别时开朗明净的心情流传至今，这让我们从一个侧面看得出当时开明、民安的生活状态。才华横溢的四位少杰开创了初唐诗坛新文风，担负起了歌唱人生的使命。

《唐诗三百首》以张九龄的《感遇》（二首）开篇，"兰叶春葳蕤，桂华秋皎洁。欣欣此生意，自尔为佳节。"优雅的景致展示出恬淡、从容、超脱的襟怀。张九龄曾被人视为最有风度的宰相，这种人景合一的风度，应是大唐神韵的概括。不知道蘅塘退士前辈在编写此书的时候是否有此意，但华美的开篇真如那唐服雍容大方、引人入胜、永不过时，展示了盛唐之美。

"天生我才必有用，千金散尽还复来。""仰天大笑出门去，我辈岂是蓬蒿人。"在朗朗的笑声中，李白以其气贯长虹之势成为中国诗歌历史上不可复制的"诗仙"。"相看两不厌，只有敬亭山。"似孩子般的天真，甚至带着傻傻的可爱，这是"诗仙"。"黄河之水天上来，奔流到海不复回。""飞流直下三千尺，疑是银河落九天。"以独特的视角诉说着对自然界的理解并赋予其崇高的审美期待，这还是"诗仙"。以诗人的身份，昂首挺胸走进皇宫，成为皇帝的嘉宾，在中国诗歌史上，"诗仙"李白是唯一。有人说，只有唐代，能接受李白这个狂人，也只有李白的狂放，能举起诗歌的火炬，来照亮辉煌壮丽的唐代文明。

"童子解吟长恨曲，胡儿能唱琵琶篇。"白居易叙事诗似乎是一个长焦镜头，把远古的影像拉近还原，足以让白居易诗名不朽。《长恨歌》《琵琶行》婉转悠远、缠绵悱恻，堪称千古绝唱。读后眼前似人影绰约，历史在脑海里上演。"回眸一笑百媚生，六宫粉黛无颜色。""千呼万唤始出来，犹抱琵琶半遮面。"一个个或华美或凄美的形象于眼前翩翩飞来，皇族的奢靡、爱情的曲折、平民生活的凄惨、抱负的难遂跃然纸面，令人动容。"天长地久有时尽，此恨绵绵无绝期。""同是天涯沦落人，相逢何必曾相识。"这两句经典震撼人心，成为千百年来抒发情感、寄托心境的代言。

"商女不知亡国恨，隔江犹唱后庭花。"杜牧的一曲《泊秦淮》给我们勾勒出晚唐时期大厦将倾的感伤情绪。这种忧国的情绪在其他诗句中也有体现，比如，"南朝四百八十寺，多少楼台烟雨中。""一骑红尘妃子笑，无人知是荔枝来！"这些都在提醒晚唐的当朝统治者，莫要重演悲剧历史，陷国家于危难之中。

可是，历史总以它不变的规律永不停息地前行着。唐朝，最终还是变成了历史。只有诗，始终焕发着勃勃的生命力……在读诗中，读史、读人、读智慧……难以一言蔽之，唐诗文化是永远读不完的史话。

有一种经典，历久弥新；有一种智慧，亘古恒温；有一种声音，绕梁不绝……"熟读唐诗三百首，不会作诗也会吟。"手捧经典，感念知遇；吟诵经典，心潮平仄起伏……这样一种穿越千年的美丽相遇，让浅浅的小女子儿近无语。

【作者小传】刘艳妮，女，1980 年生，莱州市莱州中心小学教师，语文教研组长，毕业于鲁东大学心理教育系。在教育教学中，以"厚德载物，修己育人"为从教之本，潜心育人，踏实教书，力争做孩子们生命中的"贵人"。自幼对书情有独钟，希望这份书缘一直伴随自己，并延续到孩子们身上。

循着悠悠的馨香，我也在有意无意间轻轻涉足其坛边香径，徘徊在芳丛林间穿花度柳，更觉其对心灵的撼动无以言表。觑折数枝，把赏玩味，让我有了漂泊异乡的游子踏上故土、踏雪寻胜而嗅到梅香的感觉，于是便也开始了我精神的远足……

轻涉词坛小折香

——读《宋词选》有感

车美丽

前　言

在心灵精神的牧野，有一处葱茏馥郁的芳坛，在久伫凝望之后，我小心翼翼地轻涉其中，流连于其边缘，禁忍不住，小折数枝，清香氤氲于心底，悠悠，幽幽……

喜欢词，在诗之后，总以为此乃高雅之作，应是高人雅士之读，平庸如我，虽然喜欢读书，但对词的了解，仅限于李清照的"帘卷西风，人比黄花瘦"，辛弃疾的"稻花香里说丰年，听取蛙声一片"等数篇大家耳熟能详的佳作。我遥望着那一片绮丽的芳园，在经年的仰慕中不曾奢想过攀摘，总以为那是蕊珠宫阙的奇葩。终于在很久很久之后的一天，循着悠悠的馨香，我也在有意无意间轻轻涉足其坛边香径，徘徊在芳丛林间穿花度柳，更觉其对心灵的撼动无以言表。觑折数枝，把赏玩味，让我有了漂泊异乡的游子踏上故土、踏雪寻胜而嗅到梅香的感觉，于是便也开始了我精神的远足……

看尽千红独爱梅

在"绿杨烟外晓寒轻"的料峭时节，看那满树"红杏枝头春意闹"，徘徊在小园香径，任凭"春风不解禁杨花，蒙蒙乱扑行人面"，惬意之极；当"搓得鹅儿黄欲就，天气清明时候"，词林早已是"万紫千红花正乱，已失春风一半"；

— 229 —

当"无可奈何花落去，似曾相识燕归来"时，春愁又挂满了树梢枝头，多少"泪眼问花花不语，无计留春住"，只能在"自在杨花轻似梦"的花雨中，一任深闺闲情将思绪惆怅渲染得丝丝缕缕，无穷无尽。

初夏时，谁家院中"石榴半吐红巾蹙"，轻折"秾艳一枝细看取，芳意千重似束"；何处荷叶田田，在"闹红一舸"中，尽赏"水佩风裳无数"，"翠叶吹凉，玉容消酒"，不经意间"嫣然摇动，冷香飞上诗句"。

秋风中，"碧云天，黄叶地"，随风旋起的却是淡淡的哀伤。放眼望"千嶂里，长烟落日孤城闭"，令人心生凄凉；高空中，"云随雁字长"，那缥缈的轻云随长长的雁阵写意的分明是对羁旅的远行人不尽的牵挂与幽怨，远行他乡的游子，你可曾看到了写在长空中的家书？而今，"有暗香盈袖"的"满地黄花堆积，憔悴损"，令人神伤！

一路走进冬的怀抱，我如同要见到梦中的情人一样向往着梅！最爱梅，无缘由的，那是一种信仰般纯粹虔诚的迷恋。虽然我至今也没有见到真实的梅花，但梅早已扎根繁茂在心灵的深处。我用梅作笔名在同学录中留言，用梅作网名来愉悦生活，也用梅魂来慰藉我生命中的年年岁岁。在别人看来，这似乎俗不可耐，而在我的世界里，"梅"字写在哪里都是一首清丽的小诗，处处梅香处处韵。

在我们诗画般的园林式校园里，春有一树树的白丁香、紫丁香、红红的海棠，更有我独爱的榆叶梅，不仅是因为她满树美丽的花儿，更因为她名字中的"梅"，让我感到她的血管里也流淌着梅高贵的家族血统！在诗画的树下，我仿佛沉浸在词中我情更独钟的梅的芳菲里！喜欢一个人静坐默吟"一点梅心，相映远，约略颦轻笑浅"，此时眼前幻化的是身着素装的美人浅笑的迷人脸庞；在校园一角的竹林边，似乎也隐约看到在"竹梢疏处，横两三枝"的潇洒江梅，"一任雪压霜欺"，虽"风流不在人知"，但依然"清香未减"；当一个人抑郁不能被人理解时，我更喜欢在心中咀嚼"驿外断桥边，寂寞开无主"的梅，犹如尘世中的自己"无意苦争春，一任群芳妒"，但我坚信"零落成泥碾作尘，只有香如故"。每逢此时，陷于独我与梅的境界里，常常竟不知自己是谁，身在何处，在那种忘我的时空里，心灵清澈透明干净如也。

听取万声情字长

在"城上风光莺语乱"的春意里，穿行在词林间，你的耳畔会不时传来"叶底黄鹂一两声"的呢喃；当晚春的"数声鶗鴂，又报芳菲歇"时，即使"费尽莺儿语"终也"留春不住"。"寒蝉凄切"声中，你听到的是"梧桐更兼细雨"的"点点滴滴"，滴不尽的愁思中，促织儿"哀音似诉，相和砧杵，独自凄凉甚情绪"？在"七八个星天外"的夜晚，你能听到苏轼"但愿人长久，千里共婵娟"的美好祝愿，也能听到秦观"两情若是久长时，又岂在朝朝暮暮"的高亢音响。

是谁在迎着东风把酒，怅然"可惜明年花更好"时，却无法预知来年与谁同；又是谁在"念桥边红药"，诘问"年年为谁生"？烈酒在谁的唇边没有醉，却"先成泪"？别语在谁的口中没有说，却"欲说还休"？"腰中箭，匣中剑"佩带在谁的身边，却只能"空埃蠹"，"忠愤气填膺，有泪如倾"？是谁的"黛蛾长敛，任是东风吹不展"？又是谁的眼神直看得"过尽飞鸿字字愁"？是谁在梦醒时分，"听彻《梅花弄》"，又是谁在"杏花疏影里，吹笛到天明"？

啊！无尽的情无尽的思，无尽的爱恨无尽的愁绪，缠绵在词人的笔下，萦绕在世人的心头，委婉含蓄的字里行间，情溢思融，让人如品茗般唇齿留香，余味无穷。

爱词，也许更在于品味词的韵味吧！人世间多少悲欢离合、酸甜苦辣，浓缩在三言两语间，竟让人顿生感悟。因了词的委婉含蓄，脑际便幻生出美人犹抱琵琶半遮面的丝乐之景；又如三寸金莲袅袅娜娜弱风扶柳的娇媚。于是，心空会瞬间高远澄净，一如滤过般明朗而宁静，闭上眼睛，感觉自己身轻如絮如羽，了无时空之念，在词的意境里尽享"诗之所不能言"的美妙，那真的是心灵的晤对、情感的交融，岂是文字所能言传！

穿越时空折香归

沉醉在词的韵味里，不由得信步徐来，在"败荷零落，衰杨掩映"处，"岸边两两三三，浣纱游女，避行客，含羞笑相语"，妩媚可人；朱阁绮户里，多少幽怨的佳人在清冷的孤灯下，"寸寸柔肠，盈盈粉泪"，娇弱怜人；也有"和月摘梅花"的玉人，"不管清寒与攀摘"，而后"笑捻粉香归洞户"，清丽怡人！月夜里偶抬头，你会遭遇"云破月来花弄影"的奇境，侧身弯腰拂过眼前的丝柳，你会看到影影绰绰的佳人，正"月上柳梢头，人约黄昏后"；翘首"众里寻她千百度，蓦然回首"，又有多少才子在斜阳处，独倚西楼，正忧伤"落花犹在，香屏空掩，人面知何处？"

在贺铸"数点雨声风约住，朦胧淡月云来去"的韵味里，刘克庄大喝"男儿西北有神州，莫滴水西桥畔泪"；张孝祥也"尽挹西江，细斟北斗，万象为宾客"，胸怀磊落，气度凌云；征尘弥漫处，岳飞"怒发冲冠，仰天长啸"；而边关明月清辉里，"人不寐，将军白发征夫泪"。岁月沧桑，曾为帝王的宋徽宗赵佶被俘北行，空念"天遥地远，万水千山，知他故宫何处"；而66岁的辛弃疾虽是暮年，却仍期待朝廷"凭谁问，廉颇老矣，尚能饭否"；官至翰林学士的汪藻看破政坛纷争，云"君知否？乱鸦啼后，归兴浓如酒"。

　　更愿意在词的文化长廊里追随苏轼沉浮，远远地看他在寒秋之夜，独赏"缺月挂疏桐"，自叹"飘渺孤鸿影"，却"拣尽寒枝不肯栖"，人格光辉峻洁；当他被贬谪黄州，站在赤壁矶，面对"乱石穿空，惊涛拍岸，卷起千堆雪"，不禁慨叹"江山如画，一时多少豪杰"，气势豪迈。作为常人的他，有三更夜饮醉归时，"家童鼻息已雷鸣，敲门都不应，倚仗听江声"，万千感慨，"长恨此身非我有，何时忘却营营"！顿生"小舟从此逝，江海寄余生"的归隐之心；走在沙湖道中的他，遇雨而吟啸"竹杖芒鞋轻胜马，谁怕？一蓑烟雨任平生"，坦荡潇洒！而对于梦中相见的亡妻，他也"不思量，自难忘"，遥想"千里孤坟，无处话凄凉"，梦醒后感慨"料得年年肠断处，明月夜，短松冈"，催人泪下，也让我们见到了苏轼耀眼光环背后儿女情长的真挚情愫。

尾　音

　　喜欢词，喜欢词中细腻的情韵、灵动的气息。我知道我之所阅，不过是词林一径、芳坛一隅，但只此已让我心有所依、情有所属。喜欢词，在之前，也会在之后！

　　常常在柔柔的灯光下，或在暖暖的午后，一个人静静地品读，那种恬淡的感觉便在空气中弥漫开来，温馨而舒适……

【作者小传】车美丽，女，1972年生，栖霞市庄园中心小学教师、大队辅导员、教导处副主任，毕业于莱阳师范学校。喜欢读书，在各级刊物发表文章多篇。作为学校读书社负责人，每学期都组织师生开展朗诵会、征文评选等活动，一年内师生有近20篇文章在市级以上报刊发表，对学校特色文化的形成起到积极而重要的促进作用。

怀着乐观和积极的心态，让自己成为一个使他人快乐的人，让自己快乐的心成为阳光般的能源，去"辐射"他人，温暖他人，让家人、朋友、学生乃至更广阔的社会从自己的身上获得一点快乐的种子。

沉淀浮华　快乐心灵

——读《论语译注》有感

赵　晶

杨伯峻先生的这本《论语译注》放在身边已有几年了，每当不如意的时候都会拿来读一读。由于书中文字皆为繁体，读起来实在疲惫，只能在断断续续中体会。听于丹教授说《论语》以后，我又找来 2006 年 12 月出版的《论语译注》简体字本与繁体字本一起细细研读，每读一遍，都有新的感悟。阅读之时，我似乎看到了智者们隔着冥冥万世深视颔首，那之中有仰望先贤的崇敬，也有后生可畏的欣喜，更有共鸣后的感动，但最为丰厚的收益还是读到了能给心灵带来快乐的道理。

杨伯峻（1909—1992），原名杨德崇，湖南省长沙市人，著名语言学家。在古汉语语法和虚词的研究方面颇有建树。他的叔父——著名的语言文字学家杨树达先生亲自为他启蒙，教授古书。后又拜国学大师黄侃为师，成为"黄门弟子"。杨伯峻先生的学术背景及其家学渊源，为他注解《论语》《孟子》和《春秋左传》等古籍奠定了根基。他的《论语译注》注重字音词义、语法规律、修辞规律及名物制度、风俗习惯等的考证，论证周详、语言流畅，表述清晰准确，不但有很高的学术价值，更是一本普通读者了解《论语》的入门参考书。他的主要作品有《列子集解》《论语译注》《孟子译注》《春秋左传注》《中国文法语文通解》。

杨先生经过论证选译了《论语》20 篇的这一版，译注以尊重原著，注释准确、平实著称，是当代最好的《论语》读本之一，在学术界和读者中享有盛誉。《论语译注》中的《试论孔子》和《导言》是杨伯峻先生的研究心得，知识含量很高，值得大家学习。同时，这本书也向我们展示了两位智者的严谨、博学、豁达、平和、原则与分寸。

一

孔夫子在生活中积累，杨先生在研读中锤炼，两位智者用博学和严谨为我们诠释了"恕"的内涵。

自汉代以来，诠释《论语》之书数不胜数，杨伯峻《论语译注》是现代译注古代典籍的成功范例，可谓最权威、最传统、最主流的注疏。对此，多数专家都认同。他的译文，字字斟酌，如"学而时习之"中的"时"和"习"的注释，"时"推翻了朱熹《论语集注》中"用后代词义解释古书的注释"；"习"一般人把它解释为温习，但杨老找来了古书《礼记·射义》《史记·孔子世家》等著作中与之相关的部分进行论证，"习"讲为"实习"为好。

杨先生的严谨与《论语》中很多关于学习的观点如出一辙，事实上，孔子自己就是"发愤忘食，乐以忘忧，不知老之将至"的人。杨先生非常重视精益求精，"如切如磋，如琢如磨"，反对一知半解，浅尝辄止。"见贤思齐焉，见不贤而内自省也"体现了孔子严谨的治学态度。

书中此类例子不一而足。

一面吸吮着知识的甘露，一面敲打着怠惰的灵魂，时时告诫自己，肩上承载着祖国的未来，心中担当着社会的责任，用自己的行动践行着"修己以敬""修己以安人"，才有底气去对学生们说"认真"。当自己体会到时时严谨对待知识和时时严谨对待自己的不容易时，就不会再为学生的失误而不依不饶、疾言厉色了，也就可以真正做到像孔夫子那样，面对学生的再三追问依然跟学生商量着把道理讲透，真正懂得了论语中所讲的"恕"了。这其中所表达的从容不迫的气度、谦抑宽容的态度，正是中国人的人格理想，是一个教师幸福的源泉。

二

幸福不仅仅是物质意义上的富足，真正的幸福来自于心态，平和、豁达是两位大师给我们的又一启示。

享受着物质文明成果的新世纪的人与 20 世纪六七十年代的人相比，幸福指数下降了，多了些孤独、抑郁，很多人存在着复杂的心理困惑。可两千多年以前的颜回，孔夫子曾经夸奖他说："贤哉，回也，一箪食，一瓢饮，在陋巷，人不堪其忧，回也不改其乐。贤哉！回也！"颜回缺衣少食，住在非常破烂的小巷子里，而他却能够自得其乐。颜回真正令人敬佩的，并不是他能够忍受这么艰苦的生活境遇，而是他的生活态度，在很多人都以这种生活为苦，哀叹抱怨的时候，颜回却不改变他乐观的态度，始终保持着心境中的那份恬静和安宁。

除了为物质生活苦恼以外，生活中的很多琐事也会阻碍我们向快乐进发。

感情受挫，事业不顺，身边没有一个可以信赖的朋友，这都足以让很多人忧郁。每当情绪低落的时候，生活中所有的不如意都会一起跑出来折磨自己：为什么大家都过得比我幸福？为什么和我一样上下班，他们的职称比我高？为什么一起毕业，他当上了领导，我却如此平庸？抱怨社会不公，抱怨处世艰难。其实，与其怨天尤人，不如反躬自省。

像《论语》中所言"贤贤易色，事父母能竭其力，事君能致其身，与朋友交言而有信"，对爱人，重品德，忽视姿色等外在条件；侍奉父母、对工作，能尽心竭力；同朋友交往，诚实守信。如果在择偶时，以感情、品德作为衡量的标准，职业、财富、容貌都看淡了，那么只要选定了，就一定不会移情别恋，双方的品德过了关，两情相悦，谈何感情受挫。再想想我们在工作中，做到竭尽全力、尽善尽美了吗？对待朋友做到真心付出、诚实守信了吗？如果我们真的做到了，我们就学会了修身养性，这时，当我们看到任何结果的时候，都会豁达接受，自然少了很多烦恼。

怀着乐观和积极的心态，让自己成为一个使他人快乐的人，让自己快乐的心成为阳光般的能源，去"辐射"他人，温暖他人，让家人、朋友、学生乃至更广阔的社会从自己的身上获得一点快乐的种子。

也许，杨伯峻先生也从《论语》中读到了相同的体会吧。他在《例言》中有这样一段话："本书虽然不纠缠于考证，但一切结论都是从细致深入的考证中提炼出来的。其中绝大多数为古今学者的研究成果，也间有著者个人千虑之一得。结论固很简单，得来却不容易。为便于读者查究，有时注明出处，有时略举参考书籍，有时也稍加论证。"此外，在孔子的出生年代上，杨老先生为我们提供了"一说生于鲁襄公二十一年（《公羊传》和《谷梁传》，即公元前551年），一说生于鲁襄公二十二年（《史记·孔子世家》）"两种说法。并说："前人为此打了许多笔墨官司，实在不必。"足以见其"凡事尽心尽力，结果顺其自然"的豁达情怀。

不去苛责外在世界，也不把有限的精力浪费在苛责内心，我们就不会因为生活的清贫而苦恼，因纠结于结果而烦心，只要内心有一种清亮欢乐，心中自然开出幸福的花朵。

三

两位智者对人性的体察极为深入，有着可贵的坦率爽直。为了寻找和保存快乐，他们坚守着原则与分寸。

在工作中，子曰："不在其位，不谋其政。"也就是说不居于这个职位，便不考虑它的政务。"君子思不出其位。"君子所思虑的不超过自己的工作岗位。人的精力都是有限的，"不谋他政"只为更好地"在其位，谋其政"。

在待人时，孔夫子提倡仁爱，但他并不认为要以丧失原则的仁爱之心去宽宥所有的过失。"或曰：'以德报怨，何如？'子曰：'何以报德？以直报怨，以德报德。'"有人对孔子说："拿恩惠来回答怨恨，怎么样？"孔子道："拿什么来酬答恩惠呢？拿公平正直来回答怨恨，拿恩惠来酬答恩惠。"

孔夫子告诉我们一味用仁厚、用爱去包容怨恨，很难甚至不会得到理解和感激，因为他们没有意识到他们给别人带来的伤害，很可能一如既往。这不仅是一种浪费，对于师者来说，这更是一种悲哀，甚至是犯罪。很多人曲解爱的教育，对犯了错误的学生一味包容，怕伤害他的自尊心，视而不见，不批评，不深谈，哪怕连一个眼神、态势的暗示都舍不得给予，孩子在"爱"中越走越远，教师在痛苦中慨叹。用你的公正、你的率直、你耿介和磊落的人格，坦然面对这一切，告诉他你的感受，那才是爱的表达。

在生活里，"朋友数，斯疏矣。""唯女子与小人为难养也，近之则不孙，远之则怨。"也就是说，距离产生美，无论是对谁，都要给对方留有安全距离。否则，疏远、怨恨就离我们不远了。这个度，缘于我们对朋友、亲人的了解，他们什么时候需要帮助，什么时候喜欢独处，更缘于我们对生活的拿捏。

"忠告而善道之，不可则止，勿自辱焉。"这句虽然原文是子贡问对待朋友的方法，但在现代也可用在教学中。忠心地劝告，好好地引导他，他不听从，暂且罢了。有人一定会说："学生还是世界观的形成时期，不管了，那不是不负责任吗？"事实不然，当学生不听从，那就是他需要反省，需要时间，如果执意强势教育，孩子会产生逆反心理，就违背了成长的规律，失去了教育的意义。比如，老教师不怒自威，但年轻教师就很难把握，要想像老教师那样既有师者的尊严，又能走近学生的内心，那就需要我们在实践中不断探索，细细体味这亲疏的分寸了。

　　杨先生在治学的原则和分寸上，为我们提供了范例。很多学者对杨先生《论语译注》大肆批论。有人非议他的"增字解经"法，也有人提出在一些语句的解说上常有前后矛盾之处。杨老先生对此很谦虚，给年轻人们提供与《论语》研究有关的著作，主动提出"限于学力和见解，一定还有不妥以至错误之处，诚恳地希望读者指正"。

　　"道不远人"，孔夫子和杨伯峻先生传授给我们的道理就在身边，他们用简约的语言诉说着能给心灵带来快乐的道理。在很多时候，我还会捧起这本书，把书中的道理快乐欣欣地讲给我的孩子、我的学生们听……

　　【作者小传】赵晶，女，1981 年生，烟台市牟平育英艺术中学语文教师，2005 年毕业于牡丹江师范学院中文系。曾在省、市级报刊发表文章多篇，在教育教学中坚守快乐教学法，立志"做一个幸福的教师"，希望自己和学生们能在读书中快乐起来。

其实道不远人，它就在我们身边的生活琐事中，只要用心去探求，我们就会发现它的存在。

道 不 远 人

——读《道德经》

李　蒙

　　《道德经》一书无疑充满传奇色彩，其来历众说纷纭。对《道德经》一书的考证也是仁者见仁，智者见智。今天，我就来谈谈自己对这部经典的浅显理解。

　　既然要谈对《道德经》的理解，那就首先要说说这部经典是干什么的。尽管古往今来对它有很多的解说，如要一一论述恐怕几天几夜也说不完。这里就大众所了解的方面入手来浅谈一下它的作用。

　　《道德经》是一部探讨什么是规律的规律的经典。探讨规律这个内容对于我们现代人来说好像没什么了不起，毕竟我们从小就学习认识论、哲学，对规律早已耳熟能详。但是早在 2000 多年前，在教育尚不发达的年代，在我们认为那是个"落后"的时空，《道德经》就有了对规律之根的描述，这难道不令人震惊么？然而，《道德经》让人震惊的，不仅是它道出了事物规律的规律，更主要的是，它通篇都在训练人们发现规律的思维能力。试想，有这样的思维能力，我们做什么事都能发现规律了，那我们做事的失误率就会大大降低，我们的事业不就顺利了很多么？

　　《道德经》第一章开篇就把主旨告诉了我们：什么是作者要谈论的"道"。一般的道是什么，是事物内在的规律；老子说的"道"是什么，是规律的规律，或者说是规律的本质。所以老子说的这个道不是那么容易说清楚的，不是一般的道。老子说的道既然是一切规律的根本，那么各行各业的工作规律，自然也在它的涵盖之中。因此，弄清楚这个规律的根本，对我们探索各自行业的工作规律有着重要的意义。

　　《道德经》第一章还教给我们如何去发现道。其实，从第一章开始，《道德经》的作者就在不断地教给我们如何去探索这个世界的规律，以及如何通过这些规律认知规律的本质。"道可道"和"名可名"两句，告诉了我们看事物的眼光要"兼顾内外"，在我们日常生活的所有行为中，都要明确地认识到，事物是由无形的规律——"道"和有形的实体——"名"组成的。所以，当我们的思维处于这种认知状态的时候，我们就会透过现象看本质，就会时刻想要去探求事物内在的规律是什么。换言之，作为一个教师，如果能用这种思维模式潜移默化地影响学生，使学生形成时刻探求事物规律的思维习惯，那么这些学生必定受益无穷，其学习效率也会提高。

接下来的是"无名天地之始，有名万物之母"。这两句断句方式也有很多，按照我的理解，这里讲的是什么是"有"和"无"。"无"在这里可以指第一句里的"道"（规律），也可指宇宙诞生之前的形态。"有"就是相对于"无"的矛盾的另一面。那么，根据文义可知，"无"是没有实体的，"有"是实体的。我们可以这样通俗地说："有"就是世界的物质层面，"无"就是世界的规律层面。这其实就是一分为二地看问题，不过不是横向层面的矛盾分割法，而是纵向层面的内外分割。其实这也正是中华文明的精髓——阴阳文化的一种延伸。

为什么说《道德经》讲的是规律的规律，就因为第一章最后那两句话：此两者同出而异名，同谓之玄，玄之又玄，众妙之门。这句话告诉我们作者认为仅仅能够透过现象看本质是不够的，在普通的事物规律之后还有更深层次的东西，那就是这些规律的规律，也就是玄。所谓玄之又玄，众妙之门，也就是说，规律的规律的规律，这样去不断探究，就能发现一个根本，那个东西就是规律诞生的地方，也就是所有规律的本质。

《道德经》的作者告诉我们规律之后还有规律的目的，不单单为了直接告诉我们这个本质是什么，更可贵的是，顺着他的思路我们学会了去探求事物本源的思维——是什么决定（产生）了它？比如说，我们看到一个杯子，就问：杯子由什么做成的？然后得到答案：玻璃。然后再问：玻璃由什么构成？然后得到答案：氧化硅。再问：氧化硅是怎么形成的？这样一步一步不断探索。

如果我们把上述思路运用到日常工作当中，就会发生非常有意思的事情。当一个学生犯错时，我们就会改变习惯的厌烦情绪，先提出问题：他为什么犯错。然后跟学生交流，让他说说自己犯错的原因和他对这件事的观点。如果他认识到错误，我们就接着问：他为什么会认识到错误，他怎么认识到错误的？如果他认识不到错误，我们就接着问：他为什么认识不到自己的错误？这样一步一步地问下去，我们就能找到帮助学生解决自身问题的钥匙，我们就会发现自己处理问题的方法越来越和谐了。当对学生进行奖惩时，我们就问问自己：该不该奖励（惩罚）呢？该怎么样去奖励（惩罚）呢？这样做会对学生有哪些影响呢？学生会在这些影响中选择什么样的方向呢？如果他选择对了我们该怎么做呢？如果他选择错了我们该怎么做呢？等等，我们的思路就会越来越宽，想问题就会越来越严谨。通过这样反复推敲，我们的思维水平也不断提升。在安排自己课程的过程中考虑的方面也就越多。只有我们的眼光长远了，我们对自己和他人的人生才能有更透彻的认识，才能把工作变成事业来进行一番拼搏。

也许有人会说，想这么多是不是太累了，做人简单一些不好么？我想说的是，这其实就是最简单的做人方法，如果事事都不严谨，必定酿成大错，到时候追悔莫及。更何况，我们从事的是教育教学工作，本来就容不得丝毫马虎，自己累一点，让学生多受益一些，又何乐而不为呢？

其实道不远人，它就在我们身边的生活琐事中，只要用心去探求，我们就会发现它的存在。

【作者小传】李蒙，男，1982 年生，烟台一中教师，毕业于聊城大学。在教学实践中，坚持"德育促和谐，精讲创高效"，积极探索思维对话的教学方式。愿自己的成长能够散发智慧的烛光，科学践行教育工作者的伟大使命。

教师的身上担负着中华民族的未来和希望，除了教给学生知识和技能外，更应用中华民族的传统美德熏陶学生，以浩然之气影响学生。对此，语文教师更是责无旁贷……

语文教师更要有浩然正气

——读《孟子》有感

方贤华

清夜漫长，正适合读《孟子》。

孟子曰："我善养吾浩然之气……其为气也，至大至刚，以直养而无害，则塞于天地之间。"

孟子曰："夫天未欲平治天下也；如欲平治天下，当今之世，舍我其谁也?"

孟子以一文士之身，却能睥睨诸侯，显示出正义凛然的大丈夫精神和强烈的自尊自强的独立人格。在他的思想中，始终贯串着一种积极的人生态度，一种"以天下为己任"的社会责任感，一种"藐大人"的屹然独立的人格精神。这对于今天的知识分子有很强的现实意义，尤其对于我们语文教师来说，其熏陶感染作用更不可小视。

孟子生活在战国时代，他在齐国较长一段时间里没有官职，也不去谒见齐王，保持自尊。齐君派人赠他黄金一百镒，他拒绝接受，"无处而馈之，是货之也，焉有君子而可货取乎?"说自己不可以被收买，表现出他的自尊自强和刚正不阿。

孟子在与齐宣王的谈话中，详细地阐述了自己的仁政主张、王道理想，据理力陈，一无顾忌。称诛暴君为诛独夫，言辞犀利，直言君不好即可废除，齐宣王听得"勃然变乎色"；他当面批评齐宣王，不留一点情面，有时说得齐宣王"顾左右而言他"。

孟子为什么能这样呢? 因为他"藐大人"：道德在我，真理在我，我比他们拥有真理和道义。这样坚定的自信而产生的自尊，使他胸中自有浩然之气。这种至大至刚充塞于天地之间的浩然之气，不仅表现在他强烈的自信自尊上，还表现在对大丈夫的认识上。真正的大丈夫"富贵不能淫,贫贱不能移,威武不能屈",以天下为己任,一往无前。

浩然之气,就是担当天下大任的大丈夫精神;浩然之气,就是我中华民族百折不挠的民族气节。在中国古代史上,无数先贤使浩然之气从一个书本上的概念化成了活生生的历史标本。这当中,民族英雄文天祥堪称典型代表,正是他身上洋溢出的浩然之气,使他能够在被元兵押解的途中,书就"人生自古谁无死,留取丹心照汗青"的千古绝唱;使他能够在元大都的黑暗牢房里,留下慷慨激昂的《正气歌》:"是气所磅礴,凛然万古存。当其贯日月,生死安足论!"

一个国家的兴亡与否,取决于这个国家人民的人格,也就是她的人民能不能体现出浩然之气。这种浩然之气是构成民族团结,进而产生无穷力量的源泉。

当代中国,人民的道德素养与经济的飞速发展并不同步。追逐利益最大化已经让世风污浊、人心浮躁。食品安全问题、建筑质量问题、环境污染问题……上述问题的出现,与制度有关,更与人们信仰的缺失、道德的缺乏有关。究其根本,最终是与我们的教育有关。形形色色的问题背后,是我国公民社会公德教育、职业道德教育的缺失。

作为教师尤其是语文教师,有几人能像孟子那样,道德在我,真理在我,以浩然之气影响学生?教师的身上担负着中华民族的未来和希望,除了教给学生知识和技能外,更应用中华民族的传统美德熏陶学生,以浩然之气影响学生。对此,语文教师更是责无旁贷,必须在民族精神的传承中冲锋在前。这是由语文学科的工具性和人文性的基本特点所决定的。

身为语文教师,深知教师的肩膀根本承担不起"说真话"的重任。但是,在制度规则之外,在整体文化环境之外,语文教师个人的独立自省与自由精神、积极的人生态度、强烈的社会责任感对学生的示范作用不也很重要吗?

在中学的所有课程当中,语文课在培养学生健全人格方面具有不可替代的作用。学生健全人格的培养与语文教师的教育影响息息相关。一方面表现在语文教师在教学中的有效引导;另一方面表现在语文教师在生活中的行为示范。"桃李不言,下自成蹊。""其身正,不令而行,其身不正,虽令不从。"己正才能正人,榜样的力量是无穷的。作为教师不能只有丰富的知识,更要有完美的人格、高尚的修养、浩然的正气。教师只有以高尚的品德影响学生,学生才能亲其师而信其道。人们之所以敬仰万世之师孔子,不仅仅是因为他具有丰富的知识,更主要的是因为他具有"温、良、恭、俭、让"的高尚人格和"志于道,据于德,依于仁"的高尚品质。因此,每一个语文教师都要努力提高自己的道德素养,使自己首先成为一个具有高尚的道德情操、健康的审美情趣、强烈的历史使命感和积极的人生态度的人。让自己的浩然之气成为学生的表率，让崇高的社会责任感贯串自己工作的始终，带领学生迈向中华民族崇高精神的巅峰。

受社会浮躁风气、功利思想的影响，中小学教育看重的是升学、是应试。不少学生作文为了得高分，编造谎言。苏霍姆林斯基说，学校是人民精神的"圣地"。如果我们的教育不能让学生在追求知识的同时体会到求知求真的乐趣，不能培育大批以追求崇高的道德理想为终身志向的学生，那么，学校就不过是职业训练所，是精神的荒草地。

帕斯卡尔说，人是会思想的芦苇。能够自由、独立地思考，有强烈的历史使命感和社会责任感，是一个现代公民健全人格的标志。没有自己的思想，就没有独立的创造；没有使命感和责任感，就不会有积极的社会氛围。老师们，语文老师们，我们都得想一想，语文课难道仅仅就是向学生宣讲教科书，讲解枯燥的作文技巧，背几篇文章，背几点文学常识吗？不！让我们的下一代超越一味地追逐物质利益和感官享受，避免庸俗化，具有健全的人格，语文老师们，我们责无旁贷！就如孟子所言，"当今之世，舍我其谁也"。

孟子有三乐，最后一乐是"得天下英才而教育之"。我们有幸拥有这一乐，天下的英才俱出我们门下。当他们带着"大丈夫"的英雄气概成为社会中坚之时，中国人就会带着不卑不亢、富贵不淫、贫贱不移、威武不屈的伟大民族精神，以压倒一切的豪迈之气走向未来！

【作者小传】方贤华，女，1972年生，蓬莱市大辛店中学语文教师，毕业于北京师范大学中文系。热爱读书，喜欢思考，并带领学生一起享受读书的快乐。提倡趣味语文教学，让学生从枯燥烦琐的语文学习中解脱，注重培养兴趣和提高能力。坚信读书可以让人远离庸俗，希望每个学生保持终身阅读的习惯，让书籍照亮人生。

把"赋、比、兴"的手法巧用到家访中，往往会有意想不到的收获，会谱写出家访温馨的三部曲，甚至创造出《诗经》如花，花香沁心，家访如诗，诗香明智的意境……

《诗经》如花　家访如诗

——我们这样研读《诗经》

丁仁江　李旭宏

在我国传统文化的长河中，诗歌作为其中的一条支脉，从第一部诗歌总集《诗经》开始，一路容细流，纳百川，浩浩荡荡，流淌至今，已然滋润诗园枝叶葱茏，繁花盛开。

"风、雅、颂、赋、比、兴"是《诗经》最芬芳的六片花瓣。唐代孔颖达《毛诗正义》说："赋比兴是诗之所用，风雅颂是诗之成形。"其意思是说前者是诗的做法，后者是诗的体裁。而我最钟情的是赋、比、兴三片花瓣，它是一切文学创作的源头，也是任何文学作品常用的方法，品读它如久伴芝兰，缕缕馨香清淡而芬芳，澄清心灵。品味久了，我们发现把"赋、比、兴"的手法巧用到家访中，往往会有意想不到的收获，会谱写出家访温馨的三部曲，甚至创造出《诗经》如花，花香沁心，家访如诗，诗香明智的意境，其异曲同工之妙如下。

丹唇一启笑也闻

——"赋"的具体化

"赋"是《诗经》及后世诗词中最常见的一种艺术表现手法。何谓"赋"？"敷陈其事而直言之也"，也就是说，为直言其事，先巧具匠心，极力营造一个良好的氛围。这无疑也是家访成功的首要前提。

心理学研究表明，积极的情绪和情感是人的认识和实践活动的内驱力，而暖暖的微笑则是点燃这种积极情愫的彩虹，是其最美丽的外现方式。因此，笑脸相迎、笑里含情、笑中明理是铺垫和谐愉悦的家访气氛的最佳途径。丹唇一启，轻声柔语，莞尔一笑，情真意切，此时此境还有什么说不开？又有什么心结解不开？

记得最令我尴尬的那次家访是到学生小明家。因为他母亲弃家出走，父亲酗酒怄气，使他幼小的心灵强烈失衡，打架斗殴成了他发泄情感的家常便饭。因此，我决定登门拜访。踏进小明的家门，我见到的是一个地地道道的老农民，他呆坐在凳子上，脸上阴云密布，见我进来竟一声不吭。刹那间，我愣住了，刚想打退堂鼓，可又想起他家庭的不幸，便努力将那份尴尬化为真诚的笑颜，柔声打开话匣："大叔，瞧，也没事先打个招呼，就这么冒冒失失地闯来了，您可别生气啊！"说着，我挽起袖子，动手洗刷父子积压在锅灶上的饭碗。手里洗着碗，我轻轻笑道："唉，居家过日子的，谁没个沟儿坎儿的？跨过去也就没啥了，可不能因此扔了孩子啊，您说呢？"小明的爸爸坐不住了，终于站起身，颤巍巍地说："老师，你别这样！我虽窝囊可还有廉耻之心，我父子承受不起啊！"我笑笑，请他坐下。谈话就这样在温暖真诚的气氛里开始了。我深深地体会到丹唇一启笑也闻的魅力，少了这一强有力的"敷陈"，家访成功只能是无源之水、无本之木。因此，家访的第一步需要老师用微笑去营造一个平等和谐、温馨亲切的氛围。

峰回路转巧探寻
——"兴"的新表现

家访是深化素质教育改革的一朵小花，铺垫一个愉悦亲切的健谈氛围，仅是使它有了肥沃的土壤，要想使这朵小花苗壮成长，还必须施加一点"肥料"——"兴"的手法。何谓"兴"？"先言他物以引起所咏之辞也"。

从哲学的角度看，这是从大局出发，为宏观调控，以求得最终目的和最佳效益的一种欲进先退、欲擒故纵的手法。家访对象的复杂多样性，家访过程的机动多变性，要求教师必须有这种善迁回巧探寻的大家风范，寓乏味的知识、道理于直观形象的他物中，借"兴"之探寻于不知不觉的潜移默化中，令峰回路转到家访目的的实现上。因此，明确他物与所咏之辞的内在联系，并准确找出其内在联系的支撑点，便成了家访中形象过渡的关键。这种支撑点从学生的发展状况而来，要善于耐心细致地了解并掌握学生在校的第一手丰富资料，从家长的音容笑貌、兴趣爱好、家庭背景乃至日常生活的细枝末节中，挖掘出激发家长激情和学生内心世界的闪光点，配以循序渐进、情辞恳切的导引，则家访必如春风化雨，甜润感人。

当我了解到我班小云的父母因经济拮据，宁肯让打架斗殴、学业上一事无成的哥哥上学，却想令小云退学时，我只是在平和亲切的氛围里笑着说："你的孩子聪明好学，不上学可惜了。手心是肉，手背也是肉，你忍心厚此薄彼误了孩子的一生吗？"家长沉默了。峰回路转的巧探寻如一盏明灯，引导家长走出重男轻女的误区。

因此可说，峰回路转巧探寻是家访成功的延伸过渡，发人深省，余味无穷，它在很大程度上起到了推波助澜的作用，是家访成功的坚实基础。

柳暗花明又一村
——"比"的真谛

"比"是《诗经》中旁征博引、形象说理的最有力的表现手法。何谓"比"？"以彼物比此物也"，即抓住事物的内在本质，由此及彼，揭示事物内在规律的一种思维逻辑的艺术再现。

家访最大的成功，莫过于使家长相信孩子的求知精神、追求真理与认识的健康成长是无法抑制也不应抑制的，家长有责任有义务始终为这一艰辛历程的完善，去战胜一切困难。这种家访目的的共性在于，要想真正深入民心，首先需要一种生动形象而又寓意深刻的说理方式。因此，立足现实、触类旁通的"以父母之感比儿女之心"的类比手法就成了家访的试金石。感之深，切之痛，成为打开父母心结的钥匙，任何望子成龙、望女成凤的父母，都不愿自己的儿女仅仅是自己的缩影或再版，或重蹈自己的覆辙。如何了解家长的特殊之处呢？大量的不厌其烦的社会调查是唯一的方式，要力求从学生、亲朋好友及邻居口中挖掘出家长的特殊脾性或与众不同之处，以便对"症"下药，立竿见影。

我班学生小新曾因父母离异而整日神思恍惚不知所措。家访时，我注意了对父母情感的深层挖掘，他们之所以离婚，是因为他们身心已承受不了有家之冷、无爱之痛的折磨，为寻找一个爱的港湾不惜破釜沉舟、孤注一掷。于是，我用一种悲怆的语调代孩子向他们呼喊："风风雨雨中无爱亦有情，无情亦有恩，总是一种缘分啊，孩子是你们血肉相连的见证，曾经恩爱的结晶。今若分离，一个幼小的生命可堪忍受无娘之痛、无父之悲？还有什么幸福可言？难道他就不需要一个爱的暖窝吗？为了孩子，携起你们曾握在一起已很久很久的手，好吗？"说完，我看见家长噙在眼里的泪，无须多言，他们后来再度携手。而孩子也于两年后考上市重点高中。因此，"比"是家访途中柳暗花明又一村的幽径，它在一定程度上反映了教师思想层次、认识能力、业务水平等综合素质的高低。

诗人白居易说："感人心者，莫先乎情，莫始乎言，莫切乎声，莫深乎义。"《诗经》如花，家访如诗。"赋、比、兴"家访三部曲正是综合运用"情、声、义"的艺术典型。教师家访要成功，就需要用一颗敬业乐业之心去"根情、苗言、华声、实义"。唯有如此，才能吟诵出家访这部错综复杂、育人成才的诗篇，使之成为深化素质教育的强大后盾和坚强支柱！

【作者小传】丁仁江，男，1970年生，莱阳四中教师，毕业于烟台师范学院。潜心研究学生教育管理艺术，在国家、省级报刊发表文章多篇。

李旭宏，女，1971年生，莱阳四中教师，毕业于东北师范大学中文系。曾主编过校本课程《诗意写作》，在《作文成功之路》杂志上发表文章多篇。酷爱写作，喜欢读书，崇尚学以致用，唯愿一生快乐地、优雅地行进于书香与播种之间。

注重过程，快乐就在你身边。在现实生活中人们往往太注重结果，而忽视了过程。殊不知结果是短暂的，而过程才是长远的。

快乐就在你身边

——读《于丹〈庄子〉心得》有感

邢陈强

闲暇之余，喜欢手捧好书细细品读，闻着书的香味走进书的世界，充实着内心的渴望，是多么的温馨与惬意。前几日，偶得《于丹〈庄子〉心得》一书，翻读几页便爱不释手。书中的哲理与故事，仿佛涓涓溪流淌入我的内心，荡涤着我心灵的焦灼与浮躁；又如波涛汹涌的大海，激励着我、震撼着我，让我摒弃工作中的一切烦恼，以淡然的心态、宽广的胸怀，更加从容地迎接新的生活。

庄子是战国时期的宋国人，他是诸子百家中一个重要的代表人物，曾做过漆园小吏。他的文章气势磅礴，纵横恣肆；他的思想深邃宏阔，笼盖古今；他的寓言想象奇特，寓意深远；他的风格嬉笑怒骂，了无拘囿。《于丹〈庄子〉心得》共分十篇：庄子何其人、境界有大小、感悟与超越、认识你自己、总有路可走、谈笑论生死、坚持与顺应、本性与悟性、心态与状态和大道与自然。于丹用具体鲜明的事例、幽默深刻的语言，结合现实社会现象，解读了《庄子》中的寓言，诠释了人生的哲理，那就是：宽容感恩于外在世界；超越所有的功名利禄之心；拥有健康的人生心态和快乐的生活状态。

是的，人因为宽容而美丽，因为宽容而精彩。有一位哲人说过这样一句话：天空收容每一片云彩，不论其美丑，故天空无比广阔；高山收容每一块岩石，无论其大小，故高山雄伟壮观；大海收容每一朵浪花，不论其清浊，故大海浩瀚无边。相传古代有位老禅师，一天晚上在禅院里散步，突见墙角有一把椅子，他一看便知有个出家人违犯寺规，越墙出去溜达了。老禅师也不声张，走到墙边，移开椅子，就地而蹲。少顷，果真有一小和尚翻墙，黑暗中踩着老禅师的背脊跳进了院子。当他双脚着地时，才发觉刚才踏的不是椅子，而是自己的师傅。小和尚顿时惊慌失措，张口结舌。但出乎小和尚意料的是，师傅并没有厉声责备他，只是以平静的语调说："夜深天凉，快去多穿一件衣服。"我们可以想象听到老禅师此话后徒弟的心情，这是一种宽容的无声的教育。像这样宽容的故事有很多，如陶行知先生的"四块糖"、约翰·麦克劳德的"杀狗事件"、乔治·华盛顿的"砍倒樱桃树"等。这些故事的背后，无不显现出宽容的力量、育人的智慧。正如《香味永存紫罗兰》中所言：当一只脚踏在紫罗兰的花瓣上，紫罗兰却将香气留在那只脚上，这就是宽容他人，这就是爱自己。

淡泊名利是快乐的基础。于丹在《感悟与超越》篇中讲了这样一个故事：乾隆皇帝下江南的时候，在镇江金山寺，问当时的高僧法磐："长江中船只来来往往，这么繁华，一天到底要过多少条船啊？"法磐回答："只有两条船。"乾隆问："怎么会只有两条船呢？"法磐说："一条为名，一条为利，整个长江中来往的无非就是这两条船。"司马迁在《史记》中说过："天下熙熙皆为利来，天下攘攘皆为利往。"名与利是人一生的追求，许多人因为过于看重名利而被名利套住，戴上了精神枷锁。而有一个淡泊的心态，是超越名利的基础。

在我们今天这个社会上，最快乐的人，既不是穷得叮当响的，也不是家财万贯、富比连城的，往往是那些由温饱到小康的这部分人。因为他们的生活既不至于过分窘迫，也不至于被财富束缚，为财富担忧。作为教师，我想我们就属于这部分应该幸福的人。首先，我们既不富有，也不贫困；再者，我们有稳定的职业、稳定的收入，有自己的学生、自己的朋友。那么，为什么还是有那么多的教师整天愁眉苦脸、郁闷苦恼，甚至于有的教师患上心理疾病呢？我想，无非是为了评职称、评优、提拔以及与领导、同事关系紧张等。这一切无非都是为了名利。当然，要求积极上进、追求更加优质的生活是人之常情，无可厚非的。如果把握不好这个度，过于在乎，就会身陷其中。我有一个做教师的朋友，近几年快要评职称了，整天为评职称而忙碌着，课堂上为了一点小事，就对学生发火；工作中为了一点利益就争执不下，与学生、同事闹得不愉快。脸上失去了往日的笑容，精神紧张而疲倦。没想到，职称评审积分办法却发生了改变，他还差得太远……这就是我们身边的真实事例。为名利辛苦、奔波，却丧失了很多自由、很多快乐，"心为形役"，太不值得了。

注重过程，快乐就在你身边。在现实生活中，人们往往太注重结果，而忽视了过程。殊不知结果是短暂的，而过程才是长远的。不要过于期待着"希望"，也不要在期望中等待，要心情坦然，步履坚实，面对当前，活在当下。有人说，人生是一个历练的过程，每一个过程都有意义，每一个阶段皆有不同的风景。可惜的是，人们都是无暇驻足欣赏的赶路人，任花凋叶落、春花秋月，大家都低着头，往同一个尽头挤，错失过程中的美好景致和时光，而风景恰在途中。不是起步，更不是终点，开始和结束完全相同，不一样的是过程。现代人已经没有耐心留恋过程，活得匆忙而粗糙，感觉到活得无意义。其实，生命的意义，所贵者不在意义本身而在过程，意义就寓于过程之中。那些撇下过程而只在结局中寻找意义的人，找到的只能是虚无。作为教师，我们每天面对的学生是一个个鲜活的生命，如果我们只关注成绩、关注结果，而忽视学生每天的成长，那将是一件非常可怕的事情。我们要学会发现，学会享受教育带给我们的快乐。学生淘气顽皮是聪明的表现，温柔可爱是性格的表现，良莠不齐是现实。要从每天的工作中用心去感受快乐，感受幸福。学生写了一篇好文章、做了一件好事，我们应该高兴；学生做错一件事，我们去教育他，取得了效果也应该感到欣慰。太阳每天是新的，生活每天是新的，孩子每天也是新的，我们每天以新的姿态、新的面容去面对生活、面对工作，就不会感到教育生活的枯燥。有人总结了人每天要做的十件事：对陌生人微笑、倾听某人的心声、学会新东西然后教给别人、告诉某人你想他、拥抱一个你爱的人、不要怕说对不起、看着一个孩子说他很棒、许个诺别违背、嗅嗅雨的气味听听风的声音、珍惜每一天。如果每天都这么做，我们的生活就会多一分阳光、多一分收获、多一个朋友、多一分幸福。

"乘物以游心，逍遥自在游。"庄子的人生哲学，就是教我们要以大境界来看人生，宽容感恩，淡泊心态，合乎自然，超越名利和自我。无论我们身处何种岗位，环境只是一种需要去顺应的外在世界，我们要坚持自己内心的秉性而不随波逐流，并尽力把自身的潜能发挥到最佳状态，追寻本真、快乐的人生。若是如此，你会发现，快乐与精彩真的就在你身边！

【作者小传】邢陈强，男，1978年生，海阳市朱吴一小教导主任，毕业于烟台师范学院历史系。把教育科研作为专业发展的平台，积极参与国家、省级课题研究，有多篇文章在省、市级刊物上发表。坚信教师的成长就像竹子一样，当能量积攒到一定程度后，一定会破土而出、拔节生长，那么"安心读书，潜心研究"就是教师快速成长的能量源。

直到一次偶然，我与《孙子兵法》结缘，学用兵法来管"兵"，《孙子兵法》也就成为我案头常翻常新常有收获的班级管理宝典。

学用《孙子兵法》 提升管理成效

姜永玲

　　《孙子兵法》是一部经典的谋略学著作，古今中外的军事家、政治家、思想家、企业家都从中寻找运筹帷幄、出奇制胜的良策。作为一个小小的教师和班主任，我从来没想到自己会把《孙子兵法》运用到教育教学和学生管理中。直到一次偶然，我与《孙子兵法》结缘，学用兵法来管"兵"，《孙子兵法》也就成为我案头常翻常新常有收获的班级管理宝典。

　　我班学生到某包装公司见习，为了照顾学生，学校同意可以带手机。学生初次被允许带手机比较兴奋，来回发短信引发了矛盾，其中一名女生找到另一名女生理论，大喊大嚷、展开口角。得到消息后，我火速赶了过去，劈头盖脸地把两个人狠批一顿。我本想可以制伏她们，平息此事，警告其他同学，以免在别人单位造成恶劣影响。没想到她们又哭又闹，各说各的理，吵着要回家，拿起手机便给各自家长打电话，多亏家长通情理，批评安抚了一顿，我又苦口婆心地做了半天工作，总算安静下来。这事气得我一夜没睡好，第二天就胃疼，班干部劝我不要生气，说我不管就好了，她们自己会解决的。当时我以为学生是在安慰我。几天之后我上网浏览，发现烟台工程职业技术学院网站的一篇文章《转变思维方式　当好人生导师》中有一句话：和学生打交道，要学会制怒，无论对我们的健康还是学生的教育都是极其必要的。《孙子兵法》主张慎战，"主不可怒而兴师，将不可愠而致战。"看完这句话我翻然醒悟：当时我在气头上，"怒而兴师"，对事件前后牵涉的人物缺乏深入了解，结果使工作陷入被动。"发火有时，起火有日"，"不战而屈人之兵，"才是"善之善者也"。后来我又点击了很多《孙子兵法》与教学管理的文章，发现一些有头脑的老师和班主任早已将《孙子兵法》运用到班级管理和学生教育中。于是，我将这部博大精深的经典搬到案头。起初同事们开玩笑说，你是当班主任还是要当军事家？慢慢地，书中的谋略和战法对我教育管理学生越来越有指导作用，我改进了教育方法，提高了管理效率，班主任工作越来越得心应手。

修道保法——班级管理的关键

班主任作为一个班级的直接管理者，负责学生的思想、学习、纪律、考勤、集体活动等，面对不同生活背景、不同性格和不同价值观的学生，师生开展的是一场战略战术的较量。孙子曰："善用兵者，修道而保法，故能为胜败之政。"善于打仗的人都能修明政治，严肃法制。我刚做班主任时，觉得应该放下师道尊严，和学生平等相处，结果是学生常常不把我的话放在心上，比较散漫难管理。孙子就给了我们一个极为简洁但却深刻的概括："将者，智、信、仁、勇、严也！"这五点我认为最重要的是"严"。"将弱不严，教道不明，吏卒无常，陈兵纵横，曰乱。"老师不能是整天板着脸以威严面对学生的监工，也不能是动辄斥责学生的判官，但必须树立威望，严明班规，赏罚分明。

——**严而有格**。孙子曰："故令之以文，齐之以武，是谓必取。令素行以教其民，则民服；令不素行以教其民，则民不服。"意思是说要以政治、教令教育士卒，要以军纪、军法来统一步调，才称得上必胜的军队。我们的学生是初中时的"后进生""学困生""问题生"或"缺陷生"，来到职校，他们在精神面貌、行为习惯、思想品德、学业专长等方面都需要改进和提升，常规教育便尤为重要。从课内到课外，从吃饭到睡觉，从走路到跑步，一言一行、一举一动，学校制定了一系列严格的规章细则，给他们创造了一个严格管理的氛围。事实证明，严格要求学生讲文明、懂规矩、遵守校纪，是保证他们健康成才的先决条件。

——**赏罚有度**。严格要求是班级管理的关键，恩威并重、赏罚有度是有效手段。奖赏具有明确的导向性，可以起到积极激励的效果。惩罚容易激起逆反心理，即使最终也能达到效果，气氛却是压抑的，人的心情也不舒畅。孙子说："智者之虑，必杂于利害。"因此，赏罚必须有度，必须巧妙用之，该赏的必须赏，该罚的还是要罚。但惩罚绝不等于体罚，更不是心理虐待、歧视。我们在提倡尊重教育、理解教育的同时，也不应该拒绝挫折教育。

《孙子兵法》开篇就讲："主孰有道？将孰有能？天地孰得？法令孰行？兵众孰强？士卒孰练？赏罚孰明？吾以此知胜负矣。"其中说到赏罚是否分明是一支军队是否有战斗力的重要因素。孙武训练女兵，在三令五申之后，吴王的两个宠妃仍不以为然，孙武便下令处斩。此时，孙武对吴王说，即使现在让这些女兵赴战场打仗，她们也不会有所犹豫。我们在处罚学生时，一定要把利害考虑清楚，板子要打在为首者的屁股上，才能服众。有时，犯错学生众多，法不责众无法处罚，不如奖励没有犯错的少部分学生，用赏取代罚会有更好的效果。工作不能停留在"盯、吓、压、罚"上，更要在"导、教、引、奖"上做文章。赏罚还必须公正，一视同仁。赏罚不公是兵家大忌，也是班主任工作的大忌。

视卒如子——班级管理的前提

常言道：浇花要浇根，育人要育心。浇水只有滋润花根，才能枝繁叶茂；育人只有拨动心弦，才能奏出强音。《孙子兵法》说："攻城为下，攻心为上。"我们校长常说："不懂得关爱学生的人，不配进入教育的圣殿。"我们应该用一颗无私博大的母爱之心去关爱每一个学生。工作上关心他们，学习上帮助他们，生活上体贴他们。学生犯了错误，谅解他们、宽容他们，不过多批评指责，为他们营造和谐温情的学习氛围，让他们在愉悦、主动的心境中改正错误。关爱是情感的溶剂。如果学生犯了错，先"定罪"再训斥，势必引起他们的反感。说教产生不了作用，就达不到育人的目的。

——与众相得。"视卒如婴儿，故可与之赴深溪；视卒如爱子，故可与之俱死。"兵家智慧中折射出的是一份爱的真谛。"感人心者，莫先乎情。"当我们视学生如爱子，用爱的阳光滋润着那一棵棵幼苗时，他们回报以枝繁叶茂、苗壮成长。我做班主任的宗旨是：用爱温暖每颗心，用心擦亮每颗星，努力要求自己做到"严在当严处，爱在细微中"。开学时亲自给他们扛行李、铺床褥；把自己的饭碗借给他们，用自己的饭卡为他们打饭；把手机借给他们，全班同学轮流打了一个晚上，让电话这头的自己和那头的父母都放下了牵挂；把想家哭鼻子的学生领回宿舍，为生病的学生掏钱买药、打吊瓶，买来可口的饭食送到他们床头。很多学生毕业工作多年后依然清楚地记得我关心他们的一个个镜头。《孙子兵法》说"与众相得"，要求将领与士兵融洽相处。师生关系和谐了，学生自然会因喜欢我们而团结在我们身边，这样才有利于增强班级的向心力、凝聚力、感染力，增强学生的主人翁意识，与班级融为一体。几乎所有的学生都表示来到高职要以崭新的面貌从头开始，在规范加特色的学校努力学习，成为合格加特长的人才。

——上下同心。孙子曰："善用兵者，携手若使一人。"师生只有上下一心，共同努力，才能形成一个凝聚力强的班集体。第一个学期班级评比，因我班初三分流学生占了1/3，积分离先进班级有 3 分之差，于是我引导学生树立新学期的奋斗目标——优秀班集体，确立了前进的方向。全班同学上下一心，都有着强烈的集体荣誉感和责任感，在纪律、学习、卫生等方面有了很大起色。为了挤时间练队列广播操，很多学生吃不上午饭。为了在运动会上多拿分，运动员课余时间全部在操场，有的每天要跑将近 20 圈，积极性空前高涨。他们还主动制订零扣分周、百分满意月等计划，常规扣分表上很少看到我们班的名字。终于，我们班在年终班级总结大会上捧回了优秀班集体和优秀团支部两个奖状。有个调皮的女生拍着我的肩膀说："老姜，挺美吧！"事后我到班上问："小张，你不美吗？小王，你不美吗？"全班高呼："上下同欲者胜！"因为我把这句话贴在墙上，作为那一个学期的班训。

辅周国强——班级管理的保证

"将者，国之辅也，辅周则国强。"面对个性不同、人多势众的学生，选择、组建、培养一支精兵强将，对辅佐势单力薄的班主任管理班级至关重要。班主任工作才能逐渐从繁重走向简单与轻松。班主任再靠班、再跟班，到班级的时间毕竟有限。"善战者，致人而不致于人。"善于管理班级的人，总是能够通过调动班干部而管理学生，掌握班级管理的主动权。

——正兵当敌。"凡战者，以正合，以奇胜。"正兵当敌。精良正兵的选拔培养一定要慎重。选出的苗子应该德、智、体全面发展，积极热心班级工作，必须有一定的号召力和组织领导能力。班主任必须自己亲自观察和了解，可以直接指定左膀右臂，不一定非得民主选举，因为人缘好的同学往往管理能力较低。当然，也绝不能让耍横的学生担任班干部，他们管得住别人，管不住自己，不能起到模范带头作用。班主任下工夫调教和培养学生干部，才能充分发挥他们的带头和管理作用。要授之以渔，提高他们的工作能力；要多多鼓励，确立他们在班级的威信；要以诚相待，真诚才能换来实话实说，才能换来班主任对班级事务的全面了解，进而才能深入管理.

——奇兵取胜。班主任对班级信息的了解，除了班干部的"明岗"，还应配备"暗哨"。若能在班上成功运用几名"暗哨"，对掌握学生的学习、生活和思想等情况会大有帮助，收到事半功倍之效。需要注意的是，班主任选择"暗哨"更得慎重。"明君贤将，能以上智为间者，必成大功。"亲抚、重赏、秘密，是孙子提出用间的三个要素。我们对学生虽然不用"因而利之，导而舍之"，但必须准确把握好。孙子说："非圣智不能用间，非仁义不能使间，非微妙不能得间之实。"项羽一句"此沛公左司马曹无伤言之"便断送了有功之人的性命。如果处理不当，暗哨遭人记恨，班主任工作就会很被动，难以开展，效果会适得其反，甚至不可收拾。

"爱而不护，教而不训；精选良将，巧用奇兵。"这 16 个字是我为自己制定的班主任工作方针。我越来越发现做到这 16 个字是远远不够的。班主任带班一般是两年，学生早已熟悉了你的思维、管理方式和套路。面对一个个鲜活的、富有个性的生命体，《孙子兵法》告诉我，教育方法、管理方法不能固定、僵化。"兵无常势，水无常形"，"能因敌变化而取胜者"，叫做用兵如神。根据学生不同时期的特点、不同时间地点的变化，"其战胜不复，而应形于无穷"，不断寻求新方法、探索新途径，做到"管而不死，活而不乱"，才能有效提升班级管理成效。

【作者小传】姜永玲，女，1968 年生，烟台工贸学校（牟平高职）教师，1987 年毕业于山东省文登师范学校。一直从事语文教学和班主任工作，多次执讲市区优质课，并获优秀班主任称号，多篇教育教学文章在省、市级刊物发表。潜心读书、用心教学，扎根职教沃土，努力践行"不图人人上大学，但求个个都成才"的育人宗旨。

一部《菜根谭》，不仅让我体味到宽容淡泊的人生境界，还让我的原本日益衰老的教学工作焕发了青春。书中充满智慧的语句教会了我要用平等阳光的心态去对待我的工作、我的学生。

《菜根谭》中的教育智慧

李成凤

做教师越久，就觉得自己的心似乎已经包上了一层厚厚的茧，失去了往日的柔软。对学生变得冷漠了，不再有发自内心的关怀；对待工作也像一个机器人，机械重复地备课、上课、批改作业、管理学生。有时候我在想，自己到底是怎么了，该怎样摆脱现在这种倦怠的工作状态。一次无意在网上看到了《菜根谭》的评论，于是也买了一本。看书的过程仿佛在与一位智者交谈。作为一名教育工作者，我感悟最深的是其中的教育智慧。

洪应明说："攻人之恶毋太严，要思其堪受；教人以善毋过高，当使其可从。"意思是说，当责备别人的过错时，不可太严厉，要顾及对方是否能承受，注意不伤对方的自尊心；当教诲别人行善时，不可以期望过高，要顾及别人是否能做到。

回忆以往，我经常抱怨现在的孩子太难教育，但有没有反省过自己的教育方法是否得当呢？我们当教师的有时在公众场合、在家长面前大声斥责学生；有时小题大做、声色俱厉，严词批评；有时长篇大论、喋喋不休，像老太婆……完全没有顾及学生的感受，也从来没有去想这些做法是不是能起到良好的教育效果，会不会给学生的心灵造成伤害。其实，如果能像上句话中所说的那样教育学生，处处为他们设想，考虑他们的能力，以他们能否遵从、能否服膺为原则，不要论调过高，那么学生就会因其不同的才智而达于至善。这样教导学生去恶趋善，还愁效果不佳吗？

《菜根谭》在学生管理方面也让我感触良多。家人有过，不宜暴怒，不宜轻弃；此事难言，借他事隐讽之；今日不悟，俟来日再警之，如春风解冻，如和气消冰。其实，不只是对待家人要这样，对待学生又何尝不该如此呢？如果学生犯了什么过错，做老师的就随便大发脾气，更甚者以冷漠的态度对待学生，对其置之不理。这种冷处理不仅起不到教育的效果，反而会让犯错的学生更加抵触，产生破罐破摔的心理。其实，如果可以以柔克刚，采用春风化雨的方式来处理学生的错误，反而峰回路转。如果对学生所犯过错不好直说，就借其他事情暗示以使之改正；如果无法立刻使他悔悟，就耐心等待时机再殷殷劝告。因为循循善诱就像春风一般能消除冰天雪地的冬寒，就像暖流一般能融化坚如石块的严冰。《菜根谭》让我获得了发展自己、改变自己的力量源泉。它告诉我只有自己眼界更宽、心胸更辽阔才能去熏陶我们所教育的孩子。

其实，《菜根谭》不仅可以帮助我们解决工作中的一些困扰，还可以为我们找回最初的热情和朝气。有时候书中的一句话就能够改变你心灵深处的很多东西。比如，书中有这样一句话："人情听莺啼则喜，闻蛙鸣则厌；见花则思培之，遇草则欲去之，但以形气用事。若以性天视之，何者非自鸣其天机，非自畅其生意也。"意思是说人之常情，听到黄莺婉转就高兴，听到青蛙呱呱就讨厌；看到花卉就想栽培，看到杂草就想铲除，完全是根据自己的喜怒爱憎来判断。其实按照生物的天性来说，黄莺悦耳也好，青蛙烦人也好，都是在抒发它们的情绪；不论花朵的绽放，也不论杂草的生长，何尝不是在舒展它们的生机呢？看到这句话，我的心猛然一震，原来我就是那个只爱听黄莺鸣叫而讨厌蛙鸣的人。为什么我会对工作产生倦怠感，就是因为在我眼里长久以来只能看到几只可爱的黄莺，其他的学生在我眼里大多时候都是青蛙。整天对着自己不喜欢的青蛙，怎么会有工作的热情呢？其实，这是我自己被偏见所困，从来没有去聆听过蛙鸣，忽视了原来蛙鸣也有其美妙之处，是在展现它们特有的一面。如果能够以一颗平等的心来看待每一个学生，就会发现原来每个学生的笑容都那么灿烂，每个学生都那么可爱，每个学生都可以是黄莺的。如果能做到这一点，就会整天都置身于一片婉转莺啼之中，心情舒畅，倦怠感自然会消失殆尽，重拾往日的热情便不是难事了。

一部《菜根谭》，不仅让我体味到宽容淡泊的人生境界，还让我的原本日益衰老的教学工作焕发了青春。书中充满智慧的语句教会了我要用平等阳光的心态去对待我的工作、我的学生。无论未来会遇到什么，我将始终保持一颗温柔冷静的心。

【作者小传】李成凤，女，1974年生，烟台市第十中学语文教师，毕业于烟台师范学院中文系。从教以来，精研勤学，内修专业底蕴，外纳课改理念，善施教学小智慧，营造书香大课堂，以此彰显语文学科魅力，激发学生读写活力，以个性化语文教学促学生语文素养个性化发展。

至今，我通读《三国演义》不下十遍，几乎每年都要选一个特定的时间读一遍，像农人的春播、夏耕、秋收、冬藏已经成了规律。几乎每一次读后都会有不同的收获、不一样的感受。

"三国"梦

孙　磊

一

按照周汝昌先生的说法，中国古典四大名著的提法最早也要到清末民初，诞生自乾隆中后叶的《红楼梦》经过上百年在民间的广泛流传，逐步取代了之前"四大奇书"中的《金瓶梅》，与《三国演义》《水浒传》《西游记》共同成为广大读者公认的中国古典小说四大名著。

我一直固执地认为，虽然四大名著的成书年代各异，作者背景各异，作品风格各异，但是把它们合称为"四大名著"恰恰暗合了中国人的文化心理，这是冥冥之中注定了的事情。以太极图为例，可以在其中找到四大名著的相对位置：《西游记》讲的是求经的真诚，是思想的至纯，《红楼梦》是对爱情的执著，是感情的至真，此二者是中国文化的终极探求，恰如图中的黑白两眼，洞察天地和人世；《三国演义》是庙堂之上的政治道德，讲的是官场士大夫的生存法则，《水浒传》则是江湖之远的绿林规矩，是民间的侠义豪情，此二者平分天地，正是图中的阴阳两鱼，涵盖了中国社会的方方面面。而在中国的传统文化世界里，信仰、感情，黑道、白道，却又相互依存，共同构成了中华民族独有的文化特征。

二

于我而言，中国的四大名著中，接触时间最早、读的次数最多、理解上相对深刻的是《三国演义》。

三国故事最早走进我的精神世界始于20多年前，我还是一个小学三年级学生的时候。那时，最普及的现代传媒不是网络、电视，而是收音机。一夜之间，几乎所有的电台都在播放由袁阔成先生播讲的长篇评书《三国演义》，其火暴的程度不亚于现在任何一部热播的电视剧。一个电台刚讲到千里走单骑，另一个电台正在火烧赤壁，有的已经七擒孟获准备六出祁山了。我是直到最近几年才从网上搜索到了袁阔成先生的照片，才真正地目睹了这个儿时就神交已久的老朋友的风采，此前所有的印象都来源于袁先生那略带沙哑却又充满魅力的嗓音。当时，也没有太多的学习负担，每个周日，我都会"霸占"着家里的那台半导体收音机，拨动调频钮，搜索着袁先生的声音。时间长了，我甚至能把收音机所能收到的所有电台的评书时间表默记在心，只要有时间，我会从早听到晚，不漏过任何一个评书连播节目。

真正阅读《三国演义》是在上小学五年级那一年，我从一个同学的父亲那里借到了上下两部《三国演义》。因为有了袁先生的评书为我做了铺垫性的预习，初读《三国演义》这样的古白话文，并没有感觉到太多的困难，很多不认识的字不用查字典，联系故事情节就可以读出来，像"曹丕"的"丕"、"司马懿"的"懿"、"马谡"的"谡"、"猇亭"的"猇"都是这么认识的。在读《三国演义》之前，我读的是《小葵花》《红蕾》《少年文艺》这些儿童读物。从《三国演义》开始，我告别了儿童读物，走上了更加宽阔的读书道路。

三

像《三国演义》这样伟大的作品，每个人读了之后都会有自己不同的理解。至今，我通读《三国演义》不下十遍，几乎每年都要选一个特定的时间读一遍，像农人的春播、夏耕、秋收、冬藏已经成了规律。几乎每一次读后都会有不同的收获、不一样的感受。有人说，《三国演义》涵盖了治国、谋略、用人、处世、道义、斗争多方面的主题，能够真正深刻把握和领会其中的一项，就可以独步天下了。史学界有一种说法颇为流行：清太宗皇太极就是从《三国演义》里的"蒋干盗书"获得启发，几乎照搬了书中的情节，施反间计让明崇祯皇帝自毁长城，将兵部尚书兼蓟辽督师袁崇焕凌迟于北京西市。当然，袁崇焕之死是明末复杂的君臣、官场、社会、民族种种矛盾因素的共同结果。长于白山黑水之间、汉化未深的满族铁骑仅凭一部《三国演义》不见得能与受两千年儒家文化浸染的汉族士大夫在权术上争得一日之长。但是，这也从另一个角度说明了《三国演义》精神内涵之丰厚。

　　《三国演义》所描写的时间跨度很大，涉及人物众多，以前有说法是总共写了400多个人物，最近有人研究得出，《三国演义》一共写了1200多个人物，其中有名有姓的大约1000人。以我多年来反复阅读的收获来看，其中个性鲜明的近百人。这么说来，《三国演义》在人物描写上的成就并不输于以人物描写而著称的《水浒传》。在这么众多的人物中，对我的人生影响最大的是诸葛亮和赵云，这一文一武在我的三国世界中是榜样式的顶级人物。

四

　　中国人最正统的道德定位是做忠臣良将。在《三国演义》中，赵云是战无不胜的常胜将军，诸葛亮是定国安邦的股肱之臣，他们很早就走进了我的精神世界，成就了我的良将梦和忠臣梦。

　　赵云集英勇、忠义、稳重、谦逊于一身，作者甚至还不吝笔墨写赵云的英俊与帅气，这些几乎把赵云写成了一个完人。与同时代的战将相比，关羽傲慢而轻士，张飞残暴而少恩，马超短命，黄忠老迈，至于公认的三国第一猛将吕布，勇则勇矣，人格上却有巨大缺陷，被张飞冠以"三姓家奴"之名，实在不值一哂。只有赵云堪称大将，是三国武将中影响力持续时间最长的元老级人物，从随微时的刘备打天下直到诸葛亮二出祁山前去世，"常山赵云"的旗号如同胜利的代名词，敌军见到无不望风披靡。其实，赵云不仅是无敌的勇将，更是智勇双全的名将。蜀汉的"五虎大将"中，赵云算是得善终的一个了。在临死的前一年，年已古稀的赵云还在一出祁山时杀韩德父子五人，是真正的常胜将军！每每读到"赵子龙单骑救主""赵云截江夺阿斗"这些情节时，我都会情不自禁地把自己带入赵云这个角色中，感到血脉贲张，不可自抑。小学五年级的时候，我甚至还有一种天真的想法，如果学校排演一部关于三国的话剧，我会毛遂自荐去演赵云，那种理想现在想来都激动不已。后来，看了刘德华在《三国之见龙卸甲》中饰演的赵子龙，突然间觉得自己幼年的想法是那么可笑，艺名播于天下的天王巨星演绎的赵云尚且如此，让我辈凡夫俗子来演又会好到哪里去。看来赵云这样的英雄只能活在书页的字里行间，只有在我们的心中才不失虎虎生气。再后来，听了易中天先生的《品三国》，说在真正的历史上，刘备及其蜀汉政权从来没有真正重用过赵云，不禁哑然，如同打破了一个做了几十年的美梦，第一次在赵云的身上感受到的不再是英武，而是人生的惨淡和无可奈何。或许这才是人生的真实，才是一个真实的赵云。但我宁愿守着《三国演义》中那个由罗贯中先生描绘的千古英雄梦，在我人生受挫情绪低落时为我补足生命的勇气。

五

如果说从赵云身上获得的是忠心为主、驰骋疆场的豪情，那么从诸葛亮身上感受到的却是知其不可为而为之的责任与重担。过去听别人说过一句话，叫做"看《三国》掉眼泪——替古人担忧"。我看三国是真正流过泪的，印象深刻的一次是读到最后一回末"高祖提剑入咸阳"的古风，正如余秋雨先生所说，历史进入了一个无序和黑暗的"后英雄时期"，突然感到英雄已逝，豪情不再，体味到寂寞和孤独，我落泪了。再有一次落泪便是读到"陨大星汉丞相归天"那一回：孔明强支病体，令左右扶上小车，出寨遍观各营；自觉秋风吹面，彻骨生寒，乃长叹曰："再不能临阵讨贼矣！悠悠苍天，曷此其极！"

几乎每次读到"悠悠苍天，曷此其极"，我都有放声大哭的冲动，纵使没有流在脸上，也是流在心里，其实流在心中的泪是最难抚拭的。在读《三国演义》的过程中，我几乎是随着诸葛亮事业的上升、成功而喜，随着他最终星殒五丈原而悲而泣。《三国演义》以刘备和蜀汉为正统，而在蜀汉阵营中，灵魂人物就是诸葛亮。诸葛亮成为《三国演义》整部书的"男一号"不是偶然的事情。像他这样一个被世人尊为智慧典范的人，却终究没有实现自己的人生理想，正应了那句"人生不如意事十之八九"的谶语。所谓"孔明六出祁山前，愿以只手将天补；何期历数到此终，长星半夜落山坞！"但是，在对待诸葛亮的态度上，中国人的评价标准和舆论观点出乎意料地表现出"不以成败论英雄"的大度和英明，一致性地予以肯定和赞扬。在"诗圣"杜甫的诗中，专咏诸葛亮的诗有5首，事涉诸葛亮的诗有15首，可见其在杜甫心中地位之高。"三顾频烦天下计，两朝开济老臣心。出师未捷身先死，长使英雄泪满襟。"（《蜀相》）仅凭这半首七律中的28个字就足以倾尽天下所有壮志未酬之士的英雄之泪了。

究其原因，不外乎诸葛亮的智慧和忠义。其实，诸葛亮的智慧在《三国演义》中被无限度地夸大了，所谓"状诸葛之多智而近妖"（鲁迅《中国小说史略》），这与其说是作者的败笔，不如说是民心所向。我们知道，在罗贯中先生写作《三国志通俗演义》和毛宗岗父子的批评本《三国演义》问世之前，三国故事已经在民间流传至广，其人物性格与评价已为大多数人所接受，诸葛亮的形象已经深入人心。人们宁可把别人的光环强加于诸葛亮的头上，为的是表达一份对先生的敬仰之情和独木难支、回天乏术的无奈的同情。而这份尊敬，来源于诸葛亮在真正的历史上治蜀时的艰辛与不易。世界上真正的完人是不存在的，诸葛亮治蜀并非完全成功。人们敬佩他先是一心扶持奔波于天下、身无立锥之地的刘备，后又辅佐后主做到鞠躬尽瘁、死而后已，充分体现了儒家文化中忧国忧民、为苍生社稷而自甘牺牲的精神。从这一点来说，诸葛亮的榜样力量直到今天仍然具有广泛的学习价值。从诸葛亮的鞠躬尽瘁到范仲淹的"先天下之忧而忧，后天下之乐而乐"，到岳飞的精忠报国，到文天祥的"留取丹心照汗青"，再到周恩来总理为了国家人民呕心沥血、任劳任怨，其精神内涵其实是一脉相承的。放到今天，留给我们的精神财富和思想启迪就是，在平凡或不平凡的岗位上做好本职工作的同时实现自己的人生理想。

三国已逝，而梦却时时在心中萦绕。

【作者小传】孙磊，男，1977年生，莱州市虎头崖镇大宋完小教导主任，北京师范大学中文系函授本科毕业。酷爱读书，并将个人的读书经验进行有效的总结与提炼，应用于语文教学，探索出适合学生操作的"查、读、批、写"语文学习四字法。任教以来多次在国家、省级核心中文期刊发表教育教学论文。

我也曾因悟空从一个自由烂漫的叛逆英雄变成封建统治的玩偶笔伐过唐僧，同情过悟空。但是，当我再拾《西游记》，以一名中学教师的身份重新审视唐僧时，却另有所感。

站在讲台看唐僧

——读《西游记》有感

王永娟

提起《西游记》，可谓是家喻户晓，不管是从动画片《西游记》中寻找乐趣，还是从吴承恩原版的《西游记》中寻求意趣，那个被悟空喊做"师傅"的唐僧，总有让人着急的地方：他被称为"圣僧"，可往往连基本的善恶忠奸、高下优劣都分不清楚。常令读者为孙悟空鸣不平，为唐僧在大灾大难前的低级错误而顿足长叹。

你看他：一遇到大小神佛一律顶礼膜拜，不问真假；朝见各国君王，通通山呼万岁，不论贤否；面对妖魔毒邪，往往吓得滚下马鞍，涕泪交流。"玄英洞唐僧供状"那一回，写他在妖精威逼下，被唬得"战战兢兢地跪在下面，只叫'大王，饶命，饶命！'"他有问必答，毫不迟延，大泄悟空的底细。这甚至就不是智商高低的问题了，似乎连基本的为人道德和气节也没有了！

我也曾因悟空从一个自由烂漫的叛逆英雄变成封建统治的玩偶笔伐过唐僧，同情过悟空。但是，当我再拾《西游记》，以一名中学教师的身份重新审视唐僧时，却另有所感。

唐僧手无缚鸡之力，肉眼凡胎的一个凡夫俗子，却能让神通广大的齐天大圣及天蓬元帅、卷帘大将死心塌地，紧紧跟随。在西天取经的路上，风餐露宿，食不果腹，险象环生，而唐僧的三个徒弟却勇往直前，缘何？

我们不妨先看一下从菩提祖师那里学成归来的孙悟空的赫赫"战功"：夺走老龙王的镇海之宝——定海神针；游乐地府撕碎阎王爷的"生死簿"；大闹天宫，高喊玉帝为"玉帝老儿"；回归花果山，高挂的旗号是"齐天大圣"……从菩提祖师那儿学来的本领却为作恶提供了本钱，不论本领有多大，最多只能是个魔头，一个与后来孙悟空降伏的那些魔头本质上并无二致的魔头，结果被压五行山下五百年。而做了唐僧徒弟的孙悟空，虽"劣性"不改，但他一路不畏艰险、降妖除魔保驾师父到西天取回真经，孙悟空的超级本领在这时才有了用途，最终受封为斗战胜佛。

不难看出菩提祖师教给悟空的是做事的本领，而唐僧教给悟空的是做人的准则。教育家雅斯贝尔斯说："教育是人的灵魂的教育，而非理性知识的堆积。"现代教育理念认为，教育要以学生为本，要着眼于调动和依靠学生内在的积极性，用教育工作者自己燃烧着的火把去点燃广大学生心底的火种，焕发生命光辉，照亮整个世界。唐僧恰恰依靠了三个徒弟想成佛的理想调动了其取经的积极性，并用自己向善的执著感念教化成就了他的三个徒弟。

何以取经成佛？一心向善；取经成佛何用？引人向善。细想唐僧为何"人妖颠倒是非混淆"？除却他肉眼凡胎的原因，更重要的是他执著于善而不顾其他。"扫地恐伤蝼蚁命，爱惜飞蛾纱罩灯。"他一心向善，有赴汤蹈火、孤注一掷的勇毅，为了营造心中善的极乐净土，宁冒"舍身饲虎"之险。他心中从来不存一丁点儿害人之念，把中国先贤的"无求生以害人，有杀身以成仁"的大气发挥到了极致。

冰心老人曾经说过这样一句话："爱是教育的基础，是老师教育的源泉，有爱便有了一切。"唐僧的善即是"爱"。当唐僧以为悟空在与羊力大师的比试中不幸牺牲时，唐僧对车迟国国王表示"我那个徒弟自从归教，历历有功。今日冲撞国师，死在油锅之内，奈何先死者为神。我贫僧怎敢贪生？……只望宽恩，赐我半盏凉浆水饭、三张纸马，容到油锅前，烧此一陌纸，也表我师徒一念，那时再领罪也"，后祝祷称颂悟空"护我西来恩爱深""生前只为求经意，死后还存念佛心"。后来在第六十五回中，唐僧被困于由妖魔化身而成的小雷音寺中，他身陷险境时仍记挂被困在金铙中的悟空，哭说"金铙之内伤了你，麻绳捆我有谁知"。唐僧的爱徒之心不能不令人为之动容。泰戈尔有诗说："不是槌的打击，乃是水的载歌载舞，使鹅卵石臻于完美。"回头再看这位曾经"无法无天"的徒弟悟空，在三打白骨精被贬之时，他泪水涟涟苦苦相求，心心念念的是师父的安危；被贬后得知师父有难不计前嫌前往营救，谁还能觅得他当初的顽猴形象？面对唐僧的真心道歉和感激："贤徒，亏了你也，亏了你也！这一去，早诣西方，径回东土，奏唐王，你的功劳第一。"悟空只是笑道："莫说，莫说，但不念那活儿，足感受厚爱之情也。"一句"足感受厚爱之情也"便道出了师爱在教育中的作用。一往情深精诚所至，一心一意顽石开，爱心所至，情感所至，必将春风化雨暖人心。

当我们老师捧着满腔爱心、守着一生清贫，面对的是学生的无理取闹屡教不改，面对的是社会的物欲横流浮华喧嚣，面对的是因校园意外事故家长教师对簿公堂，面对的是因批评教育而出的弑师事件，我们是否曾动摇过、彷徨过、困惑过、委屈过？西天路上九九八十一难，无论是自然险阻还是人为诱惑，唐僧却从未动摇过取经的信念。

比如，第五十九回"唐三藏路阻火焰山，孙行者一调芭蕉扇"中，面对"八百里火焰，四周围寸草不生。若过得山，就是铜脑盖，铁身躯，也要化成汁"（老者语）的火焰山，唐僧的回答是："我只欲往有经处去哩！"有经处有火，无火处无经。唐僧的选择永远是有经处，无论有多少艰难险阻，义无反顾。再如第五十五回"色邪淫戏唐三藏，性正修持不坏身"，唐僧好不容易从女儿国脱身，却被一女妖拿去，欲与交欢。唐僧回复的是："我的真阳为至宝，怎肯与你这粉骷髅。"面对美色、荣华富贵的诱惑，唐僧从不动心，死活不从，一心只向西天行。试想，如若这色邪看上的是猪八戒，恐怕他早已是儿孙满堂，谈何取经？

站在讲台，以一个教师的身份来看唐僧，我们就不难理解那三个武艺高强的学生为何甘愿随着这位凡人老师西天取经。正因为有着执著的向善的理想信念，唐僧感动着徒弟历难经险、风餐露宿、忍辱负重，取得真经，成就辉煌。唐僧的这种理想信念，正是我们每个教师必须具备的。课堂上，面对一双双求知若渴的眼睛的时候，我们能三心二意吗？课外，一个个学生围着我们，用崇拜的眼神期待着我们的时候，我们能不热血澎湃吗？节日来临，一张张饱蘸着学生敬意的贺卡飞向我们的时候，我们能无动于衷吗？夜深人静，品读着一封封电子邮件的时候，我们还能放弃自己的职业追求吗？

共同的理想，让唐僧师徒走上了取经之路，向善的信念，让唐僧师徒修成正果。我想，我们教师如果以理想为光，用关爱给予学生"温柔的征服"，定会让一粒粒石子"生出钻石的心"，让一株株幼苗成为栋梁之才，取得人生的"真经"。所以，我想说，生命的远景，艰难而稳重，美丽而动人；道路的伸展，都是给时间的方向，从脚下开始，从脚下结束！

【作者小传】王永娟，1976年生，招远市第一职业中专语文教师，毕业于山东省教育学院。结合中职学生的特点，用丰富精妙的课堂语言进行"师生互动，高效有趣"的课堂教学，初步形成自己的教学风格。多年来，读书、写作伴随着教育教学的足迹，在省、市级报刊发表文章多篇。用心血浇灌花朵，用师魂指引航向，让更多的学生奔向理想的曙光是不懈的追求。

我不是在读一本哲学巨著，而是在读一部历史长卷。可是这又不同于一般的历史书，因为书中分明是在讲哲学问题。从历史的角度来探究哲学的问题，无疑是本书的一大特色，也是冯友兰先生的一大创举。

徘徊在哲学门口

——读冯友兰《中国哲学简史》

张平顺

我想，冯友兰先生一定是一个极其有趣之人。因为，能将枯燥的哲学问题写得如此血肉丰满，如此引人入胜，"迄今在国际学术界还未见有第二位能做到的"。

和冯友兰先生的相识并不是从《中国哲学简史》一书开始的。记得去年在拜读特级教师闫学的《教育阅读的爱与怕》时，在《言说在潜默之前》一文中，初识冯先生和他的《中国哲学简史》。闫学老师对冯先生的这本书给予极高的评价。前几天，阅读《过去的教师》，何兆武先生在《上学记》一文中也提到了冯友兰和他的《中国哲学简史》。不过，何先生对冯友兰先生的印象似乎不佳，原因是冯先生"对当权者的政治一向紧跟高举"。对冯先生的《中国哲学简史》一书的评价也不是很高，原因是冯先生过多地添加了个人的理解，而古人未必会那么想。

这是怎么回事呢？为何二人对同一个人的同一部作品的评价差距会如此之大呢？正是这种好奇心让我走进了书中。

当我一口气读完了这本书，心中产生了这样一种感觉：我不是在读一本哲学巨著，而是在读一部历史长卷。可是这又不同于一般的历史书，因为书中分明是在讲哲学问题。从历史的角度来探究哲学的问题，无疑是本书的一大特色，也是冯友兰先生的一大创举。

比如，在谈到诸子百家的由来时，冯先生就是站在历史的高度来探究的。他说，在周朝以前，"吏与师是不分的"。也就是说，"政府各部门的官员负责把有关这一部门的知识传下去"，他们和贵族诸侯一样，是世袭的。可是到了春秋战国时期，中国的社会政治制度发生了巨大的改变。一方面，有些"贵族由于战争或其他原因，失去了土地和封号，降为庶民"；另一方面，"也有庶民，由于技有专长或其他原因，获得诸侯的宠信，成为高官"。这样，在社会政治制度瓦解的过程中，各种知识的官方代表就散落到了民间。这些人，"凭他们的专门知识或技能，开馆招收生徒，以维持生计"。慢慢地，这些人就形成了诸子百家。比如"儒家者流，盖出于文士；墨家者流，盖出于游侠之士；道家者流，盖出于隐者；名家者流，盖出于辩者；阴阳家者流，盖出于方士；法家者流，盖出于法术之士"。这样来理解，不但能使我们看清楚诸子百家的历史由来，而且对诸子百家的哲学思想也就有了大概的了解。

站在历史的高度来研究哲学问题，对今天的我们如何对待古代文化遗产具有很好的借鉴意义。冯先生说："任何民族在任何时代的哲学里，总有一些内容只对处于当时的经济条件下的大众有用；但是，除此之外，还会有一部分哲学思想具有持久的价值。"其实，不但对哲学思想是这样，对任何一种古代的文化遗产，我们都要抱着这样的态度。既要看到它们的持久性、永恒性，又要看到它们的局限性、时代性。我不禁想起了时下的经典诵读热潮。这股热潮来势汹汹，大有席卷全国之势。不可否认，中国古代人民的确创造了辉煌的历史、灿烂的文化，但不能因此就完全认为古代的文化好，甚至比现代的文化好。大家可别忘了，历史总是在进步的。旧有的东西必然被新有的东西所代替，落后的东西必然被先进的东西所代替。从这个角度来说，我们必须冷静地思考古代的文化遗产，甄别哪些是好的、是经典、是值得学生学习的，哪些是不健康的、不适宜的、不适合学生学习的。说实在的，别说是学生，就算我们老师能真正读懂古代文献的又有几人呢？更可怕的是，我们的老师在处理这些古代"经典"时，采用了软硬两种方法：一是硬塞式，即不做讲解，死记硬背；二是填鸭式，即照着参考，照本宣科。我真不知道这是珍视古代的文化遗产还是作践古代的文化遗产？

站在历史的高度来研究哲学问题，有助于我们正确把握和理解经典的含义。《论语》是一部伟大的儒家经典，是孔子的门生记录孔子言行的一本书。在这部书中，有许多耳熟能详的经典话语，可是我们却未必知道它的真正含义。但是，当我们像冯先生一样站在历史的高度来看待这些话语时，我们的理解就会深刻而准确。比如，《论语》中经常提到的"君子"与"小人"这两个词语。我们习惯上理解为"道德高尚的人"和"道德卑劣的人"，其实这种理解并不完全正确。我们知道，周朝时，最高的统治者是周天子。周天子把全国分成许多小的国家，那些小国的最高统治者称国君。国君又把土地分给自己的亲属，这些亲属就成了诸侯。所以，"君子"一词原指国君之子，后来成为诸侯的代名词。与之相对的就是在土地上劳作的百姓，他们就是"小人"，或称"庶民"。所以，孔子话中所称的"君子"并不是后来我们大家认为的"品德高尚"的人，而是指像国君之子一样有修养的人。再比如，《论语》中有这样一句话"知者乐水，仁者乐山"。我们习惯上理解为"有智慧的人喜欢水，有爱心的人喜欢山"，估计我们解释完后连自己都不明白。其实，如果我们联系当时的历史情况来看，这个问题就很好解决。大家都知道我们国家是一个大陆国家。农业是国家的命脉，即使在现在仍然有8亿农民。农民的生活方式容易倾向于顺乎自然。"在原始的纯真中，也很容易满足。"而希腊是个海岛国家，靠贸易维持繁荣。他们首先是商人，习惯于变化，对新奇事物并不惧怕。为了推销商品，他们得不断创新。所以，他们都是比较聪明的。这样看来，"海洋国家的人聪明，大陆国家的人善良。"这才是孔子说的"知者乐水，仁者乐山"的含义。

站在历史的高度研究哲学问题，可以更加明确哲学的精神。冯先生认为，哲学是对人生的系统反思。纵观整部中国哲学史，先哲们从未放弃对人生系统的思考。作为人来说，最高的成就是什么？是成圣。成圣的最高成就是什么？个人和宇宙合而为一。这是中国古代哲学家们共同的理想。可是问题出现了，如果追求天人合一，是否需要抛弃社会，甚至否定人生呢？以佛家、道家为代表的哲学家们认为，必须如此。"唯有如此，才能得到最后的解脱"。这种哲学通常被称为"出世"哲学。以儒家为代表的哲学家认为，必须强调社会中的人际关系和人事。这种哲学通常被称为"入世"哲学。其实，这些都只是表面问题，中国的哲学既是出世的，也是入世的。不管哪一派都强调个人修养。我想这一点对今天的我们也很有启发。国学大师翟鸿燊的演讲给我的启发很多。比如，他讲到曾到某大学作报告，发现一盏日光灯一直在他头顶闪烁，他感到头晕目眩。后来他想，干脆就把这灯当成是记者的闪光灯吧，这样一想，心情就豁然顺畅了许多。还有一次，在火车上，他发现自己的鞋子不见了。正在着急时，同车的一个人拖着他的鞋子走了进来。那人发现穿错了鞋感到很不好意思，没想到他笑着说：同坐一趟车，别说同穿一双鞋，就算同穿一条裤子也不算什么。两人相视大笑，并因此结下友谊。这两个故事说的都是个人修养问题。较高的个人修养能化险为夷，化难为易，化敌为友，甚至化腐朽为神奇。对于教师来说，个人修养就意味着对学生的理解、信任和爱。霍懋征老师用一生的教育实践着一句话：没有教不好的学生，只有不会教的老师。

对冯友兰先生的为人，我不知道也不愿评价。但对冯先生的《中国哲学简史》一书，我还是推崇备至的。虽然，我还是个哲学的门外汉，并且可能一辈子只能在哲学的门口徘徊，但冯先生研究哲学的角度、态度和方法却让我终生受益。

【作者小传】张平顺，男，1973 年生，蓬莱市易三实验小学语文教师，1994 年毕业于烟台师范学院中文系。酷爱读书，坚信读书和写作是教师专业成长的双翼，其课堂充满激情，富有情趣，曾获市级优质课一等奖；坚持写作，让其思想之花不断绽放，目前博文已达 400 多篇，其中有多篇论文发表。长年致力于学生经典诵读，培养了一批知识丰富的学生。

清弦五音，不是现代社会中规模宏大的交响乐，而是来自远古的清丽之音。丝竹，抑或管弦，缓拔细弹，轻抚慢捻，如汨汨清泉流淌不息，滋润两岸叶木葱茏，花香弥漫。清音飘荡，骊歌轻扬，可曾也震动了你心底那根柔软的心弦？

清清的弦音淡淡地飘

——《林清玄散文》读后感

程普娟

　　清清朗朗的弦音，如洁白无瑕的云丝云缕，衬了明净纯蓝天空的背景，穿越了海峡，穿越了时空，淡淡地飘过峨峨山脉的眉，洋洋江流的眼，芸芸众生的发，缥缥缈缈，听似无音，看似无痕。清弦五音，就那么，淡淡地飘在我的耳畔心间，轻卷漫舒，如云如雾，如水如烟。余音过处，竟时时地听到心弦共鸣的轻微声响，如钟如磬，空灵悠远。林清玄，一个充满神秘魅力的名字，在他已征服了无数读者的心灵多年之后，我才有缘细细品读。

　　初识清玄，是小学语文课本中的《桃花心木》。简简单单的文字通俗易懂，深深浅浅的感悟触类旁通。教学之余，偶尔读及他的一两篇文章，也并未产生要找来林清玄的作品展卷细读的念头。现在想来，真是一木遮林，掩却了多少清雅景致在其中！

　　直到把这一本散发着纸墨清香的淡蓝色卷本——《林清玄散文》捧在手上，心里蓦地生出一种感受，何不早日读清玄！静听弦声，不知晨昏；聆听弦语，不舍昼夜。稍有闲暇，总是一卷在手，伴着明月清风，听清清的弦音，淡淡地飘过。

弦音之一：漫缓宫音自然风

　　书卷徐徐展开，清音绵延无边。深深呼吸，一股朗润清新的自然风扑面而来。文字所行处，裹了风的清气，挟了雨的湿润，蘸了凤凰花的离愁，染了日光红叶的鲜亮，和了星光掩映下的冷月钟笛，醉了那星星点点萤火中的芒花……让读书的人如闲坐田埂上，如漫步山林间，温那一壶月光独酌，心中不时想起陶渊明悠然见南山的超然与淡然。

清玄之自然风以其对自然景物的真切感受，融入自己的真挚情怀，给人以无限遐思。断鸿声中，为离别而生的一簇簇火红火红的凤凰花将少年的梦想化做一只只蝴蝶随风旋舞，那如烟往事也就随了蝶翅飘然而去，片片蝶翅里翻飞的分明是白雪少年的梦境纷纷。

这唯美的画面如梦如幻，牵扯着我的思绪。为赋新词，少年识尽愁滋味。岂止是凤凰花？哪一种花儿的开放，不是意味着随之将至的离愁别伤？想起我每天上班都要见到的那一片迎春，不禁心生怅然。走在淅淅沥沥的春雨中，远远就看见人家房后矮崖上那一丛丛呈弧形垂落的迎春花藤，昂扬的枝条在春风中轻轻摇晃。那历经一冬的风寒，灰蓬蓬的如早生华发的藤蔓，默默承受着春雨的赐予。它们洗尽铅华，露出本真色彩，那是生命的绿色。弯弯的藤儿长长地垂落，密密匝匝的芽苞似乎欲言又止，是离情？是别意？看那偶尔张开着的细小的红色的叶片，细看却不是叶片，呼之欲出的一点金黄掩映其中，惹人怜爱。迎春花儿要开了么？可不是吗？既然已经选择起程，那又何必在乎别离？在那矮崖的边上，迎春花真的绽开了，它们选择了与春雨同行，与春风同醉。虽然只是三五朵，但它们却最先告诉人们：春天来了！那鹅黄的花瓣，涂抹了春天的第一抹色彩；那小巧的身姿，摇曳出春天里最初的舞蹈；那淡淡的清香，则恐怕只有惜春之人才闻得到吧。然而想到由于迫近的拆迁可能给迎春带来的离伤，不免心生黯然。迎春呵，你将何去何从？清风拂过，迎春轻轻摇曳那四棱的枝条，默默无语。有道是良禽择木而栖，迎春却从来就没把自己看成什么富贵之身，只要能落根于脚下的土地，无论河边地畔，还是乱石断崖，照样生得灵灵秀秀，长得蓊蓊郁郁，开得轰轰烈烈。只言说梅之高洁，"俏也不争春，只把春来报"，何曾想迎春之无华，"覆阑纤弱绿条长，带雪冲寒折嫩黄。迎得春来非自足，百花千卉共芬芳"。料得春雨之后，云开日出之时，迎春花定会齐齐披挂上阵，率先登上春之舞台，唱响春之旋律。

花谢花飞，枝叶关情。正如林清玄所言："能感受山之美的人不一定要住在山中，能体会水之媚的人不一定要住在水旁，能欣赏象牙球的人不一定要手握象牙球，只要心中有山水有象牙球也就够了，因为最美的事物永远是在心中，不是在眼里。"这正是清玄散文中处处散发着清新自然风的原因。这一行行文字，阡陌纵横，将作者对自然的热爱之心尽显其中。那些不知身在何时何地的草木，缘了清玄的灵心慧眼妙笔，也在每一个读者的心中演绎着碧绿橙黄。在生活中，多少凡尘琐事缠绕了我们的思绪，束缚了我们的触角，使我们难以一展笑颜。此时，读读清玄散文吧，只把那些藏匿于平仄诗词中的幽怀愁绪，晒于明朗朗的阳光之下，让那来自原野的自然风荡涤一切的尘埃。你就会张开最柔软的一瓣心香，轻吟浅唱，静听弦音层层叠叠，歌咏吟诉着寻常巷陌中的虫鸣犬吠、花香鸟语，还生命以宁静与淡泊。

弦音之二：促清商韵亲情美

父母对子女浓厚的爱，是世间最美的亲情。清玄的作品中，父母亲的身影总在其中行走，或明晰，或模糊，唯有那深藏于心的美好亲情，才是不变的主题。

清玄的父亲历尽沧桑，终生没有离开过土地。他对孩子们的深情，是宽宽的肩膀挑起箩筐旋转时，听箩筐里的童音笑声连连；是朴素年代里辗转奔波提回家的一碗肉羹；是居住于高楼大厦内的儿子收到的一袋红心番薯……在土地上躬耕劳作的父亲，温暖的父亲，风趣的父亲，从不将忧愁写在脸上，这使得清玄童年的天空晴晴朗朗，难有阴云风雨，这对他养成乐观、坚忍与刚强的性格起到了潜移默化的作用。他牢牢地记着父亲的话："事情总有成功和失败两面，但我们总是要往成功的那个方向走。"几十年风雨劳作，清玄一直抱着这样一种达观的人生态度，向着自己的人生目标，行走，不停歇。他的散文创作连年丰收，形成了自己独树一帜的风格，将寻常景物赋予诗意的境界，以其独特的散文笔法，"流展万里而又萦回婉转"。

农夫父亲不仅是清玄人格的追随，而且是清玄写作方向的牵引。父亲是农夫里的状元，三句话不离本行，他从农夫的观点出发，认为儿子的写作就和他的农耕没什么两样。父亲以自己终生与土地的对白为喻，教清玄以写作之道："写作也像耕田一样，只要你天天下田，就没有不收成的。""不是政治性格的人去写政治文章，就像种稻子的人去种槟榔一样，不但种不好，而且常会从槟榔树上摔下来。""对人有益的文章是灌溉施肥，批评的文章是放火烧山；灌溉施肥是人可以控制的，放火烧山则常常失去控制，伤害生灵而不自知。""创作者是农夫，理论家是农会的人。农夫只管耕耘，农会的人则为了理论常会牺牲农夫的利益。"父亲的话句句鞭辟入里，意味深长。父亲给予清玄的精神食粮滋养了他的文学田园，那朴实的、朴素的、紧贴着大地胸怀的各种作物，就这样延展着，大片大片的，铺就了他田园中的生机。

父爱如山，母爱如水。山之泰然足以敬仰，水之淡然足以回味。童年时，谁没有在雨天戏水的经历？纵使湿了衣衫，也照样兴致不减。那把藏在清玄记忆深处的破旧的油布伞，在母亲的声声催促中，曾经是那样的让人难为情。而只有在没有人逼着撑伞时，才会深切地感受到母亲那体察入微的爱。铁轨边，枕木旁，母子追逐的伤痛，已被时光的水流冲刷淡去，留下的只有艰难岁月的生活印痕。体弱多病时，母亲的担忧、照顾更是心头存储的温馨。流萤飞处，芒花点点，母亲美丽的面庞连同那童年的故事，一起在梦的远方闪闪烁烁，忽明忽暗。平凡小事，织就平常生活；点滴关怀，织就恒久的母爱篇章。

是啊，父母亲对孩子的爱，是随处可见，俯拾皆是的，可是；又有几个年少之人能清醒地看到呢？不禁想起朱自清的《背影》，看着父亲嘱咐那靠不住的茶房照顾自己的儿子，年轻的生命在暗笑他的迂；看着父亲肥胖的身躯在月台上爬上爬下，觉醒的心灵怎能不雨雾迷蒙？树欲静而风不止，子欲孝而亲不待。孝子的心灵是相通的，不然，季羡林何以声声慨叹那《赋得永久的悔》？所以，清玄期待着父亲的笑，也期待着母亲的笑。

冰心的诗句不觉在心中流淌："母亲啊！您是荷叶，我是红莲。心中的雨点来了，除了您，还有谁是我无遮拦天空下的荫蔽？"让我们的心灵变得柔软，唯有柔软，我们才能感受到这个世界的多姿多彩；唯有柔软，我们才能感受到汨汨血脉中沸腾的温度；也唯有柔软，我们才能感受到那些萦绕身心的厚重亲情。

弦音之三：呼长角弦乡土浓

无论高高的枝头有多么的繁华与热闹，总不忘记根在脚下的土地。清玄不玄，真实平凡。作为一个地道的农民的儿子，台南的椰风蕉雨赋予了他悲天悯人的情怀，使他将对父母的爱融入脚下深厚的土地，因为这是他的根。

受父亲的影响，对土地的深情，是清玄文章中的脉搏。那箩筐里装的，是农民父亲的生命、希望、惆怅和茫然。那一声足以让人振聋发聩的"伊娘咧，你竟住在无土的所在！"在清玄的文字里铮铮回响，于是，字里行间就氤氲着浓郁的乡土气息——"如果说大地是一张摊开的稿纸，农民正是蘸着血泪在上面写着伟大的诗篇；播种的时候是逗点，耕耘的时候是顿号，收成的箩筐正像在诗篇的最后圈上一个饱满的句点。人间再也没有比这篇诗章更令人动容的作品了。"饱含着对土地的深情，对农民的理解，清玄将他们的喜怒哀乐一一装进箩筐。那经历岁月侵蚀的箩筐，经过蕉汁的层层浸染，分明记录着农民面朝黄土背朝天的辛劳一生！清玄认为在"乡村生活的人，是生命的自然"。脚下这片厚重的土地，生长着为农民带来希望的香蕉番薯，也蓬勃着作家最质朴的乡土情怀。

谁没有自己的乡土呢？谁又能忘记自己的乡土呢？小时候，在炎炎夏日里跟随母亲在玉米田里除草的情景至今仍历历在目。绿绿的玉米长得密密匝匝，长长的玉米叶子手挽着手，将一片地遮挡得密不透风。跟在母亲旁边，弯腰除草，有时手臂上被那绿色的长叶子划出一道道红红的伤痕，被流淌的汗水渍得生疼，可是看看一言不发的母亲只顾辛苦劳作，也只好耐着性子紧跟其后。然而正是这片赖以生存的土地养育了我。如今，我能够站在讲台上，为人师，真的感觉是一种幸福。对那些来自乡村，到城里求学的孩子，我经常告诉他们，我们都来自乡村，为了我们的乡土，也要珍惜这学习的机会，无论到了哪里，都不能忘记脚下的土地。

清玄散文中的乡土浓情，不觉就和着一首歌的旋律在心中流动："不要问我到哪里去，我的心依着你，不要问我到哪里去，我的情牵着你，我是你的一片绿叶，我的根在你的土地。"天风浩荡中，你可曾听到一片绿叶在随风吟唱？"无论我停在哪片云彩，我的眼总是投向你，如果我在风中歌唱，那歌声也是为着你，我的路上充满回忆，请你祝福我，我也祝福你，这是绿叶对根的情意！"我们每个人又何尝不是一片绿叶？无论我们身在何方，都不能够忘记那深入土地的根须，是她给予了我们生命的养料，有了它们，我们才能够在枝头欢唱，在风中飞扬！诗人艾青这样写道："为什么我的眼中饱含泪水，因为我对这片土地爱得深沉。"这来自灵魂深处的诗句，如万叶齐飞，伴随着风的和鸣在空中飞舞盘旋，似乎在谱写着一曲感恩乡土的乐章，那些跳动的音符是树叶对大地滋养感恩的诺言：我的根在你的土地。

弦音之四：雄明徵声故园情

"谁家玉笛暗飞声，散入春风满洛城。此夜曲中闻折柳，何人不起故园情？"李白的《春夜洛城闻笛》，表达的正是浓郁的思乡情怀。清玄生于台湾，长于台湾，然而，故园却常在他的梦里心中。

"番薯虽然卑微，却连结着乡愁的土地，永远在相思的天地里吐露新芽。"父亲的一句话使清玄如梦初醒："我们也是从内地来的，不过我们来得比较早而已。"原来，番薯不止生长在台湾，在北方会落雪的故乡，也遍生着红心的番薯！他去吃山东老乡的糖番薯，他着力渲染老人那含泪的骄傲：台湾的红心番薯如何也比不上家乡的红瓤地瓜！"俺家乡的地瓜真是甜得像蜜的！"言语之中，泪光闪处，已然站在家乡的地瓜地里，透过望不到边的碧绿叶蔓，仿佛看到了泥土怀抱中那根根相连、团团相抱的红瓤地瓜，正散发着只有故乡的泥土才有的清香气息。最让人心酸的是，那踯躅于月光下的喇叭手。一只孤雁形单影只，一柄喇叭倒提在手，从当年那豆花飘香的大田边，无缘由地被拽了上车，上船，去台湾，故土一别几十年，独自飘零独自愁。老乡见老乡，两眼泪汪汪，清玄与喇叭手和泪同饮思乡酒，高声同歌思乡曲，醉里不知身是客，不知何处是归年？

比起卖糖番薯的老人，比起漂泊无依的喇叭手，我的外祖父真是幸运得多了。说起来话长，这可是千真万确的事。那是 20 世纪 40 年代的事了。为躲兵灾，人们拖儿挈女，纷纷躲到村外大山的山洞内、石缝里，深草丛中。危难之时，为了保全儿孙，外祖父走出了藏身的地方，被拽上了车，去了青岛。短暂的驻留，外祖父受尽了饥渴折磨。纷乱之际，因船的载重量有限，只拣了青壮劳力上船远渡。而外祖父，因为岁数已大，侥幸捡了一条命。那时，临近年关，冷风凛凛，雪花飘飘。外祖父一路走，一路乞讨回家乡，聊以充饥的竟也是那凝结着游子们无限乡愁的红瓤地瓜！回家后的悲喜团圆自不必说。如今，外祖父虽已过世，但晚年却是儿孙满堂，非常幸福。一样遭遇，两种命运。不知还有多少孤单的灵魂，在悠远悠长的喇叭声里，寻找着回家的路程。

"昔我往矣，杨柳依依；今我来思，雨雪霏霏。"同对一轮圆月，乡愁如清月的光辉洒在游子的心中，如梦似真，欲说还休。悠悠的喇叭声里，凝神遥望故园，泪眼婆娑，唯有一杯清酒寄离愁！个中甘苦，别有一番滋味在心头！

叶落归根，落叶归根。在有生之年，不知那位卖糖番薯的老人是否已品尝到那甜得像蜜的红瓤地瓜？那在月光下徘徊的喇叭手，是否也已回到故乡那飘着清香的大豆田边？

弦音之五：沉细羽律心如佛

其实，一直以来，我都毫无疑问地在心里认为清玄是女子，这可是全凭感觉。没想到，这一次的阅读，让我在领略清玄散文精神魅力的同时，不得不承认了这样一个事实：清玄是须眉男子。额前能跑马，脑后长发飘，直叫人连声慨叹：好一派仙风道骨，好一个清风雅士！

林清玄认为："禅，事实上不在渺远不可及的地方，而是在我们站的每一个地方、走过的每一步，甚至活过的每一刹那，有心的地方就有禅，这才是禅最动人的地方。"对清玄来说，他的生活是另一种方式的修行。幼年时，他的母亲逢庙必进，逢神必拜。而他的父亲，每天劳作之前，也总是要先为神佛上了香。耳濡目染，佛教色彩成为清玄性格中不可忽视的成分，也成为他作品中难以割舍的情结。清玄从来不刻意去找一座庙宇朝拜。但是每经过一座庙，他都会进去烧香，看看庙里的建筑，读那精美得出乎意料的对联，端详那些无比庄严穿着金衣的神明。这些经历，可不可以理解为，清玄时时都在寻找，寻找灵魂栖息的清静之所呢？

清玄散文中的佛音无处不在。佛音袅袅中，清玄心中的佛鼓咚咚，木鱼声声。在清静幽雅的寺院里，大悲殿的燕子来往穿梭，他的灵魂也在佛经的音韵中变得澄澈清明。他的文字也在告诉我们，心静自然凉，唯有静下来，你才能进入一种境界，才能听到一种超越自我、超越心灵的禅心佛语，低头看得破，芸芸众生的缘，真的是三生石上的约定？要领悟心的澄明境界，需要自身内在的挣扎与煎熬，正如在沸水中翻滚的茶叶，起起落落，才会展叶飘香。又想起那破茧的蝶，依靠自身的力量，历经艰难、痛苦、挣扎，才能获得新生，终见一路光明。倘若借了外力，轻易出茧，也只能倾倾歪歪，潦倒一生，因为它的心灵始终没有彻悟。人生的磨难，我们只有去面对。以柔软之心、智慧之泉，以谦卑的姿态面对一切，你就会远离轻狂无知，心怀坦然。

清玄曾在山中修行三年，有一天他豁然开朗："今天扫完今天的落叶，明天的树叶不会在今天掉下来，不要为明天烦恼，要努力地活在今天这一刻。"这正说明永远的幸福就是现在，当拥有时，要珍惜！是的，只要心中有佛，又何必晨钟暮鼓！他以清净之莲心，俯瞰红尘，无痕地引导生活在凡世中的众生回归纯朴，不以物喜，不以己悲，坦然面对一切的苦难与欢愉。在充满禅意的世界里，只要拥有如水的包容之心，看淡一切，容纳一切，任你四方也罢，浑圆也罢，溪流也罢，江海也罢，我心中自有朗月清风，任你变幻无常！

林清玄也并非是消极遁世的，他只是以一颗善良柔软之心，在人们触目可及的地方，以直指心灵的文字，娓娓道来。那淡淡的禅意，就如丝雨般浸润了人们的身心，空中的浮尘在万道霞光中轻轻坠落，一切归于佛心。

清弦五音，不是现代社会中规模宏大的交响乐，而是来自远古的清丽之音。丝竹，抑或管弦，缓拨细弹，轻拢慢捻，如汩汩清泉流淌不息，滋润两岸叶木葱茏，花香弥漫。清音飘荡，骊歌轻扬，可曾也震动了你心底那根柔软的心弦？

【作者小传】程普娟，女，1971 年生，海阳市实验小学教师，毕业于文登师范学校。从教多年，挚爱小学语文教学。喜欢学生琅琅的读书声，那是语言文字的优美音韵；欣赏学生灵动的思维，那是唯美语文的思绪飞扬。读书，教学，生活，偶有点滴感悟积聚于心，流诸笔端，那是缕缕书香对我的恩泽。愿与学生一起，走在语文教学的阳光路上……

作者以渊博的文学和史学功底，丰厚的文化感悟力和艺术表现力，揭示了中国文化巨大的内涵。跟着内心的呼唤，凭着执著的毅力，余秋雨让我们感受到了文化的浸润。

文化，是一种浸润

——读余秋雨《文化苦旅》有感

姜俊丽

喜欢听周杰伦的慢歌，歌词已成一种背景，旋律中流淌着淡雅的生命真诚，总会把思绪带到遥远缥缈的地方，无从落脚，也不知何所为。它就像一剂安定剂，沐浴着柔柔的温存的男声，像无形的大手抚摸着你，整个身心都沉到了远古世纪。

余秋雨的散文蕴涵着一种沉甸甸的历史感和沧桑感，一种浩然而毫不矫情的雍容与大气，一种俯仰天下古今的内在冲动与感悟，一种涌动着激情与灵性的智慧与思考，挥之不去。

最初知道余秋雨，是在一次论文答辩时，有人的论题是"论余秋雨的散文特点"。余秋雨，这个富有诗意的名字一下子印在我脑海中，我知道他应该是一个散文大家，他的成就是值得许多人研究的。最初认识余秋雨，是在一次青年歌手电视大赛中，他作为点评嘉宾坐在了艺术的舞台上，让我这个喜欢看综艺频道的人，有幸认识了这位文学大师。面对一道道天南海北的问题，我看得眼花缭乱：有中国的，外国的；有古代的，现代的；有历史方面的，文艺方面的。经余秋雨的一番点评，我立刻神清气明，被他渊博的学识所吸引，如圣诞前夜的孩子极想看到天明的礼物一般，迫不及待地想去他谈及的地方看一看，想把他提及的文化涉猎一番，更想把他写的书用心体味一番。在我看来，对余秋雨来说，世界万物从出现到繁荣，古今中外，都如数家珍一般，信手拈来。

终于，《文化苦旅》这样一个酸涩的名字随着余秋雨这三个字进入我的视线。在他的自序中，我看到了一个执著于心灵真文化的行者。"远方有多远？请你告诉我！"就这样，"我边想边走，走得又黑又瘦，让唐朝的烟尘宋朝的风洗去了最后一点少年英气，疲惫地伏在边地旅舍的小桌子上涂涂抹抹，然后向路人打听邮筒所在，把刚刚写下的那点东西寄走。走一程寄一篇，逛到国外也是如此……"听着有点像苦行僧，"我抛弃了所有的忧伤与疑虑，去追逐那无家的潮水，因为那永恒的异乡人在召唤我，他正沿着这条路走来。"（泰戈尔语）

《文化苦旅》是余秋雨第一本文化散文集，全书的主调是凭借山水风物以寻求文化灵魂和人生秘谛，探索中国文化的命运和中国文人的人格构成。作者以渊博的文学和史学功底，丰厚的文化感悟力和艺术表现力，揭示了中国文化巨大的内涵。跟着内心的呼唤，凭着执著的毅力，余秋雨让我们感受到了文化的浸润。

"历史"这一沉重的内容，我总是感觉遥不可及，认为那只是历史学家的事。可是，《文化苦旅》却拉近了历史与现实、与心灵的距离。随着余秋雨的文化旅程，我清晰地感受到我们也是历史的创造者，或者正在创造着历史。这一话题在书中随处可见。历史赋予余秋雨散文深深的厚重感和历史沧桑感，余秋雨的历史散文又带着一种亲切而感伤的人文关怀。走进《文化苦旅》，你一下子就被带到了"历史"的时空中。站在历史的天空下，纵观古今中外，历史的风云变幻出千姿百态。也许只是一个人或者一件小事，却成了某一场风云的导火索。这时你才会发现，个人的力量在社会的浪潮中并不是我们想象得那么渺小。

莫高窟在每个中国人的心中，都是一个天堂般的神圣梦境。莫高窟大门外，过河对边的一溜空地，建着几座僧人圆寂塔，其中一座是王圆箓王道士的塔。就是这个穿着土布棉衣、目光呆滞、畏畏缩缩的一个到处可以遇见的一个中国平民，他做了道士后，却当了莫高窟的家，把持着中国古代最灿烂的文化——结果可以想象，他毁掉了古人的飞天梦，以极少的钱财送走了难以计数的敦煌文物。今天，敦煌研究院的专家们只得一次次屈辱地从外国博物馆买取敦煌文献的微缩胶卷。

再平凡的中国人，只要看到这一场景，心中也会涌起愤怒的潮水。这是王道士的错误，但是这又不仅仅是他一个人的错误。"我好恨！"在那方天空下，"一个古老的民族的伤口在滴血"。余秋雨用平实的语言，让我们没有任何力量去反驳、去发怒。只能愤恨，只能眉头紧皱，只能在心中默默淌血。这是一种彻骨的痛，是一种无奈的痛。你见证了这一刻，还有什么理由说个人力量的卑微呢？

斗转星移，在中国最激动人心的工程中，我们认识了都江堰。是的，都江堰的规模从表面上看，远不如长城宏大，却注定要稳稳当当地造福千年，把旱涝无常的四川平原变成了天府之国，至今还在为无数民众输送汩汩清流。这一切，便是李冰的功劳。

公元前251年，李冰任蜀郡守。没有学过水利的他，以使命为学校，总结出治水三字经"深淘滩，低作堰"，八字真言"遇湾截角，逢正抽心"。正是以民为天、以责任为天的使命感，成就了至今仍在指挥水流的都江堰。甚至李冰逝世后，他的雕像、他儿子的塑像仍镇于江间，在测量水位，"没淤泥而蔼然含笑，断颈项而长锸在握"，继续为人民谋幸福。这是一个李冰，而在他身后，站起的是一群李冰。只要都江堰不坍，李冰的精魂就不会消散，轰鸣的江水便是至圣至善的遗言。历史的这方天空，因为有了李冰而变得澄澈。

这是历史吗？这分明是我们自己的生活。是余秋雨让我沉浸在历史的长河里，让我更清楚地意识到生活的意义。其实历史就是由每一个人的思想行为决定着。这里包括你，包括我，也包括他；包括老人，包括年轻人，也包括孩子。每每提到孩子，我就觉得自己身上的责任太沉重了。每年，从我们身边走出的孩子有几十个吧，一个从教十年、二十年的教师呢？一个人在历史的潮流中有可能起到中流砥柱的作用，也有可能颠覆整个时代，这一群孩子呢？孩子创造着未来的历史啊！每当想起这些，我的心中就觉得忐忑不安，恨不能把全身心都投入到学生身上。教育者的责任，你真正认识到了吗？

这就是余秋雨的《文化苦旅》，在你不经意间，文化已经渗透到你的思想，深深地震撼了你的心灵。在他的旅程中，有《莫高窟》《三峡》《都江堰》，有《庐山》《江南小镇》《西湖梦》，还有《废墟》；在他的文化思旅中，不仅渗透着宏大的历史印迹，还流露出对于普通人，甚至对于一株《腊梅》的深情感怀。这是一种文化的熏陶，是感情的自然而真切的流露，细腻如春雨，无声而润泽。

《腊梅》属于余秋雨这次文化旅程中的一个例外。由于这株腊梅所处地理位置的特殊，普通的腊梅在这不普通的地方——病院里，就显示出了独特的魅力。虽然仅仅是一株花，在这医院，"却是沙漠驼铃，是荒山凉亭，是久旱见雨，是久雨放晴。"对于特殊的情景，余秋雨总能捕捉到人的心灵最柔软的地方，感受到人性中最真挚的情感。在这特殊的地方，人类都不是自己的主宰，他们回归到生命最自然的状态，犹如婴儿般纯洁，也真正地体现出了"人之初，性本善"。一株腊梅，调动了所有人的爱心：雪天赏梅数花，雨天架伞遮雨，甚至还要选择一下与腊梅相匹配的颜色。这就是人啊，没有了地位、名利的争夺，有的只是美好的祝愿、真切的表白。"梅瓣在寒风中微微颤动，这种颤动能把整个铅蓝色的天空摇撼。"其实，这种颤动也把整个人类人性中最柔软的情感大潮摇撼。经历了这一特殊的旅程——在局促与无奈中的变相休息，每个人都会坦然地面对社会，笑谈人生。

　　文化苦旅依然在继续。细细回味，并不是"苦旅"，就像经历了一次"炼狱"，它带给我的是一次精神的旅行，思想的洗礼。回想起来，我并不是抱着感悟历史、体味人生的态度来读书的，却从中感受到从未有过的震撼。文化，就是这样——以它独有的方式，在你没有察觉的时候，滋润着你的心灵。这种浸润，更自然，更深刻。

　　蓦地，我恍然大悟：孩子们也是一样啊！于是，面对写作能力和理解能力亟待提高的三年级的孩子们，我没有苦口婆心讲写作文的好处，没有精心传授写作的技巧，而是从开学初，每节语文课的前5分钟都配乐朗读一篇文章给他们听，并且让孩子们进行冥想。渐渐地，孩子们能从单一的听觉上的享受转化为听觉和视觉上的互动愉悦，进入了文学的独特天地。孩子们说上语文课很美，很舒服。于是，每天的语文课便成了孩子们的期待。这时我宣布：以后每天要读孩子们自己选择的好文章。之后的每个清晨，总会有一群孩子把一堆书放在我的桌子上，眼睛里满是期待与兴奋。随着送文章的孩子的增多，我暗暗欢喜：阅读，已经悄然走进孩子们的生活。我仿佛看到他们在认真阅读，看到他们发现喜欢的文章后那喜悦的神情。

　　是时候让孩子们主动感受文学的魅力了。于是，我又改变了模式：让孩子们自己读优美的文章。开始时，我会提前与学生沟通："你读熟练了吗？"他们会微笑着使劲点头。听着自己的同学读文章，孩子们听得更认真了，而且越来越多的学生加入其中，有的还不时提醒我："老师，我准备好了。"当一个沉默寡言而且理解力较差的孩子捧着书，伴随着理查德优美的钢琴曲，动情地给全班同学朗读自己选的文章时，我感觉到一种幸福。

　　这就是我的孩子们！在自然阅读的过程中，书籍起到了潜移默化的作用，如春雨润物，无声却细腻，无形而透彻，浸润于其中的孩子，自然而然地提高了他们的能力。我感受到一种文化的浸润——习惯，在浸润中养成。苏霍姆林斯基的话再一次得到验证："学生学习越感到困难，他在脑力劳动中遇到的困难越多，他就越需要阅读……不要靠补课……而要靠阅读、阅读、再阅读——正是这一点在'学习困难的'学生的脑力劳动中起着决定性的作用。"

　　《说好的幸福呢》《兰亭序》随着周杰伦独特的音韵在耳边流淌，我已再次随着余秋雨走进了南疆北国，神游世界各地最深沉、最彻骨的文化主址。余秋雨总能以史诗一般的眼光挖掘出人类最灿烂或是曾经最灿烂、最伟大的文化。即使现在已经被世人尘封，被俗人遗忘，即使现在已被自然改造，他也总能拾撷最珍贵的一瞬，触动那古老的最柔软的神经，迸发悠远的坚韧的力量，以文化苦旅洗涤尘世的虚荣与浮躁。

从未想到会把周杰伦这一时尚音乐前沿的风云人物与余秋雨这位深沉的文化名人相提并论。看似遥不可及，却真实地带给我们心灵的慰藉。虽然方式不同，但是传达的却是真切的情感，浸润心灵的渗透力。

文化，是一种浸润。

【作者小传】姜俊丽，女，1980年生，海阳市朱吴镇第一小学教师，烟台市骨干教师，毕业于山东师范大学汉语言文学专业。积极探索课堂教学改革，努力追求朴实、自然的教学风格，在国家、省、市级刊物发表文章多篇。和学生一起愉快地读书，安静地思考，开心地生活是人生乐事。

当我们以这样一种豁达而又通脱的心态来面对世界时，也许人生的境界会格外开阔而安静。我想，这并不是教我们消极避世，而是提出一种别样的人生感悟，折射出的是他对生命的敬畏，对生活的珍惜。

在生活中思考　在思考中生活

——由《守望的距离》想到的

陈吉宁

提到哲学，我们马上联想到枯燥的逻辑，让人敬而远之。而周国平的作品既有哲学的深度，又有文学的美感，融理性和感性于一体，所表达的是一般人都能理解的生活感悟。所以说，他是一个真实的人，而不是一个离我们生活很遥远的哲学家。

喜欢周国平，是从《风中的纸屑》开始的。书中记录的是他对人生的思考。它让我那些在空中飞舞的思绪，有了归属感，让我心中的狂躁变成了恬静。

接下来，开始了对他更多作品的阅读，《灵魂只能独行》《周国平自选集》相继进入我的视线。《妞妞——一个父亲的札记》让我认识了"另一个"周国平。这本书中，周国平是一个父亲，是一个爱他的孩子胜过一切哲学的父亲！甚至只要他的孩子活着，随便什么哲学，死去都好！

夜阑人静，静静地翻开这样一本《守望的距离》，再去品味书中对人生、灵魂以及人性的感悟，又一次被他那丰润、睿智的心灵，那自由、率真的个性深深打动了！

他用这样的对白吸引着我——

"假如把你放逐到火星上去，只有你一个人，永远不能再回地球接触人类，同时让你长生不老，那时你做什么？"

"写作。"

"假如你的作品永远没有被人读到的希望？"

"自杀。"

就是这样一段简短的对话，引起了我的深思。人，是群居的动物，人是社会中的人！不要试图否认这种社会属性。之前，一直认为我的文字不是为了让别人看的，只是写给自己，为了让自己安于寂寞，安于笨拙。其实，不是的！虽然有时候一个人的灵魂，即使孤独，也仍然能从自身的充实中得到一种满足。但是，前提是我们的基本价值得到肯定！这样，置身于社会，你才会有精神上的充实自足。

他用这样的语言感染着我——

"当你快乐的时候，如果这快乐没有人共享，你就会感到一种欠缺。譬如说，你独自享用一顿美餐，无论这美餐多么丰盛，你也会觉得有点凄凉而乏味。如果餐桌旁还坐着你的亲朋好友，情形就大不一样了。同样，你看到了一种极美丽的景色，如果唯有你一人看到，而且不准你告诉任何人，这不寻常的经历不但不能使你满足，甚至会成为你的内心痛苦。"

的确如此，一个无人分享的快乐绝非真正的快乐，而一个无人分担的痛苦则是最可怕的痛苦。所谓分享和分担，未必要有人在场。但至少要有人知道。永远没有人知道，绝对的孤独、痛苦便会成为绝望，而快乐——同样也会变成绝望！如黄磊唱的那样："没人分享，再多的成就都不圆满。"

他用这样的视角引领着我——

"整个人生是一个不断地得而复失的过程，就其最终结果看，失去反比得到更为本质。我们迟早要失去人生最宝贵的赠礼——生命，随之也就失去了在人生过程中得到的一切。既然生而为人，就得有承受旦夕祸福的精神准备和勇气。""由此可见，不习惯于失去，至少表明对人生尚欠觉悟。一个只求得到不肯失去的人，表面上似乎富于进取心，实际上是很脆弱的，很容易在遭到重大失去之后一蹶不振。"

乍看起来，这种"习惯于失去"的概念，在这个浮躁的年代里显得让人不可理解甚至有些滑稽。人人都拼命而热切地追求高质量的物质和精神生活，名利的诱惑像是毛驴鼻子前面悬着的胡萝卜，催促着现代人毫无怨言地前进，似乎非要得到不可。

然而，换一种思维，连生命都迟早要失去，都谈不上真正拥有，又有什么东西是真正失去的，真正令人委屈的呢？所以，当我们以这样一种豁达而又通脱的心态来面对世界时，也许人生的境界会格外开阔而安静。我想，这并不是教我们消极避世，而是提出一种别样的人生感悟，折射出的是他对生命的敬畏，对生活的珍惜。"有了这一份超脱，我们就能更加从容地品尝人生的各种滋味，其中也包括失去的滋味。"所以人生就应当达观。不必为失去的东西，或者想得到、该得到但是没有得到的，而郁郁寡欢或耿耿于怀甚至一蹶不振，无论失去的是财富，是权势，是名利，是地位，是健康，还是甘美如醇的一段感情！就像一首流行歌里唱的那样："有一朵花儿开就有一朵花儿败……"

书中，周国平还热诚地把他喜爱的人推荐给我们：蒙田、尼采、爱默生。由此，我开始了解西方哲学——"中西人生思考的核心问题是不同的。西方人人生思考的核心问题是：为什么活？它追问的是生命的终极根据和意义。所以，西方的人生哲学本质上是灵魂哲学，是宗教。中国人人生思考的核心问题是：怎么活？它要寻求的是妥善处理人际关系的准则。所以，中国的人生哲学本质上是道德哲学，是伦理。"

当然，最令我感慨的，也是周国平最为喜爱并且极力推荐的人——尼采。一想到他的结局，我就黯然神伤。有一天，他在街上看到马车夫在狠狠地抽打着一匹老马，突然情绪失控冲上前去抱着那匹马痛哭不已，从此精神失常，再也没有作品问世。十年后，这个痛苦的灵魂终于安息了。这个思想深邃、目光锐利的人，终生都在思考着如何才能启蒙普通大众，却不被周围的人理解，饱受孤独与痛苦的折磨。这是作为哲学家的悲哀。也许死对他来说是一种解脱。只是不知道在他疯了之后，终于不再思考那些问题时，是否感受到了一丝幸福和来自人间的温暖？

大家都知道，周国平出的书都值得一读，但这本《守望的距离》最为经典。大概与写作背景有很大关系吧。这本书主要收录的是1983年至1995年4月的散文，这段时间他刚读完研究生，遇到了充满灵气的雨儿（后来成为他的第二任妻子，也就是妞妞的妈妈），与第一任妻子敏离婚，痛失爱女妞妞，与雨儿分手，与第三任妻子红结婚……这一段经历，成为周国平生命中最重要的岁月。也正是这一连串的变故，使他把精力从学术上转为思考这些令人困惑的人生难题，这也是这本《守望的距离》有长久生命力的原因吧！

读周国平的作品，分享他的内心世界，真是一件幸运的事！他对灵魂的探寻与执著深深地感染着我，让我从中汲取精神上的养料，他带我走进哲学的世界，给了我寻找自己的力量。我是一个简单的人，没有深刻的思想，但有一颗追逐理想的灵魂。感谢周国平的文字，让我在生活中思考，在思考中生活……

【作者小传】陈吉宁，女，1978年生，烟台市芝罘区工人子女小学教师（教导副主任），毕业于山东教育学院教育管理系。不仅自己坚持读书，而且通过"读书节""书香班级""书香家庭""读书小明星"等活动，积极引领全校师生读书。多篇文章发表于《中国教育报》等报刊。

读罢掩卷长思，我真心想对我的教育同行和已为人父母者或准备为人父母者进一言：读一读《发现母亲》吧，它会让你感受母亲教育的伟大，它会教给我们应怎样科学教子，它应是我们教育孩子的必备手册！

母亲的力量

——《发现母亲》感悟

杜钦坤

最近，满怀激情地读了王东华的《发现母亲》，起初选择读它，不仅因为我既是一名母亲，又是60名寄宿生的"妈妈"，更因为封面上的那两句话强烈地震撼了我："推动世界的手是摇摇篮的手"，"你可以不是天才，但你可以成为天才的母亲。"如此豪迈的口气，如此睿智的见解，如此富有感召力的目标，不由使人产生一种先睹为快的冲动。而真正一章一节读起来，我不禁被它旁征博引的丰富内容深深吸引，被它阐述的一个个富有哲理的观点深深折服。读罢掩卷长思，我真心想对我的教育同行和已为人父者或准备为人父母者进一言：读一读《发现母亲》吧，它会让你感受母亲教育的伟大，它会教给我们应怎样科学教子，它应是我们教育孩子的必备手册！

书中"习育，面对孩子我们必须重新做人"一章，对我震撼最大。看着书中对孩子行为习惯养成的种种因素进行的系统而入木三分的剖析，体会着母亲在孩子习育中的举足轻重的影响作用，我的心中久久不能平静。行为养成教育作为德育的重要内容，既是每一名教育者关注的热点，又是育人成才的基础与关键。作者探根寻源，从人出生所具有的镜像期假说及婴孩的范式模仿说起，说到抚养子女成长中母亲身教重于言教的道理之所在，说到家风熏陶对一个人习惯、道德养成的巨大作用，说到社会遗传对人一生成长发展的重大影响。书中强调，社会遗传是由习得—习惯—习服—习性完成的，即由最普遍、最基础的习得慢慢过渡到最根深蒂固的习性，在这个过程中，母亲的身影是孩子最好的教材。母亲的行动如同"照拂"，创造了孩子最好的成长环境，母亲的身教更直接地影响着孩子的行为。母亲是父亲的另一个自我，在家庭中的作用不可估量。可以说由浅入深，说理透彻，使人豁然开朗。这也让我想起一件小事：我的独生子3岁了，我一直教他进门先脱鞋，然后把鞋摆放整齐，儿子摆得可认真了，一点都不能歪，这就是范式正面模仿的效应吧。可是假期和儿子到老家住了一段时间后，他再回家时进门把鞋一脱就扔在了一边，提醒他也不在意，批评他也不改。仔细分析原因，在老家睡觉是在那种挺高的土炕上，儿子太小，自己上不去，我就把儿子抱着坐在炕沿上，然后脱下鞋，把鞋扔在炕下。于是儿子很快学会了潇洒的"扔"。真是"自然似之""染于苍则苍，染于黄则黄"，范式模仿的负面影响暴露无遗。努力养成的习惯因为这段生活插曲而须从头再来，甚至比从头再来更难。在孩子的成长过程中，这样的事可以说是不胜枚举。每一位母亲每天要与孩子交流多少次，要为孩子做多少次行为示范，而稍一疏忽，便会使努力形成的良好习惯毁于一旦！由此可见，以家庭为主阵地，以母亲为总指导者的习育确系一项长期的、艰巨而复杂的系统工程，而我们必须坚持，因为"播种行为、收获习惯，播种习惯、收获性格，播种性格、收获命运"。习育的成功意义深远，必须是母亲的成功，而不仅仅是老师的成功，必须是家庭的成功，而不仅仅是教育机构的成功，必须家庭、学校、社会三方面持之以恒、齐心协力齐抓共管，哪一环节出了问题，都会让这种有序的教育大打折扣。

从自己的孩子说到学生，对他们的道德教育常让人感到一种"累"，累就累在改正一些孩子的不良行为习惯上。相当一部分无奈的家长急切盼望老师能力挽狂澜，寄希望于老师的教育出现奇迹。但他们忽视的是，不良习惯一旦形成，要改变它谈何容易！有些问题比如骂人、随手乱扔垃圾，小得不能再小的坏习惯，任你磨破嘴皮子，摆事实讲道理，开展实践活动，有的孩子还是改不过来，让我常常感到力没少出但事倍功半。原因是什么？请你接触孩子的父母，从孩子的父母身上，从孩子所处的生活环境中，我们不难找到答案。所以说，在家庭习育的基础没打好，"家庭成为藏污纳垢最顽固的地方"，社会又缺乏正面引导、约束的情况下，而把已形成不良习惯的孩子完全推给学校，让老师们给其一种脱胎换骨的洗礼时，学校、老师是多么的孤掌难鸣，教育之路走得又是多么艰难啊！那么，我们国民的素质真的无法提高了吗？我们孩子的优良习惯真的就无法形成了吗？答案是否定的，不管这个改进的过程多么艰难，只要坚持刚性规范与柔性疏导相结合的原则，只要有决心，前途还是一片光明的。当然，这需要整合多方面的力量，来清洁孩子习育的源头，来营造孩子成长的和谐氛围，来创造孩子生命发展的最佳环境，这样做得越早，其效果就会越好。当然，母亲则应义不容辞地承担起这个责任，端正自身做法，让孩子知其然，并辅以正确的引导和教导，让孩子知其所以然，让教育体现在母亲做的每一件事上，每一举动上，每一眼色上，说的每一句话上。同时做好与教师的沟通协调工作，把孩子成长的"筝线"紧紧握在自己手里。为了我们的国民素质能迅速提高，我们每一个人都应从自身做起，做好个人的习育，从反思改进自己的行为习惯开始，端正品行，规范言行。

书中，作者大胆提出了自己对母亲教育的许多发现，如提出了由智力、意志、品德、气概这四者构成人的成长三棱锥说，这四者中，唯居于第四位的智力可以"教"，而其他三者属潜教育只能"育"，而最好的实施处所是家庭，最好的实施者是母亲，他呼吁："女性最大的社会责任，乃是去做一个优秀的母亲。"他认为，孩子越小，母亲的影响作用越大，可以说孩子生命中最重要、最本质的东西，都是母亲给予的，这种教育影响孩子一生，甚至影响再下一代的成长，深远而永久。他认为，一个天才的诞生需要遗传、习育、教育、化育的完美结合，只要努力，天才会成批出现，等等。总之，孩子不单纯是个人的，而终将是社会公民，母亲教育已不仅是一个家庭的教育，而且是为社会创造财富，为人类的发展作贡献。总之，这本书让我越读越激情洋溢，越读越倍感责任重大，受益匪浅。

在读书的日子里，我越来越感觉到自己知识的匮乏。我深知随着教育改革、课程改革的推进，教育者已不能仅靠积累经验来教学，因而，要真正做到爱岗敬业，成为孩子们的良师益友，引领他们的生命健康成长，就必须做一个研究型的教师，努力奠定以先进的教育理论、丰厚的文化积淀所筑就的根基，并不断地在学习中探索，在实践中反思，在创新中突破，不断生发教育机智、教育智慧。而欲达此目的，读相关书籍就成为一种迫切和必需。事实也是如此，徜徉于书的海洋，汲取自己所需，常常使我豁然顿悟，从而能更好地处理一些教育突发事件，反思改进自己的教育实践。我想让我自己的教育内涵变得更丰厚些，而书就为我打开了这样一扇通向理想境界的窗户。从《发现母亲》一书中，我读到的是责任，是希望，是光明，它进一步激发了我的忧患意识，引领我在教育之路上不懈地寻觅、求索。我想，用不了多久，我就可以充满自信地说：我一定会成为一位优秀的"母亲"。

【作者小传】杜钦坤，女，1976 年生，莱州市双语学校教师，毕业于莱州师范学校。全心致力于课堂教学研究，追求"童心飞扬、激情绽放、和谐共生"

的教学境界，努力成为一名思想觉悟高、教学素养高的教师。喜欢读书，愿以书为友，以书为鉴，以读书为乐，在不断的阅读中积淀与成长。勤于动笔，在省、市级报刊发表文章多篇。

李博士这五封信体现了以下的教育理念：如何培养一个理智讲理、成功学习、自主独立、自信积极、快乐感性的孩子，然后和他成为无所不谈的朋友。而我感悟最深的是他对培养自主独立的孩子的建议。在这个建议中，他提出了"五要"和"五不要"。

做孩子人生路上的领航人

——读《做最好的自己》有感

齐 丽

　　《做最好的自己》是旅美博士李开复亲自撰写的第一本中文图书，他结合自己的人生经历和事业成功的经验，提出了"成功同心圆"的法则，希望以自己的经验来帮助中国青少年"做最好的自己"。对于青年人来说，它的确是一本励志的好书，但是对于我这个普通的小学教师兼普通的母亲来说，它有更值得我关注的一面——我被书中第三至第七章深深吸引住了。这五章是李博士写给中国家长的，语言中肯，对我触动很大。反思自己的教学工作，作为班主任，我没有很好地去指导家长们做最好的父母；反思自己的家庭教育，作为母亲，我做得还很不称职。李博士在第五封信的结尾说："中国的青年是我们的骨肉，我们的最爱，我们的一切。这一个理由就足够让我们共勉，让我们各自成为'我能做到最好的父母'。"是啊！"我能做到最好的父母"这句话久久回荡在我耳边。有了最好的父母才有最好的学生，有了最好的学生才有最好的人才，有了最好的人才才能有最好的国家。我，承担着做学生人生路上领航人的重任。

　　李博士这五封信体现了以下的教育理念：如何培养一个理智讲理、成功学习、自主独立、自信积极、快乐感性的孩子，然后和他成为无所不谈的朋友。而我感悟最深的是他对培养自主独立的孩子的建议。在这个建议中，他提出了"五要"和"五不要"。"五要"指：一要教孩子自己想办法的习惯；二要把选择权给孩子，让孩子成为自己的主人；三要培养孩子的负责心；四要培养孩子的好奇心，不要什么都教他们；五要信任孩子。"五不要"指：一不要用太多规矩限制孩子的自由，要让自己的孩子去做他自己喜欢做的事，让自己有一片发挥的天地；二不要惩罚失败；三不要说教；四不要生活上凡事都包办代替，放手让孩子自己做；五不要过多地插手孩子的事务，剥夺孩子自己的选择权。

李博士说："要把选择权给孩子，让孩子成为自己的主人。"在中国，父母对孩子的关爱特别深，生怕孩子受到一点点伤害，所以对孩子更多的是保护。这导致了孩子对父母有很大的依赖性。也有些父母会帮助孩子规划人生，但是这通常会使孩子忽视了自己真正的兴趣和选择的能力。1998年8月，受微软公司董事长比尔·盖茨的委派，李开复博士来到北京，组建微软中国研究院并出任院长。在与莘莘学子交往的过程中，李开复博士看到了青年学生身上的朝气和活力，也看到了中国学生面对高期望的父母、习惯于应试教育的学校和老师以及浮躁社会的心态，他感到不安和困惑。"他们虽然有幸出生在能够自由选择的时代，但是时代并没有传授他们选择的智慧。"面对李博士的困惑，看看"温室"里的孩子，我感觉到自己有责任指导家长——教育孩子从小做自己的主人，学会选择。

我所带的这个班级，很多孩子都在校外参加特长小组，前几天我做了一个统计，80%的孩子是父母给自己选择的特长小组，在这80%的孩子中，有60%的孩子不喜欢自己的特长班。我们班的郑某绘画特别有天分，每次办板报，他都会给我一个惊喜。可是他告诉我，妈妈居然逼他去弹钢琴，说是培养气质。我的邻居有一个成绩特别优秀的孩子，高考的时候，家长给孩子报考了清华大学。因为分数超过分数线很少，所以没被录取到自己填报的志愿。家长爱面子，非清华不报，就填写了志愿服从，结果孩子读了自己不感兴趣的专业。如今孩子参加工作了，因为专业学得并不好，一直没有合适的单位。想想真是可惜，他所缺乏的就是选择的智慧啊！而我的表弟正好相反，他高考的时候拒绝父母为他选择的名牌大学，自己填报了某地方院校，上了自己喜欢的专业，所以他学得很卖力。毕业后就职于一家高科技企业，成了企业的骨干力量。从上面这些例子中我深深地体会到"要把选择权给孩子，让孩子成为自己的主人"是多么重要。让每个孩子都去做他喜欢做的事情，发挥出他的最大潜能，才是对孩子最好的培养。

"要培养孩子的好奇心，不要什么都教他们。"看到这句话，我不由地反思起自己的一次错误行为：我在阳台上用了一个直径1米多的花盆养了一棵橡皮树，冬天天气冷了，我就把它抬回屋放在女儿书房的一角。一天，我在打扫卫生时看见盆外有泥土。我仔细一看，女儿在花盆里面养了很多西瓜虫，用小铲子扒开了泥土看虫子的爬行，而且橡皮树也被环剥了，直往外淌白汁。树下面，玉米、黄豆、花生的种子开始发芽了，钻出一个个小脑袋……好端端的一盆花变成"农场"了。我气不打一处来，拿来杀虫剂对准花盆乱喷一气，杀死了虫子，拔掉了小苗。我刚刚收拾利索的时候，女儿回家了，看到这一切，她大哭起来，晚饭都没吃。现在想来，感觉当时太冲动了，女儿因为对动物、植物好奇，所以才自己养育它们，研究它们。我不但没有指导女儿去观察，满足她的好奇心，反而进行了遏制，现在看来自己是多么失职啊！

李博士在"五不要"中说："不要生活上凡事都包办代替，放手让孩子自己做。"这句话说得很对。现在的独生子女得到的太多，失去的也太多！我国教育家陈鹤琴先生也说："凡是孩子自己能做的事，让他自己去做。"这不仅对培养孩子的独立性、自理能力很重要，同时也培养责任感，使孩子对自己的生活、行为负责。教学中，我发现一些父母比较宠爱孩子，什么事情都喜欢帮孩子的忙，什么事情也不让孩子独立去做，在教育孩子的问题上普遍存在着重智轻德的倾向，所以导致孩子劳动能力很弱，劳动意识不强。大家都知道一个很经典的案例：一个大学生考入大学后，把脏衣服打包邮回家，邻居见到邮包，对他妈妈说你孩子真懂事，一上大学就给妈妈买礼物，殊不知是让妈妈洗衣服。我调查了一下某校五年级的孩子，90%以上不洗衣服，95%以上没做过饭，甚至有的家长每天都要帮孩子把牙膏挤到牙刷上……这些现象让我们触目惊心，我们到底在培养什么样的孩子？他们将会怎样推动历史的"前进"啊！作为班主任，不仅要传道、授业、解惑，还要培养孩子做一个独立自主、全面发展的个体。我们要相信孩子的能力，少一分替代，孩子会得到多一分的发展，做好孩子人生的领航人。

"不要用太多规矩限制孩子的自由，要让孩子去做他自己喜欢做的事，让自己有一片发挥的天地。"李博士说如果你有顾虑，可以用"共同决定"的方法引导他。例如，孩子喜欢玩电脑，你最好不要说"不准玩电脑"，而应该告诉他，如果你的成绩足够好，或是功课做完了，就可以玩电脑，但是一周只能玩两次，每次不超过半小时，预防近视。家长要正确引导，把每一个"否定"变成"机会"，把自主权从你身上转移到孩子身上。这样不但能培养孩子的独立性，也会让孩子为了自己的兴趣而更加努力地做那些"必须做"的事。美国心理学家戴尔说："孩子需要一定的空间去成长，去试验自己的能力，去学会如何对付危险的局势。不要为孩子做任何他自己能做的事。如果我们过多地做了，就剥夺了孩子发展自己能力的机会，也剥夺了他的自立及信心。"儿童心理学研究表明，孩子其实是喜欢自己做事情的。他们喜欢说"我能""我自己来"等。父母应该顺应孩子的天性，让孩子大胆去做感兴趣的事情，给孩子一片自己发挥的天地。

因此，我建议家长们在生活中少管孩子，培养孩子独立自主克服困难、迎接各种挑战的心理素质和实际能力。当然，这种"少管"绝不是放任自流，而是建立在了解孩子的能力，尊重他们的情感的基础上，给孩子更大的自由和空间，培养孩子独立自主的能力。遇到问题先让孩子自己动手去解决，同时，父母还要有耐心，对孩子采取多鼓励少批评的态度，循序渐进地增强孩子的信心，逐渐提高孩子解决问题的能力。这对孩子今后的发展是至关重要的。

李开复先生不但是一位伟大的学者，还是一位伟大的父亲。"五要""五不要"充分体现了他教育孩子的理念。"中国的家长：最重要的不是你认可多少我这些理念，而是希望你知道你的孩子心中有话。如果这封信能够促使一些家长问问你们的孩子心里的话，彼此沟通理解，甚至成为'朋友'，那么我写这封信的目的就达到了。"李博士的目的是让中国的家长重新认识教育孩子的理念。在读这五封信的过程中，我时常会把自己融入书信里面，情不自禁地把自身的家庭教育与之对比，不经意间，成就了一次次心灵的洗礼。

当我合上这本书时，我在心里肯定地告诉自己，我有责任把这些理论传递给我们的家长。在以后的教育教学中，我会指导学生的家长"做最好的父母"，会帮助我的学生"做一个最好的自己"，会修炼自己"做一名最好的班主任"。在人生的旅途中，我会争取做一名最好的领航人，引领我的学生在成长的天空自由翱翔。

【作者小传】齐丽，女，1972 年生，招远市丽湖学校教师，毕业于潍坊学院汉语言文学专业。一直潜心探究李吉林老师的课堂教学艺术，重视阅读、作文教学，在省级报刊发表文章多篇。指导多名学生参加省、市各类征文比赛并获奖。在担任班主任的 16 年里一直坚持师生共读，"让书香溢满班级，让心灵徜徉书海"是不懈的追求。

我满心疑惑：怎么能有这样的想法？我们教育孩子从来只想让他们快乐成长，怎么能有如此功利的思想？我认真端详着书的封面，一张熟悉的笑脸映入眼帘，是当代著名家庭教育专家卢勤。

给孩子最需要的

——读《把孩子培养成财富》有感

赵伟伟

教了十几年的学，感觉心态越来越孩子气。又一个学期的工作结束了，终于到了放假时间，总以为有了属于自己的空间，可以随心所欲地做一些自己的事，却不想老公塞给我一本《把孩子培养成财富》，还半开玩笑地说："你好好看看这本书吧，学学人家是怎样教育孩子的？你既是教师，又是母亲，以后女儿的教育主要就拜托你了！"

"把孩子培养成财富？"我满心疑惑：怎么能有这样的想法？我们教育孩子从来只想让他们快乐成长，怎么能有如此功利的思想？我认真端详着书的封面，一张熟悉的笑脸映入眼帘，是当代著名家庭教育专家卢勤。之前我看过她的《写给世纪父母》《做人与做事》等书，收获很大。细看封面最上面一行字：与其把财富留给孩子，还不如把孩子变成财富。带着对书名的疑惑，对"知心姐姐"的崇拜，这个假期我准备把自己再次交给"知心姐姐"。

读完这本书，我的内心深受触动。扪心自问，我真正了解我的孩子吗？我真正了解我的学生吗？他们心里最向往的是什么？最让他们开心的是什么？……没有，真的没有全部做到。其实，我和大多数孩子的家长一样，都走入了教育的误区，在物质上给孩子的太多，在精神上给孩子的太少，没给他们"自由呼吸"的空间；把他们的思想禁锢得太死，把他们的手脚捆得太紧，没给他们"大展拳脚"的舞台。真的，我们还不十分了解他们真正需要什么。

由此，我想到了在"中国独生子女人格发展现状与教育"调查中的一组数据，当代家长把家庭教育理解为家庭学习，即把围绕着学校教育抓孩子的学习，放在了家庭教育和父母职责的首位。比如，有 52.5% 的家长"为孩子安排课余学习的内容"；有34.6%的家长"陪着孩子做功课"；在家庭中家长与孩子谈话的主题，有高达93.4%是孩子的"学习"，73%是"学校的事情"。孩子的学习成了家长与孩子互动的中心内容。为了孩子的学习，家长们没少费工夫，没少跟孩子生气、着急。可以这样说，为了孩子的学习，家长们在孩子身上下了一生的"赌注"，自己吃苦受累，拼命工作，为孩子创造出优越的生活条件，满足孩子的各种物质要求，用财富去培养孩子，在孩子身上给予了过分的溺爱、过多的干涉、过度的保护、过多的指责、过高的期望。结果呢，家长的劲使不到点子上，无形中放弃了对孩子基本生活能力、劳动习惯的培养，出现了一批又一批缺乏独立、创造和自我奋斗精神的"小皇帝""小公主"。我们这样教育出来的孩子最终会有什么呢，只能被社会所淘汰。

"知心姐姐"卢勤告诉我们：孩子的成长比分数更重要。我们的教育是要把孩子培养成财富，让他们拥有人性中最美好的东西，让他们和社会一起和谐成长。

所以，在孩子成长的过程中，做父母的不能单纯以自己的愿望，按自己喜欢的色彩，在孩子这张白纸上画定路标，然后让孩子沿着这条线一路走下去，更不能打击和贬低孩子。我们要赏识孩子，给他自信，因为每一个孩子都可能是一座未被开发的宝藏，要用心去探索，让孩子发挥其应有的价值；我们要规范孩子，让他长得"正"，学会向孩子说"不"，由此更要讲究策略和方法。这样的教育并不一定需要我们有多高的学历，而在于懂得如何用自己的行动来教育孩子，做孩子喜爱的父母、敬佩的父母。同样，我们也得理解没有挫折的教育是不完整的教育，孩子没有经历挫折会变得脆弱异常。因此，要让孩子在生活中有禁区，要让孩子懂得有些规则是无法动摇的，他们犯了错误要受到惩罚，有些过失是要自己承担后果的……这样才能培养出综合素质高的孩子。这样的孩子才会快乐健康，积极向上，有成就感，有进取心……这样的孩子才可能被贴上"财富"这个标签。

教育在继续，可我们的错误却一直在延续，我在感叹自己教育缺憾的同时，也在痛心身边亲朋好友的种种执拗的"教育"该如何收场。

表姐家的女儿小小今年上三年级了，弹琴、跳舞、绘画、唱歌……真可以说是"十八般武艺，样样在行"。假期中，我和表姐相约到书店给孩子们买书。到了书店，我和表姐各自拿了本书坐下看，让孩子们自由去选自己喜欢的书。一段时间后，两个小家伙拿了一些书回来了，我看了看，我女儿拿的全是她喜欢看的图画书。再看小小拿的全是有关数学的辅导资料。我不解，就问表姐，表姐告诉我本次期末考试小小语数全优，语文全对满分，数学因为粗心错了一道题，但小小一点儿也不高兴，因为平时她的数学一直得满分的，所以主动要求去新华书店买数学辅导资料。我对表姐说："你平时对小小一定要求很严格吧。小小太要强了，这可不好。以后她还会碰到许许多多的挫折，如果不允许自己比别人差，以后她的成长道路就会比别人难走。你可……"还没等我把话说完，表姐就一脸的不高兴，语气生生地说："这样也未必不好！现在的社会竞争这样激烈，让她早点适应适应，以后长大了才能在社会上争得一席之地，才不会被社会淘汰嘛！"我哑然无声。表姐的观点确实代表了许多家长的看法。是的，社会竞争的确越来越激烈了，我们是要多学点知识，多学点本领，但对于一个才这么小的孩子，我们大人就把那么大的一个包袱丢给了她，本该属于她的无忧无虑的童年哪里去了？天真烂漫的童真又该到哪里去找呢？再回头看看小小那一脸的倦容，偎在妈妈怀里半梦半醒的眼睛……我心中不由一阵心痛。表姐给小小安排好的这一切，是小小真正需要的吗？

不是的，真的不是，我们这些当家长的、做教育的，更应该懂得孩子的成长比成功重要，因为输得起的孩子最有可能成功，经历比名次重要，对话比对抗重要，付出比给予重要，激励比指责重要……欣赏孩子，告诉他"你能行"，这样成长起来的孩子，才能更健康、更乐观地面对生活。

所以，还请牢记"知心姐姐"的告诫——请不要在孩子成长过程中一味地给他们这个、给他们那个，我们要去了解孩子们真正需要的是什么，他们的成长到底还缺少什么。我们的孩子需要的是童年的快乐、成就感、精神文化、亲情沟通和学习的动力，让我们走进孩子们的心灵，去倾听他们的心声，去了解他们真正所需要的。如是"给予"和"付出"，或许才是孩子最需要的，对孩子才会更有意义……

【作者小传】赵伟伟，女，1976 年生，莱州市虎头崖镇中心小学教师，烟台市骨干教师。几年来，积极参加新课改试验，多次执讲山东省、烟台市优质课，在国家级、省级报刊发表文章多篇。徜徉于书的海洋，阅读撼人心弦的伟大作品，吸收超越人生的智慧精华，是和学生不变的约定。

对照张老师的语文人生，反思自己的教育实践，我时而惭愧，时而欣喜；学习张老师的教育智慧，改进自己的课堂教学，我常常因学生精彩的表现而激动，常常为学生巨大的变化而惊讶。

让孩子寻找自己的亮点

——读《我的语文人生》有感

王素玉

真正的阅读是幸福的。闲暇之时，好书在手，细细品味，或给你解惑释疑的惊喜，或令你有心潮澎湃的感叹，或让你陷入浮想联翩的沉思，那种享受无与伦比。张化万老师的《我的语文人生》，就是一本让我的职业幸福指数倍增的好书。书中那真真切切的故事，那丝丝缕缕的感悟……都是张老师 40 多年人生智慧的结晶。对照张老师的语文人生，反思自己的教育实践，我时而惭愧，时而欣喜；学习张老师的教育智慧，改进自己的课堂教学，我常常因学生精彩的表现而激动，常常为学生巨大的变化而惊讶。感谢张老师，是他那"让孩子们寻找自己的亮点"的语文教育思想，指引着我且思且行。

创造成功的机会

当今社会呼唤人文精神的教育，呼唤充满生命温暖的课堂，呼唤充满与崇高人性的对话。理想的小学语文学习应当在各种各样活生生的动态的语言环境中进行，让学生一次又一次地体验到成功的快乐。

张化万老师认为，人的发展并非均衡的、同步的。小学生可能在某个时段、某个方面会是"丑小鸭"，但如果能及时引导、扶持，"丑小鸭"也会变成"白天鹅"。在张老师的语文课堂上，学生总是有成功的机会。比如，对待上课从不发言、写字难看、记忆力差的学生，张老师总是细心观察，多方面了解，找到孩子的亮点，适时适机地加以肯定，并抓住这一亮点扶持学生成功，直至独立成功。就这样，"丑小鸭"渐渐变成了"白天鹅"。这种成功的喜悦，正是那些暂时后进的学生所渴望的。由于张老师创造了成功的机会，学生们都不同程度地获得了学习语文的快乐，同时也认识到成功并不是那么遥不可及的，通过适当的努力，人人都可以成功。

张老师说："我在乎每一个孩子。"他对学习困难的学生总能及时提供帮助，善意制造成功的机会，增强他们学习语文的自信心，努力唤醒"丑小鸭"悦纳自己，发掘自己。反思我们的语文教学，优秀学生获得成功的喜悦，这似乎是天经地义的事情。他们的名字常挂在老师的嘴边，光荣榜上也赫赫有名，他们为此而自豪，主动学习的积极性自然高涨；那些学习困难的学生却往往被冷落，或者常常被老师批评一顿，打击一顿，日复一日，形成恶性循环，他们对语文学习自然产生了懈怠感、恐惧感，把学习语文当成了一件苦差事，甚至到了"谈语色变"的程度。

以往，课堂教学效率不高，我总埋怨学生不懂事、能力低、习惯差，现在才明白原来是自己没有给学生提供成功的机会。于是，我借鉴张化万老师的教学智慧，用细心、耐心、爱心去寻找学生的亮点，找准学生的优势智能，找准学生的最近发展区，因材施教，分类指导，让学生在语文学习中不时地体验到成功的快乐。渐渐地，那些"丑小鸭"学习语文的自信心增强了，他们开始主动地学习语文了。看到美丽的"白天鹅"越来越多，看着孩子们脸上流露出的自信和快乐，我心中也洋溢着幸福。

转变潜能为显能

教育家罗杰斯说过："人的潜能是不可低估的。"每个学生都是一座巨大的宝矿，他们身上都蕴藏着巨大的潜能。只要在适当的时机、适当的地点，由适当的人员通过适当的方式去刺激它，就一定会激活，并将其挖掘出来。张化万老师非常善于将学生的潜能转化为显能。

张老师说："在玩中赢得欢乐，在玩中获得乐趣，在玩中探究奥秘，在玩中激活潜能。"他在讲授"草船借箭"一课时，营造了特定的语言环境，针对一个"借"字，生生对话，师生对话，进行激烈的思维碰撞，然后加以适时点拨和引导，既让学生明白了诸葛亮的神机妙算靠的是思维的创新，又让学生懂得了创造性思维的重要性。在这种特定的氛围中，学生的学习潜能得到了释放，课堂也绽放了光彩。

学习了张老师的教育智慧，我的语文课堂教学越来越精彩。如在写字课上，我注重创设特定的写字环境和气氛，让学生自己观察发现，互相讨论释疑。无论是字的结构、笔画还是组词，孩子们都会有不同的见解，有的甚至超出了我的想象。如在学习"照"这个生字的时候，因为笔画较多，结构也较复杂，所以我决定让学生讨论，让他们自己找出记住这个字的方法。孩子们七嘴八舌，纷纷献计，个个都是那么合乎情理。他们用猜字谜、合一合等方法替别人解决了难题，自己也享受了思考的快乐。试想，有多少教师在课堂上不能创设特定的情境和气氛，有多少孩子的潜能无法释放，课堂也无法达到和谐高效的境界？其实每个孩子身上都蕴藏着创造的潜能，犹如岩浆在涌动，我们需要做的就是寻找合适的环境和条件，让火山爆发。

张老师说："我相信每一个人都是一个世界，每一个孩子都可能成功，每一个孩子的人生都应当幸福。"是啊，儿童的天性是好问、好奇、好胜、求知欲强，质疑问难、探究创新是孩子与生俱来的潜能。学生的提问常常是偶然的，并非自觉的行为。那么，如何让偶然成为习惯呢？当学生提出有意义的问题时，我们要及时表扬他们。通过一次次偶然的提问，树立熟悉的伙伴标杆，孩子们会"心有灵犀一点通"，感受到什么是有意义的问题，进而由"敢问"变成"会问"，然后把这种偶然的问难变为自觉的质疑，这样学生就会由"会问"变成"善问"。而善问是将潜能变显能的一大措施。

学会与人相处

17 世纪英国诗人约翰·多恩在《钟为谁鸣》的诗中说："谁也不能像一座孤岛，在大海里独踞。每个人都似一块小小的泥土，连接成整个陆地。如果有一块泥土被海水冲去，欧洲就会缺其一隅。这如同一座山峡，也如同你的朋友和你自己。"这首诗告诉我们，在与人相处中，应真诚地关心别人、重视别人、发现别人，并且善于与人合作。

实际上，那些所谓的好孩子平时课堂纪律好、学习成绩也优秀，但他们的实践能力并不总是强过那些学习成绩差的淘气包。比如在劳动时，同样的卫生区，一些淘气包三下五除二就干完了，不仅干得快而且质量高，但一些老师眼里的好孩子却拖拖拉拉，甚至不知所措。每当这时我就向张老师学习，故意大声表扬那些完成任务的淘气包，让他们介绍经验，并主动帮助那些所谓的好孩子。虽然在平时的学习中，那些好孩子可能曾经瞧不起他们，但此时他们却真诚地、毫不保留地把经验和方法教给那些所谓的好孩子。瞧瞧，淘气包身上隐藏的这种真诚的、助人为乐的品质多么美好。所以我们应当"慧眼识英雄",让每个孩子找到自己的位置,发现自己和伙伴身上的闪光点并欣赏它、发展它,从而挺直自信的脊梁。让所有的学生抬起头来做人,这是教师的职责所在。

人与人是相互联系的,语文教学应当让合作意识成为学生固有的品质。教师要通过语文学习,让学生时刻记住"一枝独秀不是春,百花齐放春满园"的道理,让学生明白每个人都有自己闪光的地方,都有值得别人学习的优点,能够在合作互助中取人之长,补己之短。只有这样,他们才能意识到自己的独特性,才能更深刻地认识自己,发现自己的缺陷和不足。只有发现自己的不足,才能进步,才会创造,才能和更多的人友好、真诚地合作,更健康地成长。

触摸着书中鲜活的文字,聆听着张老师对教育之道的独到见解。细细品味其中的教书育人滋味:"每个孩子都是宝""每个孩子都有闪光点"。这暖暖的爱,鞭策着他的孩子们,更鞭策着我,唤起我在语文教育方面奋起直追的信心和决心。我相信我的孩子们也有自己的闪光点,我会努力帮他们寻找,让他们明白:只要努力,自己也能成功。

【作者小传】王素玉,女,1971年生,烟台开发区第六小学教师,毕业于烟台师范学院。忙碌之余、闲暇之时喜欢读书,所写的教育随笔和教学反思多发表在市、区级刊物上。在语文教育教学中注重学生的心理感受,喜欢让学生寻找自己的亮点,发挥自己的潜能,体验成功的喜悦。

的确，教师是一种能收获真挚情感的职业，是一种幸福的职业。身为教师，我们要思索的东西也更多，因为我们从事的不是流水线作业，我们面对的是一群可塑性极强的学生，也许我们的思想、我们对待他们的态度和我们的教育方式会影响他们的一生。

人文精神让教育更美丽

——读《教师人文读本》有感

初冬梅

与人相识靠缘分，与书相识也靠缘分，就是这种缘分牵引着我几经周折找到了《教师人文读本》。也许是越来之不易的东西越会让人珍惜，我格外喜欢这本书，尤其是在拜读过之后更证实了我的"众里寻她千百度"是寻对了。身为教师的我一直想让自己的教学具有人文精神，而不是只停留在机械地传授知识上，适时出现的《教师人文读本》给我指明了方向，也证实了我对它的一见钟情不是没来由的。它值得一读，也无怪乎读者对它好评如潮。况且这本书编委会的成员都是教育工作者，是同道之人，他们知道教师需要什么。他们还是一群爱读书、爱思考的人，他们将自己平日读书的心得和他们认为最有价值的文章，汇集在一起与我们交流，按照感性—知性—理性的层次，让我们的思想在阅读和感悟中升华。让我们在与作者的对话和交流中共同进入真善美的人文精神世界，把这一切带进课堂，与我们的学生共享。

"我们是教师，都是些普通的人，但我们从事着神圣的事业。我们每天面对着的是人，我们的学生，他们天真、可爱、充满生命的活力和幻想，他们对我们无限地信任和敬慕。一天又一天，一年又一年，在对话和交流中，他们求知，他们成长，他们立志，他们成才，成为自立的个体，成为家庭的支柱，成为社会的栋梁。而我们每一个教师，除了岁月的流逝之外，没有失去任何东西，我们的知识在教学中更充实，我们的智慧在交流中更增长。我们付出了多少爱，得到的是更多的爱；我们对学生有多少理解，他们会给我们更多的理解。这就是我们最大的成就和幸福。"作者在前言中的这段话引起了我的强烈共鸣。的确，教师是一种能收获真挚情感的职业，是一种幸福的职业。身为教师，我们要思索的东西也更多，因为我们从事的不是流水线作业，我们面对的是一群可塑性极强的学生，也许我们的思想、我们对待他们的态度和我们的教育方式会影响他们的一生，所以我认为《教师人文读本》中有三点对教师尤为重要。

尊重生命

这是我在读《我为什么而活着》这个单元时感悟出来的。正如作者在沉河的《生命》文后的感叹：多少年来，无论是个体还是整个民族，生命意识何等薄弱！人降生到世上，似乎就带着名字，带着家庭背景，带着贵贱的身份。彼此以名字相见，以名字背后藏匿着的身份、职位、财产等相交。而生命这个最客观的存在，偏偏成了看不见、摸不着的空气。想一想吧，宇宙浩瀚，也许只有我们的星球诞生生命，而我们生活的这个星球从无生命到有生命，从有生命到有人类生命，历经亿万年，才有人类生命中我的生命、你的生命、他的生命，这是怎样一个奇迹，我们怎么能不敬之、惜之、爱之！生命的天性是活泼的，不肯受压制，不论遇到怎样的困难都不会屈服。

我不由想到了我刚毕业时教的一个学生，小学五年级时她被诊断出患了鼻咽癌，每隔一段时间就要去烟台化疗，大人都以为她不知道自己的病情，其实细心的她早已悄悄查了化验单上那个她不认识的字——癌。她知道这意味着什么，可她尊重自己的生命，而且是用一种让人肃然起敬的方式。初一新学期她只上了一个月的学，然后有两个月的时间在医院治疗。这个因为长期化疗而矮小瘦弱的小姑娘在医院里也分毫不差地按照学校的时间表、课程表自己上课。这让医院里的医生和病人都敬佩不已。在结束治疗之后回到学校的第一次统考当中，她的成绩是班级第一名。她知道自己的生命与他人不同，但她同样尊重自己的生命，所以她尽量把她能做的事做到尽善尽美，擅长画画和写作的她负责我们班的黑板报。第一次办黑板报的她对自己的作品并不满意，因此专门去书店买了一本关于办黑板报的书，经过琢磨以后，她办的黑板报一期比一期精彩，几乎垄断了我们学校的黑板报第一名。只有尊重生命的人才会如此精益求精，才会在遭遇磨难时不哀叹，不自暴自弃，而是在磨难中绽放自己美丽的生命。这是一个让我肃然起敬的生命。这样有尊严、有意义的生命理应受到尊重。

同样让人尊重的还有书中的海伦·凯勒。她在《假如给我三天光明》中没有一丝悲惨的呼号、伤心的哀叹和喋喋不休的怨天尤人。海伦试图通过愿望这个话题抒发一个大写的人对珍惜生命、渴望生活的坚定信念。从这一点上说，海伦·凯勒带给世界的光明，要远远胜过许多一辈子拥有光明的人。这就是海伦·凯勒留给我们的财富。海伦·凯勒的文章给了我们一个很好的换位思考的启发。

其实，在我们身边有那么多善良的人，平时我们没有很好地去关爱、去交流；在我们周围，有那么多美好的风景，我们却不知道去观察、去欣赏；在我们生活中，有那么多优越的条件，我们却不知道去利用、去感激。拥有生命的人们当自珍啊！对于教师来说，尊重生命就是要尊重学生，善待学生，平等地对待学生，不居高临下，不讽刺挖苦学生。

夫子循循然善诱人

这是启功先生对其恩师陈垣先生的评价，也让我明白了能做到循循然善诱人的老师才是称职的老师。在这篇精彩的回忆录中，启功先生用平缓的语气介绍了与陈垣老师相识相知的经过，以及接受老师教诲的点点滴滴的往事，语言平实，细节感人。读完文章，一个博学、敬业、仁爱的教师形象鲜明地矗立在我们眼前，一对名师高徒的音容笑貌也将定格在我们心中。

对我影响最深的老师也是一位循循然善诱人的老师。就像陈垣老师在上课须知中提醒的一样，她从不讥诮学生，而是以鼓励夸奖为主。记得我上高一的第一节语文课上，她先让我们写了一篇字，然后她读着写字好的同学的名字，一一让大家站起来，说她要先认识认识这些同学，站起来的同学都感觉很自豪，尤其是最后站起来的我，被老师夸奖为写字最好的，更是感到无比的荣耀。从此，我学语文的热情高涨，并且取得了前所未有的进步。在学校举办的五四青年书法和征文比赛中，我获得了一等奖。这是我之前从未想到的，而这也是老师循循然善诱的结果。

如何做一名称职的教师？这是许多刚走上讲台的人经常思考的问题，也是许多从教多年的老教师长期感到困惑的问题。读了这篇文章，我很有收获。在陈垣老师多少年来从未间断对启功提醒的上课须知中还有一点：不要发脾气。你发一次，即使有效，以后再有更坏的事情发生，又怎么发更大的脾气？万一发了脾气之后无效，又怎么下场？你还年轻，但在讲台上即是师表，要取得学生的佩服。这点我深有同感，对学生声色俱厉会让他战战兢兢地害怕你、回避你，而对学生循循善诱的老师会让学生心悦诚服地接受你。

除了上好课，陈垣先生值得学习的地方还有许多，他点拨指导学生的技巧、钻研学问的精神、高洁的情趣品格，都值得我们借鉴学习。难怪陈垣先生门下出了那么多人才，看来名师出高徒的名不是名气、招牌，而是循循然善诱，向学生指点一步步走向成功的道路。教师在知识的薪火传递中承担了举足轻重的角色。但假使这些文明的使者都是平庸之辈，那薪火的燃点也只能是黯淡而缺少生气的。循循然善诱的老师，就是那些把这种薪火的传递进行得有声有色的非凡智者。他们点燃的火把越亮，我们这个民族的前途就越光明灿烂。

教育要具有人文精神

具有人文精神的教育才是真正的教育，这是周国平的《人文精神的哲学思考》给我的启示。《人文精神的哲学思考》虽然不是谈教育的，却处处与教育有关。首先，教育者是人，被教育者也是人，教育是人与人之间的事，因而彼此之间都要把人当人，要尊重人。没有这个基点，教育就不成其为教育。其次，师生之间的传道、授业，应该是建立在理性之上的行为。他所说的好奇心正是学生学习的兴趣；他所说的"头脑的认真"，就是我们强调学生要有探索的精神、创造的习惯；他所说的"在思想把握完整的世界图画的渴望"，也正是我们理想的培养目标，一个完美的人。至于超越性，更是我们师生日日夜夜的追求，也是我们努力的方向。我们不能把现实中正常的知识传承变成机械的操练，把坦诚的心灵交流变成枯燥乏味的训诫。虽然我教的是英语，我也会在我的课堂上让学生去感悟一些东西。

我们的一篇阅读理解中有这样一个故事：一个家境富裕的男孩很喜欢跑车，毕业之际，他告诉父亲他想要一辆跑车作为毕业礼物。在他毕业那天，父亲拿着一本《圣经》来到他的房间，说给你毕业礼物，他一见不是自己想要的东西，便对父亲说，用你所有的钱，你就给我买了本《圣经》？继而愤愤然离家出走，好多年之后，他成了一个成功的商人，突然有一天萌生了想回家看看的念头。于是他回了家，曾经健康的父亲如今与轮椅为伴，他唏嘘不已，信步又来到了自己的房间，那本《圣经》还在原来的地方，他翻开书，一把钥匙从里面掉了出来，那是他想要的跑车的钥匙。读到这里的时候，班里鸦雀无声，因为这个结局是谁也没想到的。我能感觉到他们的心灵受到了震撼，他们在思考，并从思考中领会到了我想让他们领会的关于人文的东西。

人文精神离我们并不远，如果我们善于捕捉的话，很容易在平常的课堂上发现它。人文精神就是一种人之所以为人的精神。人文精神博大精深，但首先是爱，惟其有了爱，我们才能成为一个育人之人。我们爱祖国、爱同胞、爱亲人，当然也爱自己。我们爱科学、爱艺术、爱自然，但我们对教育和我们可爱的学生应该付出最多的爱。作为教师，我们应为学生创造出一种具有丰富人文精神的班级环境。

目前，我们的教育事业正在走向现代化：美丽的校园、崭新的校舍、先进的教学设备、前沿学科的设置……但我们的教学观念更新了吗？我们的学生在精神上是否健康？人格上是否健全？学校提供给他们的那些人文素养能否抵制功利化的人际关系？基于此，身为教师，我们还需要不断探索，我们还有着更高的使命。就让我们从尊重生命做起，因为一个得不到别人尊重的学生，拥有的必将只是一颗残缺不全的心，他的世界是狭窄的，无法体会与别人互换思想的乐趣。尊重学生的生命就是教师最高的善，最大的爱。每个学生都是一朵小花，所以，我们一定要蹲下身子，才能欣赏他们的摇曳生长。尊重学生会引导我们努力成长为一个循循然善诱的老师，掌握激励学生的艺术。更重要的是，我们的教育不仅仅是为了传授知识，更是为了传承民族特有的美德，所以我们还要将具有人文精神的教育进行到底。

人文精神让教育更美丽！

【作者小传】初冬梅，女，1978年生，海阳市新元中学教师，1999年毕业于烟台师范学院外语系。多年来致力于课堂教学改革，注重与学生的心灵沟通，努力给学生创设一种和谐愉快的课堂氛围，让学生好学、乐学。从小酷爱读书，最大的心愿是用书香熏染学生的生命，让学生因读书而在心中生发一种别样的光芒。

虽然我没有勇气像卢梭那样赤裸裸地剖白自己，但卢梭的真实却给予我前行的力量和方向：真实地活着，为真实而不断修正自己的言行与思想。

感悟忏悔与真实

——读《忏悔录》

石春华

　　《忏悔录》是法国作家卢梭的著作，选择这本书是因为在影视中、读书时曾多次见过"忏悔"一词，想想如此著名的作家会做出怎样的忏悔呢？好奇之心促成我打开巨著之门，读读停停地读着卢梭的忏悔，搜搜寻寻地收存着内心的感受，在或深或浅地出与入之间，与作者或远观或对视，眼前始终跳动的是"忏悔"与"真实"几个字眼，写下来，共享之。

忏　悔

　　在《非诚勿扰》中，见过葛优看似真诚地在北海道的小教堂里喋喋不休地从日中到日落的忏悔，笑过影片里的搞笑忏悔，也初知忏悔源于宗教。忏，为梵语，"忍"之义，即请求他人忍罪；悔，为追悔，悔过之义，即追悔过去之罪；忏悔，为悔谢罪过，以求谅解。

　　寒假里，与妹妹聊天，妹妹问我最后悔的一件事是什么？这是我从未思考过的一个问题，我搜索着，嗫嚅着，妹妹等不及也不打算探究我最后悔的一件事，便主动地讲起了自己的故事。十七八岁那年，妹妹刚刚在服装厂学徒。一天，一个老头儿手擎一只羽毛发乌的不漂亮的鸟儿，问妹妹能不能换一个馒头吃。妹妹那会儿吃食堂，打饭时间已过，食堂早已经关门，妹妹只能摇摇头。而今已近40的妹妹说起此事，只有动情自责和懊悔：我怎么那么笨哪！去楼下商店买个馒头给人家不就行了吗？可我就是没想到。再说去楼下买个馒头给人家，既帮了人又救了鸟。那时太小，现在我就不会那么笨了！

在妹妹略带诗意的追悔之中我分明感受到：忏悔不是解脱，忏悔不是逃避，忏悔是担当，是再生，是强烈而深刻地认识内心，是摧毁虚妄与傲慢，显示出一个人对自己内心的认识与焦虑。

《忏悔录》中卢梭的忏悔更为真诚与激烈，他不回避他身上的人性恶，他并不把袒露自己的缺点过错视为一种苦刑，倒是深信这是一种创举。他严肃地面对人性恶的挖掘，他的忏悔结合着自己真切的经验与体会，所以更为深刻而有力。比如，他曾偷过七个利勿尔零十个苏，并在金钱方面有过卑劣的念头，眼见华伦夫人挥霍浪费，有破产的危险，他就偷偷摸摸地建立起自己的小金库，好像一只从屠宰场出来的狗，"既然保不住那块肉，就不如叼走自己的那一份"。活生生的忏悔让读者震撼，你看到的不是丑恶，而是人性光辉的照射，让你明亮，催你觉醒，诚惶诚恐，不敢有丝毫的怠慢。

真　实

卢梭用直白而深刻的笔触真实地再现情感行为、语言、思想、情感的方面，就像他在开篇所宣布：我现在是在从事一项既无先例，将来也不会有人效仿的艰巨工作，我要把一个人真实的面目赤裸裸地揭露在世人面前。这个人就是我。既没有隐瞒丝毫坏事，也没有增添任何好事，当时我是卑鄙龌龊的，就写我的卑鄙龌龊；当时我是品德高尚的，就写我的品德高尚……

文中的真实不仅仅是让我咋舌、惊讶。卢梭的坦诚让我一次次掩卷沉思，一次次的在行为、思想上的搜索实验，让自己也如同他一样真实地再现。在一些美好的无关颜面的事件上，我倒是乐意且轻松自如，但是也让我一再摇头，没有勇气像他那样深刻地剖析自己，甚至思到心痛只能放下书逃避，实在不敢也不愿再去多想。卢梭曾提出一个哲理性的警句："没有可憎的缺点的人是没有的。"认识这一点不难，但要公开承认并披露"可憎的缺点"，却需要极大的勇气。

啊！卢梭的真实蕴涵着多大的勇气呀！至今这不仍是一种令人敬佩的美德吗？这一点让我一再地仰望，仰望！虽然我没有勇气像卢梭那样赤裸裸地剖白自己，但卢梭的真实却给予我前行的力量和方向：真实地活着，为真实而不断修正自己的言行与思想。

虽然有人抨击卢梭的真实：讲自己过去历史的作者相信自己的记忆，但记忆却已经有所选择了。但我分明在《忏悔录》里看到一颗真挚而热烈的心在诉说，我想这已足够了，至少他不是假装的真实。卢梭的真实否定了那个难看的形象而显示了一种不同凡响的人格力量，他并不想把自己打扮成历史伟人，但他却成了真正的历史伟人。

沉甸甸的《忏悔录》敲打我的内心，震荡尘埃，荡涤心灵，让我惶恐与反观，看一眼，再看一眼。啊！《忏悔录》！

【作者小传】石春华，女，1971年生，蓬莱市易三实验小学语文教师，1991年毕业于蓬莱师范学校。崇尚简单的生活，工作中淡泊名利，为人真诚，脚踏实地，对学生富有爱心和耐心。勤于阅读，善于思考，乐于探究，精心研究小学语文教学，多次参加各级优质课评选，均获优异成绩。

海明威似在告诉我们，心如大海，他将孤独的老人拟做在理想的道路上前行的旅人。当我们心胸开阔地去从事工作的时候，就会不惧困难和挫折，就会执著于自己的理想，哪怕是付出生命的代价。

一个漂泊者的精神自传

——读《老人与海》有感

姚宝兰

"一艘船越过世界的尽头，驶向未知的大海，船头上悬挂着一面虽然饱经风雨剥蚀却依旧艳丽无比的旗帜，旗帜上，舞动着云龙一般的四个字闪闪发光——超越极限！"作者海明威对自己的作品《老人与海》的评价，实际上就是这位漂泊者优雅诗意而又悲壮激愤的精神自传。

美如大海兮，优雅诗意

小说文笔优美，画面简洁，美不胜收，让人心旷神怡。诸如"海岸上只剩下一条绿色的线，背后是一丝淡青色的小山，现在水是蓝色的，深邃得几乎变成了紫色"的多处景物描写将我们带往蔚蓝色的神秘海域，海鸟在蔚蓝色的大海上飞翔，游鱼在深邃的海水里畅游，如果不是去捕鱼，这该是一次多么浪漫的海上之旅！而鱼的美又使我们不得不感叹自然的雄壮奇妙！

小说散发着人性的光辉，人鱼恤情，如同手足。"它是一条那么冷静、强壮的鱼，好像是无所畏惧而充满自信的。"老人由衷地赞美大鱼，敬佩对手，他甚至把大鱼看成了自己的兄弟，这是一首人性光辉的赞歌，更似一首人与自然相抗衡的挽歌，有一种悲壮之美。

作家借老人形象，准确地阐释了生命的强度。海明威似在告诉我们，心如大海，他将孤独的老人拟做在理想的道路上前行的旅人。当我们心胸开阔地去从事工作的时候，就会不惧困难和挫折，就会执著于自己的理想，哪怕是付出生命的代价。

冒险壮举兮，气贯长虹

　　饱经风霜而又眼神坚定的圣地亚哥是个年近六旬的老人，但他以"冠军"自诩，并以此自励。即便是唯一能帮助他，给他以希望与慰藉的孩子马诺林离开了他，他还是独自一个人出了远海，为的就是遇到离群的大鱼。当这条大马林鱼真的出现时，他惊讶于它的力抵千钧，大鱼拖着左手鲜血四溅、背部被勒伤的老人和他的小船在大海上相持了三天三夜。我无法想象出老人的孤独与绝望，但是，最终他不仅杀死了大鱼，战败了成群结队轮番上阵的凶残的鲨鱼，终将巨大的大鱼骨架带回了小港。多少回，他的意识不是很清楚了，多少次，他担心大鱼将要把他的小船拖得粉碎了，甚至他受伤的左手一度无法帮助他工作了，但是，这次冒险，他以如虹的气势压倒了一切对手。

　　这与海明威自己的冒险人生何其相像：尽管拳击训练伤了他的左眼，他还是无法抵御冒险的诱惑，去了战火纷飞的意大利，去了内战烽火激烈的西班牙，去了法西斯肆虐的中国。20 世纪 30 年代早期，他经济富裕，婚姻美满，到处冒险。这些年里，他到怀俄明和蒙大拿打野鸭，打麋子，到非洲猎狩大动物，到基维斯岛和别米尼岛外捕鱼。当他驾驶"皮拉尔号"在海上巡逻的时候，当他协同英国皇家空军战斗的时候，当他用短武器与敌人短兵相接的时候，那如虹的气势，不正如用木棒船桨猛击鲨鱼头部的老人吗？

满身伤痕兮，志犹雄壮

　　老人期望的大鱼将钓钩从头部穿过的青鱼完全吞了下去，人鱼的较量从此开始了。左手被绳索勒得麻木；"大鱼突然掀动了一下，老人被拖倒在地，眼皮下划破了，鲜血从脸颊上流下来"；"他靠说话来鼓劲，因为夜里背脊就很僵硬了，现在正痛得厉害"；"鱼陡地一歪，把老人拖倒在船头，差点跌到海里去。"可见，大鱼将他折腾得心力交瘁，但是，老人始终没有放手，他说："人不是为失败而生的。"鲨鱼带走了他的还击武器，但是他依然顽强："一个人可以被毁灭，但不能给打败！"即便是在昏迷状态，他依然梦到狮子，那可是王者的象征。

　　文学上的卓越成就与英雄神话般的人生传奇星光辉映，使海明威成为 20 世纪美国文学史上最耀眼的名字之一。然而为此，他曾在战争中身中 200 多片弹片，换了一个白金膝盖；与玛丽去非洲狩猎，不仅满身伤痕，还险些丧命；一生受了十几次脑震荡，并且是唯一在有生之年看到自己讣告的著名作家。海明威久居古巴，日日钓鱼和写作，静思冥想中，老人就是于孤寂中写作的作家，鱼就是那一部部伟大的作品，老人的执著顽强、百折不挠、坚毅勇武就与海明威的精神境界及铮铮硬汉形象合而为一了。

永不言败兮，王者归来

"即使跌倒一百次，也要第一百零一次地站起来！"这句话正是圣地亚哥老人永不言败精神的写照。在连续84天都捕不到鱼的情况下，有许多同为渔夫的人嘲笑他，马诺林也很同情他。但是这些都没有使老人消沉，即使他的躯体日渐衰老，却拥有最年轻的灵魂，他的眼神永远是"愉快而不肯认输的"。无论别人怎么看，"他的希望与信心从来不曾泯灭过"。为了证明自己从来就是个英雄，他到了"已经看不到海岸"的深海，并且坚信自己一定可以找到大鱼的藏身之处。当他与对手们真正较量的时候，左手变得无用起来，他用自言自语来给自己鼓劲："你可以放开钓索了，手呀，我用右臂来对付它就行了，直至你停止抽筋。""或许怪我自己吧，没能好好地训练一下这只手。但是天知道它曾有很多次机会学习。可是它这次干得很好，只抽一次筋。如果它再抽筋，就用这钓索勒断它。"惨烈的搏斗之后，他带回了那只硕大无比的鱼骨架，就像一面胜利的旗帜，高高地飘扬在他的小船上。

这与海明威的王者之风如出一辙。海明威几经周折才发表了自己的第一篇作品，之后还有些被发表在二三流刊物上，一度被文学批评家非议指责，但是他的创作热情一如既往，且留下了许多传世名篇；经济一度困窘不堪的他，从事过多种工作，但这并没有消磨他顽强不屈的意志，反而是"千磨万击还坚劲，任尔东西南北风"；不适合参战的他不仅参加了无数次的战斗，得到过很多次表彰，而且引起大众的热切关注。他就像一面热情激昂的旗帜，高高地飘扬在时代的精神废墟上。

身躯倒下兮，希望永在

精疲力竭的老人将船划入小港，歇息了五次才来到他的茅屋前，以极度疲惫的姿势沉沉睡去。海明威不忘给读者和自己一个希望，那就是那个孩子，在小说中孩子看似一个音符，晶莹发亮，快乐灵动，游离于老人的生活中，悄然出现在他的梦境里，与那头狮子一样，是老人对事件完整记忆的介质。在老人悲壮地与大鱼交战、与鲨鱼激战的过程中，我们时时可以听到响于耳际的助威声："虽然有不少好渔夫，还有一些高手。但你是唯一的一个最好的。"即便是面对老人带回的那副鱼骨架，他也赞赏地说："它没打垮你，那条鱼可没有打垮你。"他给老人的永远都是希望。所以老人才会在危急的情形之下呐喊："我告诉过那孩子，我是一个与众不同的老头儿，现在是证明这句话的时候了。"证明给谁看？不只是给孩子，更是给自己。

这也正是海明威的人生观，当他不想证明给自己看的时候，他选择的是结束自己的生命。但是孩子仍在，希望仍在。我们完全可以得出这样一个等式：老人＝海明威＝孩子＝希望。孩子成了老人精神世界的一面旗帜，高高地飘扬在黑黢黢的夜里，飘扬在他高高扬起的鱼叉上；孩子更似海明威精神世界里的一个希望，必将沿着他的英雄之路，不停地走下去。

海明威有一个著名的关于文学创作的比喻："冰山通常八分之七都浸没在水面以下。作家要再现的是那露在水面上的八分之一。其余的应该留给读者去理解和想象。"对于那冰山一角之下的那个神秘的冰基，无穷的魅力令我玄惑，更令我神往，当我将其与酷爱将自身经历融入作品的作家联系在一起的时候，我读到的是这位漂泊者的精神自传。

【作者小传】姚宝兰，女，1966年生，栖霞市实验中学语文学科带头人、教研组长，1988年毕业于吉林师范学院。最爱读书，擅长小说创作，在省、市级刊物上发表文章数十篇，曾获中国写作协会优秀指导教师一等奖，在省级课题"个性化阅读与文学教育"研究中成绩优异。教学追求"和谐高效"，读书崇尚"厚积薄发"，愿用书的芬芳丰盈学生的心灵。

初看《谁杀了我的牛》，真是一个令人匪夷所思的书名，难道是发生在农场的凶杀案吗？虽然从书名中找不到答案，但是着实吸引我们一口气读完了这本书。

摆脱借口　抛却庸俗

——读《谁杀了我的牛》有感

唐爱敏　车玉兰

《谁杀了我的牛》是美国超人气激励大师卡米洛·克鲁斯博士的最新力作，这是一本故事情节有趣且寓意深刻的励志书籍。教你学会如何摆脱借口，甩掉平庸，走向成功的人生。从一个教育工作者的角度来审视，该书对教育教学工作也具有指导意义。

初看《谁杀了我的牛》，真是一个令人匪夷所思的书名，难道是发生在农场的凶杀案吗？虽然从书名中找不到答案，但是着实吸引我们一口气读完了这本书。读完之后，我们想说的是，这是一本能够深刻发现内心世界对自我束缚的一本书，它会帮助我们去反思自己的决策、理念、行动。

故事的内容是这样的：有一个睿智而经验丰富的老师想要向他的一个学生传授获得快乐、成功生活的秘诀，决定带着他的学生长途跋涉，去该省最贫穷的一个山村看一看。晚上投宿在一户人家，这家虽然家徒四壁，却有一头奶牛，全家人围着它转得不亦乐乎，这是他们唯一的财富和骄傲。老师为了让这家人彻底放弃对奶牛的依赖而开辟一种崭新的生活，就狠下心来带着学生悄悄地把奶牛给杀了。这家人并不知情，还以为是一些坏人嫉妒自己的稀有财产，才会屠杀那头牲口，就坦然接受事实，开始了种菜、卖菜的艰苦创业。一年后，老师带着学生重返这个地方，周围景象依旧，但是出乎意料的是，这家穷人的破窝棚已经不见了，代之而起的是一座崭新漂亮的房子，主人已经不认得这对师生。回忆往事，说一年前曾经拥有的那头牛给他们一家人安全感，但是，失去那头牛使他们家的人生跌到了谷底，生活的窘迫逼着他们奋起，反而逐渐摆脱了贫困。"失去了那头奶牛，让我们睁开了双眼，看到了崭新而繁荣的生活。"

摆脱借口。在这本书里，"奶牛"这个词象征了所有的借口、托辞、理由、合理化解释、恐惧和错误信念，正是它们将我们与平庸生活捆绑在一起，阻碍了我们去实现真正想要追求并应该获得的理想目标。可悲的是，我们实际工作中拥有的"奶牛"可能比我们愿意承认的要多得多。当我们的教学成绩不尽如人意时，当我们没有很好地完成工作任务时，当我们对学生的教育出现失误时，我们总能为自己找到各种各样的借口和理由："这个班级学生基础太差，就是神仙也教不好"；"这个孩子不是一般的笨，简直就是钢铃、铁铃（零分）"……借口林林总总，不一而足。久而久之，借口将会抹杀我们的工作激情，摧残我们的上进心，甚至变成一个人堕落的前提；借口也将使我们变得疲沓拖拉，工作起来没有效率。当借口离我们越来越近时，当我们身边各种各样的"奶牛"越来越多时，成功也就离我们越来越远。

抛却庸俗。我们谁都不是天生就甘于平庸，每个人都有属于自己的理想和梦想。可是，生活中往往有很多头"奶牛"束缚和限制了我们去实现梦想的脚步，使得我们停滞不前，甚至退步。更多的时候，是我们自己导演了这场灾难和悲剧。我们不妨经常审视自己："在孩子面前你有多久没有笑了？除了教材与参考书，你案头的书籍有多久没有翻阅了？除了教孩子掌握好课本上的知识，孩子们还从你这儿得到了点什么？"教育工作者要时常检点灵魂，审视自我，摈弃喧嚣与浮躁，为理想的教育生命做最完美的化妆。工作是人生中不可或缺的一部分。苏格拉底说过一句话："每个人身上都有太阳，只是要让它发出光来。"我们只有全身心地投入工作，充分焕发热情，增强自信，拒绝平庸，勇敢地杀死自己身边的各种各样的"奶牛"，才会感受人生充满自信时的喜悦，才会享受到人生中梦想成真的美好。那时，你在工作中就是一颗熠熠生辉、闪闪发光的太阳。你无疑是一名成功者。

一个人的工作态度折射着人生态度，而人生态度决定一个人一生的成就。有这样一个小故事：一位心理学家来到一所正在建造中的大教堂前，他分别向正在砸石头的三个工人问了同一个问题："请问你在做什么呢？"三个工人有三种回答。第一个工人没好气地说："难道你没看到吗？我正在用这重得要命的铁锤来砸碎这些该死的石头，这真不是人干的活！"第二个工人回答："为了谋生，我才会做这份工作，若不是为了一家人的温饱，谁愿意干这份砸石头的粗活。"第三位工人眼中闪烁着喜悦的神情，他望着前方说："我正参与兴建这座雄伟华丽的大教堂，虽然砸石头的工作并不轻松，但我想到将来会有无数的人来这儿进行祈祷，心中便常为这份工作而感到自豪"。同样的工作，同样的环境，三个人却有着截然不同的感受。在我看来，第一个工人是在消极地应付工作，在不久的将来，他可能不会得到任何工作的眷顾。第二个工人是没有责任心和荣誉感的人，他抱着为薪水而工作的态度，为了工作而工作。第三个工人是具有高度责任感和创造力的人，因为他在充分享受着工作的乐趣的同时，也一定会因为自己的努力工作而带给自身足够的荣誉。他是"以积极的人生态度去追求事业的成功和乐趣的最优秀的员工"。纽约中央铁路公司前总裁佛里德利·威尔森，被问及如何对待工作和事业时说："一个人，不论是在挖土，或者是在经营大公司，他都能认为自己的工作是一项神圣的使命；不论工作条件有多么困难，或需要多么艰难的训练，始终用积极负责的态度去进行，并追求和享受事业的成功和乐趣。只要抱着这种人生态度来对待工作，任何人都会成功，也一定能达到目的，实现目标。"

这种对待工作的人生态度在我们的教学工作中显得更为必要，我们只有将工作视为一种享受，自动自发，自我奖励，才能激发自我潜能，以最大的热情投入到工作之中。成功始于摆脱借口抛却庸俗，成功呼唤你我去勇敢地肩负责任、改善现状……

【作者小传】唐爱敏，女，1971年生，牟平区实验小学教师、语文教研组长，毕业于烟台师范学院汉语言文学系。参与过音像阅读、大量阅读、双轨运行等教改实验，有多篇论文在省、市级刊物上发表。愿与学生徜徉书海，净化心灵，陶冶情操，做学生成长的伙伴。

车玉兰，女，1972年生，牟平区实验小学语文教师，毕业于鲁东大学汉语言文学系。工作之余，勤于读书，希望用书香温润自己的心灵。

我们在传授一加一等于二的同时，应该更多地去培养孩子的情商，从小培养他们挑战人性、战胜自我的能力，使他们成长为一个坚韧不拔、积极乐观、心理健康的人，让他们对生活充满希望，相信春天就在雪花的后面。

春天就在雪花的后面

——读《人性的弱点》

张少艳

　　莎士比亚说："书籍是全世界的营养品。生活里没有书籍，就好像没有阳光；智慧里没有书籍，就好像鸟儿没有翅膀。"其实，我很早就结识了这位不会说话的"良师诤友"——《人性的弱点》全集，不过直到最近才完整地解读它。我完全被书中精彩的内容吸引住了。我发现它就像一位灵魂的工程师，指引着我迈向成功！它是自我解剖、洞悉灵魂深处的金钥匙，是一座架设在人与人之间的理解桥梁，是一扇心灵与心灵碰撞及沟通的窗口。

　　《人性的弱点》是美国作家戴尔·卡耐基的作品，卡耐基一生中最重要的研究成果，都汇集在这本书里。这本书用了大量的名人名言、诤语警句，还有来自社会各阶层的人物身上发生的真实故事。最难能可贵的是，这本书还结合了作者亲身的体验、经历和最丰富的经验。这证明了作者确实花费了大量的时间和精力，勤勤恳恳、兢兢业业去奋斗才写成了这部可以对人类产生深远影响的巨著。

　　该书共有十篇，包括《与人相处的基本技巧》《平安快乐的要诀》《如何使人喜欢你》《如何赢得他人的赞同》《如何更好地说服他人》《让你的家庭生活幸福快乐》《如何使你变得更加成熟》《走出孤独忧虑的人生》等内容。它涉及日常生活中方方面面的实际问题，如理想抱负、工作学习、人际交往、恋爱择友、婚姻家庭、待人接物等，其中有关培养积极的心态、树立正确的人生观和世界观等励志内容所占比重最大。它对复杂微妙的思想意识问题进行解答释疑，并就工作、生活中遇到的其他实际问题进行探讨。它提纲挈领、循循善诱、抛砖引玉、纵横捭阖、见仁见智，旨在帮助人们扫清视野上的障碍，认识自我，充分发掘每个人的潜能，从而实现自身的价值。

《平安快乐的要诀》《如何使人喜欢你》《如何赢得他人的赞同》和《如何更好地说服他人》让我感触最深。这其中的道理浅显易懂，却又非常适用于我们的教学工作。它让我学会了如何赞赏学生，如何更好地与学生相处，如何委婉间接地批评学生……这使我在教学中受益匪浅。

记得曾经读过这样一个故事：一位语文老师在一个大雪纷飞的冬日去上课。当时学习的是朱自清的《春》，当老师正声情并茂地泛读课文时，一个学生突然捣蛋地唱起："春天在哪里呀？春天在哪里？"全班同学哄堂大笑。这位老师却没有慌张，走向这个学生，没有训斥他，反而笑眯眯地说："现在虽然不是春天，但却孕育着春的生机。诗人雪莱有一句名言——'冬天到了，春天还会远吗？'你还记得吗？"听到老师的话，大家无不为他的教学机智所折服。正在这时，一阵猛风把教室的门吹开了，一团雪花随风裹了进来。这位老师快步走向教室的门前，伸出双手，接住了几朵雪花，大声地说："瞧，雪花迫不及待地来告诉我们，春天就在它的后面！"精彩、富有诗意却又简单的话，博得了学生们热烈的掌声。正像卡耐基说的那样——以提问的方式来代替命令，这位老师既保全了学生的面子，又稳定了自己的课堂。同时，他也在潜意识中给孩子们树立了一种信念：人活着不是为了悲伤，无论遇到多大的挫折，都能看得到挫折背后的希望。

本书给予我们的启示和鼓舞实在是太多了，联想到自己的一些成长经历，作为一名教育工作者，每当我看着这些天真烂漫的孩子，在羡慕他们天真无邪地成长在一个优越的物质环境时，我更担心他们的内心世界会越来越多地受到成人世界的侵扰。同时，处在这样一个急功近利的时代，很多家长在望子成龙的急切心理下不断给孩子加压的同时，却往往忽视对孩子内心世界的关注，以致孩子在以后的人生道路上不能正视自我，甚至陷于人性的困惑中不能自拔而毁掉自己。所以在读完这本书后，我更多地感觉到身上有一种沉重的历史责任感。"师者，所以传道、授业、解惑也"，我们在传授一加一等于二的同时，应该更多地去培养孩子的情商，从小培养他们挑战人性、战胜自我的能力，使他们成长为一个坚韧不拔、积极乐观、心理健康的人，让他们对生活充满希望，相信春天就在雪花的后面。让我们身边每一个读完本书的人都能将其运用到生活实践中去，创造一种幸福美好的人生吧！

穿越生命的流光

【作者小传】张少艳，女，30岁，南山双语学校小学教师，龙口市学科骨干教师，毕业于蓬莱师范学校。多年来，一直潜心小学英语教学研究，努力寻找适合自己的教学之路。读书就是在跟智者对话，就是在学智者的思想，学智者的智慧。身为人师，希望自己能够点燃每一个孩子心中的那盏阅读之灯，传播智慧。

我想，无论怎样，我应该静下心来。因为我想了解自己的生活被哪些失误跟随，我们人类的局限到底有哪些，所以我应该跟随作者，找寻生活中的"错觉"。同时我也想要探究，作者的理论对我的教学会有怎样的启示。

是 错 觉 吗

——读《错觉》有感

孙永富

"我们的生活总是与一种奇怪的错觉相随的：我们的眼睛常常不可思议地欺骗自己，我们曾有的刻骨回忆常被自我意识纠正，我们总是自命不凡……"这是《错觉》的开头。很奇怪的书名，很奇怪的开篇。

以前从来没有读过人类行为学方面的书籍，虽然在求学之时，曾学过《教育学》和《教育心理学》。我想它们之间一定会有千丝万缕的联系。读这本书，我仿佛品尝了一道行为学的大餐——一道有趣、奇怪的大餐，因为作者约瑟夫·哈里南——这位普利策新闻奖得主在他的书中向我们展示了人类的一些有趣行为：我们怎样思考，怎样看，怎样记忆，怎样忘怀，是什么东西引诱我们的人生抉择变得非理性，等等。开卷初读，我曾经怀疑这本书与教师的教学之间能否扯得上关系以及读这本书的必要性。可是读完之后，我明白了我的怀疑也是"错觉"。

我想，无论怎样，我应该静下心来。因为我想了解自己的生活被哪些失误跟随，我们人类的局限到底有哪些，所以我应该跟随作者，找寻生活中的"错觉"。同时我也想要探究，作者的理论对我的教学会有怎样的启示。于是，我翻开了书。

作者在开篇告诉了我们：人为什么会犯错误？他说，90%的人会犯错误；固有的观念导致错误，但是我们往往固执地意识不到；很少有人能"吃一堑，长一智"，因为我们找到的往往并非问题的根源；人类的本能是在出了大问题的时候透过他人；我们大多数人都"自信过度"，这正是导致犯错的一个重要原因。读到这里我哑然失笑。我仿佛看到了两个学生因为打架被老师叫到办公室里的情形，他们都拼命地把责任往对方的身上推，丝毫不去考虑自己是否犯了错误。我也想起了平时自己要求学生认真审题，可就在上次的教师业务理论考试中，我竟然也漏掉了题目中要求的必答内容。看来，我真的需要对自己有更深入的认识。

我们为什么视而不见？作者说，不管是在什么时候，眼睛能够清晰看到的区域只是全部视线所及区域的一部分，清晰的视觉区域实际上只有不超过 1/4 的象限。我们能够注意到的细节，在一定程度上取决于我们如何"定义自己"。整个观察过程，是把整个场景中的视觉上的具体信息全部转换成了一种更为抽象的对事物意义的理解，而具体的信息则被忽略掉了。我想起了在教学中我们如何指导学生看图作文。在观察的第一步，学生一旦看清楚并理解了图画所表达的意义，便会忽略图中的具体信息，比如人物的衣着、表情、眼神等的细节。在指导四年级下学期第八单元的"看图作文"时，我清楚地发现了学生们观察的特点：初步的观察后，他们就理解了漫画所表达的意义并且能够展开想象，但对于图中人物的"木头脑袋"、啄木鸟愤怒的眼神却忽略了。这就提示我们需要指导学生观察的步骤。不但让学生掌握一幅图的主要内容，比如弄清画面上画的是什么时间、什么地方，都画了些什么，谁在做些什么等，而且还要有顺序地对图的每个局部进行观察和分析，明确人物之间与各部位之间的关系，抓住图画的主要内容。抓住重点和细节才谈得上深入观察，才能更合理地展开想象，才能对人物的衣着、体态、动作、表情、心理活动等作恰当的描述。看来，看图作文的教学一定要在启发、培养学生的观察力、想象力这一关键环节下足工夫。

你一定还记得艾宾浩斯曲线吧！而作者告诉我们，当我们记忆的时候，往往记忆其意义而忽略细节。这让我想起了一个有趣的故事：一个丢了烟袋的老头，在向别人讨要自己的烟袋时，死活记不起自己的烟袋上到底是有几个竹节了。因为，这用竹子制作的烟袋到底有几个节，对这位老人是没有意义的。他只注意了烟袋的作用。"而一项面对 3000 人的调查发现，有 1/4 的人不记得自己的电话号码。"作者在文中这样写道。正确而有效的记忆方法就是把"没有意义的，变得有意义"。在教学中，我们常常利用这一方法，比如，一位老师在启发学生如何记住"特"这个字时，一个学生回答："'牛'进了少林'寺'，就是'特'字。"我想，这个学生，包括听到这种记法的学生，一辈子也不会忘记这个"特"字的写法了。

"一心多用＝遗忘，在不同的工作之间进行转换，会使我们忘掉自己原本到底是在做什么；在有些情况下，这种遗忘出现的比例高达 40%。"作者在"你能做到一心多用吗？"这一章节中这样谈人的注意力问题。我记起语文老师经常说的一句话："带着问题读课文。"我想，在阅读的最初，学生还没有对一篇文章有整体了解的情况下，这种方法是绝对值得商榷的。

在这本书中，作者还多次提到了男女差别的问题。比如，男性更倾向于高估自己的智力，还有自身的魅力；男性都觉得自己对战争有更大的胜算；男性的这种过分自信，也使他们更容易去发动一场战争。这使我们想到男孩子的好斗，在青少年中，那些"问题孩子"，绝大多数是好斗的男孩子。看来，我们确实需要在教育中关注性别的差异。近几年的"高考状元"多数是女孩子，是否也从深层次上警示我们：我们是否打击了男孩子的积极性，或者说我们现在的教育模式不太适合男孩子的本性。

在自我认知上，作者多次强调，我们大多数人对自己的能力都倾向于感觉过于良好。大多数人的自我认知都不准确——我们并没有自己想象得那么厉害。作者还教给了我们怎样跳出思维定式。告诉我们快乐的人会更富有创造力，还会以更快的速度作出决定，而不是犹豫不决。他还告诫我们多去睡一会儿。因为随着疲劳程度的加深，人们会表现出一种更强烈的冒险冲动。

阅读这本书，我感受到，其实了解生活中的错觉能让人生更美好。当我们懂得"犯错"的原因在很多时候并非出自个人，而是因为我们会受到一些固有偏见的影响。有些时候，一些有趣的东西会引诱我们的人生抉择失去理性。初读这本书，看似研究的是行为科学而与教育科学缺少关联，但在深入的思考以后，我发觉了其中的许多道理恰恰可以用来指导教学，纠正错误。至少可以提醒我们，所有错误的决策，在错误的时间做的错误的事，往往都源于在决策时对事物发展推测不当，对相关风险视而不见。我们过于相信自己的直觉判断，缺少理性的、从各个角度的审视与考量，或者考量的维度不够客观，都是造成我们产生错觉的原因。它也可以让我们养成这样的思考习惯：我看到的事情是不是事情的全部？我们为什么对某些东西视而不见？我看到的与我的性别、职业习惯有无关系？如何跳出思维定式？如何不做糊涂虫？而这本融合了人类行为学、心理学、神经学、经济学、消费者行为学、地理学和航空知识的奇怪的书独具的娱乐性，也让阅读充满了乐趣，同时也让我们审视自己，进行着一次次的"头脑风暴"，让我们明白为何会屡屡犯错、犯错根源以及如何最大限度地避免犯错乃至不犯错。

"没有人能与错误绝缘，许多导致我们犯错的动机，深深地盘踞在我们的内心，想把它们根除是非常困难的。"看来，探索自身发展规律，探索人类自身的行为特点，让我们避免错觉，少走弯路，是有着重要的意义的。读《错觉》这本书给我最大的启示是：我能尝试突破惯常思维去看待问题。那些日常生活中我们看待事物和解决事情的思维定式，自以为值得信赖、万无一失，实际上不知不觉地影响了我们看待世界的方式，左右着我们的所作所为，成为制约我们事业发展的一块短板。

《错觉》应该属于教育的"闲书"。但是开卷有益，我从中读到的不仅仅是书中之奇闻妙论，更多感受到的是书中的哲理。

【作者小传】孙永富，男，1971年生，烟台开发区第一小学语文教师，1989年毕业于临沂师范学院。多年来醉心于小学语文教学理论研究和课堂教学实践，酷爱读书，勤于思考，教风简约本真，富有激情。

也许在他看来，教育必定是一块没有最好只有更好的希望原野，因此作为教师没有任何理由停滞，唯有潜心向前，并努力做到合格。

合格也许是教师的终极目标

——读《教书匠》有感

孙雅妮

　　曾看过陈凯歌执导的《霸王别姬》，电影中的程蝶衣让我感动不已。他一生只为虞姬而活，戏如人生，人生如戏，这是一种怎样的痴迷与执著的境界啊。今天读全美最佳教师弗兰克·迈考特先生的《教书匠》，恍然觉得古今中外的这俩人在对待人生的态度上似乎有异曲同工之处。在我看来，迈考特终其一生的执著追求只是要成为一名自由的、合格的教师。

　　《教书匠》是弗兰克·迈考特先生自己教师生活和专业历程的真实而坦诚的记录。刚刚踏上教师岗位时的他并非一帆风顺、得心应手。在他眼里，孩子们是"小恶魔""小浑蛋"，他们在他的课上故意捣乱，让他出丑，藐视他的尊者地位……教学中他也犯过很多错误：嘈乱的课堂引起家长们的不满，用杂志打过学生的脑袋，领导对他教学能力的质疑，这些麻烦事使得他对自己的职业产生迷茫并近乎自卑。此时此刻的他的确是一头"蓟丛中的驴子"，成倍付出却收获甚微，举步维艰。这使我们明了优秀教师绝不是天生的，即便是从教多年的教师也会犯类似的错误；每一个踏上教师岗位的人都需要成长的时间与空间，认识到自己的不足和错误并逐步去改正，是每一个成长中的教师迈向合格的第一步。

　　《教书匠》不仅是一个记录真实生活的坦诚文本，更是最普遍意义上教师对待学生情感态度的可靠见证。在书中，我们几乎没有看到这样"感人"的情境：带病坚持上课、关怀后进生、课后给学生补课……他做得最多的就是本分地教书，真实地面对自己；他把自己的成长故事告诉学生，这种讲故事的教学风格使他与学生更靠近，建立起一种亲密平等的关系。面对家长和学校，他始终站在学生的一边，学生们对他的评价是一个好人。教师职业并不必然使他拥有与学生间的深厚友谊，但他与他们始终是挚友，是共同成长的伙伴。他对学生深刻的爱不仅弥漫在无形的言传身教过程中，而且业已内化为感召学生心灵的力量。在他所教的学生中，有一个生活在贫民窟的黑人女孩，她说将来也要和他一样成为一名教师。还有一个已经升入大学的学生，因为偶然回忆起迈考特老师教学诗歌的情景而泪流满面。读及此处，不禁感慨万千，并深深为之动容。今天我们投身教育事业，为孩子们倾心付出，试想多年以后，假如我们的学生也能够回想起曾经的点滴细节，并深刻地感悟到这样的细节与他当下的人生境遇和行为方式存在着千丝万缕的内在联系，仅此一点就足以让我们为自己的职业骄傲且充满成就感。学生作为教师最重要的、最具活力、最有挑战性的课程资源，弗兰克·迈考特先生面对他们时可谓无所不用其能，即使起初他的种种努力少有进展且不被认同。面对一群不爱学习的"小浑蛋们"，他将语法课演绎成一节专门研究假条的课；写作课让学生朗诵菜谱，带黑人女孩去看电影，领着学生野餐。他上课时从来不告诉他们答案，而要他们自己去探求，在学习上他从未使用逼迫的方式。他把这样的一种过程看做通向教学的漫长道路。也正是认识到了这一点，他才把合格作为职业生涯的终极追求吧。

　　《教书匠》除了对弗兰克·迈考特先生个人的意义之外，还是一个激励我们自我奋斗、实现自我和超越自我的上佳文本。迈考特先生用了十多年的时间才终于找到自己的位置，发出自己的声音。在这期间，尽管"教师"这一职业使他惶惑和手足无措，但他一直没有停下努力的步伐。他孜孜不倦地学习，完成了硕士、博士的进修，无论是对于职业还是人生，他始终充满精力持续学习。也许在他看来，教育必定是一块没有最好只有更好的希望原野，因此作为教师没有任何理由停滞，唯有潜心向前，并努力做到合格。迈考特被誉为"老师中的老师"，获美国教育界最高荣誉"全美最佳教师"奖。在迈考特眼中，政府颁发的奖励却是微不足道的，"真正的奖励是当学生手持从感激你、仰慕你的家长那里拿来礼物时，他们热切的眼神里饱含的那股感激之情，那将是种怎样的感觉啊"！这段话引发了我深深的思考，为什么我们总是把获得外在奖励看做自己努力工作的应有回报或者最终结果，而又总是忽略自身内在的成长变化和来自自己学生、家长的深深感激与殷殷祝福呢？最根本的差别也许在于，对变动不居、个性鲜明、发展无限的孩子们的洞察使得迈考特先生对教师职业有了发自内心的敬畏，学着做教师成为他最基本的职业方式。也正是因此，他才能成为学生眼中最好的老师。也许在迈考特先生看来，只有这个荣誉才至高无上，或者说意义自足。那么顺理成章的是，所谓的国家荣誉最多也就是上述荣誉的一个副产品了！

　　塞斯曾说过："每个人都在'变为'的进程里，变为什么呢？变为更是你自己!"累积经验、增长阅历、递增知识，不断提升自己、变为自己，保持一颗纯良之心在有生之年、在教育的岗位上，为了能做一名合格的教师这个目标就足以让我们奋斗终生了。

【作者小传】孙雅妮，女，1982 年生，烟台市芝罘区潇翔小学教师，毕业于烟台师范学院。偶尔喜欢弄墨，只为怡情拾趣，侥幸发表过几篇俗文，既无德才又无文采，虽凡人一个却有赤心一片。因为读、写乃是语文教师基本的素养，唯其如此才能引领学生踏上通往文学殿堂的道路。

附录：烟台市中小学教师首批经典阅读书目（100 部）

童心童趣经典阅读书目（30 部）

1. 《我要做好孩子》，黄蓓佳著
2. 《乌丢丢的奇遇》，金波著
3. 《草房子》，曹文轩著
4. 《男生贾里》，秦文君著
5. 《好孩子最想知道的新十万个为什么》（精华版），陈福民主编
6. 《植物小百科》，王志学主编
7. 《漂来的狗儿》，黄蓓佳著
8. 《城南旧事》，林海音著
9. 《女生日记》，杨红缨著
10. 《青铜葵花》，曹文轩著
11. 《三毛流浪记》，张乐平著
12. 《舒克和贝塔历险记》，郑渊洁著
13. 《羚羊木雕》，张之路著
14. 《夏洛的网》，E. B. 怀特著，任溶溶译
15. 《绿野仙踪》，弗兰克·鲍姆著，陈伯吹译
16. 《假如给我三天光明》，海伦·凯勒著
17. 《汤姆·索亚历险记》，马克·吐温著
18. 《麦田里的守望者》，J. D. 塞林格著
19. 《汤姆叔叔的小屋》，斯陀夫人著
20. 《哈利·波特系列》，J. K. 罗琳著
21. 《鲁滨孙漂流记》，笛福著
22. 《莎士比亚戏剧故事集》，兰姆姐弟改写，萧乾译
23. 《海底两万里》，儒勒·凡尔纳著
24. 《格兰特船长的儿女》，儒勒·凡尔纳著
25. 《昆虫记》，法布尔著
26. 《爱的教育》，亚米契斯著，马默译
27. 《木偶奇遇记》，卡洛·科洛迪著，杨建民译
28. 《窗边的小豆豆》，黑柳彻子著，赵玉皎译

29. 《海蒂》，约翰娜·施比里著
30. 《安徒生童话》，安徒生著

专业素养经典阅读书目（30 部）

1. 《给教师的建议》，苏霍姆林斯基著，教育科学出版社
2. 《陶行知教育名篇》，方明编，教育科学出版社
3. 《学与教的心理学》，皮连生主编，华东师范大学出版社
4. 《给教师的一百条新建议》，郑杰著，华东师范大学出版社
5. 《西方教育思想史》，单中惠主编，教育科学出版社
6. 《教育学是什么》，励雪琴著，北京大学出版社
7. 《过去的教师》，商友敬主编，教育科学出版社
8. 《追寻近代教育大师》，马建强著，教育科学出版社
9. 《新教育之梦——我的教育理想》，朱永新著，人民教育出版社
10. 《爱心与教育》，李镇西著，四川少年儿童出版社
11. 《走在教育的路上》，朱永新著，福建教育出版社出版
12. 《跟孔子学当老师》，周勇著，华东师范大学出版社
13. 《中国教育思想史》，施克灿主编，高等教育出版社
14. 《教学机智——教育智慧的意蕴》，马克斯·范梅南著，李树英译，教育科学出版社
15. 《用思想点燃课堂》，魏勇著，漓江出版社
16. 《新课程教学现场与教学细节》，彭钢、蔡守龙主编，教育科学出版社
17. 《魏书生班主任工作漫谈》，魏书生著，漓江出版社
18. 《不做教书匠》，管建刚著，福建教育出版社
19. 《教育的理想与信念》，肖川著，岳麓书社
20. 《教育阅读的爱与怕》，闫学著，华东师范大学出版社
21. 《教师怎样教育自己的孩子》，张文质主编，华东师范大学出版社
22. 《生活在痴迷之中》，张文质主编，华东师范大学出版社
23. 《帕夫雷什中学》，苏霍姆林斯基著，赵玮等译，教育科学出版社
24. 《爱弥儿论教育》（上下），卢梭著，李平沤译，人民教育出版社
25. 《民主主义与教育》，杜威著，王承绪译，人民教育出版社
26. 《教学勇气——漫步教师心灵》，帕克·帕尔默著，吴国珍等译，华东师

范大学出版社

27.《教育的目的》，怀特海著，徐汝舟译，三联书店

28.《思维教学：培养聪明的学习者》，斯滕伯格等著，赵海燕译，中国轻工业出版社

29.《蔡元培教育名篇》，蔡元培著，教育科学出版社

30.《叶圣陶教育文集》，叶圣陶著，人民教育出版社

人文素养经典阅读书目（40 部）

1.《论语译注》，杨伯峻译注

2.《道德经》，老子著

3.《庄子译注》，庄周著，李玉峰、李翊赫注

4.《孟子》，孟轲著

5.《诗经全注》，褚斌杰注

6.《孙子兵法》，孙武著

7.《三国演义》，罗贯中著

8.《水浒传》，施耐庵著

9.《西游记》，吴承恩著

10.《红楼梦》，曹雪芹著

11.《菜根谭》，洪应明著

12.《唐诗三百首》，蘅塘退士选编，吴兆基译

13.《宋词选》，胡云翼选注

14.《生活的艺术》，林语堂著

15.《中国哲学简史》，冯友兰著

16.《守望的距离》，周国平著

17.《我的精神家园》，王小波著

18.《林清玄散文》，林清玄著

19.《文化苦旅》，余秋雨著

20.《教师人文读本》，张民生、于漪主编

21.《朱光潜美学文集》，朱光潜著

22.《做最好的自己》，李开复著

23.《傅雷家书》，傅雷著

24.《理想国》，柏拉图著，郭斌和、张竹明译

25.《动机与人格》，马斯洛著，许金声等译

26.《菊与刀——日本文化的类型》，鲁思·本尼迪克特著，吕万和等译

27.《贝多芬传》，罗曼·罗兰著，傅雷译

28.《生命中不能承受之轻》，米兰·昆德拉著，韩少功、韩刚译

29.《西方哲学史》，伯特兰·罗素著，何兆武等译

30.《思想录》，布莱兹·帕斯卡著，林贤明译

31.《精神现象学》，黑格尔著，贺麟等译

32.《老人与海》，海明威著，海观译

33.《忏悔录》，让·雅克·卢梭著，陈筱卿译

34.《草叶集》，惠特曼著，楚图南、李野光译

35.《蒙田随笔》，蒙田著，潘丽珍译

36.《童年的秘密》，玛丽娅·蒙台梭利著，单中惠译

37.《纪伯伦散文诗选》，K. 纪伯伦著，吴岩译

38.《苏霍姆林斯基的一生》，塔尔塔科夫斯基著，唐其慈等译

39.《人性的弱点》，戴尔·卡耐基著，袁玲译

40.《第二十二条军规》，约瑟夫·海勒著，邹惠玲译

摆渡者教师书架（现已出版部分）

丛书名称	主编或作者	书　名	定价(元)
大师背影书系	张圣华	《陶行知教育名篇》	24.90
		《陶行知名篇精选》(教师版)	16.80
		《朱自清语文教学经验》	15.80
		《夏丏尊教育名篇》	16.00
		《作文入门》	11.80
		《文章作法》	11.80
		《蔡元培教育名篇》	19.80
		《叶圣陶教育名篇》	17.80
教育寻根丛书	张圣华	《中国人的教育智慧·经典家训版》	49.80
		《过去的教师》	32.80
		《追寻近代教育大师》	29.80
		《中国大教育家》	22.80
杜威教育丛书	单中惠	《杜威教育名篇》	19.80
		《杜威学校》	25.80
		《杜威在华教育讲演》	29.80
班主任工作创新丛书	杨九俊	《班集体问题诊断与建设方略》	19.80
		《班主任教育艺术》	22.80
		《班级活动设计与组织实施》	23.80
新课程教学问题与解决丛书	杨九俊	《新课程教学组织策略与技术》	16.80
		《新课程教学现场与教学细节》	15.00
		《新课程备课新思维》	16.80
		《新课程教学评价方法与设计》	16.80
		《新课程说课、听课与评课》	16.80
新课程课堂诊断丛书	杨九俊	《小学语文课堂诊断》(修订版)	18.60
		《小学数学课堂诊断》(修订版)	18.60
		《小学综合实践活动课堂诊断》	23.60
		《小学品德与生活(品德与社会)课堂诊断》	22.80
名师经验丛书	肖　川	《名师备课经验》(语文卷)	25.80
		《名师备课经验》(数学卷)	25.60
		《名师作业设计经验》(语文卷)	25.00
		《名师作业设计经验》(数学卷)	25.00
个性化经验丛书	华应龙	《个性化作业设计经验》(数学卷)	19.80
		《个性化备课经验》(数学卷)	23.80
	于永正	《个性化作业设计经验》(语文卷)	20.60
		《个性化备课经验》(语文卷)	23.00

丛书名称	主编或作者	书　　名	定价(元)
深度课堂丛书	《人民教育》编辑部	《小学语文模块备课》	18.00
		《小学数学创新性备课》	18.60
课堂新技巧丛书	郑金洲	《课堂掌控艺术》	17.80
课改新发现丛书	郑金洲	《课改新课型》	19.80
		《学习中的创造》	19.80
		《多彩的学生评价》	26.00
教师成长锦囊丛书	郑金洲	《教师反思的方法》	15.80
校本教研亮点丛书	胡庆芳	《捕捉教师智慧——教师成长档案袋》	19.80
		《校本教研实践创新》	16.80
		《校本教研制度创新》	19.80
		《精彩课堂的预设与生成》	18.00
		《让孩子灵性成长:青少年野外活动教育创新》	20.00
		《联片教研模式创新:一题一课一报告》	23.00
美国教育新干线丛书	胡庆芳	《美国学生课外作业集锦》	35.80
美国中小学读写教学指导译丛	胡庆芳　程可拉	《教会学生记忆》	22.50
		《教会学生写作》	22.50
		《教会学生阅读:方法篇》	25.00
		《教会学生阅读:策略篇》	24.80
提升教师专业实践力译丛	胡庆芳　程可拉	《创造有活力的学校》	22.50
		《有效的课堂管理手册》	24.00
		《有效的课堂教学手册》	32.80
		《有效的课堂指导手册》	24.80
		《有效的教师领导手册》	25.80
		《提升专业实践力:教学的框架》	30.80
		《优化测试,优化教学》	22.50
		《有效的课堂评价手册》	26.80
中小学教师智慧锦囊丛书	费希尔	《初为人师:教你100招》	16.00
	奥勒顿	《把复杂问题变简单——数学教学100招》	17.00
	格里菲思	《精彩的语言教学游戏》	17.00
	墨菲	《历史教学之巧》	18.00
	沃特金　阿伦菲尔特	《100个常用教学技巧》	16.00
	扬	《管理学生行为的有效办法》	16.00
	鲍凯特	《让学生突然变聪明》	17.00
	库兹	《事半功倍教英语》	17.00
	鲍凯特	《这样一想就明白——100招教会思考》	17.00
	海恩斯	《作文教学的100个绝招》	15.00
教育心理	俞国良　宋振韶	《现代教师心理健康教育》	25.80

丛书名称	主编或作者	书　名	定价(元)
教师在研训中成长丛书	胡庆芳　林相标	《校本培训创新:青年教师的视角》	21.80
		《教师专业发展:专长的视野》	21.60
		《听诊英语课堂:教学改进的范例》	31.60
		《提升教师教学实施能力》	22.00
中小学课堂教学改进丛书	胡庆芳　王洁	《改进英语课堂》	32.80
		《改进科学课堂》	26.00
		《改进语文课堂》	28.00
		《改进数学课堂》	31.00
其他单行本	胡庆芳	《美国教育360度》	15.80
	徐建敏　管锡基	《教师科研有问必答》	19.80
	杨桂青	《英美精彩课堂》	17.80
	陶继新	《教育先锋者档案》(教师版)	16.80
	单中惠	《西方教育思想史》	59.80
	孙汉洲	《孔子教做人》	27.90
	丰子恺	《教师日记》	24.80
	陶林	《家有小豆豆》	27.00
	徐洁	《教师的心灵温度》	26.50
	赵徽　荆秀红	《解密高效课堂》	27.00
	赖配根	《新经典课堂》	29.00
	严育洪	《这样教书不累人》	27.00
	管锡基	《中小学综合实践活动课程资源包》	39.80
	孟繁华	《赏识你的学生》	29.80
	申屠待旦	《教育新概念——教师成长的密码》	27.00
	严育洪　管国贤	《让学生灵性成长》	28.00

"新课程教学问题与解决丛书"荣获第七届全国高校出版社优秀畅销书一等奖!

《陶行知教育名篇》荣获第八届全国高校出版社优秀畅销书一等奖!

"大师背影书系"荣获第八届全国高校出版社优秀畅销书二等奖!

《名师作业设计经验》(语文卷)、《名师作业设计经验》(数学卷)、《名师备课经验》(语文卷)荣获第17届上海市中小学幼儿园优秀图书三等奖!

《西方教育思想史》荣获全国第二届教育科学优秀成果二等奖(1999)!

在2006年全国教师教育优秀课程资源评审中,"新课程教学问题与解决丛书"中的《新课程教学组织策略与技术》《新课程教学现场与教学细节》《新课程备课新思维》和《新课程说课、听课与评课》被认定为新课程通识课推荐使用课程资源,《陶行知教育名篇》被认定为新课程公共教育学推荐使用课程资源,《课改新课型》被认定为新课程通识课优秀课程资源,《小学语文课堂诊断》被认定为新课程语文课优秀课程资源,《小学数学课堂诊断》被认定为新课程数学课推荐使用课程资源!